QIYE BINGGOU
FALÜ SHIWU

WENTI JIEDA YU
ANLI PINGXI

# 企业并购法律实务

## 问题解答与案例评析

赵剑发 刘 智 阎 丽◎主编

法律出版社 | LAW PRESS
北京

**图书在版编目（CIP）数据**

企业并购法律实务问题解答与案例评析 / 赵剑发，刘智，阎丽主编．-- 北京：法律出版社，2025.
ISBN 978 - 7 - 5197 - 9705 - 8

Ⅰ．D922.291.924

中国国家版本馆 CIP 数据核字第 2025X47W11 号

**企业并购法律实务问题解答与案例评析**
**QIYE BINGGOU FALÜ SHIWU**
**WENTI JIEDA YU ANLI PINGXI**

赵剑发　刘　智　阎　丽　主编

策划编辑　林　蕊
责任编辑　林　蕊　周　洁
装帧设计　臧晓飞

**出版发行**　法律出版社
**编辑统筹**　司法实务出版分社
**责任校对**　王晓萍
**责任印制**　胡晓雅
**经　　销**　新华书店

**开本**　710 毫米 × 1000 毫米　1/16
**印张**　22.5　　**字数**　448 千
**版本**　2025 年 6 月第 1 版
**印次**　2025 年 6 月第 1 次印刷
**印刷**　固安华明印业有限公司

地址：北京市丰台区莲花池西里 7 号（100073）
网址：www.lawpress.com.cn
投稿邮箱：info@lawpress.com.cn
举报盗版邮箱：jbwq@lawpress.com.cn
销售电话：010 - 83938349
客服电话：010 - 83938350
咨询电话：010 - 63939796


**书号**：ISBN 978 - 7 - 5197 - 9705 - 8
**定价**：79.00 元
凡购买本社图书，如有印装错误，我社负责退换。电话：010 - 83938349

# 本书编委会

# 序一

# 并购法律的术与道:从合规、风险管理到价值创造

站在2025年的资本市场回望,中国并购市场已历经三十余载激荡岁月。从1990年沪深证券交易所鸣锣开市到2005年股权分置改革,从2013年并购重组分道审核制落地到2014年《上市公司重大资产重组管理办法》修订及2020年注册制全面推行,制度创新的每一次脉动都在深刻重构并购市场的底层逻辑,并掀起一次又一次的并购热潮。

1995年我初涉法律实务时,并购交易尚处草创阶段,交易架构单薄如纸,法律争议主要聚焦于产权明晰、债权债务与流程合规等事项;而今,并购生态已蜕变为多层次、全链条的价值再造工程,其复杂度与战略意义早已不可同日而语。

然而,根据《第一财经》的报道,从全球范围来看,企业并购失败概率超过50%;在中国,一般企业并购失败概率超过60%,跨国并购失败概率超过80%。我们需要探究:出现这一现象的深层次原因是什么;企业并购应如何开展;作为并购律师,我们在并购项目中的职责是什么;我们可以为交易创造的价值是什么。

2023年证监会通报的并购违规案例显示,经营业绩造假、或有负债遗漏等问题占比超60%。这些数据清晰地揭示:律师在并购项目中的基本职能是风险管控。

在某跨境并购项目中,我们团队曾遇到一项复杂的挑战:尽管收购方与卖方已就标的企业的估值达成一致,但卖方要求进行税收筹划及在境外交割,而收购方则担心标的企业的潜在财税风险及经营业绩的可持续性。为此,我们创造性地设计了“红筹架构+资产剥离+业绩对赌”的交易方案,在满足卖方诉求的同时,有效控制了标的企业的财税风险,并使部分交易价款与标的企业业绩表现挂钩,从而减少收购方顾虑,最终实现交易破局,促成交易落地。

在这个项目中,律师的角色不仅是“风险管控者”及“合规审查者”,更是“交易架构设计师”。我深刻体会到律师不仅需要具备扎实的法律理论知识,还需拥有平衡商业效率、法律风险及交易方利益的能力。并购法律的实践不仅是合法合规审查,更是对交易结构的深度设计。

吉利收购沃尔沃就是一个经典案例。2010年,吉利以18亿美元对价,以“蛇吞象”的方式收购沃尔沃。其后成功进行了对沃尔沃的并购整合,实现了与沃尔沃的共同进步与发展,使吉利汽车经营规模扩大、品牌价值跃升。本书案例部分详细描述了这个精彩的案例。该案例中的并购与整合策略令人折服,值得借鉴。吉利的成功并购给我深刻的启发,即并购法律人的角色应从被动的风险规避者,进化为主动的价值创造者。只有这样,律师才能更深入地理解并帮助客户实现其并购目的和目标。

在长期的并购法律业务实践后,我们萌生了撰写这本书的想法。我们希望对多年来的实践经验进行系统性总结,帮助并购交易的参与者更好地理解并购业务的复杂性。同时,我们也发现,市场上现存的许多并购有关书籍,往往理论性强、篇幅较长,但对非专业人士来说,阅读难度较大。因此,我们决定以问答的形式呈现,高度凝练相关知识要点及实践经验,使本书易于阅读和理解。

在展现形式上,本书以“问题解答 + 案例评析”的双轮驱动模式,构建起高效的知识检索体系。在内容布局方面,本书涵盖了并购交易的全流程,从并购前的战略规划、尽职调查,到交易的定价谈判、方案设计,再到交割后的整合管理,覆盖200余个重点并购问题,列举15个典型案例,使读者能全面了解并快速定位并购交易各阶段的主要问题及解决方案。

展望未来,注册制改革正催生资本市场结构性变革,私募股权投资机构通过并购退出的比例显著提升。这些趋势预示并购市场将进入专业化、精细化的新阶段。在这一趋势下,并购交易双方需深入理解并购交易的底层逻辑,方能精准把控交易核心要素,实现并购的目标及其战略价值;而法律从业者需以更开放的思维,整合金融、技术与管理等多学科知识,方能在复杂交易中实现价值突破。

本书凝聚了写作团队长期执业的实战经验与思考结晶。在此特别感谢参与写作及案例整理的同人。并购法律与实践的探索永无止境,期待本书能成为照亮行业前路的微光,与所有从业者共同书写中国资本市场的新篇章。

**赵剑发**

**2025年5月**

# 序二

我投身律师行业已逾二十载。从公职律师事务所主任，到广信君达律所高级合伙人，在这漫长的职业生涯中，我深度参与了众多企业并购项目，积累了丰富的实战经验。在企业并购这个充满挑战与机遇的领域里，我深刻体会到其实务操作的极端复杂性。然而，与之形成鲜明对比的是，官方层面缺乏详尽的操作细则，这使我在执业初期时常感到迷茫，无所适从。可见，对那些并非长期专注于企业并购业务的律师同行、公司法务以及企业家来说，面对企业并购这一复杂事务时，困惑与无助更是常伴左右。

在日常实务工作中，我频繁接到有关企业并购事宜的咨询。咨询者大多处于有并购需求或即将开展并购的阶段，他们迫切需要在事前对企业并购进行全面、系统的规划。然而，现实情况是，可供他们参考的资料相对匮乏。进一步剖析这些咨询者的核心诉求，无一不是渴望获得切实可行的实务指导。遗憾的是，市面上真正切题且具有高度可操作性的内容少之又少。受限于时间与受众规模，无论是一对一的咨询解答，还是通过讲课分享经验，都存在明显的局限性。一对一咨询难以覆盖众多有需求的人群，而讲课分享又往往难以做到面面俱到，难免挂一漏万，无法将我们积累的并购经验完整地传递给他人。

随着执业经验的日益丰富、年岁的逐渐增长，一种使命感在我心中越发强烈。我深感有必要为法律从业者在企业并购业务方面提供有价值的参考，同时希望能为企业并购法律业务的不断完善贡献自己的一份力量。恰在此时，我有幸结识了赵剑发律师。在交流过程中，我们惊讶地发现，彼此对于企业并购法律实务领域的感悟与想法竟高度契合。于是，我们一拍即合，决定携手撰写本书。

在本书的编写过程中，我们贯彻通俗、实用这两大基本原则。在语言表达上，力求言简意赅、通俗易懂，使本书既能够成为法律工作者手头实用的实务参考书，又能适于广大企业并购从业者阅读学习。在内容编排上，坚持以实务为导向。读者既可以通过通读全书，全面掌握企业并购各个阶段的要点，清晰勾勒出企业并购的完整“路线图”；也能够在遇到紧急问题时，迅速在书中找到对应的章节，直接获取解决方案。

为了进一步增强本书的针对性和可读性,我们在编排体例上进行了精心设计,独具匠心。其一,坚持全面性原则。企业并购涉及的领域极为广泛,尽管每次并购都有要解决的核心问题,但任何一个方面的疏忽都有可能对整个并购交易安排产生重大影响。基于此,在本书的纵向编排上,我们以并购全流程为主线,系统梳理并购不同阶段可能遇到的问题,并给出详细解答;在横向编排上,本书不仅涵盖了企业并购中常见的一般性问题,还对并购融资、估值等特定问题进行了深入阐述。本书既关注通常企业主体的并购问题,也特别列出了上市公司、国有企业等特定主体的并购要点;既探讨境内企业并购相关事宜,也涉及境外企业并购的复杂问题。其二,坚持问题导向。企业并购法律实务覆盖面广,每个人在这一领域都有自己擅长与薄弱的地方。为了让读者能够迅速定位问题并找到解决方案,我们以问题作为小节标题,采用一问一答的形式,针对每个问题,详细提供法律依据、实务分析以及具体操作方案等,最大限度地发挥本书作为实务工具书的作用。其三,坚持实务分析与案例并重。本书上篇聚焦问题解答,为读者构建企业并购实务的整体框架,提供处理问题的思路与方法;下篇精心挑选实务中的典型案例,以点带面,通过对案例的深入解读,剖析企业并购实务操作中的痛点,并提出切实可行的建议。希望读者能够通过这种方式,真正领悟并购的核心要义,探寻适合自己的并购之路。

正所谓"众人拾柴火焰高",企业并购法律实务的不断完善,离不开每一位法律工作者的不懈努力。我们撰写本书,虽力量微薄,但也希望能如涓涓细流,最终汇聚成推动法治进步的磅礴力量。倘若本书能够对读者有所助益,哪怕只是一点点,也实现了我们的心愿。

在此,我要向本书创作团队的每一位成员致以最诚挚的感谢和最崇高的敬意。正是因为你们的无私奉献与辛勤付出,才成就了本书。感谢参与本书写作的全体编委会委员,感谢刘振兴律师、陆茵律师、王佳薇律师在编写过程中的辛勤付出。同时,也要衷心感谢法律出版社给予的大力支持。虽然我们在本书中倾尽了多年的执业经验,但受限于学识与精力,书中难免存在不足之处,恳请各位读者不吝赐教,提出宝贵的批评与建议。

刘　智

2025 年 5 月

# 序三

在全球化浪潮和经济一体化的背景下，企业并购作为市场经济条件下企业优化资源配置、实现企业快速发展和价值提升的重要战略行为，其复杂性和风险性不言而喻。法律，作为规范并购行为、保障交易安全的重要工具，在企业并购中发挥极其重要的作用。公司并购业务因法律关系的复杂性和交易问题的多样性，已发展成一项具有高度专业性的法律服务。这项业务要求律师不仅具备深厚的法律功底，还具备较强的商业洞察力和实务操作能力。

正是基于这一认识，我们从实务经验出发，精心打造了这本《企业并购法律实务问题解答与案例评析》，通过系统解答并购过程中的法律实务问题，结合典型案例进行深入评析，为正处于或即将踏入并购领域的企业家、法律从业者及相关专业人士，呈上一本全面、深入又极具实战价值的指引手册。

全书分为上下两篇，上篇聚焦企业并购实务问题与解答，下篇则通过丰富的案例评析，深入剖析并购过程中的法律实务问题。

在上篇中，我们首先探讨了企业并购的基本问题，包括并购与重组的概念、类型、主体等，使读者对企业并购有一个全面而清晰的认识。接着，我们深入分析了并购的动因与风险，揭示了并购背后的经济逻辑与潜在的法律陷阱，为并购决策提供了有力的理论支持。在并购的前期准备阶段，我们详细介绍了并购发展策略的制定、并购标的选择的程序与标准、并购项目的流程管理等关键环节，为并购的顺利实施奠定了坚实的基础。

本书更是对并购的尽职调查阶段倾注了大量笔墨。我们详细阐述了尽职调查的重要性、方法、信息获取渠道等，并分别从股东和实际控制人、历史沿革、注册资本、资产、业务、公司治理和管理、关联交易与同业竞争等多个维度，深入剖析了尽职调查的核心要点与注意事项。这些内容不仅有助于并购方全面了解目标企业的真实状况，更能在很大程度上降低并购风险，保障并购的成功。除此之外，本书也对企业并购的交易结构设计与并购谈判、企业并购的特定问题、跨境并购、国有企业并购、上市公司并购分别从并购项目操作层面和并购交易细节进行详细分析和介绍。每个章节尽可能遵循由浅入深的原则，先从概念入手，再介绍相关程序，最终落实到相关法律问题的分析和解决。

下篇则通过丰富的案例评析，将上篇中的理论知识与实际操作紧密结合。我们精选了多个具有代表性的并购案例，深入剖析了并购过程中的法律实务问题，如出资问题、股权代持问题、公司治理结构问题、增资或股权转让限制问题、增资时的优先权问题、对赌问题等。这些案例不仅涵盖并购的各个环节，更涉及并购中可能遇到的各种法律风险与应对策略，为并购实践提供了宝贵的经验与教训。

企业并购是一个兼具法律实务性和商务性的律师业务领域。尽管我们在过去十多年的职业生涯中，有幸参与了众多公司并购项目，积累了丰富的法律服务经验，但鉴于并购项目的多样性和复杂性，以及所涉及行业的广泛性，我们深知自己的分析和介绍难以面面俱到，可能存在疏漏或不足之处。对此，我们恳请读者不吝赐教，提出宝贵意见。

在撰写这本书的过程中，我们幸运地得到了团队伙伴和挚友的鼎力相助。他们通过各种方式，如案例的精心收集、法条的细致核对、文字的反复推敲与排版调整，以及积极参与法律问题的深入研讨等，为这本书的顺利出版贡献了宝贵的力量。在此，我们向他们表达最深的感激之情。同时，我们也希望借此机会向客户表达深深的感激之情。在过往的工作中，他们给予了我们充分的支持。他们经验丰富的法务人员和项目管理人员为我们提供了许多宝贵的知识与经验。可以说，正是他们的支持、合作与分享，使我们积累了企业并购领域的丰富经验，得以完成本书的写作。最后，要向所有支持我们工作的人致以诚挚的谢意，其中包括我们的家人、朋友、同事以及出版社的编辑们。正是因为他们的鼓励与支持，我们才得以顺利完成这本书的出版。

我们衷心希望这本书能够成为每位并购征途上的同行者不可或缺的伙伴，为他们提供坚实的支持与指导，助力他们在并购的浪潮中破浪前行，稳步实现并购目的。

**阎　丽**

**2025 年 5 月**

# 目录 Contents

## 上篇 企业并购实务问题与解答

## 下篇 典型案例评析

## 附　录　企业并购相关法律规范

# 上篇

# 企业并购实务问题与解答

# 第一章

# 企业并购的基本问题

## 一、并购的基本概念

### 1. 什么是企业并购?

企业并购,译自英文术语"Mergers & Acquisitions",即兼并与收购,是指并购方通过经济交易获得其他企业(标的企业)产权的行为。

《商务部关于外国投资者并购境内企业的规定》就外国投资者并购境内企业规定了股权并购与资产并购两种模式:

(1)股权并购。即外国投资者购买境内非外商投资企业股东的股权或认购境内企业增资,使该境内公司变更设立为外商投资企业。并购方式包括购买股权及认购增资。

(2)资产并购。即外国投资者设立外商投资企业,并通过该企业协议购买境内企业资产且运营该资产,或者外国投资者协议购买境内企业资产,并以该资产投资设立外商投资企业运营该资产。

上述"境内企业资产"指的是境内企业实质经营性资产,是其用于从事生产经营活动、与生产经营收入直接相关的整体性资产,包括但不限于商誉、业务及相关技术、设备与不动产等,但协议约定排除的资产除外。

企业并购还可按以下标准进行分类:

(1)以是否取得标的企业控制权为标准,企业并购有狭义与广义之分。狭义的企业并购仅是指取得标的企业控制权的交易行为;广义的企业并购则涵盖取得标的企业部分产权或取得控制权两种交易行为。《商务部关于外国投资者并购境内企业的规定》规定的股权并购是广义的企业并购。

(2)以标的企业是否上市公司为标准,可分为上市公司并购和非上市公司并购。上市公司并购受证券监管规定规范,同时可能受证券市场相关因素影响,与非上市公司并购相比一般更复杂、实施周期更长。

(3)按并购双方所处行业或产业链的关系划分,可分为横向并购、纵向并购和混合并购。

(4)按并购方对标的企业的态度,可分为善意并购和敌意并购。交易双方以协商方式达成的并购交易,通常为善意并购;上市公司收购中,以举牌收购方式进行的并购,通常被理解为恶意并购。

(5)按交易主体的企业性质划分,可分为外资、国资、特殊行业并购,这些企业的并购,要遵守商务部、国资委及行业主管部门的规定。

## 2. 什么是企业重组?

企业重组的内涵和特征可见于《财政部、国家税务总局关于企业重组业务企业所得税处理若干问题的通知》(财税〔2009〕59号,以下简称财税〔2009〕59号文)及《上市公司重大资产重组管理办法》的规定。

财税〔2009〕59号文从税务征收角度对企业重组进行界定:企业在日常经营活动以外发生的法律结构或经济结构重大改变的交易,包括企业法律形式改变、债务重组、股权收购、资产收购、合并、分立等。

《上市公司重大资产重组管理办法》规范的是上市公司的重大资产重组,适用于上市公司及其控股或控制的公司在日常经营活动之外购买、出售资产或者通过其他方式进行资产交易达到规定的标准,导致上市公司的主营业务、资产、收入发生重大变化的资产交易行为。

根据上述文件,企业重组须同时具备以下两个要件:(1)必须是企业在日常经营活动之外进行的交易行为;因日常经营活动进行的交易,如货物、生产设备的买卖,不论交易金额是多少,都不构成企业重组。(2)交易行为将导致重组企业的法律结构(如企业组织形式、股权结构)或经济结构(如主营业务、资产、收入)发生变化。

企业进行《上市公司重大资产重组管理办法》规定的企业重组时,可考虑按财税〔2009〕59号文的规定适用税收优惠政策。

## 3. 什么是横向并购、纵向并购和混合并购?

根据并购双方所处行业或产业链的关系不同,可将并购划分为横向并购、纵向并购与混合并购。

(1)横向并购,是指两个或两个以上生产和销售相同或相似产品的企业之间的并购。横向并购产生的规模效应可能会破坏自由竞争,形成垄断局面,因此对横向并购的管制一直是各国反垄断法的重点。

(2)纵向并购,是指并购方向其所在产业链的前端或后端扩展,与产业链上下游企业进行的并购。纵向并购的交易方之间不是竞争关系,而通常是供应商和客户之间的关系。纵向并购可能使市场交易行为内部化,增加上下游的协同,降低市场风险的同时提高产业进入壁垒,但也可能导致标的企业并购后的竞争力随市场竞争压力的下降而下降。

(3)混合并购,是指横向并购与纵向并购相结合的企业并购,或标的企业与并购方分别属于不同行业与产业链的企业并购。通过混合并购,并购方可以进军不同行业或产业领域,实现多元化经营战略。

## 4. 什么是跨境并购?

跨境并购是并购双方分处不同国家或地区的并购。跨境并购因其跨境交易属性,涉及不同国家或地区的法律和文化背景,较境内企业并购而言更复杂,具体而言:

(1)利益相关方更多。除需考虑交易主体利益之外,并购交易可能还需考虑标的企业所在地政府、当地社区、工会等相关方面的利益及态度。

(2)不确定性更高。因不同国家或地区在政治、法律、文化、财税、外汇管制等方面存在差异,跨境并购会面对更多的风险、实施障碍和更高的不确定性。

(3)交易结构更复杂。受制于不同国家或地区的投资商务审批、安全审查、反垄断审查、外汇管制、税收体制等因素,进行跨境并购交易结构设计时,需就交易路径、风险处理和税务筹划安排等事项在交易结构、流程和时间上做更多考虑,降低交易风险及成本,保障交易的顺利实施。

## 5. 什么是杠杆收购?

杠杆收购,是指收购方利用标的企业资产的经营收入支付收购过程中的大部分交易费用的收购。收购方通常以标的企业的资产或未来现金流作为抵押,向金融机构举债进行收购,完成收购后再用标的企业的收益或出售其资产来偿还债务。

杠杆收购主要有以下特点:

(1)高杠杆性。收购方只需投入少量自有资金,大部分资金通过债务融资获得,一般债务融资比例可达收购资金的70%~90%。

(2)以标的企业资产为抵押。收购方完成收购后用标的企业的资产作为债务抵押,增强了融资能力,也将偿债压力转移到标的企业。

(3)追求财务回报。收购方通常期望通过对标的企业的重组、整合和运营改善,提升其价值,在未来通过出售股权或其他方式获取高额回报。

## 6. 企业合并、收购、兼并、并购与重组是一回事吗？

企业并购在经济活动中频繁发生，长期以来，学术界、实务界从不同角度对企业并购作出规定或给出定义，导致存在一些不同的概念，常令非专业人士感到困惑。以下是与企业并购有关的一些概念：

(1)企业合并，是指一家或多家企业（被合并企业）将其全部资产和负债转移给另一家现存企业或新设企业（合并企业），被合并企业股东换取合并企业的股权或非股权支付。根据《公司法》的规定，公司合并可以采取吸收合并或者新设合并方式进行。企业合并是企业并购及重组可以采取的方式之一。

(2)企业收购，主要是指并购方收购标的企业的股权或经营性资产的经济行为。进行股权收购时，可以使用企业合并方式。

(3)企业兼并，是指并购方购买标的企业的股权或经营性资产，结果可能改变标的企业的法律结构（如法律形式或股权结构）或使其失去法人资格（如吸收合并）。企业兼并概念早年曾在国务院法规及部委规章中使用，近年较少见于法律法规规定中。

(4)企业并购。在法律实务上和经济学概念中，其是企业兼并与收购的统称，但落实到实际操作上，其主要是指股权收购和资产收购，实施时也常使用企业合并、分立等方式。

(5)企业重组。其外延更广，其是指企业在日常经营活动以外发生的法律结构或经济结构重大改变的交易，包括企业组织形式改变、债务重组、股权收购、资产收购、合并、分立等。

由上可知，企业合并是企业收购、兼并、并购及重组实施的方式之一；企业收购、兼并、并购是广义上的概念，其内涵基本相同，而企业重组的外延更广；企业收购、兼并、并购通常构成企业重组，可以综合运用各种方式进行企业重组。

## 7. 企业并购通常涉及哪些主体？

企业并购视情况可能涉及多方主体，最基本的主体是交易方。以股权并购为例，采取股权转让方式进行的并购，通常会涉及股权转让双方和标的企业。

因为并购交易的复杂性，并购双方通常会聘请中介机构协助进行交易，主要是财务顾问、律师、会计师、评估师以及工商代办等代理机构。中介机构主要从各自专业角度协助委托人推进并购项目。

并购交易也会涉及政府机关主体，如在市场监督、产权登记部门履行股权、资产的产权变更程序，向税务机关进行纳税申报，向市场监督部门履行经营者集中审批程序等。

一些类型的并购交易，如国有企业并购、公众公司并购、外资并购等，还会涉及相应的监管机构。例如：在国资并购项目中，交易方可能需要向国资监管部门履行审批程序，在法定产权交易机构履行挂牌交易程序等；在外资并购项目中，交易方可能需在商务部门、发改部门、外汇管理机关履行备案/审批程序，同时可能需要履行外资并购安全审查；在公众公司并购项目中，交易方可能需要履行证券交易所、证监会及股票登记机构等的批准及登记程序。

## 二、并购的动因与风险

### 8. 并购的动因通常是什么？

企业进行并购通常是为了追求更高收益、更大市场份额，或者提高竞争力、减少市场风险。目前上市公司进行企业并购，市值管理需要是动因之一。

根据并购方与标的企业所处行业的关系划分，并购方的并购动因通常主要有以下几类：

(1)横向并购中，并购方通过并购同行业企业，扩大经营规模，提升成本的边际效应，同时增加市场占有率，提升行业领导地位。

(2)纵向并购中，并购方通过并购上下游企业，整合产业链，在业务开展及资源匹配等方面获得与标的企业的协同效应，提升竞争力，达到“1 + 1 > 2”的效果。

(3)混合并购中，并购方通过并购其他行业的企业，快速进入新的行业领域，实施多元化战略，抵御行业竞争带来的风险。

### 9. 企业并购中，并购方通常应关注哪些主要风险？

企业并购项目中，并购方要面对的风险因素很多，以下是部分主要风险：

(1)并购战略风险。并购方开展并购，如果是基于临时决定而非基于事先制定的并购战略，在不具有整合能力和所需资源的情况下，容易导致并购后标的企业运营不达预期。

(2)法律风险，即可归于法律范畴的并购风险，所涉种类繁多，例如：

①交易结构风险。交易结构是各方为实现交易目的而对交易涉及的各种要素进行的安排和设计，形式上体现为交易方式、路径和程序的结合体。有缺陷的交易结构可能给并购交易的顺利进行造成障碍，难以全面保护交易方的利益，或会增加交易成本。

②合同条款风险。并购项目不能交割或交割后交易合同不能得到良好履行，合

同条款瑕疵常是主要原因之一。并购方容易在合同条款的严谨性、明晰性、是否反映交易方的交易目标和谈判结果、并购整合机制、合同方利益平衡及权利义务制衡等方面出现问题。

③履约风险。合同履行过程中，遇到可能影响合同正常履行的事项在所难免，交易方处理不当可能形成争议或纠纷，导致利益受损。

(3)财务风险，即可归于财务范畴的并购风险，例如：

①债务风险。标的企业可能存在隐藏负债或或有债务，并购后可能给并购方带来债务风险。

②估值风险。并购方因对标的企业的情况存在信息差，可能难以完全了解其真实情况及未来发展潜力，同时，卖方为提升标的企业的估值，常有较强动机隐瞒其真实情况或夸大其业绩，故准确对标的企业进行估值并非易事。

③资金风险。并购方的交易所需资金不足，可能导致无法按约履行对价支付义务，产生违约责任；交割后，可能影响并购后标的企业的正常经营；更有甚者，可能影响并购方自身偿债能力，导致债务危机。

(4)并购整合风险。并购整合涉及企业文化融合、经营管理配合、经验互补、业务协同、资源匹配等多方面工作，复杂度高。并购整合不力可能导致标的企业并购后经营失败。

## 10. 并购失败的原因通常是什么?

狭义的并购失败是指并购交易未能完成交割；广义的并购失败还包括并购交易虽已完成交割，但最终未实现并购目的和目标等情形。

狭义的并购失败原因通常是：

(1)标的企业不符合并购条件。即并购方经过尽职调查，发现标的企业不符合其事先设定的并购条件。例如，并购方的并购目的系取得标的企业的土地使用权以建设商业地产项目，但尽职调查后发现该土地为工业用地且无法变成商业用地，无法达成其预期目标。

(2)交易条件不能达成一致。即交易方就并购对价、支付方式、公司治理、控制权等相关事项不能达成一致，或达成一致后出现履约问题，导致不能交割。

(3)法律法规限制。即并购行为不符合法律规定，导致无法完成交易。例如，2016 年证监会修订了《上市公司重大资产重组管理办法》，对“借壳上市”作出了限制，导致中国恒大对深深房的重组计划最终走向终止。

广义的并购失败原因通常是：

(1)信息不对称，预判不准确。由于信息不对称，并购方完成并购交割后才发现标的企业存在未被发现的问题，但并购过程中未能采取适当的风险防范措施，或低估标的企业存在的问题对其后期经营的影响，导致重大经济损失，或因标的企业后期经营不达预期，不能实现并购目标。

(2)超出自身能力进行并购。并购方超出自身实力进行并购，不能配置标的企业经营所需资金、团队及其他经营要素，导致并购后标的企业运营失败。

(3)并购整合不力。并购交割后，并购方不能采取适当整合措施弥补并购给标的企业带来的负面影响，进而导致经营不达预期。

# 第二章

# 企业并购的前期准备问题

## 一、并购发展策略

### 11. 制定并购战略规划要考虑哪些要点?

并购战略规划包括并购的目的、目标以及实现路径等。制定并购战略规划是开展并购工作前的重要一步,是并购实施的指引及标的企业并购后良性经营的重要保障。

企业在制定并购战略规划时应考虑以下要点:

(1)企业发展战略。企业发展战略内容包括企业的定位、发展规划以及经营风险控制方式等。并购战略是企业发展战略的组成部分,为其服务,受其驱动及指引。

(2)标的企业的选择。在制定并购战略时,应基于发展战略,总体设定并购标的企业的条件。

(3)整合方案。整合方案主要解决如何将标的企业与己方企业进行整合的问题,包括但不限于管理团队、业务协同及资源配置等方面,确保并购目标实现。

(4)资金筹措。考虑资金筹措的方式和渠道,包括自有资金、并购贷款、股权融资、标的企业自有造血能力等方面,保证并购项目的顺利实施。

(5)并购团队组建。建立投资部门或组建由财务、法律、投资等领域的专业人才构成的并购团队,为并购战略的实施提供服务。

### 12. 如何选择并购中介机构?

企业并购涉及广泛的专业知识,包括但不限于法律、财务及业务发展等,需要相关领域的专业中介机构提供服务及指导,使并购能够良性、有序、规范进行及完成。并购中介机构的选择可从以下角度考虑:

(1)专业知识和实践经验。渊博的专业知识是中介机构提供优质服务的重要基础。具备丰富并购实践经验的中介机构,拥有更强的法律及政策把握能力,风险发现、评估、判断和控制能力,以及项目推进能力,对并购项目的成功进行非常重要。

(2)职业操守。并购项目往往涉及巨额经济利益及商业机密,中介机构应具有良好的职业操守,勤勉尽责,忠实于客户利益。若中介机构在并购交易中存在利益冲突,不利于委托方的利益保护及并购项目的推进。

(3)响应与配合。基于并购双方企业发展规划等因素的考虑,并购项目往往需要在较短周期内完成,要求并购中介高效工作,及时响应,因此,交易方选择中介机构时,应考察中介机构的工作效率,以及响应与配合度。通常而言,选择与己方位于相同区域的中介机构提供服务,可能相对效率更高、成本更低。

### 13. 为什么并购开始前就要制订退出计划?

从广义上说,并购退出计划包括以下几个层面的含义:一是并购项目进行中的终止计划;二是并购目标不能实现时的止损计划;三是股权投资的退出计划。

影响并购完成的因素很多,如并购尽调后可发现标的企业不符合并购方事先设定的条件,或双方就交易条件不能达成一致,或交易方发现难以控制的交易风险导致不能进行交割等。交易方应事先设定交易底线,一旦触及底线,则应终止交易。

并购交割完成后,也可能因为各种原因,如发生无法顺利整合等情形,并购后标的企业不能完成预先设定的并购目标,甚至严重亏损,超预期耗用并购方资源,拖累并购方自身发展。在这种情况下,并购方应如何止损,应在并购前进行考虑。

就第三类退出情形,并购本身在于通过股权收购方式参与标的企业发展,在标的企业发展壮大后,通过转让股权获得收益。在这种情形下,投资方宜基于标的企业及其所在行业的情况事先制订退出方案,并在投资协议中约定退出方式,如企业或其实际控制人回购、业绩对赌、股权转让等,以便在退出时机到来之时及时采取行动。

并购方在并购开始前就制订退出规划,有利于并购风险控制,降低或避免并购损失。

## 二、并购标的选择

### 14. 选择标的企业应遵守怎样的程序?

就并购方而言,选择并购标的企业可参考以下程序进行:

(1)标的企业条件设定。并购准备阶段,并购方先根据并购战略设定标的企业条件。

(2)标的企业检索。并购方可通过政府机构、行业协会、中介机构、互联网等各种途径检索潜在的标的企业。

(3)初步分析。对潜在标的企业,并购方可先对其情况进行初步分析,包括但不限于其行业位置、企业规模、股权结构、经营状况、资质、知识产权、法律风险等相关情况,选出可能符合并购条件的标的企业。

(4)接触标的企业。对入围标的企业进行初步接触,了解其接受并购或投资的交易意向及条件。

(5)确定标的企业。并购双方达成初步的并购或投资意向后,可确定标的企业。

## 15. 并购标的企业通常应符合怎样的标准?

不同的并购方,在企业规模、经营业绩、团队实力、资源掌握、并购目的和目标等各方面可能存在很大差异;相应地,大家在并购标的企业的选择标准上亦会不同。通常而言,标的企业的条件确定主要考虑以下几个方面:

(1)发展战略。标的企业的发展战略与并购方长远规划相符,可在市场拓展、技术研发等方面助力并购方达成战略目标,如互联网企业并购人工智能公司以提升技术竞争力。

(2)财务状况。通常应选择具有良好财务状况的企业,有稳定的营业收入和利润,资产负债率合理,如近3年净利润持续增长、资产负债率在行业合理范围内的企业更具吸引力。

(3)资产质量优质。标的企业应拥有优质资产,如先进设备、核心技术、土地房产等,且资产无重大权属纠纷和潜在风险。

(4)市场地位。标的企业应在行业中有一定市场份额、品牌知名度和客户群体,如行业排名靠前、品牌影响力大、客户忠诚度高的企业。

(5)竞争优势。标的企业应具有独特竞争优势,如技术壁垒、专利技术、高效供应链等,能为并购后的运营带来竞争优势。

(6)人力资源。标的企业应有一支经验丰富、专业能力强且稳定的管理团队,能保障企业日常运营和发展。同时,应做到员工队伍素质高、专业技能与并购后企业需求匹配,且无大规模员工流失风险。

(7)法律风险。标的企业应该股权结构清晰,无重大法律纠纷、诉讼案件及潜在法律风险,如不存在未了结的重大合同纠纷、知识产权纠纷等。

(8)合规经营。标的企业在环保、税务、劳动用工等各方面遵守法律法规,无重大违法违规记录。

此外,企业文化兼容性也很重要,并购方与标的企业在价值观、管理风格等方面差异小，将更有利于并购后的整合与发展。

## 16. 如何初步收集标的企业信息？

并购方收集标的企业信息主要分三个阶段进行：一是在筛选标的企业过程中通过公开途径收集标的企业的信息；二是与标的企业达成并购意向后，通过初步及有限的尽职调查，取得标的企业的财务报表等核心初步数据，以便并购双方协商并购估值等工作；三是双方就并购核心条件达成意向后，并购方通过正式的尽职调查向标的企业收集必要信息。

在此我们主要讨论的是第一阶段的信息收集。在这一阶段，可适当控制信息收集的范围，聚焦于初步判断的重要关注点，如所处行业位置、规模、客户情况、经营状况、法律风险等，主要可以从以下几个方面入手：

（1）企业官网。通过浏览标的企业的官网，可获取很多信息，如成立时间、发展历史、主营业务及产品、所获荣誉、客户情况及企业核心竞争力等。

（2）公司/企业年报。上市公司的年报会详细披露其财务状况、业务发展、客户及竞争对手等信息，非上市公司的企业年报可能披露财务信息及用工情况等。

（3）新闻报道。检索标的企业相关的新闻报道，了解其发展历程、重大事件、行业地位、负面舆情等信息。

（4）数据库查询。利用商业数据库，如 Thomson（汤姆森）、Bloomberg（彭博）、Wind（万得）等，查找标的企业的财务数据、竞争对手等信息；在企业信息及知识产权网站上，可查询公司历史沿革、股权结构、融资信息、知识产权及人员情况等。

（5）行业报告。查阅行业报告，了解标的企业在行业中的地位、市场份额、发展趋势等信息。

（6）法律风险。可登录企业信息披露网站，以及司法机关主办的网站如裁判文书网等，了解标的企业的商业信用和诉讼纠纷方面的信息。

需注意的是，收集数据要避免出现违法的情形。数据采集时，如不当利用爬虫等技术，擅自侵入其他平台计算机信息系统内部，需承担相应的法律责任。

## 17. 如何进行标的企业的初步尽调？

并购方初步筛选标的企业后，通常会就核心并购条件与卖方进行协商，同时，为提升工作效率，控制双方工作量，可围绕其关注的核心事项进行初步尽调。初步尽调一般可从以下方面进行：

（1）要求标的企业提供财务报表及审计报告（如有）、业务情况介绍等书面资料。如果标的企业是上市公司，可深入阅读其信息披露公告，查阅其财务报告、业务发展战略及开展情况、规范运作情况以及经营异常情况，初步评估其核心竞争力、经营业绩、财务信息、可能存在的风险及符合并购方发展战略的情况。

(2)与标的企业的实际控制人及/或高管团队进行初步接触，初步了解标的企业情况，包括但不限于标的企业的经营战略、经营团队构成、业务开展、市场地位、研发与技术、产供销体系、劳动用工、资产情况及经营合规情况等。

(3)现场考察。并购方可现场考察标的企业的经营场所及生产场地，初步了解其业务真实性、技术应用、管理水平及合规经营情况等。

在初步尽调阶段，因并购方尚未与卖方达成并购协议，标的企业可能不会提供涉及商业秘密的信息或控制提供资料的范围。作为并购中的卖方，应要求并购方与其签署保密协议，控制信息披露的范围，保护己方合法权益。

## 18. 如何开始与并购标的企业接洽？

与并购标的企业接洽可以按以下步骤进行：

(1)确定接洽对象。了解标的企业的管理层和联系方式，确定适当的接洽对象；标的企业实际控制人或董事会秘书是通常的接洽对象。

(2)拟订接洽计划。并购方应事先制订接洽计划，包括时间、地点、方式、目的、沟通内容等，使接洽有序进行。

(3)准备资料。在接洽前准备好并购方相关资料，介绍企业实力及优势等，增加对标的企业实际控制人和经营团队的吸引力。

(4)发送邀请。向接洽对象发出邀请，说明接洽目的和内容，确定接洽时间和地点。

(5)进行接洽。与接洽对象现场或通过某种通信方式沟通，介绍并购方情况，表达并购意愿，了解标的企业的情况和并购意愿。

在进行初步接洽时，需注意以下事项：

(1)尊重对方。行为举止及语言表达等各方面显示的互相尊重，能在并购双方间建立良好的沟通氛围，增加相互的吸引力，提升并购推进意愿。

(2)坦诚交流。接洽过程中，与对方真诚交流，平和陈述己方情况、合作意向和诉求，而非咄咄逼人，同时，显示合作诚意及对对方的尊重，提升沟通效率。

(3)注意保密。在接洽过程中，需注意保护双方的商业秘密，避免己方及对方利益受损、引发纠纷。

(4)寻找共同的利益结合点。接洽过程中，尽可能探究双方的利益结合点，建立信任和合作基础，增加后续合作可能性。

## 三、并购项目流程管理

### 19. 企业并购的开展通常有哪些步骤?

并购项目中,交易双方的侧重点有所不同,交易双方共同推进方能完成并购。并购项目的开展通常按以下主要步骤进行:

(1)明确并购目的和目标。并购目的和目标的确立是并购活动的出发点和落脚点,并购双方事先均会制定己方的并购目的和目标,并以此为依据及指引开展后续并购工作。

(2)达成并购意向。基于并购目的和目标,并购双方基于初步了解的对方情况达成交易意向,签订保密协议及并购意向书,开展后续工作。

(3)尽职调查。并购意向达成后,并购方自己或聘请第三方中介机构对标的企业进行全面及深入的业务、法律、财务及税务等各方面的尽职调查,完整掌握标的企业相关方面的情况及风险,并购中的卖方或标的企业亦可对并购方情况进行必要的尽职调查,为并购决策提供参考。

(4)设计交易方案。在尽职调查基础上,结合监管需求及己方并购目标和权利保护需要,并购双方进行并购交易结构和方案设计,包括但不限于并购方式、交易路径、对价支付方式及条件、税务筹划、公司治理和管理、风险控制方案等,保障并购目标的实现。

(5)谈判和文件草拟。并购双方通过谈判和交易文件草拟及签署,具体落实并购交易方案,推进并购工作的有序进行。

(6)并购交割。交割是交易双方完成约定的股权变更程序后,就相关企业资产、财务及管理资料、资产权属文件及企业变更登记文件等的交接,以及并购对价支付等事项进行的安排,是并购项目进行过程中的一个重要阶段。

(7)并购整合。并购目的及目标的实现离不开成功的并购整合,并购交割后,并购方应着力推进与标的企业的文化融合、经营管理配合、业务协同、资源配置等整合工作,促进标的企业良好运营,与并购方协同发展。

### 20. 并购架构和方案设计应考虑哪些因素?

并购架构和方案设计需要考虑许多因素,以下是一些主要事项:

(1)并购主体。并购主体是并购交易权利与义务的承载者,在设计并购方案时,需对并购买方、卖方及标的企业进行初步确定,考虑因素主要有主体条件、业务发展、风险控制及税务筹划等。

(2)估值及定价。标的企业的估值是并购交易定价的依据之一。常见的评估方法有三种:资产基础法、收益现值法和市场比较法。交易定价与交易谈判时的市场环境、并购双方情况、对价支付方式等谈判条件会相互影响。

(3)并购方式,即并购双方通过何种方式进行并购。如是股权收购还是资产收购等;如选择股权并购,是选择受让股权、认购增资还是企业合并。并购方式确定后,一旦实施,受限于交易税负及成本等因素,往往具有不可逆性。在具体并购方式的选择上,需要结合交易方并购目的、税务成本、并购风险、合规监管等因素综合考虑。

(4)对价支付。常见的对价支付方式有货币支付、股份支付、承债式支付、资产置换等。支付方式及时间不同,可能会对双方的权利义务、交易风险及税负等产生影响。

(5)并购整合。并购后的整合是并购方达成并购目的和目标的必经阶段。并购方在设计交易结构和方案时,应充分考虑并购整合涉及的要素、资源及团队安排、并购后标的企业的公司治理与管理、卖方及原经营团队的业绩承诺及补偿等利益安排、高管及卖方的竞业禁止事项,以及并购后对标的企业的控制及经营衔接等相关事项。

(6)交易流程。交易流程基于并购方式、对价支付方式及时间、税收筹划安排等设计,体现为交易路径、程序及时间表,系交易进行的指引,并体现于并购交易文件。

(7)风险控制。并购项目具有复杂性高、风险因素多等特点,因此,并购架构及方案包括风险控制方案,并应将其融入并购交易文件。

## 21. 如何利用并购意向书进行并购流程管理?

并购意向书是并购过程中的重要文件之一,是双方在初步达成交易意向后,就核心交易条件、下一步工作开展、保密事项及排他谈判权等相关事项进行约定的阶段性文件。相应地,交易方可通过并购意向书管理并购流程。并购意向书中应做到以下几点:

(1)有并购时间表。交易方可就相关并购工作的完成期限在并购意向书中进行约定,提升各方配合度和效率,推进项目按期进行。

(2)体现交易流程。双方可在并购意向书中约定项目流程,及时按约安排和跟进各项工作。

(3)设定违约条款。交易方可在并购意向书中约定双方权利义务及违约责任,对于违约行为,守约方有权按约追究其违约责任,保障并购意向书条款的执行和各方利益。

## 22. 为什么要签署保密协议?

签署保密协议的必要性主要在于以下方面:

(1)保护信息披露方的秘密信息。在并购谈判过程中,双方尤其是卖方及标的企业,需向对方交换大量信息,包括但不限于财务报表、商业计划、资产情况、产品与技术、客户清单等商业秘密。签署保密协议可对信息接收方管理及使用所收保密信息的行为进行约束,降低信息接收方恶意使用或披露保密信息的可能性。

(2)作为行为规范。保密协议可以成为交易方进行交流和使用保密信息的行为准则,避免出现误解和纠纷。

(3)出于合规要求。在涉及上市公司的并购项目中,潜在交易本身可能构成重大内部信息,需要依法进行信息披露,但交易方尚未确定交易方案,过早披露可能会给交易各方带来不便。这种情况下,签署保密协议就成为必要措施。

## 23. 并购项目中,各中介机构的职能是什么?

并购项目中,视情况不同,交易方可能会聘请财务顾问、会计师事务所、律师事务所及评估机构等中介机构参与及提供服务。该四类中介机构的职能通常如下:

(1)财务顾问/独立财务顾问。并购方根据项目情况,可以聘请财务顾问。财务顾问一般作为并购的牵头人及协调人,提供咨询服务,包括前期协助寻找合适并购标的、设计并购方案,执行过程中协助谈判、匹配融资资金等。上市公司收购项目中,在法定情况下,并购方需要聘请财务顾问,上市公司需要聘请独立财务顾问,按照《上市公司收购管理办法》的规定履行各自的职责。从事上市公司并购业务的财务顾问需要接受法律监管。

(2)会计师事务所。会计师事务所负责对标的企业进行财务尽职调查或出具审计报告。财务尽职调查是投资及并购方案设计、交易谈判、投资决策的前提,是判断投资是否符合并购战略的基础,对了解标的企业资产负债、内部控制、经营管理的真实情况,揭示其财务风险,评估其经营水平,预测并购标的未来前景起重要作用。

(3)律师事务所。律师事务所主要为并购交易提供法律服务,包括但不限于:

①提供并购前期的咨询服务,协助交易方分析并购可行性及设计并购方案,甚至协助交易方确定标的企业估值及对价支付方式。

②为交易方提供法律尽职调查服务,揭示标的企业情况及风险,提出风险控制方案。

③协助交易谈判、草拟及审阅修改并购交易文件,包括但不限于并购意向书、保密协议、并购协议及其附件等。

④协助完成并购交割,包括股权变更登记、资产权属变更登记、交割文件及资产

的转移、交易对价的支付等。

⑤协助交易合同履行,包括参与并购整合过程。交易文件签署后,因交易文件的复杂性和履行的长期性,为推动交易方按约履行合同义务,及时解决合同履行中产生的问题,化解其中风险,促进标的企业良性运营,律师参与并购交易文件履行的全过程具有必要性。

对涉及上市公司及国有企业产权的交易,律师还可提供法律意见书作为监管机构审批等参考材料。

(4)评估机构。评估机构为交易方提供标的企业市场价值的资产评估服务。资产评估专业人员依据国家有关规定和有关材料,选择适当的价值类型,运用科学方法,对标的资产的市场价值进行评定和估算,为并购标的的交易定价提供价值参考依据。

# 第三章

# 并购中的尽职调查问题

## 一、尽职调查概述

### 24. 并购项目中，为什么要进行尽职调查？

进行并购尽职调查，主要为解决以下问题：

（1）收不收的问题。通过尽职调查，并购方可对标的企业的业务、财务、税务、估值及合规等方面的情况有全面、深入的认识和理解，评估并购能否实现预期目的和目标、收购价格及条件的合理性、收购方案的可操作性，防范潜在的欺诈和误判。尽职调查是作出收购决策的前提和基础。

（2）如何收的问题。通过尽职调查，收购方可对收购方案、定价机制及支付方式、交易先决条件、交易路径及交易条件和条款等进行判断，再相应地与交易对方等相关方谈判和签署交易文件，就相关事项取得客户、债权人及监管机构的同意，进而完成收购。

（3）如何管的问题。通过尽职调查，收购方可尽可能地从各方面全面了解标的企业，并相应设计并购整合方案，促进收购完成后顺利接管标的企业，与标的企业协同发展。

### 25. 什么是并购法律尽职调查？

并购法律尽职调查，是指在并购行为中，由并购方内部法务部门及/或其委托的外部律师对标的企业开展的法律调查，目的是评估标的企业或交易对方是否符合并购条件，为设计交易结构和方案、风险管控及并购整合提供基础。在并购过程中，并购法律尽职调查通常与其他方面的尽职调查同步进行。

对并购法律尽职调查可进行以下分类：专项调查和综合调查、并购前调查与并购中调查，以及买方调查与卖方调查。

专项调查主要针对特殊目的或资产类型的并购，如通过新设子公司方式进行的资产并购，需要重点对资产权属及合规性进行尽调。综合调查常出现于股权并购中，需要对标的企业的法律状况进行全面了解，尽调内容主要包括主体存续合法性、历史沿革、股权明晰情况、企业资质、业务真实性、资产和负债、对外担保、重大合同、关联交易和同业竞争、纳税、经营合规性、劳动关系、诉讼、仲裁与行政处罚等相关法律事项。

并购前调查是指在并购合同签署前对标的企业相关法律事项进行的调查。并购中调查通常是签署并购合同后，就并购交割条件满足相关事项、交割后事项及交易方义务的履行情况进行的调查。

买方调查是指并购方出于评估标的企业的条件符合情况、管控并购风险及进行并购整合等目的对标的企业相关情况进行的尽职调查。卖方调查是并购前为促进交易、提升并购标的估值、加快并购进程等对标的企业进行的尽职调查，以及出于评估并购方实力、确定交易对价支付方式及是否有利于标的企业并购后发展与对赌业绩实现等目的对并购方进行的尽职调查。

## 26. 并购方律师进行并购尽职调查时应具备哪些思维?

在并购尽职调查中，并购方律师应具备以下思维：

（1）全面性思维。律师需要全面地了解标的企业的运营情况、合规情况、历史沿革、产权情况、资产情况及法律风险等方面的信息，为委托方提供标的企业条件符合性、交易可行性、操作惯例、市场行情、风险控制、并购后整合等各方面的信息和建议。

（2）系统性思维。律师需对标的企业的各方面进行整合和分析，系统性地考虑各项风险，并结合标的企业及交易方的情况、税收筹划等因素，对交易结构及方案进行顶层设计，为委托方提供系统性的解决方案。

（3）分析性思维。律师需要审慎分析标的企业的各种法律风险，保持合理怀疑，并结合标的企业的情况，运用必要手段和方法开展尽职调查，深入思考，穷尽疑点，发现潜在风险，特别是业务真实性、产权争议及或有负债等。

（4）判断性思维。律师需要对标的企业的各种法律风险进行判断，并根据其风险程度和重要性，向并购方提供具体处理建议。

（5）创新性思维。律师需要根据标的企业的情况，以及双方协商的交易条件，为委托方提供可操作的解决方案。项目涉及国资、上市公司、外资、税务筹划及风险控制难点事项时，律师应能够提供创新性交易方案，推进项目进行，控制项目风险及成本。

## 27. 法律尽职调查通常有哪些方法?

尽职调查总体上分为现场调查和非现场调查。

现场调查中常用的方法有:

(1)现场访谈。与标的企业股东、董事及高级管理人员和其他相关人员就企业经营等情况进行面谈,并制作访谈笔录。

(2)实地调查。到标的企业的经营场地进行现场勘察,了解企业运营情况及相关资产和业务开展等情况的真实性,在征得标的企业同意的情况下,可对调查现场进行拍照并将实地调查情况制作成调查记录。

(3)走访。必要时,对有关国家机关及其他相关机构、标的企业商业伙伴等进行走访,了解或请其确认相关事实。

非现场调查中常用的方法有:

(1)书面审阅。要求标的企业提供相关尽调资料,并对其进行审阅和分析,对记载的事实及法律风险进行评估和判断。

(2)网络核查。通过互联网核查标的企业公告、网页或者其他载体相关信息,对其相关情况进行核查验证。

(3)函证。向标的企业商业伙伴发出书面信函,请其确认相关交易事项及数据。

尽调事项只需书面凭证便可证明的,在无法获得凭证原件对照查验的情况下,或者对存有异常或需要特别关注的重大事项的,律师应当采用查询、复核、实地调查、面谈、函证等多种方式进行交叉验证。来源不同的证据材料或通过不同查验方式获取的证据材料,对同一事项得出的结论不一致的,律师应当追加必要的调查程序,做进一步查证。

## 28. 尽职调查通常的信息获取渠道有哪些?

尽职调查的信息获取渠道通常包括以下几类:

(1)境内外政府公共数据库,包括但不限于中国裁判文书网、中国执行信息公开网、国家企业信用信息公示系统、中国土地市场网、中国社会组织政务服务平台、中国商标网、全国公共资源交易平台等网站。

(2)网络公开信息,包括标的企业官方网站、公开报告、新闻报道、社交媒体等,这些信息可以直接从互联网上获取。

(3)商业信息服务提供商,如德勤、毕马威、普华永道等,它们提供的信息包括公司财务、法律、业务和市场等。

(4)行业协会和商会。这些组织通常会有关于企业和行业的信息,如行业报告、研究报告等。

(5)专业咨询公司,如麦肯锡、波士顿咨询、万得等,它们提供的服务包括市场研究、竞争情报、商业咨询等。

(6)其他渠道信息,包括但不限于:

①标的企业提供的信息,包括但不限于文件资料、陈述说明等。

②向有关国家机关、具有管理公共事务职能的组织、会计师事务所、资信评级机构、公证机构等通过走访、函证等调取的信息。

③向标的企业工作人员或者其商业伙伴等通过面谈、走访等获取的信息。

④通过实地调查获取的信息等。

需要注意的是,不同的信息渠道适用于不同的尽职调查目标,交易方需要根据具体情况选择合适的渠道。

## 二、法律尽职调查

### (一)股东和实际控制人

#### 29. 对股东和实际控制人尽调应把握哪些要点?

核查标的企业股东和实际控制人情况是律师尽调的重要工作。就此,律师尽调需重点查验以下事项:

(1)股东基本情况,包括但不限于股东资格、股东组织形式、股东基本信息、股东出资人等。

(2)股东出资情况,包括但不限于认缴出资额、出资形式、缴纳出资期限、持股比例(包括直接和间接持股比例)、实缴出资情况等。其中,对实缴出资需重点查验股东的出资凭证及是否存在逾期出资、抽逃出资等情形。以实物、知识产权、土地使用权等非货币财产出资的,应当评估作价,并办理非货币财产权转移手续;以国有资产出资的,应遵守有关国有资产评估的规定等。

(3)股东股权转让、质押、冻结、股份锁定及其他存在争议的情形,其中股权转让应重点关注市场监督管理部门登记信息与标的企业股东名册及股东实际执行的股权转让文件的差别。

(4)股东及实际控制人涉及诉讼、仲裁及执行案件情况。

(5)委托持股、信托持股、股权代持等情形。

(6)实际控制人及控制关系,包括但不限于亲属关系、投资关系、协议安排、一致行动人协议等。

(7)股东关联方情况、同业竞争及关联交易情况等,这也属于关于控股股东及实际控制人尽调特别关注事项。

## 30. 如何认定标的企业的实际控制人及控制权归属？

根据《公司法》第二百六十五条及上海、深圳、北京证券交易所的股票上市规则的规定，实际控制人是指通过投资关系、协议或者其他安排，能够实际支配公司行为的自然人、法人或者其他组织。

认定企业实际控制人及控制权归属的依据主要为股权结构、公司章程/股东协议约定或者其他安排，以及企业股东会（股东出席会议情况、表决过程、审议结果、董事提名和任命等），董事会（重大决策的提议和表决过程等），监事会，以及企业经营管理的实际运作情况。

就上市公司而言，根据《上市公司收购管理办法》第八十四条的规定，有下列情形之一的，为拥有上市公司控制权：

（1）投资者为上市公司持股50%以上的控股股东；

（2）投资者可以实际支配上市公司股份表决权超过30%；

（3）投资者通过实际支配上市公司股份表决权能够决定公司董事会半数以上成员选任；

（4）投资者依其可实际支配的上市公司股份表决权足以对公司股东大会的决议产生重大影响；

（5）中国证监会认定的其他情形。

与上市公司类似，未上市企业股权较为分散但存在单一股东控制比例达到30%的情形的，若无相反的证据，原则上应当将该股东认定为控股股东或者实际控制人。

在以下情形下，可认定存在多人共同拥有标的企业控制权：

（1）每人均直接持有公司股份或者间接支配公司股份的表决权；

（2）多人共同拥有公司控制权，一般通过公司章程、协议或者其他安排予以明确，且公司章程、协议或其他安排必须合法有效，并对发生意见分歧或者纠纷时的解决机制作出安排。

对同时存在控制股权比例达到30%的单一股东，以及持股比例较高且与第一大股东持股比例接近的其他股东的企业，在没有股东或人员能够通过投资关系、协议或其他安排实际支配公司行为的情况下，应认定该企业无控股股东及实际控制人。

## 31. 为什么要核查控股股东和实际控制人的信用信息？

信用信息，是指依法采集用于识别判断企业和个人信用状况的基本信息、债务信息和其他相关信息，以及基于前述信息形成的分析评价信息。

信用信息能够反映企业及其控股股东、实际控制人信用状况，以及是否存在未按约清偿的到期债务等情形。如标的企业的控股股东或实际控制人存在重大逾期债务或其他不良信用记录，并购方在并购交易中可能面临以下风险：

(1)控股股东或实际控制人可能被诉讼，其所持标的企业股权可能被冻结，进而导致其不能按约履行交易合同义务。

(2)控股股东和实际控制人可能通过各种方式从标的企业套取资产或向其输出利益，导致标的企业披露的财务报表或经营情况不实。

(3)标的企业可能被要求为控股股东及实际控制人负债提供担保，相应形成或有负债。

(4)标的企业控股股东和实际控制人的征信情况还可反映其商业信誉及其与商业伙伴的关系，并购方可据此评估交易文件达成后卖方的履约风险。

综上所述，核查标的企业控股股东和实际控制人的信用信息情况可以帮助评估其信用和法律风险，为并购方提供决策参考。

## 32. 控股股东或实际控制人主要不合规情形及风险有哪些?

标的企业控股股东或实际控制人不合规情形主要有：

(1)股东资格不适格或不符合特殊行业要求，如证券交易场所、证券公司和证券登记结算机构的从业人员违规持股等。

(2)出资方式及比例不符合《公司法》的相关规定，如以国有资产出资的，未遵守有关国有资产评估的规定，或者以非货币资产出资的，未评估作价及办理财产权转移手续。

(3)违反《公司法》关于公司治理程序的相关规定进行决策。

(4)违反法律规定或合同约定进行关联交易或同业竞争。

(5)违法侵占、挪用或以不公允价格使用标的企业资金、资产或其他资源。

(6)受到刑事处罚。

(7)控股股东、实际控制人涉嫌犯罪被司法机关立案侦查，尚未有明确结论意见。

(8)受到与公司规范经营相关的行政处罚，且情节严重。

(9)存在被列为失信联合惩戒对象的情形。

(10)组织、指使信息披露义务人违反规定报送有关报告或者履行信息披露义务。

控股股东或实际控制人存在上述不合规情况，可能导致标的企业股权权属不明、股权结构不稳定、股东出资不实、标的企业或其他股东合法利益受损、标的企业遭受行政处罚或经营不具有可持续性等风险，并可能形成纠纷和诉讼，影响并购交易文件的履行及标的企业并购后的运营,给标的企业及并购方造成经济损失。

## 33. 为什么要重视标的企业及其股东和实际控制人的诉讼、仲裁及行政处罚事项?

标的企业及其股东(尤其是卖方)和实际控制人诉讼、仲裁及行政处罚事项是尽职调查重点关注事项之一,其对标的企业的市场价值、持续经营能力及风险水平等可能产生重大影响。

例如,对科技型企业的并购中,取得相关专利权可能是并购方并购目的之一,如果以专利作价出资的股东尚存在针对该专利的权属纠纷,则可能导致并购目的不能实现。

又如,卖方因债务纠纷导致其所持标的企业的股权被冻结或强制执行等,会影响卖方的履约能力,形成交易履行障碍。

再如,标的企业控股股东和实际控制人如存在因对外负债发生诉讼、仲裁情形,需特别关注标的企业是否存在为其提供关联担保或向其输送利益的情况,是否存在或有负债法律风险。

## 34. 企业控制权被限制转让如何处理?

根据《公司法》的规定,公司控制权是能够对股东会的决议产生重大影响或者能够实际支配公司行为的权力,其渊源是对公司的直接或间接的股权投资关系。控制权被限制转让的情形主要有股东协议限制、章程限制、限售期/锁定期限制等。

(1)股东协议或公司章程限制。如标的企业股东协议或公司章程约定了限制控制权转让条款,应通过解除该等条款的方式消除限制控制权转让的障碍。

(2)法律限制。在标的企业为上市公司或非上市公众公司的情况下,法律及上市/挂牌规则对该等类型的监管要求可能导致其控制权在一定时期内不能转让。在此情况下,标的企业实际控制人转让控制权,应遵守监管规定要求。在全国中小企业股份转让系统挂牌公司的控制权转让中,交易各方可通过标的企业终止挂牌的方式解除限售期影响。

(3)其他限制。除上述情况,标的企业控制权转让还可能受到其他限制,如银行贷款合同等重大交易合同对企业控制权变更的限制,或者法律关于金融机构等特定行业对企业控制权变更的限制等。在该等情形下,企业控制权变更须取得合作伙伴及监管机构的同意或批准。

并购方在尽职调查过程中需要充分了解控制权转让限制的具体内容和影响,并采取相应的措施,以确保交易的合法性和可行性。

## 35. 标的企业股东人数众多如何处理?

标的企业股东人数众多的,并购实施时可能在谈判权、股权转让优先受让权或增资认购权行使、公司治理程序履行及并购后整合等方面遇到更多复杂的问题,影响项目推进效率及并购成功率。以下是一些应对措施:

(1)了解股东构成。进行尽职调查时应了解标的企业的股东结构,如股东人数、股权比例、股东间的关系、股东背景等,查明标的企业的控制权归属,以及并购将涉及的内部决策程序和或有障碍。

(2)与实际控制人或主要股东谈判。并购方应与标的企业实际控制人或主要股东进行并购协商。如标的企业无实际控制人或主要股东,并购方可要求标的企业股东推举股东代表并给予其书面授权,然后与股东代表谈判。

(3)采取合适的交易方式。并购方可根据实际情况采取适当的交易方式,在并购后原股东继续持有标的企业部分股权的情况下,可要求原股东成立合伙企业或有限公司,通过该等形式继续持有标的企业的股权,以提升并购后标的企业的股东决策效率。

## 36. 为什么及如何进行股东资格核查?

股东资格,是指主体在法律上具备成为一家公司股东的条件,享有相应权利并承担义务的法律地位,其核心在于确认该主体是否合法拥有该公司股权,并能行使股东权利。

就并购方而言,卖方具有标的企业的股东资格,才有向其转让标的企业股权的权利,因此,并购项目中,查明卖方是否具有标的企业的股东资格,对确保并购交易文件的法律效力及保护并购方的合法权益具有重要意义。

股东资格分形式要件和实质要件两个方面。形式要件,是指在公司章程、股东名册记载为股东以及登记为股东;实质要件,是指公司为股东签发出资证明书、完成实际出资、实际行使股东权利等。在尽职调查过程中,应从形式要件和实质要件两个方面对股东资格进行核查,核查资料包括但不限于公司章程、股东名册、验资报告或出资凭证、出资证明书、股东主体背景信息等,涉及股权代持、股权转让的,还应对股权代持及股权转让相关过程及履约资料进行核查。

此外,并购方具备成为标的企业股东的条件,亦是其对标的企业实施并购的一个前提条件。部分民事主体基于法律法规或者公司章程限制,在某些情况下不具备成为特定企业股东的法定或约定条件,如不具备完全民事行为能力的自然人、拟投资列入中国外资准入负面清单行业的境外投资者、不符合法定条件的上市公司收购或重大资产重组的投资人等。该等情况可能对并购方实施并购构成障碍。

因此，并购方在并购前，应对其是否具备标的企业股东条件的相关情况进行尽调，并根据实际情况选择具备条件的并购主体，或采取其他应对方案，使并购方具备成为标的企业股东的条件。

## 37. 如何尽调及处理标的企业的股东委托持股问题？

标的企业存在委托持股（代持），会涉及并购交易主体外的隐名股东利益，如处理不当，则可能损害其利益，交易文件的法律效力可能因此被质疑，甚至可能被认定无效或被撤销。因此，在并购交易中应对委托持股进行核查，并进行妥善处理。

在尽职调查中，可通过访谈及书面审查的方式，要求标的企业及卖方确认是否存在委托持股情形；如存在，要求其提供相应证据，包括但不限于股权代持协议、主管部门登记文件、股东出资凭证、投资收益分配流向凭证、公司表决权行使相关证据等。通过对委托持股中实际出资人或委托人进行访谈，进一步确定真实性。通过对标的企业其他股东访谈，了解其对股权代持的知悉及认可情况。

在确认标的企业存在委托持股情形后，须在交易文件中就委托持股事项做相应处理及约定。例如，将实际出资人、委托人作为并购交易文件主体之一，承担及享有本次并购交易文件项下显名股东的权利义务，并将交易文件交市场监督管理部门备案，或由其另行签署授权文件，授权显名股东与并购方签署并购交易文件并承认其法律效力。

标的企业及卖方否认存在委托持股的，应要求其在并购交易文件中对此作出声明与保证，并相应约定违约责任条款。

### （二）历史沿革

## 38. 核查标的企业历史股权变更应把握哪些要点？

标的企业股东及股权变更事项主要包括股权转让、增加或减少注册资本、企业合并或分立等。对此通常主要查验以下资料：

（1）标的企业历次股权变更的企业登记资料、股东会决议、董事会决议、总经理办公会议决议等，以及相应修改的公司章程（或章程修正案）；

（2）标的企业股权变动后签发的出资证明书；

（3）标的企业股权变更后出具的股东名册。

涉及股权转让的，还应核查：

（1）标的企业股东向股东以外的人转让股权的，其他股东同意股权转让的书面文件；

（2）股权转让协议文件及股权转让价款支付凭证；

（3）国有股权转让所进行的审计和评估的报告文件，国有资产主管部门就评估报告、评估结果的确认文件，履行国有产权交易程序的相关文件；

（4）其他情形下，如外商投资企业股权转让，政府主管部门按当时有效的法律规定，就股权转让的批准文件原件（如需）。

涉及企业分立、合并且适用了所得税特殊性税务处理政策，享受了税收优惠的情况下，根据财税〔2009〕59号文的规定，通常应核查：

（1）相关股东会、董事会审批文件；

（2）工商变更登记文件；

（3）价款支付凭证；

（4）适用所得税特殊性税务处理申请及主管税局备案文件；

（5）是否存在重组后取得股权支付的原主要股东，在重组后连续12个月内转让所取得股权的情况，以及重组后的连续12个月内改变重组资产原来实质性经营活动的情况。

标的企业出资或股权变更存在不规范情形的，并购方应根据具体情形查验以下文件或事项：

（1）对于注册资本的缴付存在瑕疵的，应核查瑕疵情况及所采取的补救措施，必要时要求标的企业聘请会计师及评估师出具验资复核报告、资产评估复核报告等；

（2）对于历史上存在集体企业、国有企业改制不规范的，应核查具体情况和所采取的补救措施，必要时要求标的企业请政府主管部门出具合规确认文件等；

（3）对于历史上存在国有股权转让或持股比例变动不规范的，应核查具体情况及所采取的补救措施，必要时要求标的企业请政府主管部门出具合规确认文件等；

（4）对于历史上存在委托持股、信托持股、违规职工持股的，应核查形成原因及变化过程、规范及清理情况，必要时要求相关主体或主管部门、机构出具无争议或合规确认文件；

（5）对于历史上发生的分立或合并等重组事项在程序或税务方面存在违规情况的，应视情况要求相关方采取补救措施，如出具书面文件确认无争议纠纷等，并在并购交易文件中约定相关法律责任由卖方或相关主体承担，或要求卖方及相关主体提供担保措施。

必要时，就以上情况走访相关主管人员或经办人员，并制作访谈笔录。尽调人员应论证发行人历次股权变动合法、真实、有效，不存在潜在纠纷和税务风险。

## 39. 如何看待标的企业存在的股东纠纷或潜在纠纷？

常见的股东纠纷有大股东侵害公司及小股东利益纠纷、股权确认纠纷、股东出资纠纷、股权回购纠纷、股东会或董事会决议撤销纠纷、公司盈余分配纠纷等，可能会引发股权不明晰、股权结构不稳定、公司利益受损或其他法律责任，甚至可能导致公司经营持续性受到影响。

面对上述情况时，并购方需要对标的企业的股权结构和股东之间关系进行深入尽调，与相关各方沟通，确定纠纷的性质、影响范围，尽可能通过协商达成有利于并购项目开展的方案，可视情况采用“一揽子”解决方案。

就并购方而言，为规避风险，在各方就解决方案达成一致后，可要求争议相关方签署确认书，确认争议已得到解决，不存在未决问题，未来不会对争议标的或主体再提出权利主张等。

如果股东纠纷无法得到解决，可评估其对并购项目的进行，以及并购后标的企业的整合及运营的影响，视情况决定是否进一步推进项目。如股东纠纷可能使并购方面临重大法律风险或使并购项目难以进行，亦可先等纠纷得到一定程度的解决，情况明朗之后再推进并购项目进行。

## 40. 对历史上存在国企改制的企业应关注哪些事项？

国有企业改制是一项政策性很强的工作，涉及出资人、债权人、企业和职工等多方面的利益。改制不规范则可能涉及国有资产流失、侵害债权人和职工利益等风险，可能使并购方并购后面临经济纠纷，受到经济损失；并购方对标的企业未来有上市融资安排的，改制不规范问题或纠纷可能成为企业上市的障碍。

根据《国务院办公厅转发国务院国有资产监督管理委员会关于规范国有企业改制工作意见的通知》（国办发〔2003〕96号）、《国务院办公厅转发国资委关于进一步规范国有企业改制工作实施意见的通知》（国办发〔2005〕60号）等文件的规定，对于历史上存在改制重组的标的企业，应重点关注：

（1）企业改制方案审批程序

①保全金融债权，并征得金融机构债权人的同意。对未依法保全金融债权、落实金融债务的改制方案不予批准。

②企业改制中涉及企业国有产权转让的，应严格按照国家有关法律法规及国资委等主管机关颁布的规范性文件的规定执行，企业改制涉及公开上市发行股票的，按照《证券法》等有关法律法规执行。

③国有企业改制方案需按照《企业国有资产监督管理暂行条例》和国务院国有资产监督管理委员会的有关规定履行决定或批准程序，否则不得实施改制。国有企

业改制涉及财政、劳动保障等事项的，须预先报经同级人民政府有关部门审核，批准后报国有资产监督管理机构协调审批；涉及政府社会公共管理审批事项的，依照国家有关法律法规，报经政府有关部门审批；国有资产监督管理机构所出资企业改制为非国有企业（国有股不控股及不参股的企业），改制方案须报同级人民政府批准。

④对改制方案出具的法律意见书。法律意见书由审批改制方案的单位的法律顾问或该单位决定聘请的律师事务所出具，拟改制为国有控股企业且职工（包括管理层）不持有本企业股权的，可由审批改制方案的单位授权该企业法律顾问出具。

（2）清产核资

企业改制要按照有关规定进行清产核资。清产核资结果经国有产权持有单位审核认定，并自清产核资基准日起2年内有效。另外，企业实施改制仅涉及引入非国有投资者少量投资，且企业已按照国家有关规定规范进行会计核算的，经本级国有资产监督管理机构批准，可不进行清产核资。

（3）财务审计及资产评估

①企业实施改制必须由审批改制方案的单位确定的中介机构进行财务审计和资产评估。确定中介机构必须考察和了解其资质、信誉及能力，不得聘请改制前2年内在企业财务审计中有违法、违规记录的会计师事务所和注册会计师，不得聘请参与该企业上一次资产评估的中介机构和注册资产评估师，不得聘请同一中介机构开展财务审计与资产评估。

②自企业资产评估基准日到企业改制后进行工商变更登记期间，企业资产变化应按《国务院办公厅转发国资委关于进一步规范国有企业改制工作实施意见的通知》处理。

③企业改制涉及土地使用权的，必须经土地确权登记并明确土地使用权的处置方式。进入企业改制资产范围的土地使用权必须经具备土地估价资格的中介机构进行评估，并按国家有关规定备案。涉及国有划拨土地使用权的，必须按照国家土地管理有关规定办理土地使用权处置审批手续。

④没有进入企业改制资产范围的实物资产和专利权、非专利技术、商标权、土地使用权、探矿权、采矿权、特许经营权等资产，改制后的企业不得无偿使用；需使用的，有偿使用费或租赁费计算标准应参考资产评估价或同类资产的市场价确定。

（4）职工安置

①改制方案必须提交企业职工代表大会或职工大会审议，并按照有关规定和程序及时向职工公布。

②职工安置方案必须经职工代表大会或职工大会审议通过，企业方可实施改制。

③企业改制时，对经确认的拖欠职工的工资、集资款、医疗费和挪用的职工住房公积金及企业欠缴社会保险费，原则上要一次性付清。

## 41. 对历史上存在外商投资的企业应关注哪些事项?

标的企业历史上存在外商投资的,应根据投资当时有效的法律法规及规范性文件,重点关注以下事项:

(1)外商投资企业设立及变更事项的审批及备案手续

政府主管部门对中外合资企业、中外合作企业、外商独资企业监管共经历三个阶段:

①审批阶段(1979 年 7 月 ~2016 年 9 月)。国家对中外合资经营企业、外资企业、中外合作经营企业设立和变更执行严格的事前审批程序。

②备案阶段(2016 年 10 月 ~2019 年 12 月)。国家对中外合资经营企业、外资企业、中外合作经营企业中不涉及国家规定实施准入特别管理措施的审批事项,适用备案管理。

③报送信息阶段(2020 年 1 月至今)。《外商投资法》与《外商投资信息报告办法》的施行,标志着外商投资监管由备案阶段进入报送投资信息阶段。

因此,针对历史上存在外商投资(含返程投资)的企业,除应同一般企业一样审查企业设立变更事项,还应重点根据相应历史阶段核查其设立及变更事项政府有权部门的审批或备案手续。

(2)是否办理外汇登记手续

根据《外汇管理条例》的规定,境外机构、境外个人在境内直接投资,经有关主管部门批准后,应当到外汇管理机关办理登记。根据《国家外汇管理局关于境内居民通过境外特殊目的公司融资及返程投资外汇管理有关问题的通知》(已失效),返程投资需办理(或补办)境外投资外汇登记及变更手续。因此,在核查历史上存在外商投资(含返程投资)时,应重点关注是否办理外汇登记手续(返程投资应办理境外投资外汇登记及变更手续),并核验相关文件。

(3)是否符合外商投资负面清单规定

外商投资企业在中国境内投资,应符合《外商投资准入特别管理措施(负面清单)》的有关规定。

在上述事项中,如存在不合规问题,可能影响标的企业存续的合规性,也可能导致外汇等风险。因此,并购交割前,并购方应视情况要求卖方取得政府主管部门对相关事项的合规确认,或要求卖方采取其他措施纠正违规行为,如补缴罚款等。

## 42. 并购尽调是否需要关注并购卖方的历史沿革?

并购尽调中,关注并购卖方的历史沿革有以下作用:

(1)确定谈判对象。通过核查并购卖方的历史沿革,可以了解卖方的股权及公司治理结构,进而确定其决策主体;如卖方股东众多,可要求其建立一个并购谈判的授权及决策机制,以提升谈判效率。

(2)控制交易风险。并购卖方的历史沿革中,可能存在重大股权权属争议,并进一步影响其内部就并购交易履行公司治理程序的有效性,或导致其无权与并购方进行并购交易。

因此,并购方对标的企业进行尽调时,亦应关注并购卖方的历史沿革情况,发现和评估并购卖方层面的风险,并采取相应的风险管控措施。

### (三)注册资本

#### 43. 核查注册资本出资情况应把握哪些要点?

根据《公司法》及其司法解释、《市场主体登记管理条例》、《市场主体登记管理条例实施细则》等法律法规及规范性文件的要求,核查注册资本出资情况应重点把握以下要点:

(1)股东的出资方式是否符合法律规定。

(2)股东的出资金额、出资期限、出资方式等是否和公司章程规定一致,是否履行验资程序。考虑以 IPO(首次公开募股)为退出渠道的股权投资,可尽可能要求控股股东及实际控制人提供出资银行凭证。

(3)以非货币资产出资的股东是否对出资资产享有所有权、是否依法评估作价、是否交付并办理权属变更手续。

(4)以股权出资、债转股的,出资程序是否符合法律、监管规定及司法解释的规定。

(5)股东出资是否签发出资证明书、记载于股东名册并向公司登记机关办理登记。

(6)公司增资、减资是否履行法定程序。

(7)是否存在股东抽逃出资、虚假出资的行为。

(8)对存在瑕疵的出资行为的补救措施。

#### 44. 并购卖方以非货币资产出资不合规的,并购方会面临哪些风险?

根据《公司法》及《民法典》等法律法规的规定,以非货币资产出资应满足以下条件:

(1)出资人对非货币资产拥有处分权,且无权利瑕疵或权利负担;

(2)非货币资产经依法评估作价;

(3)非货币资产交付标的企业使用;

(4)非货币资产依法办理权属变更手续。

根据《最高人民法院关于适用〈中华人民共和国公司法〉若干问题的规定(三)》的规定,以非货币资产出资不满足前述条件并无法补正时,存在以下被人民法院认定为未履行或者未全面履行出资义务风险:

(1)出资人以不享有处分权的财产出资,根据《民法典》第三百一十一条的规定,如果被投资公司不能证明其系善意取得该财产,出资人存在未依法履行出资义务的法律风险。

(2)以未依法评估作价的非货币财产出资,经委托具有合法资格的评估机构对该财产评估作价后,如果评估确定的价额显著低于公司章程所定价额,出资人存在未依法全面履行出资义务的法律风险。

(3)以需要办理权属登记的土地、房屋、知识产权出资,已经交付所出资公司使用但未办理权属变更手续,出资人存在未依法履行出资义务的法律风险。已办理权属变更登记但未交付所出资公司使用的,存在在实际交付使用前不能享有相应股东权利的法律风险。

而根据《公司法》第八十八条的规定,并购卖方作为出资的非货币财产的实际价额显著低于所认缴的出资额的,并购方将存在并购后与卖方在出资不足的范围内承担连带责任的风险;并购方不知道且不应当知道存在上述情形的,由卖方承担责任。在这种情况下,并购方存在较高的法律风险,在并购实施时需要视具体情况,采取要求卖方补缴出资等风险防范措施。

## 45. 股东抽逃出资的常见表现形式有哪些?

根据《最高人民法院关于适用〈中华人民共和国公司法〉若干问题的规定(三)》第十二条的规定,股东抽逃出资有以下几种表现形式:

(1)制作虚假财务会计报表虚增利润进行分配,如通过虚增资产、降低负债等方式导致所有者权益或利润增加,进而将虚增利润进行分配。

(2)通过虚构债权债务关系将其出资转出,如虚构买卖合同,将出资以履行债务的名义转出。

(3)利用关联交易将出资转出,如利用未经法定程序非公允的关联交易将出资转出。

(4)其他未经法定程序将出资抽回的行为。

## 46. 如何处理注册资本出资瑕疵问题？

标的企业存在股东注册资本出资瑕疵的，应核查瑕疵产生的具体原因、情况及补救措施，如核查验资复核报告、资产评估复核报告、相关主体或主管政府部门出具的无争议或合规确认文件等；必要时，就以上情况走访相关主体，进一步查明事实情况。实务中，就股东注册资本出资瑕疵问题，可视情况采取以下补救措施：

（1）要求出资瑕疵股东在合理期限内补足出资，或变更出资方式，并相应履行标的企业公司治理程序。

（2）要求出资瑕疵股东依法对作为出资的非货币财产评估作价、交付出资财产或办理权属变更手续。

（3）合理限制出资瑕疵股东利润分配请求权、新股优先认购权、剩余财产分配请求权等股东权利。

（4）在出资瑕疵股东未履行出资义务或者抽逃全部出资的情况下，解除其股东资格，减少注册资本。

（5）要求标的企业的发起人与出资瑕疵股东承担连带责任。

### （四）资产

## 47. 对资产的法律尽调应把握哪些要点？

企业资产包括但不限于土地使用权、房产、银行存款、知识产权、机器设备、原材料及产品库存等。对资产的法律尽调应重点关注资产权属和资产取得的合规性，以及资产存在权利限制及纠纷的情况。具体而言，对资产的法律尽调应把握以下要点：

（1）对经营资质及不动产、知识产权等依法需要权利登记的资产，应当取得登记机关出具的产权或资质证书。必要时应就该等产权或资质证书的真实性等事项，向登记机关进行查证、确认。

（2）对机械设备及原材料等资产，应当查验其购买合同和发票原件。购买合同和发票原件已经遗失的，应当由财产权利人书面确认。相关供应商尚存在的，应当向供应商进行查询或函证。必要时，应当进行现场查验，制作现场查验笔录。

（3）对依法需要评估才能确定财产价值的财产，应当取得有资质的资产评估机构出具的有效评估报告。

（4）对银行存款，应当查验银行出具的存款证明原件，或向开户银行进行书面查询或函证。

（5）对财产的查验，难以确定其是否存在被设定担保等权利负担的，律师应当以适当方式向有关财产抵押、质押登记部门进行查证、确认。

## 48. 在建工程尽职调查应把握哪些要点？

根据《土地管理法》《城市房地产管理法》《城市房地产开发经营管理条例》《城乡规划法》等法律法规及规范性文件的规定，在建工程尽职调查应把握以下要点：

(1)立项。了解是否需要立项，如需要立项则查清在建工程项目是否获得了当地发改委的审批，是否已经准予立项，取得了相关的项目许可文件。

(2)规划。查明是否已取得规划用地许可证，是否符合相关规划要求，如设计、环保、消防等；明确规划用地的面积、容积率，查明是否取得用地指标。

(3)土地使用权取得方式。应了解土地是国有土地还是集体土地。如系国有土地，了解土地使用权获取方式是划拨还是出让；对划拨土地进行商业开发的，应当查清是否已经获得有关部门批准，是否已补缴土地出让金；以出让方式取得土地的，应查明土地用途是工业用地、住宅用地还是商业用地，是否取得了土地使用权证或使用土地的批准文件，土地出让金是否已全部缴纳。

如果是集体建设土地，应查明其使用权取得是否获得土地管理部门批准，其流转是否符合集体用地使用权流转程序。

(4)查明在建工程项目是否取得建设工程规划许可证、建设工程施工许可证。

(5)了解在建工程是不是必须招标项目，是否依法履行了招投标程序。《招标投标法》及《必须招标的工程项目规定》对必须招标的范围有明确规定。

(6)查明项目建设的形象进度，并购方再行进场是否存在困难或障碍。

(7)查明在建工程是否存在抵押情形，如有，查明抵押资金金额及使用情况等。

(8)查明是否存在拆迁补偿安置情况，拆迁补偿安置是否符合《土地管理法》及在建工程所在地政府部门要求。

律师在核查在建工程时，不应只核查书面文件，还需到相关备案、登记部门及项目现场进行实地核查，并查询相关网站公告信息，制作查验记录。

## 49. 如何进行技术和知识产权尽职调查？

技术和知识产权尽职调查，是对标的企业技术及知识产权的情况、价值和风险等相关事项进行的调查、分析和评价。技术和知识产权尽调通常关注以下要点：

(1)技术和知识产权价值

一是总体技术布局。通过审阅标的企业提供的资料、现场观察、技术人员访谈等，了解标的企业的总体技术及知识产权布局情况，布局逻辑及知识产权构成，如专利、商标、版权及专有技术等。

二是产业化成熟度。了解标的企业的生产工艺路线、是否完成投产、技术途径是否可靠、产品是否达到批量生产及良品率等情况。

三是技术的领先性。通过公开文献查询、技术专家咨询、政府科技部门咨询等渠道，对标的企业生产技术的技术参数进行指标比较，了解技术在国内外同类技术中的领先性。

四是技术的市场价值。通过比较市场数据，了解技术对应产品的市场定位、应用场景、潜在需求、未来一定时间内的销售收入及利润预测等。

(2)知识产权风险

一是知识产权的状态、形成和使用。通过查阅知识产权证书及政府主管机关、机构的登记信息，了解知识产权的授予、转移、无效、质押、终止等法律状态；通过研发人员劳动合同及技术开发协议等，了解标的企业的知识产权权属是否明确；通过了解相关知识产权研发人员的来源等信息，了解知识产权是否可能被他人主张权利或无效或侵权；通过查阅专利许可协议等，了解相关知识产权是否许可给他人使用或源于他人的知识产权的使用权是否仍然有效；调查知识产权年费的缴纳情况，没有按照规定缴纳年费的，知识产权可能提前终止。

二是知识产权风险管控。通过查阅知识产权管理制度、管控过程资料、访谈等，了解标的企业日常知识产权风险管理工作到位情况及风险响应机制。

三是知识产权涉诉情况。通过访问中国裁判文书网等公开信息平台，了解标的企业的核心产品、技术及知识产权涉诉争议情况。

## 50. 如何看合作技术开发合同？

根据《民法典》和《最高人民法院关于审理技术合同纠纷案件适用法律若干问题的解释》等的有关规定，合作技术开发合同的尽调，除应关注通常基本条款和履行情况外，还应重点关注以下事项：

(1)合作技术开发合同的认定登记；

(2)合作技术开发合同是否对当事人违反约定造成研究开发工作停滞、延误或者失败的违约责任作出明确约定；

(3)是否对合同履行过程中，出现无法克服的技术困难，致使研究开发失败或者部分失败的风险负担作出明确约定；

(4)是否对专利申请权归属、放弃专利申请权及不同意申请专利作出明确约定；

(5)是否对技术秘密成果的使用权、转让权及收益的分配办法作出明确约定；

(6)对合作技术开发权利义务概括转让是否有限制性或者禁止性约定，以及是否可采取相应补救措施。

就上述事项及合同履行事宜，必要时访谈标的企业相关管理人员、合同对方及主管政府部门，了解实际情况。

## 51. 核查特许经营合同应把握哪些要点?

根据《市政公用事业特许经营管理办法》《基础设施和公用事业特许经营管理办法》《最高人民法院关于审理行政协议案件若干问题的规定》的有关规定,核查特许经营合同应注意把握以下要点:

(1)合法性核查。内容包括实施机构(行业主管部门或政府授权部门)是否具有法定特许权限、特许经营者是否通过竞争方式选定等,需要关注特许权取得程序的合规性。

(2)特许经营期限核查。特许经营期限最长不超过40年,对于投资规模大、回报周期长的基础设施和公用事业特许经营项目,可以由政府或者其授权部门与特许经营者根据项目实际情况,约定超过法律规定的特许经营期限。

(3)履约合规性。核查特许经营权取得企业是否存在《市政公用事业特许经营管理办法》第十八条规定的情形,包括但不限于擅自转让、出租特许经营权的;擅自将所经营的财产进行处置或者抵押的;因管理不善,发生重大质量、生产安全事故的;擅自停业、歇业,严重影响社会公共利益和安全的。存在上述情形的,主管部门应当依法终止特许经营协议,取消其特许经营权,并可以实施临时接管。

(4)业务开展资质。核查特许经营合同项下特许经营者是否取得相应的业务资质。

(5)投融资限制。核查特许经营项目投融资安排,特许经营合同是否存在以国有建设用地使用权办理抵押融资的限制条款。

(6)核查特许权经营合同中对项目移交程序、移交范围是否作出明确约定。

## 52. 标的企业使用或租赁他人资产的,并购方尽调时需关注哪些事项?

标的企业使用或租赁他人的资产通常包括办公场地、厂房、生产设备、运输工具等。在尽职调查中,并购方应重点关注以下事项:

(1)租赁资产的权属情况、涉诉情况、权利限制情况。例如,租赁资产的所有权情况,租赁资产是否附带抵押、质押或其他权利限制;租赁资产状况是否良好,是否涉及诉讼、仲裁、执行或破产程序,或者涉及国防、军工或其他国家机密用途等。

(2)租赁合规性。根据相关法律法规和监管要求,了解使用或租赁资产是否符合相关的合规要求,避免合规问题导致合同效力问题和经济损失。例如,涉及房产租赁的,需要核查房产取得及建设程序是否完善;如涉及农村集体用地,应核查土地用途的合规性及是否履行了农村集体对外租赁的内部审批程序等。

(3)租赁条件。核查租赁合同或其他租赁资产使用权文件,关注租赁物及租金数额、支付时间是否明确,租赁期限是否符合法律规定,租赁合同变更和解除的条件,租赁合同权利义务概括转让的限制性条件等。

(4)租赁合同履行情况。核查标的企业就租赁物的使用权是否存在受他人限制的情形,核查租赁物交付使用情况、租金交付凭证等。

(5)租赁合同。对资产价值或租赁市场价格进行了解,确定其合理的使用或租赁价格,避免因租金或使用费用过高而抬升经营成本,影响并购后标的企业的经营业绩。

(6)租赁登记文件。以融资租赁为例,按照国家法律法规的规定,租赁物的权属应当登记的,原始权益人是否已依法办理相关登记手续;租赁物不属于依法需要登记的财产类别的,原始权益人是否在主管部门指定登记系统进行融资租赁业务登记,登记的租赁物财产信息是否与融资租赁合同及租赁物实际状况相符。

## 53. 标的企业生产经营用地为集体用地的,应如何核查?

依据《土地管理法》《土地管理法实施条例》《农村土地承包法》《农村土地经营权流转管理办法》等法律法规的规定,标的企业生产经营用地为集体建设用地时,需核查以下事项:

(1)核查集体用地的土地规划是否为建设用地。

(2)核查自然资源主管部门就集体经营性建设用地出让、出租等提出的规划条件、产业准入和生态环境保护要求等文件,以及后期使用土地的合规性。

(3)核查集体建设用地使用权以及其上建筑物、构筑物及其附属设施的权属证书;无权属证书的,核查建设程序的履行文件。

(4)核查取得集体建设用地使用权的方式,如以招标、拍卖、挂牌或者协议等方式取得集体土地使用权,以及相关过程文件。

(5)核查集体建设用地出让、出租是否应当经本集体经济组织成员的村民会议2/3以上成员或者2/3以上村民代表的同意。

(6)核查集体建设用地出让、出租合同及自然资源主管部门备案文件。

(7)通过出让等方式取得集体建设用地使用权后,依法对集体建设用地使用权转让、互换、出租、赠与或者抵押的,核查合同签署及履行其他流转程序的书面文件。

(8)核查集体建设用地价款、租金及相关税费的支付凭证。

## 54. 标的企业生产经营用地为划拨用地的,应如何处理?

如果标的企业生产经营用地为自有划拨用地,应核查国有土地使用权权属文件及政府批准用地文件。如果标的企业生产经营用地为租赁或受让第三方划拨用地,则需核查:

(1)是否满足《城镇国有土地使用权出让和转让暂行条例》第四十五条规定的条件,即土地使用者为公司、企业、其他经济组织和个人;领有国有土地使用证;具有地上建筑物、其他附着物合法的产权证明;依照该条例关于土地使用权出让的规定签订土地使用权出让合同,向当地市、县人民政府补交土地使用权出让金或者以转让、出租、抵押所获收益抵交土地使用权出让金。

(2)市、县人民政府土地管理部门和房产管理部门批准文件。划拨土地使用权未经批准不得擅自转让、出租、抵押,否则存在被土地管理部门行政处罚的风险。

(3)土地使用权是否到期。如果土地使用权已到期,需要了解是否存在续期或重新申请使用权的可能性,以及需要满足的条件和程序。划拨土地使用权期限一般为30年至50年。

(4)土地使用权是否存在纠纷。如果土地使用权存在所有权纠纷或权属不清的情况,需要根据相关法律法规的规定,采取适当风险控制措施,并体现于并购交易文件中。

(5)土地使用权是否存在限制。需要了解土地使用权是否存在限制性条款,如不能转让、抵押,或土地用途限制等,并评估其影响。

并购方在尽调过程中,应注意与当地政府和相关部门进行沟通和协商,了解相关政策和规定,根据尽调情况,制定相应的并购策略和方案,以保证并购后使用划拨用地时符合相关法律法规等规定,避免法律风险和经济损失。

### (五)业务

### 55. 对标的企业的经营资质调查要关注哪些问题?

企业的经营资质,是指企业合法开展经营活动所必需的政府主管部门颁发的证照和许可,企业在主体资格、业务经营、产品认证、环境保护、废物处理、消防、安全生产、产品运输和特定类别产品的销售等各方面均可能需要取得经营资质。对标的企业的经营资质进行核查时,应重点关注以下事项:

(1)标的企业是否持有营业执照,实际经营业务是否与营业执照经营范围一致。

(2)标的企业所经营的业务是否属于需要取得政府主管机关专门许可的类别;如是,是否已经取得相关政府许可文件。

(3)分解企业业务经营、生产工艺流程的各环节,判断及核查企业经营全流程所需取得的经营资质。

(4)标的企业营业执照和相关业务许可是否合法有效,到期后能否继续取得,是否存在持续经营的法律障碍。

(5)标的企业经营范围及许可资质是否满足拟开展业务的需求。

(6)标的企业的生产经营符合法律、行政法规、产业政策和公司章程的规定。

(7)标的企业的业务和商业模式等是否存在违反相关法律、法规或规范性文件的情形。

(8)标的企业的外协生产商或供应商是否具有业务经营所需资质。

标的企业及其外协生产商、供应商或客户不具有应有经营资质的,可能导致标的企业受到行政处罚,并影响其持续经营能力,法律尽调时需要给予特别的关注。

## 56.如何核查标的企业业务的真实性?

针对处于不同行业、不同业务类型、不同行政区域的尽调对象,在核查业务真实性方面有不同的核查手段和侧重点。通常而言,可采取包括但不限于以下核查方法进行尽调:

(1)通过网络查询、调取企业信息档案等手段确认标的企业客户存在的真实性,关注客户的构成、性质及规模。

(2)对标的企业业务经营方式、经营性资产及业务开展情况进行实地查验。

(3)核查标的企业合法有效的财务审计报告及评估报告。

(4)核查标的企业业务经营的主要采购、销售合同及其他重要协议,抽查相关产品出库单(产品为服务的,收集服务提供方面的资料)、财务核算凭证、银行流水、银行对账单、提单(如有)、报关纳税文件(如有)等,就交易及合同履行情况对重大客户进行函证;必要时,对业务开展进行全流程穿行测试。

(5)实地走访标的企业客户经营场所,核查标的企业向其销售产品的库存及去向情况。

(6)对客户的管理人员或销售人员进行访谈,并制作访谈笔录,取得其对交易真实性的确认。

(7)查验重要客户和供应商与标的企业是否存在关联交易;如存在关联交易,需核查其存在的必要性、关联交易金额及价格的公允性等。

## 57.如何核查标的企业的商业模式合法性?

标的企业如在商业模式合法性方面存在重大瑕疵,可能受到行政处罚,甚至导致其经营不可持续,并购方应给予特别重视。商业模式核查的主要关注事项及核查方法如下:

(1)证明与资质。标的企业是否取得了业务经营所需证明与资质,如营业执照等。

(2)业务合法性。标的企业是否存在以下情况:

①非法集资、非法传销、涉嫌洗钱等违法行为;

②违法开展需要取得专业资质才可经营业务的行为;

③在业务内容及开展方式等重大方面存在涉嫌侵犯他人知识产权或消费者权益的行为,如虚假宣传、欺诈等。

就上述事项,尽调人员可以通过以下方式进行核查:

(1)查阅官方文件和网站。可通过这一渠道复核主管部门颁发的相关资质的真实性。

(2)网络检索。可通过互联网搜索相关信息,了解标的企业是否存在违法行为、虚假宣传等不良行为,以及涉及商业模式合法性等方面的诉讼、仲裁或行政处罚。

(3)联系相关部门。可以联系当地市场监督管理局、税务局、知识产权局等相关部门,了解标的企业是否存在被消费者或权利人举报、投诉等情况。

(4)进行实地调查。可以进行实地调查,了解标的企业业务开展的真实情况,理解业务内容及开展方式,评估其生产经营活动的合法性。

## 58. 标的企业的客户、供应商过于集中存在哪些风险?

客户、供应商集中,可能有利于标的企业降低交易成本,使业务得到快速发展。但是,客户、供应商集中度的提高也可能给标的企业的生产经营带来不利影响及风险。

首先,标的企业与客户、供应商经营状况的变化存在联动效应,客户、供应商因经营情况变化可能调整对标的企业的采购或供给,进而可能影响标的企业的营收或供应,甚至可能给标的企业的经营带来致命冲击。

其次,除非与客户、供应商之间存在相互依赖情况,客户、供应商的过于集中可能削弱标的企业的议价能力,迫使其在交易价格、账期等方面进行不合理让步,不利于标的企业的发展。

最后,标的企业为了巩固和客户、供应商的关系,可能需要进行针对性投资,而其一旦与该等客户、供应商的合作终止,可能会受到重大投资损失。

## 59. 如何对标的企业签订的合同进行尽职调查?

并购方就标的企业对外所签合同进行尽职调查,应把握以下要点:

(1)把握重要性。并购尽职调查通常被限定在一个较短的时间内,为提升尽调效率及发现大的风险,可考虑根据标的企业规模及初步了解的运营情况,先以金额、性质和类别为标准圈定需核查合同的范围,再收集资料及审阅。

(2)关注合同效力。审阅标的企业对外所签合同时,应关注合同约定的生效要件是否完备,是否存在违反法律及行政法规强制性规定的情况,以判断合同是否具有法律效力、标的企业的合同权利能否得到法律保护。

(3)关注合同条款的完备性。对合同进行尽调时,还应结合合同涉及业务的性质及特点,关注合同条款是否清晰和完备,评估合同是否存在严重的履约障碍、标的企业内控是否有效、合同利益能否得到保护等。

(4)关注合同履行的程序。注意对合同签订审批情况、政府主管机关登记与备案情况、合同变更情况、合同履行情况等进行核查,并可要求标的企业对合同履行情况及是否存在纠纷、诉讼等情况作出书面说明或承诺。

发现标的企业存在履约异常或对其业务开展可能产生重大负面影响的合同,应对其进一步尽调,分析并评估该重大负面影响的法律风险。如决定继续并购,应结合实际情况,提出管控相关风险的措施。

## 60. 并购尽职调查中,正常业务合同之外还有哪些类别的合同需要关注?

在并购尽职调查中,除了正常业务合同,还需要特别关注以下几类合同或条款:

(1)与员工相关的合同。如劳动合同、保密协议、竞业限制协议、员工补偿协议及股权激励协议等,这些合同关系员工权益、企业稳定发展及责任承担。

(2)与房地产相关的合同。如土地使用权取得合同、租赁合同、房屋建设合同等,这些合同通常金额大,可能涉及高额费用或成本,如其权利不稳定,可能会对企业的正常生产经营产生重大影响。

(3)与知识产权相关的合同。如知识产权开发协议、许可协议,以及业务合同中的知识产权归属条款等,这些合同关系企业的知识产权和核心竞争力。

(4)与金融相关的合同。如贷款合同、担保协议、保险合同等,这些合同关系企业的财务状况和风险管理。

(5)与投资相关的合同。通常涉及企业投资、联营事项,可能给标的企业带来较高的财务风险,甚至影响标的企业的经营战略、市场拓展及市场价值。

(6)可能限制业务开展、限制竞争或增加责任的合同。企业在业务开展过程中,可能受限于市场地位,被迫签署限制自身业务开展或承诺不竞争,或者其他增加自身责任的合同,如对其客户承诺不向其竞争对手供货等。类似情形可能影响其业务开展,减损其运营能力及市场价值,导致较大经营风险。

需注意的是,不同行业、不同企业类型的标的企业有可能存在不同的合同类型,因此,在进行并购尽职调查时,应根据标的企业的具体情况和行业特点进行核查,确保不遗漏应核查的重大合同。

## 61. 如何进行数据合规尽职调查?

随着数字经济和网络经济的发展,越来越多的行业涉及数据安全,我国也逐步建立了完善的数据合规法律体系:2017 年 6 月 1 日起《网络安全法》开始实施;此后,国家又颁布了《数据安全法》《个人信息保护法》《网络安全审查办法》《关键信息基础设施安全保护条例》等法律法规,保障网络和数据安全。企业违反上述法律规定,可能受到行政处罚,轻则受到经济损失,重则导致企业无法继续运营或持续运营受到重大影响。因此,数据合规尽调应为并购项目尽职调查的重要组成部分。根据相关法律规定及实践,数据合规尽调可关注以下要点:

(1)重点行业。以下行业的标的企业,应重点注意尽调数据合规问题:

①关键信息基础设施运营者,包括但不限于公共通信和信息服务、能源、交通、水利、金融、公共服务、电子政务、国防科技工业等行业的企业。

②涉及重要数据或核心数据的企业,包括但不限于工业、科技、电信、能源、交通、水利、金融、国防科技工业等行业。

③掌握数据达到一定规模的企业,包括但不限于如酒店、教育、电商、物流、航空、零售等行业。

(2)尽调方法。与其他事项的尽调方法相似,通常使用的数据合规尽调方法包括但不限于问卷调查、审阅资料、网络检索、实地调查、访谈、产品或设施使用、穿行测试等。

(3)尽调角度。进行数据合规尽调,可从以下角度把握尽调的系统性:

①核查标的企业的业务模式及业务链条、数据使用场景,甄别标的企业在数据处理活动中的角色、责任和义务。

②检视标的企业数字化业务使用的工具和系统,包括但不限于网站、App(应用程序)、微信公众号、小程序等。

③观察标的企业的业务流和数据流,包括但不限于数据收集、存储、使用、加工、传输、提供及删除等。

(4)尽调关注的问题点主要涉及以下事项:

①标的企业的资质,包括但不限于 ICP(网络内容服务商)许可、ICP 备案、网络安全等级保护备案或相关认证等。

②标的企业的数据安全内控机制,包括但不限于组织架构与职责划分、数据合规制度建设及执行情况、数据加工处理技术措施和安全防护技术措施、网络信息系统安全等级保护情况、数据安全教育培训情况等。

③数据资产的情况,如标的企业日常经营活动涉及的数据类型及数据字段、是否涉及个人信息和敏感个人信息、是否涉及重要数据或核心数据,各类数据的数量、敏

感程度,以及并购交易涉及的数据资产的真实性和数据质量等。

④数据来源的合法性,主要包括以下方面:

第一,个人信息获取方式的合法合规性,包括但不限于收集个人信息是否制定了隐私政策,是否获得了个人信息主体的同意。

第二,以数据爬虫方式获取信息的合规性,包括但不限于标的企业是否存在违反信息来源网站的爬虫协议抓取信息的情况。

第三,数据采购合规性,包括但不限于标的企业进行数据采集履行的审核程序,所采购数据的来源、获取和使用方式的合法性等。

⑤标的企业与其经营活动的主要相关方、数据的接收方之间签订的有关数据处理行为的法律文件,以及各方主体是否采取了必要的数据安全保障措施、是否履行了数据安全保护义务。

⑥安全事件,标的企业是否发生过数据及网络安全事件,包括但不限于是否遭受过网络攻击或网络入侵,是否发生过个人信息泄露、损毁或丢失事件等。

⑦诉讼与纠纷,标的企业是否发生过数据安全相关诉讼与纠纷,包括但不限于被投诉、举报、民事起诉、行政或刑事调查或起诉等。

(5)数据合规差距分析。根据《网络安全法》《数据安全法》《个人信息保护法》等相关法律法规、标准文件的规定,比照、分析标的企业的实际情况与法律规定之间存在的差距,梳理标的企业的数据合规风险。

## 62. 如何对标的企业的经营合规性进行尽调?

标的企业经营不合规,轻则可能受到行政处罚,遭受经济损失,影响正常经营;重则可能丧失持续经营能力。并购方可按以下思路对标的企业进行经营合规性尽调:

(1)法律研究。基于标的企业的业务,研究其所在行业的法律监管体系,该项工作进行时可参考同行业企业的市场研究报告或企业上市招股书。

(2)业务流程分解。分解标的企业的业务链条及涉及的方面,如主营业务、商业模式、产品、采购、生产、销售、研发、物流、融资等各环节,以及经营证照、产品资质、资产、环保、消防、用工等各方面,审视其运营合规所需资质、合规条件满足及实际运行情况。

(3)了解纠纷和处罚情况。并购方可核查标的企业受到的行政处罚及诉讼纠纷情况,以及相关财务科目中款项及费用的支出情况,从中发现可能存在的经营不合规问题。

就经营合规性尽调,实践中通常采取的方法主要有资料审阅、现场查验、网络核查、高管人员访谈、客户/供应商访谈及政府机关访谈等。

## 63. 如何把握对标的企业供应商的尽调？

加工商、服务提供商等供应商运营不合规会给标的企业带来风险，例如：

（1）供应链风险。供应商运营不合规，如存在严重环保问题，可能被监管部门责令整改，影响其自身运作，进而降低标的企业供应链的稳定性和可靠性，给标的企业的正常运营带来隐患，甚至造成重大经济损失。

（2）合规风险。供应商运营不合规，可能给标的企业带来合规风险，例如，在国际贸易中，国内企业如违反劳动用工法律法规，可能面临其他国家的严重贸易制裁。

（3）品牌形象风险。标的企业使用存在运营合规性问题的供应商，可能会对标的企业的品牌形象和声誉造成负面影响，损害其市场竞争力和长期发展能力。

因此，对标的企业尽调时，不可忽视对其主要供应商的尽调。尽调主要关注以下方面：

（1）综合情况。对标的企业供应商情况进行初步评价，可从企业规模、经营资质、技术和知识产权、客户、荣誉、业界声誉等多维度进行，评估其实力及履约能力。

（2）经营资质。关注供应商是否具备履约所需的经营资质及其持续满足情况，包括但不限于必需的产品认证、环保资质等，保证供应商的适格性。

（3）履约记录。关注供应商履约期间向标的企业提供的产品及服务，在质量及期限等方面是否符合合同约定，是否具有良好信用，以决定并购后是否继续合作。

## 64. 如何评估标的企业的持续经营能力？

评估标的企业是否具有持续经营能力，可参考的因素很多，总体可分为内部因素及外部因素两类：

（1）内部因素。主要考虑其自身定位和业务发展情况：

①标的企业的人员、机构、业务、财务、资产是否独立于控股股东、实际控制人及其控制的其他企业。

②商业模式和市场是否已经或将发生重大不利变化，如直销变更为经销、市场由境外转向境内、客户由大客户变为小客户等。

③产品或服务的品种和结构是否已经或将发生重大不利变化，如产品种类或业务大幅增加或减少等。

④业务是否存在被动转型情况，且导致营业收入、毛利率、成本费用及盈利水平出现重大不利变化，尚未出现明显好转趋势。

⑤重要客户（供应商）本身发生重大不利变化，如对少数客户存在重大依赖，而该等客户被并购，或生产经营出现重大困难，或丧失该等客户订单等。

⑥标的企业是否存在生产停滞、资产存在重大减值的风险。

⑦业务是否存在重大缺陷，如产品单一、业务开展区域受到限制、缺乏核心技术等。

⑧商标、专利等无形资产是否存在重大风险，如支持业务发展的核心专利可能侵害他人知识产权等。

⑨标的企业多项业务数据和财务指标呈现恶化趋势，短期内未见好转迹象。

⑩净利润是否主要来自合并财务报表范围以外的投资收益（最近 2～3 个会计年度）。

⑪业务发展是否符合基本的商业逻辑和行业惯例。

（2）外部因素。主要观察市场环境及监管政策对标的企业持续经营的影响：

①标的企业所处行业的市场环境是否已经或者将发生重大不利变化，如出现周期性衰退、产能过剩、市场容量骤减、增长停滞等情况。

②监管环境是否已经或将发生重大不利变化，如淘汰落后产能、医药行业“两票制”、游戏产业手游等必须经过审批、煤改气、国家产业结构调整目录、资质的要求与放开等。

③国际贸易政策是否已经或将要发生重大不利变化，如反倾销和反垄断、贸易壁垒、政治因素、金融危机等。

④行业上下游供求关系是否已经或将要发生重大变化，如原材料采购价格或产品售价出现重大不利变化等。

如标的企业在上述方面存在严重的负面情况，则应质疑其是否具有持续经营能力，在针对不利因素做充分应对准备后，再进行并购。

### （六）公司治理和管理

### 65. 为什么要了解标的企业的公司治理情况？

公司治理，是指诸多利益相关者通过一系列制度安排和机制设计，对公司进行管理和控制，以保障公司有效运作、实现各利益相关者利益平衡和公司长期目标的一种制度架构和运行机制。

了解标的企业的公司治理情况，对评估其运营水平及风险，控制并购程序风险具有重要意义。

第一，评估经营水平。良好的公司治理实践能够保障标的企业依法依规规范运作，选择优秀的经营管理人才，并促使董事、高级管理人员勤勉尽责，提升经营管理水平和业绩；在产权与经营权分离的情况下，降低经营层的代理成本。了解标的企业的公司治理情况有助于准确评估其经营水平、决策效率和风险控制能力。

第二，识别潜在风险。公司治理方面存在严重问题的企业，容易相应形成一些潜在风险，如管理混乱、内控不规范、管理者非法牟利，甚至财务造假等。通过了解公司治理情况，可对标的企业的内控及风险情况进行评估。

第三，并购程序履行的需要。通过对标的企业章程，"三会"（股东会、董事会、监事会）议事规则；特殊表决权安排及一致行动人协议等的尽职调查，能够判断标的企业对并购项目应履行的公司治理程序，并在并购交割时核查相关程序的履行情况，确保并购程序合法有效。

## 66. 对标的企业董事及高管的尽职调查应关注哪些方面？

对标的企业董事和高管情况的尽调，有助于并购方评估董事、高管的个人素质、能力和其对标的企业发展的作用，以及标的企业的经营水平和未来发展前景，便于进行并购后的企业运营团队人员安排。

并购尽职调查中，对于董事和高级管理人员应重点核查以下事项：

（1）了解标的企业董事和高管的背景、学历、工作经历、社会关系等情况，以及是否存在违法违规行为或者不良记录。

（2）了解董事和高管在标的企业经营中的职能和责任。

（3）调查董事和高管是否与标的企业存在同业竞争、关联交易，以及以其他方式由标的企业向其输送利益或向标的企业输送利益的情况。

（4）了解董事和高管的合规及风险情况，包括是否存在违法违规或违反公司政策的行为，是否存在诉讼、仲裁等案件。

（5）关注标的企业的董事、高管和核心技术人员的变化情况，以及相关变化是否可能给标的企业的持续经营带来重大负面影响。

## 67. 为什么高级管理人员的考核与激励机制很重要？

高级管理人员的考核和激励机制在公司治理中的重要性主要体现在以下几个方面：

（1）吸引与留住人才。在竞争激烈的人才市场，明确且具有吸引力的考核和激励机制，如丰厚的薪酬、股票期权等，对优秀高级管理人才具有强大吸引力，能使公司在人才竞争中脱颖而出。同时，合理的考核激励机制能让现有高管感受到自身价值得到认可，增加其对公司的忠诚度和归属感，减少人才流失，避免高管频繁变动影响公司稳定发展。

（2）促进业绩提升。通过设定明确的考核目标，如年度营收增长、市场份额提升等,能使高管明确工作方向;激励机制将个人利益与公司业绩挂钩,如绩效奖金、分红等,激励他们发挥专业能力,为实现公司目标全力以赴。

(3)推动创新与变革。适当的激励机制可鼓励高管勇于尝试新的管理模式,进行业务拓展和技术创新,敢于承担风险,推动公司变革,以适应市场变化,提升公司竞争力。

(4)完善公司治理。考核机制使高管对自身决策和管理行为负责。其未能达到考核标准,将面临相应惩罚。这促使他们谨慎决策、勤勉履职,减少道德风险和逆向选择。合理的考核和激励机制也是协调股东与高管利益的重要手段,使高管在追求个人利益最大化的同时,也能实现股东财富最大化,保障公司长期稳定发展。

(5)塑造企业文化。以业绩为导向的考核和激励机制,向全体员工传递努力工作、追求卓越的价值观,营造积极向上的工作氛围,引导员工为实现个人和公司目标努力奋斗。如果激励机制不仅关注个人业绩,还重视团队协作和整体目标达成,则能促进高管之间、高管与员工之间的合作与沟通,提升团队凝聚力和战斗力。

## 68. 对员工持股及其他员工福利计划尽调应关注哪些事项?

在并购项目中,对标的企业的员工持股及其他员工福利计划,应重点关注以下事项:

(1)员工持股及其他员工福利计划的内容。了解相关员工激励计划的具体条款,评估员工持股及其他员工福利计划等的实施是否可能给并购后的标的企业或并购方造成重大经济责任或风险。

(2)激励效果。评估员工激励机制对员工激励的作用,以及并购后是否需要进行调整。好的激励机制能够激发管理团队及员工的积极性和创造力,提升员工的稳定性和企业的凝聚力。

(3)持股员工权益保护。并购方应保障并购后标的企业员工在相关激励机制中的权益,尽可能避免并购后对已经实施的员工持股计划及其他福利计划的负面调整或取消,进而对标的企业运营产生不良影响等。

(4)财务费用和税务问题。员工持股计划的执行可能产生股份支付费用,影响标的企业税负,并进一步影响标的企业的财务报表数据。

(5)员工持股计划的合规性。评估员工持股计划的合规性,避免导致实施受阻或产生不确定性,影响员工信心。

## （七）关联交易与同业竞争

### 69. 关联方的范围包括哪些？

《公司法》《企业会计准则第 36 号——关联方披露》《上市公司信息披露管理办法》《上海证券交易所股票上市规则》《深圳证券交易所股票上市规则》《北京证券交易所股票上市规则（试行）》等法律及规范性文件均对关联方进行了规定。关联方的认定应视情况综合上述法律及规范性文件进行。

根据《公司法》第二百六十五条的规定，关联关系，是指公司控股股东、实际控制人、董事、监事、高级管理人员与其直接或者间接控制的企业之间的关系，以及可能导致公司利益转移的其他关系。但是，国家控股的企业之间不仅因为同受国家控股而具有关联关系。

《企业会计准则第 36 号——关联方披露》第四条对关联方的范围做了进一步的界定，包括：(1)该企业的母公司。(2)该企业的子公司。(3)与该企业受同一母公司控制的其他企业。(4)对该企业实施共同控制的投资方。(5)对该企业施加重大影响的投资方。(6)该企业的合营企业。(7)该企业的联营企业。(8)该企业的主要投资者个人（指能够控制、共同控制一个企业或者对一个企业施加重大影响的个人投资者）及与其关系密切的家庭成员。(9)该企业或其母公司的关键管理人员（指有权力并负责计划、指挥和控制企业活动的人员）及与其关系密切的家庭成员（指在处理与企业的交易时可能影响该个人或受该个人影响的家庭成员）。(10)该企业主要投资者个人、关键管理人员或与其关系密切的家庭成员控制、共同控制或施加重大影响的其他企业。

上市规则规定的关联方范围更广泛和具体。根据《上海证券交易所股票上市规则》第6.3.3条第一款的规定，上市公司的关联人包括关联法人（或者其他组织）和关联自然人。

该条第二款规定，具有以下情形之一的法人（或者其他组织），为上市公司的关联法人（或者其他组织），“（一）直接或者间接控制上市公司的法人（或者其他组织）；（二）由前项所述法人（或者其他组织）直接或者间接控制的除上市公司、控股子公司及控制的其他主体以外的法人（或者其他组织）；（三）关联自然人直接或者间接控制的、或者担任董事（不含同为双方的独立董事）、高级管理人员的，除上市公司、控股子公司及控制的其他主体以外的法人（或者其他组织）；（四）持有上市公司 5% 以上股份的法人（或者其他组织）及其一致行动人”。第三款规定，“具有以下情形之一的自然人，为上市公司的关联自然人：（一）直接或者间接持有上市公司 5% 以上股份的自然人；（二）上市公司董事、高级管理人员；（三）直接或者间接地控制上市公司的法人

(或者其他组织)的董事、监事和高级管理人员;(四)本款第(一)项、第(二)项所述人士的关系密切的家庭成员"。第四款、第五款规定:"在过去12个月内或者相关协议或者安排生效后的12个月内,存在本条第二款、第三款所述情形之一的法人(或者其他组织)、自然人,为上市公司的关联人。中国证监会、本所或者上市公司可以根据实质重于形式的原则,认定其他与上市公司有特殊关系,可能或者已经造成上市公司对其利益倾斜的法人(或者其他组织)或者自然人为上市公司的关联人。"

上市公司与前述第6.3.3条第二款第(二)项所列法人(或者其他组织)受同一国有资产管理机构控制而形成该项所述情形的,不因此构成关联关系,但其法定代表人、董事长、总经理或者半数以上的董事兼任上市公司董事、监事或者高级管理人员的除外。

## 70. 主要商业伙伴为标的企业关联方,可能存在哪些风险?

标的企业的主要商业伙伴为其关联方,可能存在以下风险:

(1)损害企业的独立性。如果标的企业与关联方的交易金额占标的企业收入或采购金额比重很高,或在资产、人员、供应链、销售渠道或技术研发等方面依赖于关联方,可能损害标的企业的独立性,并购后如关联方切断与标的企业的合作,标的企业持续经营能力可能因此严重受损。

(2)影响企业经营业绩真实性。标的企业的主要客户、供应商为关联方时,标的企业可能通过关联交易调节其财务报表,虚增标的企业的经营业绩,提升标的企业估值和售价。

(3)导致利益输送。标的企业的关联方可能通过关联交易从标的企业向其输送利益或制造虚假债权债务,从而损害标的企业及其非关联股东乃至债权人的利益,影响标的企业的市场价值及其后续发展,还可能给标的企业带来法律风险。

(4)税收调整风险。根据《税收征收管理法》的相关规定,企业与其关联企业之间的业务往来,应当按照独立企业之间的业务往来收取或者支付价款和费用,否则税务机关有权调整其纳税额。也就是说,如标的企业与关联方之间的交易价格不公允,公司可能存在被责令补缴税款、缴纳滞纳金、罚款等税务风险,给并购后的标的企业造成损失。

因此,在对标的企业的重要合作伙伴进行尽职调查时,需要对其是否为标的企业的关联方、交易占比以及交易价格的公允性进行调查,以评估和判断相关风险。

## 71. 什么是同业竞争？

同业竞争通常是指企业控股股东、实际控制人及其控制的其他企业所经营的业务与该企业的主营业务相同或相似，与该企业构成竞争的情形。

企业与关联方构成同业竞争时，其与关联方在历史沿革、资产、人员等方面常有千丝万缕的联系，在供应商、客户及生产工艺等方面存在相同性，双方业务通常具有替代性、竞争性，存在利益冲突。

同业竞争的存在可能会导致企业的控股股东、实际控制人不公平地分配经营资源，或操控企业向关联方输送利益，或向其让渡商业机会，给企业未来发展带来不利影响。

## 72. 为什么要禁止卖方与标的企业进行同业竞争？

在并购交易文件中，禁止卖方与并购后的标的企业进行同业竞争的条款十分常见，其核心是为了保护并购方及标的企业的利益。主要原因如下：

（1）为了维护并购方的利益。卖方在先前经营标的企业过程中掌握了其生产技术、市场信息、销售及供应商渠道等，并对经营团队具有影响力，如果允许卖方在并购后与标的企业进行竞争，其很可能与标的企业争夺资源和市场，进而给标的企业及并购方造成损失。

（2）为了维护市场秩序。禁止并购后卖方与标的企业进行同业竞争，可以避免卖方利用先前掌握的资源优势与标的企业进行恶性竞争，或者恶意使用或泄露并购后标的企业的商业机密、技术诀窍、客户信息等，有助于维护市场秩序，避免市场混乱。

（3）为了聚焦核心业务。并购后如卖方继续负责标的企业的经营，禁止其与标的企业同业竞争可使其专注于标的企业的经营，集中资源进行技术研发、市场拓展、管理提升等，增强其核心竞争力，保持其可持续发展能力。

（4）为了稳定员工队伍。同业竞争可能导致标的企业员工队伍人心不稳，员工担心企业发展前景，进而影响工作积极性和稳定性。因此，禁止同业竞争有利于保持标的企业经营团队和员工队伍的稳定，为企业的持续发展创造良好条件。

## 73. 如何处理标的企业关联方同业竞争问题？

对于标的企业关联方同业竞争问题，并购中可通过以下方式处理：

（1）收购关联方或关联方相似业务。通过这一方式，标的企业可实现标的企业和关联方的业务整合，既解决同业竞争的问题，又可以扩大标的企业的资产及业务规模。

(2)将关联方的股权或其竞争业务转让给第三方。通过股权或者资产转让的方式,将竞争业务转让给非关联第三方。但采用这一方式,需防范关联方采取关联方非关联化等方式进行虚假转让。

(3)注销关联方或关联方停止竞争业务,永久且彻底解决同业竞争问题。

(4)通过市场分割协议、承诺避免同业竞争等其他方式降低同业竞争不利影响。但这种解决方式将来容易产生争议或纠纷,未必能彻底解决同业竞争问题,应谨慎采用。

## (八)债权债务

### 74. 为什么要重视标的企业负债的尽调?

标的企业的负债情况是并购交易中的一个重要考虑因素。对标的企业负债的尽调的作用主要如下:

(1)评估财务情况及经营风险。通过对标的企业负债的尽职调查,可以了解标的企业的债务类型、规模、期限和偿债能力,以及重大合同是否存在履约障碍等,有利于并购方合理确定收购对价及其支付方式和条件、步骤。

(2)防范或有负债风险。对标的企业债务进行尽调,可对其可能涉及的担保责任、行政处罚及诉讼风险等或有负债进行合理预估,并通过交易对价确定及支付安排采取相应的风险防范措施。

(3)确认清算账户。在并购交易中,如果标的企业存在不良账款或者潜在负债,则需要在交易进行中或完成后进行清算。通过对标的企业负债的尽职调查,可对清算账户设立及债权债务清算事项进行安排,并且避免清算过程中出现问题。

(4)确保交易顺利完成。如果标的企业负债高或者偿债能力不足,可能会造成并购交易障碍。此外,债权人与标的企业之间的借贷合同中可能涉及标的企业的资产或控制权转移时需要经过其同意的约定,通过尽调,可针对标的企业负债情况及该等与债权人的协议约定,采取相应处理措施及交易架构安排,减少交易风险,确保交易顺利完成。

### 75. 如何对标的企业的负债进行尽调?

为全面掌握标的企业负债情况,尽职调查可采取现场调查和书面调查相结合的方法进行,以下是一些常规的尽调方法:

(1)资料审阅。书面审查标的企业经审计的财务报告、财务报表、序时账、合同台账等财务资料,以及与业务相关的文件,包括但不限于采购合同、销售合同、借款合同、担保合同、OA（办公自动化）审批记录、公司印章使用记录及仲裁文件、判决裁定书、执行通知书等。

（2）网络检索。通过登录百度、天眼查、企查查、信用中国、各大法院的官网、中国裁判文书网、主管部门官网等公开网络渠道查询标的企业是否存在因环境保护、知识产权、产品质量、劳动安全、人身权等产生的侵权案件或其他诉讼、仲裁案件等，必要时走访相关行政主管部门进行了解和确认。

（3）现场访谈。访谈标的企业实际控制人、高管、业务部门员工、法务、债权人，了解重大合同的真实性及合法性、债务类别，以及是否存在担保、合同履行情况，是否存在履约障碍及潜在纠纷等，了解是否存在异常交易，并从中发现未知负债及或有负债等线索，必要时可要求标的企业及其实际控制人、控股股东提供标的企业的负债明细或说明。

（4）函证。向标的公司的债权人发送询证函，函证确认负债金额及债务清偿状态等，确认标的公司账面所记载的负债金额与实际情况相符。

（5）分析与判断。对尽调收集的标的企业负债资料及信息进行分析，评估其财务状况及风险，就是否收购、企业估值以及风险防范措施等相关事项进行决策。

## 76. 如何管控标的企业或有负债风险？

并购项目中，就标的企业或有负债风险管控可采取以下措施：

（1）尽职调查。在并购交易前，对标的企业的负债情况进行深入调查，了解和评估标的企业可能存在的或有负债风险。

（2）公告。根据项目实际情况，就标的企业的或有负债事项，向潜在债权人进行公告，要求其及时向标的企业申报或主张权利。

（3）合同管控机制。在草拟交易文件时，可通过约定分期付款或者要求卖方或标的企业实际控制人提供担保或支付保证金等方式，以及约定陈述与保证条款、违约责任条款等，敦促标的企业、卖方及时披露或有负债，确保并购后发现标的企业存在未披露的或有负债时，由卖方承担违约责任，避免标的企业及并购方受到经济损失。

（4）履约控制。在交易文件履行过程中，严格审核并购交易及付款前提条件的满足情况，以便在或有负债风险出现或有合理理由预见可能发生时，并购方能够及时止损而不构成违约。

## 77. 如何对标的企业的对外债权进行尽调？

标的企业对外债权的真实性及可实现性，可能对并购后标的企业的财务情况产生重要影响，应予重视。其尽调步骤及关注点主要如下：

（1）收集债权资料。通过收集标的企业的财务报表、债权合同、担保合同、银行对账单、诉讼文书等相关资料，初步了解标的企业的对外债权、担保情况及其法律效力。

(2)了解债务人情况。通过资料收集、网络检索、实地考察及访谈等方式，了解标的企业主要债务人(包括担保人)相关情况，如信用状况和经营情况等，判断应收账款清偿的可能性。

(3)函证。向标的公司的债务人发送询证函，函证确认债权金额及债务清偿状态等，确认标的公司账面所记载的债权金额与实际情况相符。

(4)评估影响。根据尽调情况，评估标的企业的对外债权对标的现金流等企业财务情况及并购交易的影响，合理确定并购交易对价及支付条件，并可视情况采取不良债权的风险防范措施，如要求卖方剥离标的企业高风险应收账款等。

### (九)劳动与社会保障

### 78. 如何进行人力资源尽职调查？

人力资源尽职调查，是对标的企业的人力资源情况、人力资源战略、组织机构设置、人力资源质量和成本、企业文化、人力资源管理风险及其对企业的影响等进行的调查，可为谈判议价和并购决策提供人力资源方面的依据，并为收购后的整合方案和人力资源决策制定提供基础。人力资源尽调可把握以下要点：

(1)人力资源信息收集与分析。尽调应收集标的企业的人力资源信息，包括但不限于员工数量、名单、工资单、福利手册、培训记录、绩效考核情况等，分析员工构成，如员工的性别、年龄、学历、工作经验、职位等，评估标的企业人才结构的合理性，为并购后的人员安置方案提供基础。

(2)了解员工福利及激励机制。了解标的企业的员工福利政策，如社保、住房公积金、带薪休假及薪酬和激励机制等，了解员工的满意度及稳定性，评估管理层和核心技术人员激励和约束机制的有效性；同时，评估并购后人力资源调整所需的成本。

(3)分析员工培训和绩效。分析标的企业的员工培训和绩效考核情况，包括员工培训计划、培训内容、培训效果、绩效考核标准和结果等，为并购后员工能力提升规划提供基础。

(4)评估劳动用工合规性及风险。分析规章制度制定、劳动合同(含保密协议和竞业协议)签署、工资发放、加班工资、社保、住房公积金、人员流动和职位变动等方面管理的合规性，核查标的企业在劳动用工方面的诉讼、仲裁、投诉情况及行政处罚情况，评估潜在的不合规风险，相应采取并购风险管理措施。

## 79. 标的企业未与员工签订劳动合同，可能导致什么法律风险？

标的企业未与员工签订劳动合同，可能导致以下法律风险：

根据《劳动合同法》第八十二条的规定，用人单位应自用工之日起 1 个月内与劳动者订立书面劳动合同。超过 1 个月不满 1 年未与劳动者订立书面劳动合同的，应当向劳动者每月支付 2 倍的工资。

根据《劳动合同法》第十四条第三款的规定，用人单位自用工之日起满 1 年不与劳动者订立书面劳动合同的，视为用人单位与劳动者已订立无固定期限劳动合同。无固定期限劳动合同，是指用人单位与劳动者约定无确定终止时间的劳动合同。这类合同的签订会在一定程度上增加标的企业解除员工劳动合同的成本和程序复杂度。

## 80. 标的企业未依法为员工缴纳社保费、住房公积金的法律风险有哪些？

标的企业未依法为员工缴纳社保费、住房公积金的，将会被主管部门责令限期足额补缴，面临支付滞纳金、罚款或被采取强制措施的法律风险。同时，用人单位未为劳动者缴纳社保的，劳动者可依法解除劳动合同并要求用人单位支付经济补偿。以下是部分相关法律规定：

（1）根据《社会保险法》第八十六条的规定，用人单位未按时足额缴纳社会保险费的，由社会保险费征收机构责令限期缴纳或者补足，并自欠缴之日起，按日加收 5‰ 的滞纳金；逾期仍不缴纳的，由有关行政部门处欠缴数额 1 倍以上 3 倍以下的罚款。

（2）根据《社会保险法》第六十三条第一款、第二款的规定，在标的企业被责令限期缴纳或者补足后，逾期仍未缴纳或者补足社会保险费的，社会保险费征收机构可以向银行和其他金融机构查询其存款账户；并可以申请县级以上有关行政部门作出划拨社会保险费的决定，书面通知其开户银行或者其他金融机构划拨社会保险费。

（3）根据《劳动合同法》第三十八条第一款第（三）项的规定，未依法为劳动者缴纳社会保险费的，劳动者可依法解除劳动合同，并可要求标的企业支付经济补偿。

（4）根据《住房公积金管理条例》第三十八条的规定，标的企业逾期不缴或者少缴住房公积金的，由住房公积金管理中心责令限期缴存；逾期仍不缴存的，可以申请人民法院强制执行。

（5）根据《住房公积金管理条例》第三十七条的规定，违反该条例的规定，单位不办理住房公积金缴存登记或者不为本单位职工办理住房公积金账户设立手续的，由住房公积金管理中心责令限期办理；逾期不办理的，处 1 万元以上 5 万元以下的罚款。

出于各种原因，未为员工足额缴纳社保费及住房公积金是我国部分企业存在的现象，这一现象可能导致的风险会在企业长期存在，并可能在并购后爆发，给标的企业及并购方造成损失。故并购方在设计并购方案时就应考虑这一风险的对策，并在交易文件中体现。

### （十）诉讼、仲裁、行政处罚

### 81. 对诉讼、仲裁及行政处罚事项进行尽调应把握哪些要点？

在并购项目中，对诉讼、仲裁及行政处罚事项进行尽调可把握以下要点：

（1）对历史及现存纠纷、行政处罚的核查。了解标的企业及其控股股东、实际控制人、董事及高管的历史诉讼、仲裁及行政处罚案件，包括案件性质、判决结果、执行情况等。同时，还需要了解现存未决诉讼、仲裁和行政处罚案件，以及可能涉及的法律责任。

（2）对潜在纠纷及行政处罚的核查。关注标的企业及其控股股东、实际控制人、董事及高管可预见的尚未发生的诉讼、仲裁和行政处罚案件，评估其对标的企业的影响和风险。

（3）对合规及内控情况的评估。了解标的企业及其控股股东、实际控制人、董事及高管诉讼、仲裁及行政处罚案件发生的原因，评估标的企业的合规管理、内控机制及其执行的有效性。

（4）对风险管控策略的制定。客观评估标的企业及其控股股东、实际控制人、董事及高管的诉讼、仲裁、行政处罚风险，包括但不限于前述主体可能因此需要承担的法律责任、对标的公司持续运营及并购交易进行可能造成的影响，以及该等主体历史上如存在诚信瑕疵可能相应增加的并购交易履约风险等，并相应制定并购风险应对策略。

## 三、财务尽职调查

### 82. 什么是并购财务尽职调查？

并购财务尽职调查，是指在并购活动中，财务尽调机构对委托人拟了解的标的企业的基本情况、业务情况、财务情况或估值情况等事项进行审慎性调查，并出具财务尽职调查报告的行为。

财务尽调对了解标的企业资产负债、内部控制及经营管理情况，揭示其财务风险，预测标的企业未来发展前景，评估其市场价值具有重要作用，是并购方案设计、交易谈判、投资决策的重要基础。

财务尽调通常主要包括以下方面：

第一，基本情况调查，包括标的企业的历史沿革、管理及业务开展、组织结构情况等。

第二，内控及制度执行情况调查，如内部管理体系建设及执行情况、会计制度执行及财务核算情况等。

第三，企业财务状况调查，包括但不限于会计政策、债务结构、现金流、收入、应收账款、应付账款、资产、税务情况等，此外可能还包括合作项目、资产损益、潜在风险等特别或专门事项。

## 83. 并购法律尽职调查与财务尽职调查的关系是什么？

并购财务尽调和法律尽调同属并购尽调的重要组成部分，两者服务于相同目的，均为委托方提供标的企业或交易对手相关信息，协助交易方评估并购是否符合并购目的和目标、制订并购方案、管控并购风险。

并购财务尽调和法律尽调的差别主要是两类尽调所站角度的不同。前者属于财务范畴，尽调者主要从财务角度为委托方提供信息；后者属于法律范畴，尽调者主要从法律角度为委托方提供信息。两者的工作范围也存在一定的交叉，如均关注标的企业的基本情况、历史沿革、业务真实性、债权债务等事项。

为达到最佳尽调效果，并购法律尽调和财务尽调需要相互配合和支持，如就业务真实性而言，法律尽调和财务尽调可从不同角度共同印证；在诉讼、仲裁和行政处罚风险等事项上，法律尽调需要收集财务数据等进行判断。类似需要相互配合的情形还有很多。

## 84. 并购财务尽职调查有哪些方法？

并购财务尽调方法主要包括收集和审阅资料、访谈、执行分析性程序，以及尽调团队内部审议等。具体为：

（1）审阅法。即收集和审阅标的企业的财务报表以及其他财务资料，分析标的企业可持续财务状况、盈利能力及风险。

（2）访谈法。即对标的企业进行实地考察，与标的企业的相关业务管理人员、财务人员进行访谈，与其他中介机构人员进行沟通，了解标的企业的运营、财务管理及其他相关事项。

（3）分析性程序。即基于所取得的资料，结合标的企业目前和历史状况，通过趋势分析及结构分析等分析方法，观察其经营活动，发现异常及重大财务问题。

（4）审核法。即对业务合同的执行情况进行审核，查明业务发生及债权债务的真实性，及时发现或有负债。

（5）沟通法。即通过与行业专家进行沟通，对标的企业的现状及发展趋势进行分析。

（6）函证法。即向与标的企业存在经济往来的商业伙伴函证，就双方交易金额及业务真实性等情况进行确认。

（7）内部审议。即通过上述调查方法，尽调团队成员就尽调事项形成的个人观点和结论，召开会议对标的企业情况进行综合分析，就其财务情况及问题得出结论，并相应提出风险防范和问题解决建议。

## 85. 并购财务尽职调查应把握哪些原则？

并购财务尽职调查，应主要把握以下原则：

（1）独立性原则。尽调机构及人员应确保独立性，避免利益冲突，并以客观态度进行尽调工作。

（2）谨慎性原则。尽调机构及人员应围绕尽调目标，周密制订并严格执行尽调计划，完善工作底稿，复核尽调报告，力求准确陈述事实，稳健处理调查事项，客观给出尽调结论和建议。

（3）全面性原则。财务尽调应涵盖企业有关财务管理和会计核算的全面内容，还应考虑标的企业所处的行业环境及市场竞争状况等外部因素对其财务状况的潜在影响。

（4）重要性原则。尽调过程中，应基于尽调目标，针对标的企业的具体情况，重点关注对其财务状况和经营成果有重大影响的事项，包括但不限于大金额的资产或负债项目、关键的财务比例异常变化、重大的关联交易及或有负债等。对于非重大事项，可以适当简化调查程序。

## 86. 并购财务尽职调查有哪些局限性？

财务尽调是从财务角度分析标的企业情况，揭示其风险，但客观上并购财务尽调亦存在一定局限性，未必能够完全达到期望的目标，主要如下：

（1）财务尽调系基于财务数据进行分析。财务尽调系基于标的企业的财务数据及财务相关资料开展分析，专注于标的企业的财务表现及业务活动在财务数据上的反映。对其他方面，如市场情况、标的企业市占率及核心竞争力等情况，财务尽调通常不会或难以做深入分析，难以就标的企业财务以外的其他方面给出结论及建议。

（2）财务尽调系基于历史数据进行分析。财务尽调中，尽调人员会收集标的企业的历史财务数据，分析其变动趋势，并可结合标的企业管理层的判断，就标的企业的未来趋势进行分析及预测。但对于一些快速变化的行业，企业的历史业绩可能无法反映其未来的发展前景，难以作为评估标的企业未来发展情况的依据。

(3)财务尽职调查通常不就财务数据进行全面验证。财务尽调通常不会像审计工作一样，采用实物盘点、数据复算等财务审计方法，就标的企业财务数据进行全面核验；高水平的财务尽调人员可能通过财务报表之间的勾稽关系，发现财务异常情况，但就标的企业财务数据的公允性、准确性和完整性而言，其可靠性往往不及审计。

因此，并购方在实施财务尽调的同时，还应从法律、业务开展、行业前景、未来规划以及战略执行能力、同行业企业情况等多维度对标的企业进行全面尽调，客观评估并购风险及标的企业价值。

## 四、税务尽职调查

### 87. 税务尽职调查要点有哪些?

根据《税收征收管理法》《税务尽职调查业务指引——税务师行业涉税专业服务规范第 3.3.4 号(试行)》等相关规定、行业规范和实务操作，税务尽职调查主要内容包括：

(1)调查标的企业的内控制度制定是否完善、执行是否到位

①分析标的企业的内部控制制度，包括采购制度、报销制度、存货管理制度、销售管理制度、财务核算制度、合同管理制度、研发制度、纳税申报复核制度等，识别标的企业是否存在内部控制制度缺失导致的涉税风险。

②结合账簿凭证、内部及外部报告、经济业务合同等资料，对标的企业的内部控制制度进行测试，调查内控制度执行是否到位，识别标的企业制度执行不到位导致的涉税风险。

③关注标的企业是否接受过或者正在接受税务、财政、审计、证券监督等机关检查，以及检查结果、整改情况。

④结合财务账表、经济业务合同、各税种纳税申报表等资料，对标的企业被委托期间的申报数据进行分析；并结合历史申报数据对税种之间的纵向及横向比较，核实数据准确性及重大差异原因，调查标的企业纳税申报数据是否存在重大涉税风险。

⑤关注标的企业是否存在补税的情况，了解补税的原因及有关法律文书。

(2)充分调查标的企业日常生产、经营涉税处理的合规性

①梳理标的企业生产流程、销售和提供服务模式，关注不同销售模式或服务种类中的涉税处理是否合规、审慎。

②梳理标的企业投、融资业务模式，关注不同模式投融资业务中的涉税处理是否

合规、审慎。

③分析标的企业资产购入、管理、处置等环节,关注各环节的涉税处理是否合规、审慎。

④分析标的企业人员和薪酬的构成情况,关注涉税处理是否合规、审慎。

⑤分析标的企业获得利得的情况,包括收入、成本、费用、接受捐赠、税收返还、诉讼、担保或仲裁等情况,关注涉税处理是否合规、审慎。

⑥关注标的企业选择适用的税收优惠政策是否合规、审慎,享受的税收优惠事项是否按规定进行申报或备案(查)。

(3)充分调查标的企业重大经济事项涉税处理的合规性

①关注标的企业的重大并购或重组业务方案和合同,特别是重组业务选择适用特殊性税务处理是否合规、审慎;对商业事务涉及并购的,重点关注并购后目标对象适用税收政策变化,特别是优惠政策。

②关注标的企业的关联交易类型和业务流程,相关涉税处理是否合规、审慎。

③关注标的企业的重大资产确认、管理、处置等环节的相关情况,相关涉税处理是否合规、审慎。

④关注标的企业的重大投资业务初始投资、取得投资收益、投资处置等环节的相关情况,相关涉税处理是否合规、审慎;对商业事务涉及投资的,重点关注商业事务达成对标的企业以前年度重大事项的税务处理影响。

⑤关注标的企业的重大经济业务合同,包括影响重大或金额重大的经济业务合同,相关涉税处理是否合规、审慎。

⑥关注标的企业境外投资情况、对境外所得及亏损等事项的涉税处理是否合规、审慎。

⑦关注标的企业其他尽职调查结果,包括法律尽职调查、财务尽职调查、业务尽职调查等,对相关事项和结论进行对比,分析涉税情况。

(4)充分分析本次收购交易的税务情况

①对比分析多种并购方式(资产收购、股权收购等)的当地税收政策、税收成本。

②针对前面调查得出的涉税风险、税收成本,协助分析各种交易结构的优劣势,协助发掘可行的交易结构。

③预测本次收购交易完成后的税务情况,包括本次收购对标的企业过去已经享受或现在正在享受的税收优惠及补贴的变化及影响;对收购双方以及之后组织形式的税收进行测算;并购后合并报表的情形下,所需进行的纳税调整工作等;协助改正交易后不合规的税务操作。

## 88. 标的企业少缴、未缴税款存在的法律风险有哪些?

标的企业少缴、未缴税款存在的法律风险主要如下:

(1)被责令限期缴纳、加收滞纳金。根据《税收征收管理法》第三十二条的规定,纳税人未按照规定期限缴纳税款的,扣缴义务人未按照规定期限解缴税款的,税务机关除责令限期缴纳外,从滞纳税款之日起,按日加收滞纳税款5‱的滞纳金。由此,标的企业于规定期限内未缴或者少缴税款的,会被税务机关责令限期缴纳并加处滞纳金。

(2)被采取税收保全和强制执行措施。根据《税收征收管理法》第三十八条第一款的规定,税务机关有根据认为企业有逃避纳税义务行为的,可以采取下列税收保全措施:①书面通知企业开户银行或者其他金融机构冻结企业的金额相当于应纳税款的存款;②扣押、查封企业的价值相当于应纳税款的商品、货物或者其他财产。

根据《税收征收管理法》第四十条第一款的规定,企业未按照规定的期限缴纳或者解缴税款的,税务机关责令限期缴纳,逾期仍未缴纳的,税务机关经履行相应程序后,可以采取下列强制执行措施:①书面通知企业开户银行或者其他金融机构从其存款中扣缴税款;②扣押、查封、依法拍卖或者变卖其价值相当于应纳税款的商品、货物或者其他财产,以拍卖或者变卖所得抵缴税款。

(3)欠税公告。根据《欠税公告办法(试行)》的相应规定,对企业欠税行为,税务局应当按期在办税场所或者广播、电视、报纸、期刊、网络等新闻媒体上公告企业的欠缴税款情况。

(4)被确定为重大税收违法失信主体。根据《重大税收违法失信主体信息公布管理办法》的规定,企业存在"伪造、变造、隐匿、擅自销毁账簿、记账凭证,或者在账簿上多列支出或者不列、少列收入,或者经税务机关通知申报而拒不申报或者进行虚假的纳税申报,不缴或者少缴应纳税款100万元以上,且任一年度不缴或者少缴应纳税款占当年各税种应纳税总额10%以上的,或者采取前述手段,不缴或者少缴已扣、已收税款,数额在100万元以上的""欠缴应纳税款,采取转移或者隐匿财产的手段,妨碍税务机关追缴欠缴的税款,欠缴税款金额100万元以上的"等性质恶劣、情节严重、社会危害性较大的税收违法行为情形的,将会被税务机关确定为重大税收违法失信主体。

(5)罚款。根据《税收征收管理法》第六十四条第二款的规定,企业不进行纳税申报,不缴或者少缴应纳税款的,由税务机关追缴其不缴或者少缴的税款、滞纳金,并处不缴或者少缴的税款50%以上5倍以下的罚款。

(6)刑事责任。根据《税收征收管理法》与《刑法》的规定,企业少缴、未缴税款构成犯罪的,会被依法追究刑事责任。

税务风险分布于企业经营的全过程及各环节，风险较高，因此，在并购项目中，并购方应予以重视，对标的企业的税务风险进行充分尽调，并视情况采取相应的风险规避策略。

## 89. 收购存在较多关联交易的企业时需要关注哪些税务风险?

企业经营中存在关联交易较为正常，但关联方利用关联交易逃避纳税或进行其他税务违规行为的情况亦经常发生。根据《税收征收管理法》《企业所得税法》等法律法规的规定和税务实践，常见的关联交易税务风险如下:

(1)关联交易定价不公允

关联方在关联交易中，可能违背市场交易规则，进行无偿或不公允价格交易，如向关联企业无偿提供服务或办公场所，或以远低于市场价的价格向关联方出售产品，从而使其应纳税所得额减少。这种情况下，税务机关有权按照《税收征收管理法》的规定，对其应纳税所得额进行调整。

(2)利用关联交易享受税收优惠政策逃避国内税收

①利用税收洼地。部分企业利用我国地方财政返还等税收优惠政策，在低税地区注册没有实质性经营的企业，利用关联交易将利润转移至低税地区，进而降低整体税负。根据中共中央办公厅、国务院办公厅印发的《关于进一步深化税收征管改革的意见》的规定，对隐瞒收入、虚列成本、转移利润以及利用“税收洼地”“阴阳合同”和关联交易等逃避税行为，加大依法防控和监督检查力度。企业利用关联交易和“税收洼地”逃避税款的行为将面临巨大风险。

②利用产业税收优惠。部分企业利用国家产业扶持税收优惠政策，如高新技术企业、软件企业、文化企业、动漫企业、节能减排等行业企业享受的税收优惠政策，利用关联交易将应税额转移到税收优惠产业，从而达到避税目的。《一般反避税管理办法(试行)》适用于对企业实施的不具有合理商业目的而获取税收利益的避税安排，实施的特别纳税调整，对避税安排进行管理。

(3)未按规定填报关联业务往来报告表

交易双方构成关联关系，且双方的交易内容属于关联交易范围，但企业未向税务机构填报关联业务往来报告表或提供虚假、不完整的资料。根据《税收征收管理法》及其实施细则的相关规定，企业不提供与其关联方之间业务往来的资料，或者提供虚假、不完整资料，未能真实反映其关联业务往来情况的，可能面临被主管部门限期改正、罚款、纳税补征等风险。

针对上述潜在的关联交易税务风险，并购方可在并购前通过税务尽调核查及评估，并相应采取适当的风险规避策略。

## 五、商业尽职调查

### 90. 如何进行市场尽职调查?

市场尽调可以帮助并购方了解标的企业的市场地位、市场需求及竞争对手情况等,有助于评估其市场价值,识别其与并购方潜在的协同效应,降低并购风险,并为制定并购整合方案提供依据。以下是进行市场尽调的要点:

(1)确定所在市场领域。进行市场调查之前,应先明确标的企业所处的市场领域,有针对性地收集及分析市场数据。

(2)市场信息收集。通过各种渠道,包括但不限于市场研究报告、行业协会报告及其他市场数据,收集相关市场信息,如市场发展历史、法律和政策环境、市场规模、增长率、竞争格局、技术方向及竞争对手的产品和运营数据、服务特点、市场定位等。

(3)标的企业信息收集。收集标的企业的主营业务、产品、品牌、商业模式、市场定位、技术与研发情况、客户和供应商、核心竞争力,以及标的企业与并购方业务协同潜力及资源整合需求等方面的数据。

(4)分析及评估。基于收集到的市场数据,分析标的企业所在市场的竞争格局、市场及技术发展趋势,竞争对手及标的企业的竞争优势、标的企业的市场地位,评估与预测市场及标的企业的发展前景,并购方进入该市场及并购标的企业的价值、并购方并购后与标的企业可能产生的协同效应,以及并购后标的企业运营风险等。

### 91. 如何进行信息技术尽职调查?

在企业并购中,信息技术(IT)尽职调查是一个重要但往往容易被忽视的环节。随着企业对数字化依赖程度的提高,IT 系统的整合和技术资产的有效评估直接关系并购后标的企业的业务协同、成本控制以及长期战略目标的实现。因此,有必要进行全面、系统的 IT 尽调。以下是 IT 尽调的主要内容:

(1)IT 战略与架构。IT 战略是企业数字化转型和业务运作的重要支撑。尽调首先要关注目标公司的 IT 战略与业务战略之间的一致性。企业的 IT 架构,包括硬件、软件、网络、数据库和数据存储系统,应进行全面审查,确保其架构不仅能满足当前业务需求,还能够支持未来的扩展和创新。

此外,也需要重点关注并购后 IT 系统的整合潜力,避免架构不兼容导致高额整合成本或业务中断风险。同时,还需评估标的企业 IT 系统先进性,识别过时或陈旧的系统,防止在并购后形成技术负担。

(2)信息安全与合规性。信息安全和合规性是 IT 尽职调查的核心领域。需要审查标的企业如何保护敏感数据,如客户信息、员工数据和财务数据等。此外,访问控制、数据加密、备份恢复等安全措施是否到位,灾难恢复计划是否完善,都是重要审查点。合规性方面,需确保标的企业符合相关法律法规要求。同时,过往安全事件和数据泄露记录也应被纳入考量,防止潜在的法律和声誉风险。

(3)IT 基础设施与软件系统。IT 基础设施是企业信息系统运行的基石。尽调中,需要对硬件设备(如服务器、存储设备、网络设备等)进行全面清点和评估,确保其处于良好的运行状态。软件资产同样至关重要,特别是核心业务系统[如企业资源计划(ERP)、客户关系管理(CRM)、供应链管理系统等]的运行状况和稳定性。此外,软件许可证的有效性、是否存在未授权使用的风险以及对第三方供应商的依赖程度也需要进行审查。

在云服务方面,企业需要了解标的企业使用的云平台、供应商合同条款以及数据存储位置等,确保云服务的稳定性和合规性。同时,还需关注定制软件的维护成本和可扩展性,确保这些软件能够支持未来的业务需求。

(4)IT 运营与服务管理。良好的 IT 运营管理能够确保信息系统的高效运转。尽调需审查标的企业是否采用了成熟的 IT 服务管理框架[如信息技术基础架构库(ITIL)],是否有完善的支持和维护机制。此外,外包服务的稳定性、服务水平协议(SLA)条款,以及 IT 成本的管理和分配方式,都是重要的考察点。

通过审查 IT 运营流程,并购方可了解标的企业在 IT 风险管理、事件响应、系统升级等方面的管理水平,进而判断其是否具备足够的 IT 治理能力。

(5)IT 人员与团队。IT 团队是企业技术战略的核心执行者。尽调中,需审查标的企业 IT 团队的规模、结构以及关键岗位的人员配置情况。特别是核心技术人员的稳定性及可能的流失风险,需要重点关注。此外,还需要评估 IT 团队的技术能力、经验水平及应对技术挑战的能力,确保团队能够支持企业的长期发展战略。

(6)合同与法律合规。在 IT 尽调中,供应商合同和法律合规性是不可忽视的环节。企业需要详细审查 IT 供应商的合同条款,特别是合同的有效期、自动续约条款以及终止条款,防止在整合过程中出现供应中断风险。此外,还需核查目标企业的知识产权状况,确保核心技术的合法性和独占性。同时,企业还需要关注开源软件的使用情况,防止开源协议不合规带来潜在的法律风险。

(7)技术创新与未来发展。除现有 IT 资产的评估外,IT 尽职调查还需关注目标公司在新技术领域的创新能力。例如,是否在人工智能(AI)、区块链、云计算等领域进行过投入和研发,未来的技术路线图和数字化战略如何规划。这些因素将直接影响并购后企业的技术竞争力和市场地位。

(8)IT 尽职调查的结果与输出。IT 尽职调查的结果通常以风险评估报告、整合建议、投资分析等形式呈现。这些报告需要涵盖以下要点:

①风险评估。主要是识别及评估安全、合规、技术债务等方面的风险。

②整合建议。报告应就并购后 IT 系统的整合路径和潜在问题的解决方案提出建议。

③成本分析。报告应就并购后标的企业的 IT 资本支出和运营支出提出预测。

④战略建议。报告应就如何利用 IT 资产实现业务增长和战略协同给出建议。

通过 IT 尽调,并购方可以更好地识别标的企业的潜在风险,确保技术资产的平稳过渡,并为并购后的业务整合和创新发展奠定坚实的基础。

# 第四章

# 交易结构设计与并购谈判

## 一、并购交易结构设计

### 92. 为什么要进行并购交易结构设计？

并购交易结构设计是并购交易开展的一个重要步骤，是基于项目情况、法律规定以及各方利益诉求，为并购交易所做的整体安排，系并购交易文件草拟的基础和依据。并购交易结构设计主要有以下作用：

（1）促进交易完成。交易结构设计通常围绕交易各方的交易目的和目标进行，追求采用清晰、高效及低成本的交易路径，使各方利益相对平衡，权利义务相互制衡，有利于各方共同推进交易完成。

（2）降低交易成本。好的并购交易结构可以帮助交易各方尽可能降低交易成本，如税务负担、融资费用等。

（3）管理交易风险。交易结构设计应确保交易合法合规，将交易各方利益置于法律保护之下；同时，能够协助各方控制交易过程中的风险。

（4）满足监管要求。并购交易结构设计应确保交易满足监管要求，避免出现程序瑕疵和履约障碍。

（5）有利于并购后的整合和运营。并购交易结构设计还应促进标的企业并购后与并购方成功整合，实现双方的协同效应。

### 93. 并购交易结构设计应考虑哪些因素？

并购交易结构的设计通常涉及的要素包括交易主体选择、并购方式（如股权并购或资产并购等）、对价支付条件和方式、风险分配与控制、交易流程和步骤等。以下是一些交易结构设计的考虑因素：

（1）交易目的、目标的实现。交易结构设计的目的是最大限度实现交易方的诉求。交易结构设计前,各方应先对己方交易目的、目标及关注事项进行梳理,并充分体现于交易结构中。

(2)合法性和可操作性。交易不合法,可能导致交易文件无效,交易各方的利益无法得到法律保护。此外,交易结构设计还应考虑交易方案的可操作性,如能否通过监管机构的审批、是否存在履约障碍等。

(3)交易成本和费用。并购项目不可避免地要面对税费等交易成本事项,不同交易方式、步骤及程序可能涉及的税负差异巨大;另外还可能涉及融资成本、人员安置费用事项,交易方进行架构设计时,应对相关问题进行深入考虑及论证。

(4)交易风险管控。并购交易各方面及环节均可能潜藏风险,在交易各方中合理分配风险和收益,平衡各方利益,控制交易风险,是交易结构设计的重要工作之一。

(5)交易流程和时间。交易结构应体现交易流程和时间要求,为交易的执行提供路径指引,使项目交易有序进行和完成,降低交易不确定性。

## 94. 交易结构的核心是业绩对赌吗?

业绩对赌是一种企业估值调整机制,是指并购业绩承诺期内,卖方如不能实现承诺的标的企业业绩目标(如营业收入目标、净利润目标等),需要向并购方支付经济补偿或进行股权回购的机制。并购双方亦可约定,如卖方超额完成承诺业绩,并购方可按约定给予一定奖励。

业绩对赌机制有助于增加标的企业估值的合理性,并且在并购后卖方仍负责标的企业经营的情况下,业绩对赌机制可赋予卖方更多激励,并将其利益与标的企业利益绑定,降低交易风险,促进并购整合成功,故在投资与并购项目中经常被采用。

但是,并不是所有并购交易都需要设置业绩对赌条款,从公开的上市公司案例看,采取了业绩对赌机制的上市公司并购案例中,卖方不能按约实现承诺业绩的情况越来越多。因此,并购方在决策是否进行并购交易时,应结合标的企业的核心竞争力、市场、产品、经营团队及并购后标的企业的发展等因素,考虑并购能否及如何实现并购目的和目标,判断并购可行性。相应地,在进行交易结构及方案设计时,结合项目具体情况,采用适当的交易方式、估值方法、对价支付条件和方式、风险控制策略、并购后的资源配置及业务协同方案等,从各方面促进并购成功,而不是仅依赖业务业绩对赌条款。因此,业绩对赌机制可以成为交易结构中的重要部分,但不应是其核心。

## 95. 股权并购与资产并购,两种方式应如何选择?

股权并购与资产并购是企业并购的两种方式。股权并购,是指并购方以受让股权或认购增资的方式取得标的企业的股权;资产并购,是指并购方购买企业的实质经营性资产进行运营或购买资产后以其设立公司进行经营。两种方式的区别主要如下:

(1)对象不同。股权并购方式下,并购方收购的是标的企业的股权,不涉及具体资产。资产并购方式下,收购标的是标的企业的经营性资产及所需的相关经营要素。

(2)税负不同。并购方受让标的企业的股权,股权转让方为个人的,会涉及个人所得税和印花税纳税义务;股权转让方为有限公司、有限合伙企业或其他组织形式的,通常而言,视情况会涉及企业所得税、个人所得税、增值税及附加税费、印花税等。而资产并购可能涉及更多税种,如国有土地使用权及房产等的转让,可能涉及土地增值税、增值税、契税、城建税以及印花税等,税负可能远高于股权转让。

(3)风险情况不同。企业股权包含资产、债权债务以及经营风险,故收购标的企业的股权,相对于收购其资产而言,存在更高的风险,尤其是未披露的或有负债,如对外担保、违规运营风险等,并且该等或有风险可能难以查明。而资产收购的风险更易于调查和控制:我国法律对资产物权的边界、效力等进行了明确规定。就风险控制角度而言,资产收购风险更低。

(4)资质、声誉和历史业绩因素的影响不同。股权并购中,并购方可以同时取得标的企业的经营资质、历史业绩和品牌声誉等,而这些资源不能作为具体资产进行转让,资产并购在这一方面相比股权并购不具优势。

在具体并购项目中,如何在这两种并购方式中进行选择,需要综合考虑两者的区别、并购目的和目标、并购双方的情况,风险控制以及税收筹划等因素进行决定。

## 96. 认购增资与股权转让,两种方式应如何选择?

认购增资与股权转让的交易模式主要有以下几个方面的区别,并购方选择并购方式时可关注和考虑以下内容。

(1)投资资金用途不同。并购方通过认购增资方式对标的企业进行投资时,投资资金将全部进入标的企业,有利于标的企业的发展经营。通过股权转让方式进行投资,并购方支付的股权转让款由股权出让方收取,标的企业不会因此受益。

(2)股权比例变化不同。并购方通过认购增资方式对标的企业进行投资时,其因投资获得的标的企业的股权比例通常为其投资金额与其投资前企业估值加上其所投资金额之和的比例。并购方通过受让股权方式对标的企业进行投资时,所获得标的企业的股权比例为股权转让方向其转让股权的比例。以同等金额投资,通过股权转让方式所取得的股权比例将大于认购增资的方式。

(3)风险不同。通过认购增资的方式进行投资时,由于并购方通过支付投资款来完成对其所认购股权的实缴出资义务，其不存在为其他股东或第三方实缴出资义务承担连带责任的风险。根据《最高人民法院关于适用〈中华人民共和国公司法〉若干问题的规定(三)》第十八条的规定，若通过股权转让方式进行投资，受让方在股权出让方未履行或未全面履行实缴出资义务的情形下存在对履行出资义务承担连带责任的风险。因此，并购方受让未实缴出资的股权时，应充分考虑上述风险，并相应确定股权转让价格或要求转让方先行实缴注册资本出资再行转让。

(4)税负不同。并购方认购标的企业增资价格通常为市场公允价格，不会涉及税负事项。如增资价格为非公允价格，存在税务机关要求标的企业的自然人股东基于公允价格缴纳个人所得税的风险，在操作前需尽可能与主管税局沟通，降低风险。并购方以股权转让方式及市场公允价格取得标的企业股权时，如转让方所获股权转让收入高于其取得股权时的投资金额，则转让方应缴纳所得税，税负高低取决于其所获收益多少。

基于上述认购增资及股权转让的区别，并购方应综合考虑投资目的、标的企业的资金需求情况、拟取得股权比例、对股东历史出资情况的尽职调查结果等，选择其中一种方式或采用两种方式结合的方式进行投资。

## 97. 股权并购中，并购方取得标的企业控制权的方式有哪几种？

股权并购中，并购方主要通过以下方式取得标的企业控制权：

(1)通过取得标的企业股权实现控制权。根据《公司法》的规定，不同股权占比对应的股东权利具有重大差异。其中，第六十六条规定，股东会作出决议，应当经代表过半数表决权的股东通过；股东会作出修改公司章程、增加或者减少注册资本的决议，以及公司合并、分立、解散或者变更公司形式的决议，须经代表 2/3 以上表决权的股东通过。基于此，通常情况下，并购方取得标的企业股权的比例超过 1/3 时，即对章程修改等重大事项拥有否决权；超过 50% 时，可控制其董事会及经营权；超过 2/3 时，拥有绝对控制权，可就修改公司章程、增加或减少注册资本、分立、合并、解散、变更公司形式等事项作出决议。

(2)通过股东会与董事会的决策权分配实现控制权。公司通过股东会、董事会、管理层来实现正常运转。《公司法》对公司股东会、董事会及经理的职权作出规定，允许有限责任公司将股东会的部分权力委托给董事会、将董事会的部分权力委托给经理行使。因此，可以通过分配股东会、董事会、总经理的职权范围和人数占比，掌握公司控制权。

(3)通过协议约定归集公司表决权实现控制权。股东间可签署一致行动人协议、表决权委托或股权代持协议，归集公司表决权，或在公司治理程序中，按实际控制人的意见行使一致的表决权，从而实现对公司的控制。

(4)通过特殊表决权安排实现控制权。特殊表决权主要包括两类，一类是一票否决权，如约定对融资、对外担保、并购等重大事项的决定，全部董事通过才可执行，或者某个董事拥有一票否决权。另一类是同股不同权，可规定创始人或重要股东持有的股票相对于其他人的股票拥有更多的投票权，如差距 10 倍、20 倍甚至更高，进而使其拥有足够的表决权来控制公司。《公司法》第六十五条规定，股东会会议由股东按照出资比例行使表决权；但是，公司章程另有规定的除外。这一规定，为股东以同股不同权方式取得公司控制权提供了法律依据。

(5)通过有限合伙企业控制。并购方可将有限合伙企业作为员工或者其他投资者的持股平台，持有标的企业的多数股权，并通过担任该持股平台的普通合伙人，执行合伙事务的方式控制该持股平台，从而实现对标的企业的控制。

## 98. 一步到位收购与分步实施收购，应当如何选择？

企业并购时，可一步到位收购或分步实施收购，两种方式各有优缺点。下面就此进行简要分析。

(1)一步到位收购

①优势。一步到位式收购，存在以下优势：

A. 减少不确定性。通过一次性获取标的企业的控股权，并购方能够迅速将标的企业纳入自身战略体系，最大限度减少中间过渡阶段的不确定性，为后续的战略布局和业务整合奠定坚实基础。

B. 降低交易成本。一步到位的收购方式可避免多次谈判、多次交易带来的重复性成本支出。从人力、物力到时间成本，均可能得到节省。

C. 推进战略协同。在一次性完成并购的情况下，并购方可以立即着手对双方的资源进行深度整合，在短时间内对标的企业进行优化重组，形成协同效应。

D. 控制标的估值。在分步并购过程中，标的企业的估值可能会因市场环境变化、自身发展等因素而提高，增加并购成本。而一步到位收购可让并购方在既定估值框架下完成交易，规避这一风险。

②潜在弊端。一步到位式收购亦存在一些潜在问题：

A. 财务压力增大。并购方一次性完成并购，通常需在短期内支付全部并购资金，可能导致企业资金链紧张，增加财务风险，甚至影响企业的正常运营和后续发展。

B. 风险程度更高。在一次性并购过程中，由于时间紧迫，并购方可能难以在有限时间内全面、深入地了解标的企业的法律、财务及运营状况，使其对潜在风险的管控难度增加。

C. 整合难度增加。一次性完成并购后，并购方通常希望在短时间内完成对标的企业的全面整合。但这种做法容易引发文化冲突、管理混乱等问题，原股东及运营团队退出亦可能导致原有经营资源丧失，若处理不当，可能导致整合失败，使并购难以达到预期效果。

③适用场景。以下情形下，并购方可采用一步到位式收购：

A 并购方资源雄厚。并购方资金储备充足，具备承担一次性支付并购对价款项的能力，且资源丰富，具有强大整合能力时，可发挥资金优势，采用一步到位的收购方式，迅速实现战略扩张。

B. 标的企业系战略关键标的。若标的企业对并购方具有战略意义，如掌握核心技术、拥有稀缺资源或占据关键市场地位，并购方为快速掌控这一关键资源，可考虑采取一步到位的收购策略。

C. 市场环境多变。当市场环境或政策法规处于频繁变动期，存在稍纵即逝的并购时间窗口时，一步到位收购能够帮助企业抓住机遇，避免因分步收购的拖延而错失最佳时机。

(2)分步实施收购

①优势。分步实施收购方式具有以下优势：

A. 资金压力延缓。分步实施收购允许并购方分阶段进行投资，可减轻并购资金在较短期限内支付完毕的压力。这种方式可使并购方能根据自身资金状况和业务发展节奏，合理安排资金，有利于企业财务状况的稳定。

B. 风险分层管控。在每个收购阶段，并购方都有机会对标的企业进行风险发现及评估。一旦发现潜在问题或风险，能够及时调整收购策略，甚至暂停或终止收购计划，降低整体风险。

C. 整合循序渐进。通过分阶段逐步实现资源和文化的整合，并购方能够在充分了解标的企业的基础上，采取更加温和、渐进的整合方式，降低文化和管理冲突风险，稳步进行管理及运营过渡。这种整合策略，可能更有助于提高整合成功率。

D. 先行市场测试。并购方可以先进行小规模投资，以此测试标的公司的运营状况、市场反应以及双方的协同潜力。通过这一市场测试过程，企业能够提前了解潜在风险和不确定性，为后续大规模并购决策提供依据，有效防范风险。

②潜在弊端。分步收购方式亦可能面临以下挑战：

A. 估值攀升风险。随着目标公司的持续发展，其估值在后续并购阶段可能会不断提高。尽管企业可以通过约定“一揽子”并购安排来减小这一风险带来的影响，但仍然可能难以完全避免估值上涨导致的成本增加。

B. 控制权阶段性受限。在实现完全控股之前，并购方对标的企业的决策主导权受到一定限制，可能无法完全按照自身战略意图推进标的企业的发展，影响战略协同的效率和效果。

C. 交易复杂度增加。分步实施收购可能需要进行多次谈判和交易，每一次交易都涉及复杂的法律、财务和商务条款。这不仅增加了交易的时间成本，还可能因交易过程中存在变数而引发更多的不确定性。

③适用场景。分步收购方式可适用于以下情形：

A. 并购方系资源有限的企业。对于资金相对有限，无法短期内支付大额并购资金的企业来说，分步实施收购是实现战略扩张的可行途径。通过分阶段投入资金，企业能够在不影响自身财务稳定性的前提下，逐步实现对目标企业的控制。

B. 复杂目标型收购。当标的企业情况复杂，如业务多元化、组织架构庞大、企业文化独特时，企业需要充足的时间进行深入了解和全面整合。分步实施收购能够让企业在每个阶段有针对性地解决问题，稳步推进收购进程。

C. 市场环境稳定。在市场环境较为稳定、短期内不会发生重大变化的情况下，企业可以从容地分阶段实施并购计划，充分利用分步收购的优势，实现风险可控的战略扩张。

一步到位收购与分步实施收购各有优劣，并购企业在决策时，需结合自身实际情况，对各种因素进行全面、细致的分析和权衡，选择适当并购方式。作为两种并购方式的折中选择，也可考虑达成“一揽子”并购交易，分步进行股权交割及交易对价支付，整体性考虑并购交易的相关事宜。

## 99. 不同的融资方式如何影响交易结构？

在并购规模大、涉及高额交易对价的情况下，并购方自有资金可能不足以满足支付要求，需要进行外部并购融资。外部并购融资方式主要包括债务融资、权益融资和混合融资几类。外部并购融资可能会对交易结构产生影响。

债务融资有银行贷款、企业债、公司债、短期票据等方式。债务融资是最传统的融资方式，手续简便、融资成本低，避免股份被稀释，缺点是会影响并购方的资产负债结构，可能降低并购方的信用评级。

权益融资主要是并购方通过发行股份或增加注册资本等方式获得资金。这种方式不会增加并购方负债，但会稀释并购方股东的股权比例并可能影响并购方的控制权。

混合融资有可转换债券、优先股、可续期企业债券等，兼具“债”和“股”的特征。实践中还可使用资管计划、资产证券化、私募基金、公募基金、融资租赁等多样化的融资方式。

不同的并购融资方式对并购交易结构的影响，主要涉及交易路径与程序、税负、监管机构和措施、保障措施、债务承担等方面。

例如，并购方使用债务融资方式的，融资方需要对其进行尽调，并购方需要提供担保措施及还款资金来源。交易各方在确定交易结构时，需要在其中考虑融入债务融资的增信或担保方式、债务融资完成的时间、不能按约完成时的违约风险控制措施、债务的还款来源等事项的处理。

又如，上市公司发行股份作为并购对价支付方式，需要履行上市公司信息披露、董事会和股东会履行内部批准程序、交易所和证监会审批程序等，交易各方在确定并购架构时，需要在其中融入对股份发行条件的符合性、交易价格确定机制、税负、相关程序的履行及不能按期完成的风险控制措施等事项的考虑及处理。

## 100. 如何确定标的企业并购后的注册资本规模？

《公司法》未对有限责任公司和股份有限公司注册资本的最低金额作出规定。《国务院关于印发注册资本登记制度改革方案的通知》规定，除法律、行政法规以及国务院决定对特定行业注册资本最低限额另有规定的外，取消有限责任公司和股份有限公司最低注册资本金额限制。《国家工商行政管理总局关于做好公司合并分立登记支持企业兼并重组的意见》支持重组方自主确定合并或分立后的公司注册资本数额，但对合并或分立后企业的注册资本金额的上限作了规定。

因此，标的企业并购后注册资本金额可由标的企业股东会依法自行决定。在确定标的企业注册资本规模时，可综合考虑以下因素：

(1)法律法规或监管规定对标的企业注册资本有最低要求的，注册资本规模应符合相关要求。

(2)注册资本金额应满足标的企业生产经营需要。注册资本金是企业运营资金来源之一，因此股东出资金额应首先能够满足企业运营的基本需求。此外，企业注册资本及实缴出资金额也是交易对手评估其责任承担能力的重要依据，在某些行业，企业注册资本金额需要满足一定的注册资本门槛要求。确定标的企业注册资本金额时需考虑该等因素。

(3)注册资本金额应与标的企业规模相适应。如经营规模不大，就没必要认缴及实缴高额注册资本，否则会导致资金浪费，也影响净资产收益率等财务数据。

(4)考虑风险控制。根据《公司法》的规定，注册资本由股东认缴，有限公司股东以其认缴的出资为限对公司承担责任。注册资本金额越大，股东对公司的出资责任越大，股东面临的法律风险越高。因此，并购标的企业后，并购方应合理评估标的企业的经营风险，适当控制注册资本规模，降低股东风险。

(5)对于并购后拟上市的标的企业，注册资本规模还应符合证券监督管理机构的要求。

## 101. 如何防范标的企业的税务风险?

企业运营过程中,难免存在一定的税务问题。企业并购过程中,并购方如忽视标的企业的税收风险,可能使其并购后受到重大经济损失。纳税人可采取以下税收风险控制策略:

(1)税务尽调。这一工作是评估标的企业税务合规水平,发现税务风险及进行风险管控的前提和基础。

(2)税务风险清理。就税务尽调中测算的标的企业可能需要补缴或支付的税款、滞纳金及税务罚款金额,并购方可要求在交易价款中予以扣除或通过其他方式补偿,规避税务风险;或者采取资产重组方式,剥离税务风险,收购无风险资产。

(3)交易架构及责任条款的设计。对于可能存在但未被识别的税务风险,并购方可以在并购交易文件中设置分期付款、交易对方担保、预留保证金以及违约责任等条款来进行防控。一旦税务风险爆发,并购方可通过法律途径挽回损失,最大限度维护自身的合法权益。

## 102. 企业并购时,应如何防范劳动用工风险?

企业并购时,可采取以下措施防范劳动用工风险:

(1)尽职调查。并购方应全面调查标的企业用工风险情况,特别是社保费用及住房公积金缴纳情况,违法解除劳动合同、拖欠工资和加班费及特殊员工权益未保障等问题,核查有无未结劳动纠纷及潜在劳动争议隐患等。

(2)员工安置。并购方应依据并购形式和战略规划确定员工安置方式。通常,股权收购方式下,员工劳动合同一般不变;资产收购方式下,可根据需要决定员工去留,继续跟进业务的应重新签合同,不需要的由标的企业安置或补偿后解除劳动关系,并购方可要求卖方承担因此产生的相关费用。并购方应要求在并购文件中明确约定员工安置及费用承担等相关事项,确保其权利义务清晰。

(3)救济措施。就标的企业历史上存在的欠缴或未足额缴纳的社保及住房公积金费用,或将要发生或潜在的其他与劳动用工相关的费用支出,并购方可要求从并购价款中先行扣除,或将来发生时由卖方承担,并在交易文件中进行约定。

(4)与员工沟通。并购后,并购方应及时向员工说明并购目的、意义、进程及对员工的影响等,解答员工疑问,听取意见和建议,安抚员工情绪。

并购中,无论以哪种方式解决员工安置问题,均应依法保护员工利益,避免社会不稳定风险,促进标的企业并购后的成功整合及运营。

## 103.如何利用有限合伙企业进行企业并购?

有限合伙企业作为投资并购主体有很多优势,例如:

(1)机制灵活。有限合伙企业的管理权可通过合伙协议在普通合伙人及有限合伙人之间进行分配,管理权可由普通合伙人行使,而无论其出资多少。

(2)有限合伙企业不属于法人组织,自身不缴纳企业所得税,而是按照“先分后税”的原则,由合伙人依法直接纳税,而有限公司作为持股主体存在企业层面及股东层面的所得税双重征收问题。

(3)有限合伙企业可将普通合伙人的人力资源优势与有限合伙人的资金优势相结合,同时将管理人收入与合伙企业业绩挂钩,激发其积极性,实现组织的最高效率。

由于有上述优势,有限合伙企业被广泛用作管理层收购及并购基金投资主体。

(1)作为管理层收购主体。在管理层收购场景下,实际控制人可与员工一起设立一个或若干个有限合伙企业,实际控制人可以少量出资控制该等合伙企业,再由该等合伙企业成立一个有限合伙或有限公司并购主体获得标的企业的控制权,员工作为有限合伙人按照间接所持标的企业的持股比例获取投资收益。除采取股权融资方式外,可同时辅以并购主体向金融机构申请并购贷款方式筹集并购资金,贷款可用标的企业后期分红偿还。

这种收购模式也是俗称的杠杆收购。这种方式能够以小博大,是一种“蛇吞象”的并购操作。运用有限合伙主体进行管理层收购的一个经典案例是管理层收购绿地集团案。这个案例中,实际控制人通过一个注册资本只有10万元的投资公司,以极少量出资分别控制了出资额合计达3766.55万元的32个员工持股平台,再由该等实体共同成立一个大的员工持股平台,持有重组后新绿地集团28.83%的股权,并因为新绿地集团股权非常分散,实现了对新绿地集团的控制。新绿地集团资产价值为188.8365亿元。

(2)作为并购基金主体。在这种情况下,收购方先设立并购基金管理公司,或委托一家第三方基金管理公司,由该基金管理公司单独或与收购方共同担任普通合伙人,其他投资方作为有限合伙人设立并购基金进行企业并购。

达志科技收购项目是非基金型合伙企业作为并购主体的案例。2019年9月,湖南衡帕动力合伙企业(有限合伙)通过协议转让方式受让了达志科技17 615 700股股份(约占上市公司股份总数的16.68%),且转让方自该等股份过户至湖南衡帕动力合伙企业名下之日起无条件且不可撤销地永久放弃持有的剩余43 515 168股上市公司股份(约占上市公司股份总数的41.20%)的表决权。交易完成后,公司控股股东变更为湖南衡帕动力合伙企业,公司实际控制人变更为该合伙企业的实际控制人。

## 104.通常可以采用的投资并购退出策略有哪些?

通常而言,投资并购退出策略主要有以下四种:

(1)首次公开发行股票并上市。标的企业实现首次公开发行股票并上市后,并购方可通过二级市场减持等方式退出持股并获得投资收益。这是投资并购最理想的退出机制之一。

(2)并购退出。并购退出,是指并购方将所持标的企业的股权转让给其他股东或新投资者,实现退出。股票上市需要一定的周期。标的企业受各种因素限制难以上市时,许多风险投资者亦会选择通过股权转让方式退出投资,以快速变现并实现一定收益。

(3)股权回购退出。在多数股权投资项目中,投资者如溢价认购标的企业增资或受让其股权,会要求与标的企业及/或其实际控制人约定股权回购条款,即在一定期限内,若标的企业未能实现首次公开发行股票并上市或被上市公司并购,标的企业及/或其实际控制人须按照协议约定的价格回购投资者股权,价格通常按照其投资金额加上利息(一般年利息为6%~12%)扣减持股期间投资者所得红利或现金补偿确定。股权回购退出本质是一种风险管理策略,是一种不得已情况下的退出方式。

(4)清算退出。投资协议通常会约定当标的企业出现特定可能对投资者投资权益有重大不利影响的情形时,投资者有权要求解散标的企业,比如标的企业停产或停业,标的企业为从事经营活动所必需的许可被吊销、撤销、失效或到期后未续期等。在该等情形下,投资者有权优先于标的企业实际控制人控制的股东分配清算财产。清算退出是投资项目失败时及时止损的一种退出方式。

## 105.投资者未取得标的企业控制权时,如何有效保障其参与公司治理的权利?

标的企业公司治理事项是企业并购交易安排的核心事项之一。在未取得标的企业控制权的情况下,保障投资方参与标的企业公司治理的方式主要有:

(1)股东权利保护。投资者可依据《公司法》及标的企业公司章程规定,要求标的企业有效保障其行使表决权、议案提案权、质询权、建议权、知情权等相关股东权利,保证自身能够参与公司治理。

(2)公司治理机制。投资者可要求在标的企业公司章程中合理设定标的企业股东会、董事会及监事会的构成和职权,并依照法律法规和公司章程规定,通过参与重大事项决策,推荐董事、监事人选,监督高管履职等途径,在公司治理中发挥积极作用。

(3)一票否决权。投资者可要求在并购交易文件中约定,其对股东会及董事会职权内审议事项的全部或部分重大事项享有一票否决权,防止标的企业大股东滥用权利损害公司及投资者利益，或偏离原经营方针或规划。

### 106. 卖方在并购交易中要注意哪些事项？

并购交易中，就卖方而言，为维护自身利益，应注意以下几点：

（1）在并购方选择方面，卖方宜选择具有强大实力的并购方。并购后卖方继续持有标的企业的部分股权，或交易对价部分为并购方股权，或在需要与并购方进行业绩对赌的情况下，除考虑并购方的支付实力外，还应将并购方是否具备规范经营理念、能否给标的企业带来丰富资源，促进标的企业发展壮大等因素纳入考虑因素，以利于对自身利益的保护。

（2）在交易合法性方面，同并购方一样，卖方亦应确保并购交易在实体及程序方面的合法性，使其合法权益能够得到法律保护。

（3）在交易对价方面，因并购对卖方来说可能是一次性买卖，没有后续交易，卖方应尽可能提高交易对价，但也要注意并购对价构成及支付方式的合理性，控制交易对价的实现风险。例如，为了获得标的企业的高估值及交易对价，卖方与并购方签署高风险的业绩对赌条款，在不能按约完成业绩承诺的情况下，卖方可能支付高额补偿，得不偿失。

（4）在交易结构及合同条款草拟方面，并购方为实现并购目标，可能把交易结构和交易条款设计得很复杂。就卖方而言，应把握确定性及主动性原则，看透交易结构及交易条款的本质，谨慎审视交易文件中的承诺与保证等条款，管控交易风险，确保交易目的的安全实现。签署业绩对赌条款的卖方，应注意把握对标的企业的经营管理权，切实保障自身履约能力和合同利益。

## 二、并购谈判

### 107. 如何制定并购谈判策略？

并购交易谈判是并购程序中的重要一环，交易方的谈判策略和沟通效果可能严重影响交易方在并购项目中的利益得失，对此应深思熟虑。谈判策略的制定要点如下：

（1）前期准备

①明确并购目标。交易方首先应确定通过并购希望达成的战略目标，如拓展市场、获取技术等，以及预期的财务收益、市场份额增长等具体指标。

②了解标的企业。并购谈判进行前，交易方应尽可能多地了解对方及标的企业

情况，如财务状况、市场地位、技术实力、管理团队、企业文化等，发现其优势与风险点。

③研究对方需求和动机。交易方应通过各种途径，了解对方进行并购的动机和期望，如并购方应了解卖方是期望借并购实现业务转型，还是实现投资退出，是否希望并购后在标的企业保留部分股权等。

④确定谈判底线。交易方应依据自身情况和并购目标确定谈判底线，如可接受的并购价格、关键交易条款等，并考虑谈判妥协情况下的利益让渡或交换安排，应对僵局的出现。并购谈判是一个动态博弈的过程，通常不会一蹴而就，可能需要较长时间、多轮谈判方能达成共识。

(2)制定谈判策略

①确定谈判目标。谈判目标可分初级、中级、终极目标，初级目标如获取关键数据，中级目标是达成初步价格共识，终极目标是签署并购协议。

②选择谈判方式。交易方若想营造合作氛围可采用温和的合作型谈判；想争取最大利益时，可在适当阶段采用压力型谈判方式。

③制定议题策略。合理安排议题顺序，可先易后难，如先谈双方共识度高的非核心条款，把价格等敏感问题放后面。也可视情况先难后易，先谈核心条款，提高谈判效率。对关键议题可提前准备多套方案，如就并购价格，可基于不同对价方式提供不同的价格方案。

(3)谈判过程中的策略调整

①保持灵活性。谈判中，可根据对方反应和谈判形势，适时调整策略和目标，如对方对价格敏感的，可考虑调整付款方式。

②善于运用妥协策略。交易方可在非关键问题上适当让步，换取对方在关键问题上的妥协，如在员工安置上让步，争取更有利的交易价格。

③建立良好关系。并购方可通过积极沟通等方式，与卖方及标的企业建立互信合作关系，如组织非正式交流活动增进了解，类似做法有利于推进谈判及并购后的整合。

(4)应急策略

交易方应就谈判过程中可能出现的突发情况提前进行考虑，如对方突然提高价格、出现新竞争对手等情况，并制定应对措施，如设定价格上限和备选目标等。

## 108. 如何进行谈判团队的职能分工？

并购谈判团队通常由有不同专业技能和经验的人员组成，其职能分工通常基于团队成员的职责及专业技能等因素设定。以下是常见的并购谈判团队的职能分工：

（1）谈判决策人。谈判决策人通常为交易方的实际控制人或者经营负责人，其在并购项目谈判中负责并购谈判全局策略，决定并购交易成交条件。

（2）现场负责人。现场负责人通常为交易方负责投资管理的高级管理人员，负责执行谈判策略，规划谈判流程，与对方沟通谈判，推进项目进行，对非核心交易条件有决定权。并购交易规模不大时，谈判决策人和现场负责人可能合二为一。

（3）其他团队成员。视项目规模及复杂度等情况，可由相关领域的专业人士或外聘中介加入谈判团队，如法律、财务、业务、人力资源，以及公关方面的专家，协助交易方进行并购交易。该等专业人士的职能主要如下：

①法律专家或外聘律师的作用，主要是协助进行法律尽职调查、交易方案的设计与论证，以及草拟、修改和解释交易文件，就法律相关问题与对方进行谈判，确保条款合法合规、保护己方合法权益。

②财务专家或外聘会计师的作用，主要是就标的企业的财务状况进行深入分析，并根据财务数据和市场情况，为并购价格提供合理的参考范围，设计合理的财务支付方案，以及参与与财务相关条款的谈判，如付款方式、交割条件等，保障财务安排符合双方利益。

③业务专家的职能，主要是对标的企业所处行业进行深入研究，分析市场趋势、竞争态势；同时，评估标的企业的业务模式、产品服务、客户资源等，判断其与己方业务的协同性和整合难度，并从业务发展角度，参与制定并购后的整合规划和战略，为谈判提供业务层面的目标和方向。

④人力资源专家的作用，主要是了解标的企业员工的结构、薪酬福利、劳动关系等情况，评估人力资源成本和风险；同时，制订合理的员工安置方案，考虑如何保留关键人才，确保并购后员工队伍的稳定。人力资源专家还可为人力资源相关条件的提出提供意见，如员工权益保护、竞业禁止等。

⑤公关专家可从塑造和维护己方在谈判中的良好形象角度给出建议，并在媒体沟通及处理公众关系方面发挥作用，避免负面舆论影响谈判进程。

针对具体项目谈判，交易方应先行确定谈判团队各成员的职能，并明确谈判策略及授权，以使谈判团队成员清晰履行职责，相互配合。

## 109. 实施并购谈判策略应考虑哪些原则？

并购方实施谈判策略时，可考虑按以下原则进行：

（1）坚持职能分工原则。区分商务问题与法律、财务等问题。原则上，交易双方高管人员负责商业问题的谈判，相关专业人员负责专业问题的谈判，职责清晰，避免越权谈判未授权事项。

(2)坚持区分主次原则。谈判视情况可先聚焦并购核心条件,对于并购文件细节事项可在双方就核心条件达成一致后处理,减少谈判障碍,提高谈判效率。当然,为推进谈判进行,也可先易后难,将最难达成一致的交易条件放在最后商谈,或由双方谈判决策人决定。

(3)坚持知己知彼原则。充分了解己方及交易对方的情况和核心诉求,结合交易目的和目标、核心交易条件制定及实施谈判策略。

(4)坚持合作共赢原则。并购交易目的的达成是一个共赢的过程,谈判时亦应站在对方立场考虑问题,顾及对方的关切点,兼顾交易双方的利益,避免仅考虑自身利益而使谈判陷入僵局。

## 110. 导致谈判破裂的原因可能有哪些?

谈判破裂可能有客观和主观两个方面的原因。

(1)客观原因主要包括以下几方面:

①政策变化。如国家产业管理、经济政策的变化,可能导致并购交易无法进行。

②市场环境变化。整体经济环境或标的企业所在市场环境的变化,均会对并购交易预期产生影响,或增加交易成本,进而对并购交易进行产生不利影响。

③其他第三方竞争者介入。这一情况可能会对并购价格产生直接影响,导致一方交易成本增加进而导致谈判破裂。因此,双方开展交易谈判时,通常会在意向书中约定独家谈判权条款。

④不可抗力。如地震、台风等可能直接导致标的企业消灭或对其业务产生重大不利影响,进而使并购项目终止。

(2)主观原因主要包括以下几方面:

①交易双方对核心条款无法达成共识。如基于对标的企业估值的不同预期,双方提出的交易价格存在巨大差距,如果任何一方都不妥协,将导致谈判破裂。

②管理层变动或者发展战略调整。交易方管理层发生重大变动可能导致其发展战略改变,进而影响交易进行。

③交易目的难以达成。交易方进行并购尽调后,发现继续进行交易可能无法达成交易目的,或尽调发现的风险无法规避,或交易成本过高,决定终止交易谈判。

## 111. 确定并购价格通常有哪些考虑因素?

价值是价格的基础,通常围绕标的企业的市场价值,并考虑各种影响因素确定并购对价。以下是确定标的企业并购价格的一些影响因素:

(1)评估值。并购双方确定并购价格时通常会聘请评估机构对标的企业的市场价值进行评估,并视标的企业所处行业及资产的不同情况,采用适当的评估方法。双方对标的企业的评估值是确定并购价格的最大权重因素。

(2)标的企业所处产业。如标的企业处于朝阳产业,具有良好的发展空间,并购方可能愿意支付更高价格;而传统产业企业,则很难期待很高的估值溢价。

(3)经营业绩和发展前景。如标的企业经营业绩优秀,现金流充沛,市场竞争力大,并购方可能愿意支付更高价格;反之,并购方可能只愿意围绕净资产价值出价。

(4)并购双方的市场地位及需求。如标的企业运营良好,经营业绩快速增长,市场地位不断上升,或者拥有从事某行业的稀缺资质或资源,可以满足并购方的并购需求,并购方可能愿意给予更高价格。否则,并购方给高估值溢价的可能性小。

(5)监管政策影响。国有企业并购或上市公司并购情形下,并购交易价格的确定应遵守国有资产交易监管或上市公司并购重组监管政策的规定,不得导致国有资产流失或损害上市公司及中小股东的利益。

# 第五章

# 交易文件签署与并购交割

## 一、并购交易文件的草拟和签署

### 112. 并购交易文件通常由哪些文件构成?

企业并购交易文件通常由以下几类文件构成:

(1)并购意向书。并购意向书是交易双方就并购事宜达成的意向文件,内容主要包括并购主体、并购标的、并购方式、并购价款及支付方式、后续项目推进安排,以及保密条款、独家谈判权及法律效力条款等。

(2)并购合同。并购合同是企业并购交易的核心文件。并购合同一般分为主合同及附件两部分,其中主合同通常包括交易方、鉴于条款、定义、交易标的、交易方式、交易对价及调整、交易税费负担、陈述与保证、承诺、交割条件、交割事项、变更与解除、违约责任、不可抗力、法律适用及争议解决、通知、保密以及其他条款。附件一般是在主合同正文中不便约定的内容,如标的资产明细清单,资产负债表,债权债务清单,劳动人事清单,诉讼、仲裁或行政处罚清单,交割函样式及披露函等。

(3)公司治理类文件。并购方与标的企业其他股东(如有)签订新的合营合同(如需),修订后的标的企业的公司章程和"三会"议事规则等。

(4)估值调整协议。这一协议是指企业并购双方在达成投资或并购协议时,为解决并购方对标的企业信息不了解可能导致的估值认识偏差问题而签订的,约定并购卖方在业绩承诺期内不能完成承诺业绩情况下对并购方或标的企业进行经济补偿等事项的协议。实践中,并购双方通常将估值调整机制直接约定于并购交易合同中,估值调整协议未必独立存在。

(5)重组协议。在并购交易中,为降低交易风险或剥离并购方不需要的资产,可能对标的企业进行资产重组,如进行分立或收购、剥离标的企业资产及业务,相应在标的企业原股东之间,或由卖方及其关联方与标的企业签订重组协议,并作为并购交易协议的附件。

(6)其他交易文件。在重大并购交易中,并购方可能要求相关方签订其他协议,作为交割文件的一部分。如为防止卖方或者标的企业董事及高管从事与标的企业相竞争的业务,要求其签订的竞业禁止协议;或为并购后保留核心员工而特别签订的劳动合同,为安置员工而签订的员工安置协议等。

## 113. 草拟交易文件应遵循哪些原则?

草拟交易文件应遵循以下原则:

(1)合法性原则。草拟交易文件时,应确保交易文件不违反法律法规的强制性规定及公序良俗,确保其具有法律效力,使己方利益能够得到法律保护。

(2)准确、严谨原则。交易文件草拟应以尽调结果及交易方案为依据,定义清晰,用语准确,条款完备,完整反映己方的交易目的及意思表示。

(3)可履行原则。并购交易文件草拟应注重可履行性,体现交易结构及时间安排,约定各种情形下的处理方法及违约责任,为合同履行提供指引。

(4)主动性原则。交易文件的草拟应尽可能在交易的各环节及方面使己方处于主动及有利地位,防范己方的交易风险,促进合同的履行及交易完成。

## 114. 如何在并购合同中体现风险防范策略?

为在并购合同中体现风险防范策略,可以采取以下措施:

(1)并购操作条款。交易方可基于尽职调查结果及交易方案,约定并购操作条款,如对价支付方式、时间、步骤和交易先决条件、承诺与保证条款、过渡期事项、交割及交割后事项等,明确约定操作流程,推进项目进行,维护己方利益。

(2)约定违约责任。交易方可在合同中约定详细具体的违约责任,约束各方遵守合同条款,降低违约风险,保证在合同他方违约时能够得到适当救济。

(3)履约保障条款。在合同中约定履约保障条款,包括但不限于保证金、担保、保险等,或同时采取多种方式,减少交易风险和损失,促使合同履行。

(4)权利保留机制。交易方可在合同中保留权利,如修改和终止合同应经交易方一致同意等,并可设定相关履约条件和程序,以使交易对方不按约履行合同义务时,己方有权不履约且不构成违约,控制或避免风险的发生和损失的产生。

(5)纠纷处理机制。在合同中约定争议解决条款,包括解决方式、管辖权、争议解决适用的法律以及所产生费用的承担等,规避不同法律体系和司法环境对己方利益保护的不利影响。

(6)合同效力条款。交易方应在合同中明确合同生效条件,确保合同有效,使交易方合法权益能够得到法律保护。

## 115. 如何约定并购价款支付条件?

在约定并购价款支付条件时,可以考虑以下几个方面:

(1)明确支付金额。交易方应在并购合同中明确约定对价金额及其计算方法,以及价款调整机制,如调整条件、计算方法及补偿款项支付时间等。

(2)确定支付方式。除以货币方式支付并购对价外,交易对价也可采取股份支付等非货币方式。在这种情况下,需要考虑作为交易对价的股份的自身风险,如股份价值的确定及股份价值的波动等因素,以及可能涉及的税务政策的适用等;若并购方为上市公司,在采取非公开发行股份的方式进行对价支付时,还应考虑所需履行的相关监管机构的审批、登记或备案程序,并在交易文件中体现相关安排及风险防范措施。

(3)确定付款条件。并购交易条件包括交割先决条件及付款先决条件。就交易双方而言,应确保交易条件明确、具体,避免交易条件不明确导致的履约纠纷。

(4)确定支付时间。交易方可以基于预计的交割及付款先决条件满足的时间期限,约定合理的对价支付时间。

(5)约定支付保证条款。并购卖方可要求在交易文件中约定对价支付保证条款,如付款担保或资金共管机制等,避免支付风险。

## 116. 如何约定陈述与保证条款?

陈述与保证条款是并购合同核心条款之一,交易方借此要求对方就自身关注的交易事项进行如实披露,对并购过程中或交割后进行或不进行特定行为作出保证,避免信息不对称或违约从事或不从事特定行为导致的交易目的无法达成、交易不公平及己方利益损害的风险。交易方违反其所做陈述和保证,将触发违约责任,守约方有权寻求相应法律救济,维护自身合法权益。

在约定陈述与保证条款时,需要注意以下几个方面:

(1)陈述与保证主体。并购方审阅交易文件陈述与保证条款时,应注意其是否为适格责任主体,能否对相关事项作出陈述与保证,避免承担不必要的合同责任。

(2)陈述与保证内容。标的企业、卖方及其关联方并购交易文件中所做陈述与保证,通常包括但不限于对标的企业历史沿革、股权结构、业务开展、知识产权、合规运营、法律纠纷等方面情况的保证,以及交割日前(过渡期)义务和交割后义务的保证。常见的过渡期义务的保证包括,卖方及其关联方应促使标的公司按照原有的状态经营,确保标的企业未经并购方书面同意不得有分红、股权变动、主营业务变动、超过一定金额的投资行为等。陈述与保证方应先行对己方情况进行梳理,确保所做陈述与保证真实、准确、完整，避免违约责任。

(3)陈述与保证期间。陈述与保证方在交易文件中应当明确陈述与保证事项的时间范围，控制其时间边界。

(4)违约责任条款。交易方在交易文件中应约定违约责任，促使陈述与保证方如实进行信息披露，按约履行保证义务。违约责任条款应具体、明确、有效、可行。

(5)免责条款。陈述与保证方可在并购交易文件中以披露函形式，将不能保证的瑕疵事项向交易对方进行披露，并在合同中明确约定就该等事项，豁免披露方的责任。这一措施也有利于并购方进行风险判断，并采取适当的风险防范措施。

## 117. 什么是重要事项的一票否决权?

一票否决权，又称重大事项否决权或保护性权利，是指股东协议或公司章程给特定投资者赋予的否决标的企业进行特定行为的权利，以保护其投资权益不受标的企业不当行为的损害。

重要事项一票否决权包括以下几个层面的内容：

(1)一票否决权的重大事项范围。重大事项范围通常根据并购交易目的、标的企业实际情况，以及公司章程中股东会、董事会及监事会职权等，由交易双方协商决定，通常包括公司章程修改、增资减资、合并分立、经营性资产买卖、重大投资及资金使用等。这些事项往往对标的企业的经营及该特定投资者权益有重大影响。

(2)一票否决权的行使主体。一票否决权的行使通常在标的企业股东会及董事会层面进行，即投资者可在股东会层面以其股东身份就重大事项行使一票否决权，亦可向标的企业委派董事，由其在董事会层面行使一票否决权。

(3)一票否决机制。投资者通常要求在标的企业股东协议及公司章程中设置一票否决权行使机制，约定标的企业股东会或董事会作出的决议所需的股东或董事表决票中，必须包含投资者或其委派董事投出的同意票，否则决议不能通过。

重要事项的一票否决权通常授予溢价出资但对标的企业没有控制权的投资者，对保护其利益具有重要作用，但标的企业及其他股东亦需权衡利弊，保障公司及股东之间的权益平衡，避免一票否决权的滥用。

## 118. 并购过渡期标的企业经营损益由交易方中的哪一方承担?

企业并购中，过渡期通常指交易基准日(并购审计、评估基准日)至交割完成的时间。在此期间，并购方尚未取得标的企业股权，但标的企业会产生经营损益，交易双方需就其归属在交易文件中进行约定，避免争议。

原则上，过渡期标的企业经营损益的归属可由转让方和受让方自主约定，但是，对于以未来收益法作为主要价值评估方法的上市公司重大资产重组涉及的资产购买，以及通过产权市场进行的国有企业产权公开转让，其过渡期经营损益的归属，应按相关监管规定执行：

(1)在中国证券监督管理委员会2020年7月发布的《监管规则适用指引——上市类第1号》"1-6过渡期损益安排及相关时点认定"规定："上市公司重大资产重组中，对以收益现值法、假设开发法等基于未来收益预期的估值方法作为主要评估方法的，拟购买资产在过渡期间(自评估基准日至资产交割日)等相关期间的收益应当归上市公司所有，亏损应当由交易对方补足。具体收益及亏损金额应按收购资产比例计算。"

(2)《企业国有资产交易监督管理办法》第二十三条规定："受让方确定后，转让方与受让方应当签订产权交易合同，交易双方不得以交易期间企业经营性损益等理由对已达成的交易条件和交易价格进行调整。"根据该条规定，涉及通过产权市场公开转让国有企业产权的，在过渡期内的经营性损益原则上由受让方承担和享有，但可以非经营性损益等理由对交易条件、价格进行调整。

若交易双方在产权交易合同等协议中有对过渡期经营性损益归属的特别约定，在不违反相关规定的前提下，按照约定执行。如果没有协议约定，企业正常经营发生的期间损益以及可预见的商业风险导致的期间损益，通常由受让方享有和承担；针对无法预见的客观情况导致的期间损益，可以根据《民法典》的相关规定变更或者解除合同。

## 119. 如何处理并购价款支付与股权过户顺序确定产生的矛盾？

在并购交易中，出于保护自身利益的考虑，并购方通常希望先取得股权再支付交易对价，而卖方则希望先取得价款再向并购方过户股权。针对这一矛盾，交易双方可采取以下方案：

(1)资金共管。在该模式下，交易双方先共同向银行申请设立共管账户，再由并购方将交易价款汇入该账户。交割完成后，交易双方共同向监管银行发出付款指令，将交易价款付给卖方，或在该项交易未能在最晚交割日完成交割时，双方共同向监管银行申请解除对该账户的监管。这一方式对交易双方均相对安全。

(2)并购方提供履约担保。在该模式下，并购方将其拥有的其他与交易价款金额相当的资产抵押或质押给卖方，在完成相关抵押或质押登记后，卖方进行股权过户，并购方支付相应交易价款。交易对价结清后，买卖双方解除资产抵押或质押登记。

对卖方来说，接受并购方提供的资产担保，需对担保资产进行尽调及价值评估，承担资产贬值风险，在实现担保权利时还需进行资产拍卖等，流程相对复杂且不确定性较高。

(3)分期交割。在该模式下,卖方分期向并购方过户股权,相应地,并购方分期向卖方支付对应比例的交易价款,除正常约定的付款前提条件外,每一期的交割及付款以上一期交割及付款的完成为先决条件。

可以在卖方所转让股权被质押,且卖方需以股权转让价款清偿债务的情形下适用这种方式。在该情形下,并购方为降低交易风险,将交易价款分期支付给卖方,卖方收取后向质押权人归还借款并完成该部分股权质押的解除及过户,以此类推,直至完成全部股权质押的解除及过户。

## 120. 公司章程通常如何规定优先购买权条款?

根据《公司法》第八十四条的规定,优先购买权是指股东向股东以外的第三方转让股权时,在同等条件下,其他股东享有的优先于该第三方购买拟出让股权的权利。公司章程在规定优先购买权条款时应注意:

(1)股东向股东以外的人转让股权是股东优先购买权触发的前提条件。

(2)股东进行股权转让时,应将相关事项以书面形式通知其他股东,通知内容应包括股权转让的数量、价格、支付方式和期限等事项。

(3)股东应在公司章程或者法律规定的时间内行使优先购买权。公司章程没有规定行使期间或者规定不明确的,以通知确定的期间为准;通知确定的期间短于30日或者未明确行使期间的,按《公司法》规定,行使期间为30日。

(4)两个以上股东行使优先购买权的,协商确定各自的购买比例;协商不成的,按照转让时各自的出资比例行使优先购买权。

(5)明确规定股权发生继承时其他股东是否享有优先购买权。

## 121. 如何在并购合同中设置或有负债风险防范条款?

在并购合同中,可结合实际情况,参考以下内容约定或有负债风险防范条款:

(1)陈述与保证条款。由标的企业制作并购基准日的债权债务清单,作为并购协议附件,并由标的企业及卖方在并购协议中保证其真实性,卖方及其实际控制人承诺对清单以外的债务承担清偿责任。

(2)分期支付股权转让款。通过采用分期付款方式,并购方可在发现或有负债风险时,及时采取停止付款的方式减少损失。

(3)股权转让担保条款。并购方可要求在并购协议中设置股权转让担保条款。如约定预留一定金额的股权转让尾款作为保证金;在未来一定期限内,如未发现标的企业存在之前未披露负债,在约定期限届满后并购方将尾款支付给卖方。

(4)违约责任条款。并购方可要求在违约责任条款中约定标的企业存在未披露负债时卖方的赔偿责任;若未披露负债金额巨大,对并购方交易目的的实现构成根本性障碍,并购方享有合同解除权。

(5)股权回购条款。并购协议可在违约责任条款之外约定,在并购交割完成后的一定期限内,如发现标的企业或有负债达到约定金额,卖方及其实际控制人按约定价格承担股权回购责任。

但是,并购方行使并购合同解除权或股权回购权,在实操中会存在困难,故并购前应进行深入尽调,尽可能先行发现风险,同时采取多种风险防范措施。

## 122. 如何保证并购后标的企业经营团队与核心技术人员的稳定?

并购项目中,并购方可采取以下措施,保障并购后标的企业经营团队与核心技术人员的稳定性:

(1)竞业禁止。在交易文件中约定,卖方应促使原经营团队及核心人员与标的企业签订竞业禁止协议,明确约定竞业禁止的主体、范围、期限、违约责任等,避免并购后原经营团队及核心人员与标的企业进行同业竞争,尽可能使其留在标的企业。

(2)签长期合同。在交易文件中约定,卖方应促使标的企业与经营团队或者核心技术人员签订相对长期限的劳动合同,通过劳动合同的形式保障人员稳定性。

(3)利益绑定。在并购后采取薪酬及股权激励等方式增强经营团队与核心技术人员稳定性。采取并购交易分期交割方式,或并购后卖方继续持有标的企业的部分股权;或进行换股交易,使并购后卖方持有并购方部分股权;或采取业绩对赌方式,将卖方利益与并购方或并购后的标的企业继续绑定,利用其影响力保持标的企业原运营团队的稳定性。

## 123. 设计并购卖方的竞业禁止条款时应注意哪些方面?

企业并购中的卖方竞业禁止义务区别于劳动合同法中的员工竞业限制义务,两者属于不同的法律关系,适用不同法律规范。在企业并购交易中设置竞业禁止条款时,应注意:

(1)竞业禁止对象不限于劳动合同法规定的用人单位的高级管理人员、高级技术人员和其他负有保密义务的人员。并购方可根据并购交易情况,对卖方及其实际控制人,以及标的企业其他创始人等设定竞业禁止义务。

(2)竞业禁止期限原则上可由交易双方根据标的企业的实际情况,以及并购后卖方及其他竞业禁止义务人进行同业竞争行为对标的企业的影响程度进行约定,不适用劳动合同法关于员工竞业限制期限不超过2年的规定。

(3)明确约定竞业禁止范围,可同时通过概括陈述及列举的方式明确标的企业及其子公司、分公司所需保护的业务内容及范围,约定竞业禁止对象在该等业务范围内不得与其竞争。

(4)可由交易双方在协议中约定就竞业禁止义务的履行,并购方不予支付补偿金,可以理解为并购交易对价已经涵盖了该项义务的履行对价。

(5)合理设置违约金条款,如违反竞业禁止义务的,违约方应按收购价款的一定比例向并购方支付违约金,并可约定违约方因违反竞业禁止义务所获收益归标的企业或并购方所有。

(6)如卖方继续负责经营并购后的标的企业,并购方可在并购协议中约定,卖方的竞业禁止义务按并购协议约定执行,不适用劳动合同法相关规定。

(7)并购方可要求将义务人未违反竞业禁止义务作为支付并购对价款的前提条件。

## 124. 如何促使标的企业按要求整改?

对于并购尽调及履约中发现的标的企业问题或风险,标的企业按约整改对并购方交易目的的实现具有重要意义。为此,可考虑采取以下措施:

(1)将标的企业及相关方整改作为并购交易价款支付的先决条件之一,标的企业及相关方不按约整改的,并购方有权拒不交割及支付交易价款。

(2)就非交易或付款前提条件涵盖的整改事项,制定整改时间表,将整改事项作为卖方的交割后义务,并在交易文件中约定相应的违约责任。

(3)通过有效参与标的企业的公司治理及行使股东权利,推动及监督标的企业和相关方整改。

## 125. 如何约定对己方有利的争议解决方式?

争议解决方式主要是指解决争议的途径。不同的争议解决方式可能直接导致争议处理程序及其成本的不同。除争议各方协商或通过第三方调解等方式外,主要有诉讼及仲裁两类争议解决方式。

诉讼或仲裁的不同之处主要如表1所示:

表1 诉讼与仲裁的区别

| 差异之处 | 诉 讼 | 仲 裁 |
| --- | --- | --- |
| 机构性质 | 诉讼审判由人民法院负责,其为国家法定的审判机构 | 仲裁由仲裁委员会负责,其为独立于行政及司法机关的仲裁专门机构 |
| 管辖依据 | 法院对诉讼的管辖权可通过合同约定及诉讼法律规定确定 | 仲裁只能由合同方通过协议约定方式确定,合同方关于仲裁条款的协议约定具有排斥法院管辖的效力,但仲裁协议须明确约定仲裁事项和仲裁机构 |
| 受理范围 | 法院受理平等主体之间发生的财产权益纠纷等民事法律纠纷 | 仲裁委员会仅受理签署了仲裁协议的主体之间发生的与仲裁协议相关或因其而产生的纠纷 |
| 适用程序 | 须按照民事诉讼法规定的程序进行 | 仲裁依照仲裁机构的仲裁规则进行,当事人可依仲裁规则就具体程序进行约定 |
| 审理原则 | 以公开进行为原则 | 实行不公开原则,案情、开庭及裁决均不公开 |
| 审制 | 两审终审制 | 通常为一裁终局。除非有法定理由,仲裁裁决一经作出即具有法律效力,任何一方不能就同一纠纷再申请仲裁,或向法院起诉,或申请法院撤销裁决 |

协议各方应在考虑上述两种争议解决方式的不同之处,且兼顾己方实际情况及争议解决成本、所需时间和风险等事项的基础上,选择于己有利的争议解决方式。

## 126. 并购方能否要求标的企业定期提供财务报表等资料?

并购方可以要求在并购协议中约定标的企业向其定期提供财务报表及有关资料,以及提交时间、格式和内容等,以及时了解标的企业的财务状况和经营情况,更好地进行风险评估和决策,监督是否触发了对赌、回购等条款。

但是,在标的企业为拟上市企业的情况下,若根据交易文件的约定,并购方享有的股东知情权超越了公司法或上市公司信息披露规则规定的范围,包括但不限于知情信息范围、相关信息文件披露时间要求等,在标的企业申报 IPO 辅导验收前,各方应会终止该等协议条款,以遵守公司法及上市公司信息披露规定。

## 二、并购交割

### 127. 什么是并购交割?

并购交割是指交割条件满足后,交易双方履行的关于标的资产及约定资料、物品的移交程序。交割完成是并购方取得标的资产产权的重要标志。

并购交割主要有三层法律意义:一是界定权属,也就是标的资产所有权的转移;二是风险转移,随着标的资产权属的转移,风险也从卖方转移至并购方;三是实操层面上的会计及税务处理,即会计账目调整及税务义务的产生。

并购交割时,卖方将标的资产过户的证明文件及标的企业资产、资料和物品等交付给并购方,后者则向其按约支付全部或部分并购价款。

为了确保并购交割的顺利进行,交易双方需在交易文件中约定明确的交割条款,并按约履行各自的义务。

### 128. 交割程序通常有哪些内容和步骤?

交割程序通常包括以下内容及步骤:

(1)核查交割先决条件的完成情况。并购双方应先核查并购交易文件约定的交割先决条件的满足情况,以及过渡期事项条款的履行情况。交割条件满足后,双方履行交割程序。

(2)确定交割时间和地点。交易文件通常会约定交割时间,不能在约定时间进行交割的,双方可另行约定交割时间。交割地点通常为标的企业的办公场所。

(3)移交标的资产及物料。根据交易文件约定,并购卖方向并购方移交标的企业资产、资料和物品。资料和物品主要为标的资产的产权变更文件、股东名册、企业证照、印章、财务报表和账簿、资产权属证书、银行网银盾、员工名册,以及并购方关注的经营资源等。

(4)并购方支付交易价款。通常卖方完成上述第3步的交割工作后,并购方按约向卖方支付交易价款。如并购方以股权转让方式支付交易对价,同样应向卖方移交股权过户的变更登记文件等约定资料。

(5)交割后事项。对未完成交割先决条件的,如双方同意豁免,或就交割后续事项进行安排,交割时双方可签署交割协议或确认文件,就相关协议义务的继续履行进行安排。

## 129. 并购交易在哪些情况下需要履行外部同意或审批手续?

并购交易中,可能需要履行外部同意或者审批手续的情形,主要是以下六种:

(1)国资产权交易。国有及国有控股及实际控制企业进行企业出资转让、增资及重大资产转让时,应根据《企业国有资产法》《企业国有资产交易监督管理办法》等规定经过必要的国资监管审批程序。

(2)上市公司股份交易。并购交易涉及上市公司收购或重大资产重组的,应根据《证券法》《上市公司重大资产重组管理办法》《上市公司收购管理办法》等规定,履行交易所及中国证监会的监管审批、注册程序。

(3)跨境并购。并购交易涉及跨境因素的,应视情况相应履行发改委、商务部门及外汇主管机关的审批、备案或登记程序。

(4)达到经营者集中申报标准的交易。根据《反垄断法》的规定,经营者集中达到国务院规定的申报标准的,经营者应当事先向国务院反垄断执法机构申报;未申报的不得实施集中。

(5)特殊行业的并购交易。部分行业监管办法或者准入规定要求持证企业的股东变化应经审查的,报有权机构进行审批。如《广播电视节目传送业务管理办法》规定,持证机构变更股东、持股比例等,应当按照规定报广播电视主管部门批准。

(6)标的企业股权变动应经第三方同意的情形。标的企业的一些重大合同,如银行贷款合同或合营合同等,常约定其股权结构发生变化时,应经合同相对方的事先同意,否则可能触发合同相对方的提前解约权。

此外,如并购导致标的企业注册资本减少,还应履行法定减资程序,书面通知、公告通知债权人,并在其提出清偿要求时提前清偿其债权或与债权人达成清偿协议。

综上所述,并购交易进行时,需要结合项目实际情况,审核是否存在可能需要监管机构批准、备案、登记或第三方同意的情形,并相应履行必要程序。

# 第六章

# 并购后的整合

## 130. 影响企业并购后成功整合的关键因素有哪些?

并购整合,是指并购交易完成后,并购双方对其各种资源和要素进行系统性的融合与调整,以实现并购目标、提升企业价值和协同效应的系列性活动。

并购交割的完成,仅意味着并购方在法律层面取得标的资产的产权,并购整合的成功与否,是并购成败的关键。并购后的成功整合主要取决于以下关键因素:

(1)战略一致性。并购方与标的企业战略目标的一致性,是并购后标的企业成功整合及运营的内在驱动力。

(2)运营团队。标的企业拥有一支高水平、有进取心的运营团队,是企业成功运营的前提和基础,也是并购成功整合的决定性因素。

(3)利益融合。并购方案及其实施使并购方获得标的企业及卖方的信任,使标的企业及卖方受益,进而促使卖方为并购后标的企业的发展进一步助力,对标的企业并购后的成功整合具有重要意义。尤其是并购后卖方在标的企业继续持股或负责其运营时,使卖方及原运营团队与标的企业及并购方利益统一,实现双赢,对成功整合至关重要。

(4)文化融合。良好的文化整合促进并购方与标的企业的交流与合作,提高标的企业并购后的运营效率,有助于双方的共同进步。

(5)资源整合。并购方积极与标的企业进行业务协同,并给予其必要的资源支持,对促进标的企业业绩目标实现及良性运营有重要作用。

(6)经营权平稳过渡。并购后卖方向并购方和平、友好移交标的企业经营权和相关资源,是标的企业成功整合的重要标志,亦对防范业绩对赌期后经营失控风险具有重要作用。

(7)利益相关者支持。员工、客户、供应商和股东等利益相关者的支持对并购后标的企业的发展具有重要作用,故并购方应积极维护标的企业与相关主体之间的良好关系，与其共同推动标的企业的发展与进步。

## 131. 并购整合设计的主要步骤和要点是什么？

并购整合，堪称一项极为复杂且系统性极强的工程。它要求并购方在战略、文化、业务、财务以及流程等多个维度进行全面且深入的考量，同时，在整个推进过程中，并购方还需时刻保持灵活性与适应性，以应对各种可能出现的情况。并购整合设计可参考以下主要步骤与要点，并结合并购项目的实际状况进行：

（1）尽调阶段。并购前，并购方应从业务、财税、法律以及人力资源等各个层面，对标的企业进行尽职调查。不仅要深入了解标的企业的现状，更要有前瞻性地思考并购后标的企业的资源配置、业务协同以及利益安排等一系列与并购整合密切相关的要素。

（2）规划阶段。该阶段可把握以下要点：

①目标设定。围绕并购战略，为标的企业设定清晰、明确且具有可操作性的整合目标。这一目标将成为后续整合工作的指引，引导并购整合进程。

②整合团队组建。专门设立整合管理及运营团队，明确团队成员各自的职责与分工，避免出现职责不清导致的工作推诿与效率低下。

③整合路线图。制订详细的并购整合计划与时间表，将整合工作细化为具体的任务节点，进行有序推进。

（3）整合阶段。

①利益整合。卖方及原运营团队并购后与并购方形成互利共赢的良好局面，对于标的企业的成功整合起决定性作用。并购方在并购交易谈判前、谈判过程中，都应将其纳入重点考量范围。利益整合机制应体现在交易方案及交易文件中，确保各方权益得到法律层面的保障。

②业务整合。必要情况下，根据并购交易文件的约定及标的企业的实际情况，进行以下业务整合工作：

A. 组织整合。灵活调整组织架构，清晰界定管理层和员工的岗位职责，构建高效有序的组织运行体系。

B. 流程优化。逐步统一关键业务流程，消除流程中的冗余与不畅，提升业务运行效率。

C. 信息技术系统整合。实现信息系统的统一，在保障数据兼容性的同时，重视数据安全性，为企业的数字化运营提供坚实支撑。

D. 运营协同。在采购、生产、销售等核心业务环节，实现资源的深度共享，通过协同效应降低运营成本，提升企业整体竞争力。

③文化与人力资源整合。基于标的企业及其所在国家的实际情况，并购方可视情况采取以下整合措施：

A. 文化诊断。识别双方文化差异，考虑双方企业文化特点。若涉及跨国并购，还需将国家及民族文化因素纳入考量，进而采取与之相适配的文化整合策略，促进文化融合。

B. 人才保留。通过合理的薪酬调整与富有激励性的机制，确保核心员工队伍的稳定性，充分激发他们的积极性与创造性，为企业发展注入人才动力。

C. 员工沟通。与标的企业员工保持透明、坦诚的沟通，及时解答员工的疑惑，消除他们的不安情绪，增强员工的信任感与安全感，营造和谐稳定的工作氛围。

D. 培训与发展。为标的企业员工提供必要且实用的培训，帮助他们快速适应新的工作环境与要求，提升员工的综合素质与业务能力。

④财务整合。并购后，并购方应适当对标的企业的财务流程进行调整，保证对标的企业的控制权及经营监管：

A. 财务流程。根据并购后的实际需求，适当调整标的企业的财务流程，使其与并购方的财务系统及信息实现无缝衔接，确保财务信息的透明性与准确性。

B. 资本结构。对标的企业的资本结构进行优化，合理配置债务与股权比例，降低财务风险，为企业的稳健发展提供财务保障。

（4）持续监控与调整。并购方应建立对并购整合效果的评估机制，并在必要时及时调整整合措施：

①目标跟进。应建立定期审查机制，密切关注整合目标的完成进度，及时发现目标执行过程中的偏差与问题。

②效果评估。定期运用关键绩效指标对整合成效进行科学、客观的评估，全面衡量整合工作在各个维度的实施效果。

③方案调整。并购方可根据整合目标的完成情况以及效果评估结果，在必要时采取调整措施。同时，并购方应与标的企业管理层进行充分、深入的沟通，确保调整方案能够得到有效执行，切实提升整合效果。

## 132. 并购整合的常见陷阱有哪些？

并购整合有周期漫长、复杂度高的显著特点，其成功与否往往受到诸多因素的影响。在这一充满挑战的过程中，存在一些常见的陷阱，值得企业警惕：

（1）战略规划缺失。部分企业在启动并购活动前，未能深入剖析、精心规划，缺乏清晰明确的并购战略与目标，常因一时冲动仓促决定并购，直至完成交割后，才着手考虑标的企业的运营事宜。这种情况可能导致很多问题，如并购方现有团队难以胜任标的企业的运营管理工作,资源配置难以到位,业务协同也难以得到有效实现。这些负面因素将给并购整合及标的企业的后续发展带来严重阻碍。

(2)利益平衡失调。在并购谈判和合同拟定阶段,若并购方表现得过于强势,过度聚焦自身利益的维护,就可能打破双方权利义务的平衡,破坏合作氛围与信任基础。一旦出现这种情况,卖方可能会产生抵触心理,失去配合并购整合或为标的企业发展提供资源支持的积极性。这无疑会给标的企业的长远发展蒙上阴影。

(3)合同条款漏洞。在众多并购案例中,交易合同履行过程争议频发,甚至成诉,部分原因在于合同对权利义务的约定模糊不清。并购后卖方仍负责标的企业运营时,若卖方与并购方就并购合同产生争议且无法通过协商妥善解决,必然会对标的企业的正常运营造成冲击。

(4)企业文化冲突。不同企业之间存在天然文化差异,跨国并购项目中,这种差异还会延伸至国家文化和民族文化层面,进而导致卖方与并购方在经营理念、管理模式、员工行为等方面大相径庭。这种显著差异会对并购整合的顺利推进构成重大挑战。若并购方与标的企业之间缺乏有效的沟通机制,无法灵活应对突发问题,就容易在并购方与标的企业之间,或标的企业与其管理层、员工之间引发冲突,最终导致并购整合功亏一篑。这一现象在境内外并购案例中屡见不鲜。

(5)整合节奏失当。整合速度过快,由于相关方利益难以在短时间内协调一致,管理模式与业务流程的差异也无法及时磨合,容易使标的企业在经营过程中陷入混乱,甚至与运营团队产生激烈冲突;而整合速度过慢,则可能使并购方难以实质性接管标的企业的业务运营,导致经营业绩下滑,更有甚者,并购方可能会丧失对标的企业的控制权。

(6)核心人才流失。一支强有力的运营团队是标的企业实现成功整合与高效运营的重要基石。并购完成后,一旦标的企业的关键运营人才大量流失,而并购方又无法及时补充合适人员,就极有可能导致标的企业运营陷入困境,最终导致并购失败。

## 133. 并购后卖方继续负责运营的情况下,应如何建立标的企业的公司治理机制?

在并购后卖方继续负责运营的情况下,建立标的企业的公司治理机制需要并购方和卖方密切合作,充分考虑双方的利益和需求。以下是一些要点:

(1)明确双方权利与义务。首先,并购合同应明确卖方在运营期间的具体职责、权限范围、运营目标以及应承担的责任,同时明确并购方的监督权利、重大事项决策权等,避免出现权责不清的情况。其次,并购方应基于标的企业的发展战略和并购目标,与卖方协商制定可量化的业绩指标,如营收增长、利润提升、市场份额扩大等,作为卖方运营的考核标准,并明确相应的奖惩机制。

(2)优化治理结构。交易双方应根据并购后所持标的企业的股权比例,合理分配董事会席位,确保并购方和卖方在重大决策中都有相应的话语权;同时可引入独立董事,增强董事会的独立性和专业性。

(3)建立监督与沟通机制。并购方应建立财务监督机制,要求卖方定期提供详细的财务报表和运营数据;必要时可派驻财务人员或审计团队进行检查,并可利用信息化手段实现实时监控。同时,双方应建立定期或临时沟通机制,就企业运营情况、面临的问题和解决方案进行交流,或及时处理突发重大事项。

(4)制定激励与约束机制。并购方应设计与业绩挂钩的激励方案,如给予卖方运营团队一定的股权、期权或绩效奖金,鼓励他们积极提升企业业绩,实现双方共同的目标。同时,应明确卖方运营团队的行为规范和禁止事项,对于违反规定或未能达到业绩目标的情况,制定相应的惩罚措施,如业绩补偿、扣减奖金、限制权限等。

(5)推动文化融合与协同发展。并购方和卖方应通过公司治理机制,共同推动与标的企业的文化融合,尊重双方的文化差异,提炼共同的价值观和文化理念,促进员工之间的理解和认同。双方还应共同寻找并购方与标的企业在业务、资源、技术等方面的协同点,制订协同发展计划,明确双方在协同项目中的责任和义务,实现资源共享和优势互补。

## 134. 进行员工激励机制设计应把握哪些要点?

科学合理的员工激励机制,能够最大限度地释放员工的创造力,点燃他们的工作热情,从而为企业运营水平的提升和经营业绩的增长注入强劲动力。在设计员工激励机制时,可从以下要点着手:

(1)深度利益绑定。对于企业高级管理人员和核心技术人员,实施长期激励策略至关重要,股权激励是行之有效的方式之一。通过股权激励,这些关键人才的身份实现转变,成为企业的合伙人与股东。这种身份的认同感和归属感,可提高激励对象对企业的忠诚度。当标的企业发展良好,激励股权价值将不断增长,也为激励对象带来丰厚的投资收益,进而激发他们的内在潜能。此外,激励股权限售机制的设立,能够有效增强激励对象的稳定性,促使其长期与企业携手共进。

(2)长短期激励结合。在为高管团队和核心技术人员提供股权激励的同时,还应充分考量他们的实际贡献,适时给予相应的业绩奖励、荣誉表彰或畅通的晋升通道。这些激励措施能够进一步激发这些人员的进取心,使其在追求长期目标的过程中,保持高昂的斗志,促进当期业绩目标的完成。

(3)价值体系一体化。激励机制的核心在于公平与公正,激励对象所获得的激励分配应反映其为企业创造的价值。为此，激励机制应与公平的价值评价机制结合，形成价值创造、价值评价、价值分配的有机统一体。只有这样，激励对象才能清晰地认识到自身努力与回报之间的紧密联系，从而更加积极主动地为企业创造价值。

(4)保持开放灵活性。企业激励机制的激励对象不应局限于固定的群体，而应保持开放和动态的特性。员工在岗位和薪酬方面应具备灵活性，能上能下、能增能减；人员聘用也应遵循能进能出的原则。相应地，激励待遇要根据员工岗位和职责的调整而变化，公平公正地体现他们在不同阶段的贡献，充分调动每一位员工的积极性和主动性。

(5)坚持规范运营。无论是何种激励机制，信任都是其成功实施的基石。而这份信任不仅源于企业对员工的诚信，还来自标的企业的规范运营。只有在规范运营的前提下，企业的经营才能保持可持续性，经营业绩的真实性和透明性才能得到切实保障，进而增强员工对企业的信任和信心，形成良性循环。

(6)摒弃平均主义。企业激励机制应坚决反对平均主义和"大锅饭"现象，将重点聚焦于高管团队、核心技术人员以及其他有突出贡献的人员。对这些关键人才给予充分的激励，能够产生强大的示范效应和起到带动作用。反之，对不合适的人员实施激励，不仅无法达到预期的激励效果，还可能浪费企业资源，打击真正有贡献员工的积极性。

## 135. 文化整合工作的要点是什么？

文化整合的成功与否，会在很大程度上决定并购整合能否成功。并购后，文化整合应把握以下要点：

(1)采用合适的文化整合方式。有效的文化整合，不是简单地用并购方文化改造标的企业文化，而是要通过分析及权衡双方企业文化的优劣势，找出其中的平衡点，选择一种合适的文化整合模式，可能是维持标的企业原有文化体系的同时，加强两者之间的文化交流，尽可能缩短并购导致的动荡期，让员工形成共同的追求，实现标的企业预期并购目标。

(2)坚持以人为本的原则。在企业整合中，员工最大的忧虑就是被抛弃、不被认可、不能得到有尊严的待遇。因此，文化整合过程中，应坚持以人为本的原则，平等对待每个员工，尊重其价值，维护其权利，理解其合理诉求。

(3)发挥领导表率和带领作用。企业领导作为优质企业文化的宣传者和驱动者，在整个文化整合实施中，要身体力行，起表率作用，以实际行动感染员工，发展新的、优质的企业文化。

## 136. 如何实施人力资源整合？

人力资源整合是并购整合的重要部分。其实施应把握以下要点：

（1）前期尽调。并购方在决定并购前，应对标的企业的员工队伍进行尽调，并基于尽调结果与卖方就并购后标的企业运营团队安排、人员安置及成本负担等相关事项达成一致。

（2）设立人力资源整合机构。并购后，并购方可成立人力资源整合团队，负责组织、策划和领导人力资源整合的运作，开展人才盘点、评估及必要调整，宣传公司的文化价值观。

（3）制定人才策略。并购方可基于其自身人才战略，以及并购后标的企业的实际情况或并购交易文件约定，制定并公布人才使用策略，实施员工激励机制，稳定高管及核心技术人才队伍，激发员工的积极性、创造性。

（4）进行人员评估及调整。人力资源整合团队按规定程序对标的企业运营团队人员进行评估，并根据评估结果决定其去留、职务调整及待遇，为标的企业选择优秀的运营团队。此项工作应基于实际情况开展，运营团队成员可能由并购方委派，也可能通过竞聘方式产生，也可能维持原运营团队，不能一概而论。

（5）开放沟通机制。由于并购方与标的企业文化存在差异，为使标的企业员工尽快对并购方产生文化认同和归属感，应建立开放的沟通机制，加强并购双方管理层及员工的沟通与交流，解决并购可能导致的员工思想问题，帮助其尽快适应新环境。

## 137. 并购后，标的企业如何重构财务管理程序？

并购收官后，标的企业往往需要全方位重构财务管理程序，以契合并购方的战略蓝图、管理文化及运营模式，助力企业在整合期实现平稳过渡与高效发展。重构财务管理程序可视情况从以下关键步骤与要点着手：

（1）明确财务战略整合。明确战略目标，确保标的企业财务战略与并购方整体战略目标紧密契合，为企业发展指明方向。整合财务规划，制订兼具短期实操性与长期前瞻性的财务计划，涵盖盈利目标、成本管控、现金流管理等关键板块。同时，制定风险管理策略，精准识别潜在财务风险，制订防范预案，筑牢财务安全防线。

（2）优化财务组织架构。整合财务部门，清晰界定组织架构、职责分工与汇报机制，保障财务工作有序开展。依据新架构合理设置财务岗位，明确人员职责，充分发挥每位财务人员的专业优势。建立跨部门沟通机制，打破财务部门与其他业务部门间的信息壁垒，促进信息实时共享与协同作业。

（3）推进财务制度与流程标准化。全面审查标的企业财务制度，统一会计政策、核算准则与财务报告格式，确保财务数据规范。重新设计预算编制、资金管理、成本控制、资产管理等关键流程，在保障高效运作的同时，严守合规底线。强化内部控制体系建设，填补管理漏洞，有效防范财务风险与舞弊行为。

(4)深化财务信息系统整合。将标的企业财务管理系统与并购方财务信息系统无缝对接，实现数据互联互通。统一财务数据格式、编码规则与报告口径，为财务分析与决策提供标准化数据支撑。适时引入先进财务管理工具与ERP(企业资源计划)系统，提升财务数据的及时性与准确性，赋能财务管理智能化升级。

(5)强化资金与资本管理。实施资金池管理，集中调配资金，优化资金流动性，降低融资成本，提高资金使用效率。合理调整资本结构，优化债务与权益比例，增强财务稳健性，提升企业抗风险能力。加强现金流管理，确保并购后企业现金流健康稳定，杜绝资金链断裂风险。

(6)完善绩效管理与考核体系。围绕并购后业务目标，科学设定财务考核KPI(关键绩效指标)，确保考核导向明确。建立科学的绩效评估机制，重点关注盈利能力、资产周转率、成本控制等核心指标，全面衡量财务绩效。设计合理的财务绩效激励方案，将员工利益与企业财务目标紧密挂钩，充分调动员工积极性与创造性。

(7)加速财务团队整合与文化融合。整合财务团队，精准识别并保留核心人才，及时填补关键岗位空缺，打造一支专业能力强、结构合理的财务队伍。积极推动财务管理文化与并购方文化深度融合，化解文化差异带来的摩擦与冲突，营造和谐统一的工作氛围。为财务团队量身定制专业培训计划，持续提升其财务管理能力与综合素质。

(8)严守法律与合规底线。强化审计与合规管理，确保并购后财务运作严格遵循法律法规与监管要求，避免法律风险。精心开展税务规划，优化税务结构，降低税务成本，同时防范税务风险，维护企业合法权益。定期开展内外部财务审计，保障财务信息真实、准确、合规，为企业决策提供可靠依据。

(9)建立持续跟踪与动态调整机制。定期评估财务重构效果，及时发现并解决问题，确保重构工作稳步推进。根据企业发展变化与市场环境动态，持续优化财务管理流程，提升财务管理效能。搭建有效的反馈机制，畅通问题反馈渠道，确保各类问题能得到迅速识别、及时解决。

## 138. 如何进行信息技术体系的整合？

并购后标的企业进行信息技术体系整合，可把握以下要点：

(1)信息技术体系整合遵循的原则

①战略一致。根据并购方企业战略来制定信息技术的整合策略，以有效服务于标的企业的日常业务经营和管理。

②兼容并包。在信息技术架构设计中，要考虑集中管理、风险管控的要求，兼顾标的企业的业务情况、个性化需求及区域协同等多元化发展需求。

③统筹规划。制订统一的整合规划和方案及具体的实施步骤，充分考虑可操作性。

④适合自身。信息系统整合需充分考虑标的企业的业务发展需求，借鉴行业优秀案例，结合自身需求和背景，构建最合适自身现状和发展的整合方案。

（2）可选的信息技术整合策略

①使用并购方系统。这种策略一般适用于并购方具有较强烈的集中管理需求的情况。这种模式下，并购方将标的企业作为其一个业务单元，将标的企业信息系统整合到其系统内，实现对标的企业的统一管理和控制。

②摒弃双方系统，重新构建统一的信息系统。这种情况往往适用于企业背景差异较大的国际并购。由于并购方和标的企业的文化背景、语言、财务、法律、税务等制度均不相同，无论是并购方还是标的企业的信息系统均不能很好地适用于对方，故需要选择一套更好的系统。

③在原有系统中择优适用。这种策略一般适合于平级并购：两套系统各有优劣的情况下，可以择一适用。

## 139. 并购后整合业务流程和内部控制应遵循哪些步骤？

并购交易完成后，标的企业需要依据并购交易文件的具体约定，结合整合的实际需求以及成本控制的考量，循序渐进地开展业务流程和内部控制的整合工作，为并购的成功奠定坚实基础。以下是整合过程中的通常步骤与要点：

（1）明确整合战略与目标。以并购战略目标为指引，精准设定业务流程整合的具体目标，涵盖财务绩效提升、运营效率优化、风险管理强化等多个维度。同时，组建一支专业多元的整合团队，成员包括高层管理人员，以及财务、法律、信息技术和人力资源等领域的资深专家，为整合工作提供全方位的专业支持。

（2）开展全面尽职调查。深入评估业务流程和内部控制的当前状况，精准识别关键风险点与控制缺陷。细致梳理双方的业务流程，清晰界定重叠、冲突或冗余的部分，为后续优化提供依据。此外，进行严格的财务和合规审查，确保财务记录真实准确、税务处理合规合法、法律事务无漏洞。

（3）周密设计整合计划。在业务流程整合方面，着重优化供应链、生产、销售、客户服务等核心流程，统一标准和操作流程，消除流程中的冗余和不一致性，提升整体运营效率。对于内部控制体系整合，确保风险管理框架的统一，明确各层级的权责分配，有效防范利益冲突和舞弊风险。同时，推进信息技术系统整合，将企业资源计划

(ERP)、财务管理、客户关系管理(CRM)等系统进行有机融合,实现数据的互联互通和信息共享。

(4)稳步实施整合计划。按照精心设定的时间表,分阶段、按优先级逐步推进整合工作。积极与员工进行沟通,及时传达整合目标和变更内容,让员工充分理解并支持整合工作。同时,为员工提供有针对性的培训,帮助他们快速适应新的流程和要求。对新的流程和控制措施,先在小范围内进行试点运行,广泛收集反馈意见,待运行效果良好后再全面推广。

(5)构建全新内部控制体系。清晰明确各级管理人员的职责和权限,避免权力过度集中或职责不清的情况。设置财务、运营和合规等关键领域的控制点,确保各项业务活动在可控范围内运行。定期开展内部审计工作,对控制措施的有效性进行全面检查和评估,及时发现并纠正问题。建立并执行持续的风险识别和监控体系,实时跟踪潜在风险,提前制定应对策略。

(6)持续监控与评估。定期对财务表现、流程效率、风险管理等关键指标进行衡量和分析,全面评估整合效果。根据评估结果,及时调整和优化整合策略和措施,确保整合工作始终朝着预期目标前进。同时,建立持续的优化机制,使整合成果能够长期稳定地发挥作用。

(7)严格法律与合规审查。在整个整合过程中,确保所有活动严格遵守相关法律法规,避免出现法律风险。对于可能出现的法律纠纷和潜在风险,要及时发现并妥善处理,维护企业的合法权益和良好形象。

# 第七章

# 企业并购的特定问题

## 一、并购融资

### 140. 如何进行并购资金需求评估?

在并购项目中,并购资金需求评估是关键一环。准确的评估结果对并购交易在经济层面可行性论证结果的可靠性具有重要意义。以下是开展此项评估时的关键点:

(1)锚定并购目标。首先应明确并购目的,是实现市场版图的扩张、获取前沿技术、降低运营成本,还是达成协同效应。明确的并购目的为并购资金需求评估工作提供方向指引。

(2)估算并购资金需求。并购资金需求包括以下几个方面:

①结合并购实际情况合理预估的并购交易价格。

②因并购需要发生的法律、财务、税务以及财务顾问等中介费用。

③并购中可能产生的间接成本,如业务整合过程中可能产生的费用、时间成本及机会成本等。

④并购融资成本,包括使用自有资金的潜在成本、债务融资所产生的利息支出,以及采用股权融资方式时对股权结构造成的稀释程度等。

(3)开展财务尽职调查。为并购财务资金需求评估进行的财务尽调包括以下几个方面的工作:

①审阅标的企业的资产负债表,并通过财务尽调,识别潜在的财务风险、未披露负债,以及可能衍生的法律责任金额。

②分析标的企业的盈利能力,对其盈利的可持续性及未来盈利潜力进行评估,观察其对并购资金需求的影响。

③分析并购方及标的企业的现金流情况,确保资金流动性充足,并评估其对满足

并购资金需求的作用。

④认真进行税务分析，识别标的企业隐藏的税务风险，评估并购活动对税负及并购资金需求可能产生的影响。

(4)评估并购后整合成本。并购整合资金需求主要包括以下几个方面：

①运营整合成本，如系统对接、流程重构及组织文化融合等方面所需的投入。

②人力资源整合成本，包括员工安置费用及可能面临的裁员补偿风险。

③品牌与市场整合费用，如品牌统一的策略制定及市场推广费用等。

④信息技术和系统整合费用，并购方需为完善技术平台和数据系统的兼容性预留资金。

(5)财务效益与风险分析。这一工作主要涵盖以下几个方面：

①对协同效应进行细致分析，预估收入协同、成本协同及财务协同的实现程度。

②评估投资回报率，测算预期回报及并购资金的回收期。

③进行敏感性分析，模拟不同市场和财务情景下并购交易的表现。

④全面梳理风险因素，包括市场变化的不确定性、政策风险及整合失败等潜在风险。

在进行并购资金成本评估时，务必设立财务风险预警系统，预留一定的财务缓冲空间，以应对可能出现的突发状况。

## 141. 可以使用哪些方法对外筹措并购所需资金？

并购项目中，如果并购价款金额巨大，并购方往往需要使用外部资金，减小并购支出对自身经营的影响，或利用财务杠杆，提升投资收益。对外筹措并购资金的方法主要有债权融资、权益融资和混合融资几类，具体为：

(1)债权融资。债权融资是并购方对外举债，按期还本付息的融资方式，可在企业现金流稳定、资产负债率较低的情况下采用。常见的方法主要有：

①并购贷款。并购贷款，是指商业银行向并购方发放的，用于支付并购交易价款和费用的贷款。并购贷款优势在于：

A. 成本较低。相较于股权融资，并购贷款融资费用固定，且成本较低。

B. 期限较长。并购贷款期限最长可达 5 年，满足并购业务长期投资的需求。

C. 税收优势。并购贷款利息可作为费用抵扣所得税缴税基数。

但是，并购贷款涉及并购双方企业，包含了行业、适用法律、股权结构、或有债务、资产价格认定等多方面问题，风险高于一般贷款，银行对并购贷款设定的门槛往往高于一般商业贷款，并在还款期限和资产评估等方面都有严格的规定。

②发行债券。按照债券的发行对象，可分为私募发行和公募发行两种方式。

私募发行，是指依法面向特定的投资者发行债券，投资者多为银行或保险公司等金融机构；私募债券不可公开转让，发行数额一般不大。私募发行除履行公司内部公司治理程序外，需取得证券交易所的无异议函。

公募发行，是指公开向广泛不特定的投资者发行债券，公募债券的发行必须取得交易所核准，并于证监会履行注册程序。公募债券信用度高，可以上市公开转让，因而发行数额一般较大，发行利率一般比私募债券低。

③并购票据。并购票据是企业在银行间债券市场发行的，募集资金用于企业并购活动，约定在一定期限内还本付息的短期融资券、中期票据或其他债券融资工具。短期融资券的期限为1年以内，而中期票据的期限一般为3～5年，更适宜为并购活动筹资。发行票据需要履行中国银行间市场交易商协会的注册程序。

与权益融资相比，债务融资则不会导致融资方股权稀释，且具有财务杠杆效应。

（2）权益融资。权益融资是企业通过注册资本增资或发行股票获取资金的融资方式，可在企业估值较高、负债率较高的情况下采用，主要有以下几种：

①注册资本增资，是指并购方增加注册资本，由特定法人或自然人投资者认购，从该等投资者处融资的筹资方式。这种方式主要适用于非上市公司。因非上市公司的股权流动性弱，可以这种方式融资。

②发行普通股股票，是指企业通过发行普通股股票筹集资金。这种融资方法适用于股份有限公司，尤其是上市公司对外融资。上市公司公开或非公开发行A股股票需要履行交易所及证监会的审核及注册程序。

权益融资筹措的资金具有永久性，没有到期日，无须归还及支付固定利息，而且股利的支付与否和支付多少，视公司章程规定、盈利情况和经营需要而定。但是，权益融资会稀释公司股权。

（3）混合融资。除上述融资方式外，并购方还可使用同时带有权益特征及债务特征的一种特殊融资工具，即混合融资。优先股和可转换证券是两种典型的混合融资方法，在A股市场发行均需履行交易所核准及证监会注册程序。混合融资可在企业需要平衡风险与控制权的情况下采用，主要通过以下方式进行：

①优先股。优先股是股票持有人优先于普通股股东分配公司利润和清算剩余财产，但参与公司决策管理等权利受到限制的一种公司股票。

在公司正常付息的情况下，优先股股东对公司日常经营管理的一般事项没有表决权，仅在股东会表决与优先股股东自身权益直接相关的特定事项时才有投票权。但一旦企业因资不抵债破产清算，公司应首先将剩余财产先分给债权人，再分给优先股股东，最后分给普通股股东。可见，优先股的安全性相对较高。

优先股综合了债券和普通股的优点，因其股权属性，除非有股票回售约定，发行人对其没有到期还本的压力；因其债务属性，发行人不必担心股东控制权的分散。但这种方式的税后资金成本要高于债务融资的税后资本成本，且优先股股东虽然承担的风险高于债务融资的债权人，却只能取得固定的报酬，故发行效果弱于债券。

②可转换证券。可转换证券是指上市公司发行的，可在满足一定条件的情形下转换为股票的债券。可转换证券赋予投资者以将其持有的债券按规定的价格和比例，在规定的时间内转换成普通股的选择权。上市公司通过可转债融资不仅可以延迟股权摊薄，而且还可以享受较低的综合融资成本。

企业在设计融资结构时，必须综合考虑融资方式给企业资本结构带来的影响，根据企业实力和股权偏好来选择合适的融资方式，实现股权与债权的合理配置。

## 142. 如何进行并购融资结构设计？

并购融资结构设计是企业在进行并购交易时，为实现战略目标、优化资金成本、控制风险而设计的资本结构与资金安排方案。合理的并购融资结构能够有效提高并购的成功率，有助于实现财务和战略协同。以下是并购融资结构设计的步骤和要点：

(1)明确并购战略目标。

①战略定位。需明确并购目的，是扩大市场份额、获取技术、实现多元化，还是进行产业链整合。

②并购规模。明确并购所需的资金总额。

③财务目标。设定财务杠杆、预期收益率、风险容忍度等财务指标。

(2)融资需求分析。

①资金需求预测。确定并购资金总额及时间节点。

②资金来源结构。分析自有资金与外部融资的占比。

③现金流匹配。分析企业未来的现金流是否足够偿还债务。

(3)选择融资工具。

并购融资可以分为股权融资、债务融资和混合融资三大类，企业可基于自己的实际情况，以及不同类型融资的优缺点和适用场景，考虑采用哪种方式。

(4)融资结构设计。

①资本结构设计。关注以下事项：

A. 权衡股权融资与债务融资的比例。

B. 确保融资结构在财务和战略上可行。

②风险控制。需要考虑：

A. 设置财务杠杆上限，避免过度负债。

B. 设计还款计划，确保现金流覆盖偿债需求。

③税务筹划。

A. 考虑融资方式的税务影响，合理运用利息抵税政策。

B. 设计跨境并购时的税务结构，减轻税负。

④杠杆收购。可以考虑利用债务融资进行并购，依赖目标公司未来现金流还债。

（5）法律与合规审查。需把握以下要点：

①确保融资结构符合当地法律法规。

②注意审核并购协议、贷款合同等法律文件。

（6）整合与退出。

①考虑并购整合所需资金对融资结构的影响。

②考虑投资退出路径和时间对融资结构的影响。

原则上，设计并购融资结构时，需要结合企业自身的财务状况进行，应重视合理控制债务规模，确保未来现金流能够满足还款需求，并购融资结构与企业战略目标保持一致，并可适当引入投资银行、法律顾问、财务顾问等专业团队参与设计。

## 143. 对外筹措并购资金存在哪些风险？

企业开展并购活动时进行外部融资，能够解决并购所需资金问题，但对其中存在的风险，也应予以关注。

（1）融资失败或不能按期完成风险。各种融资方式均存在融资方规定或法定条件以及需要履行的程序，均具有一定的不可控因素，并购方如不能按期完成融资，可能影响并购交易价款的支付，进而导致违约。

（2）融资结构风险。不当的融资方式或期限选择可能导致融资成本增加或资金流动性问题，影响并购顺利进行。

（3）政策风险。国家可能调整企业债务融资或股权融资政策，相应对企业并购融资及其成本产生负面影响，妨碍并购方案的实施。

（4）市场风险。企业进行并购融资时，如股东以企业股权提供质押担保，一旦发生不利的市场波动，可能给自身经营带来损害或威胁。

（5）汇率风险。企业跨境并购时，如进行外币融资，汇率变化可能会导致购汇成本增加，给企业带来资金损失。

（6）并购项目风险。并购方使用杠杆资金进行并购时，如标的企业并购后不能按预期完成经营业绩目标，标的企业利润分配不足以供并购方归还并购贷款，可能触发并购方财务风险。

为防范上述风险，企业并购前应做好尽调，制定合理的并购融资策略，聘请专业团队草拟交易条款。

## 144. 企业进行股权融资有哪些注意事项?

股权融资是企业通过稀释股权获取资金的融资方式。企业通过股权融资筹集并购资金,需注意以下事项:

(1)股权结构。股权融资会使股东所持融资企业的股权比例稀释,严重情况下,可能导致实际控制人丧失企业控制权。因此,在融资前,实际控制人应就企业控制权相关事项进行安排。

(2)投资主体。启动股权融资前,企业要从发展战略出发,明确引进什么样的资金(人民币还是外币),是什么类型的企业(国有企业、民营企业、外资企业等),对资本投资方有什么经营资源等需求,同时要考虑投资者投资的不稳定性和退出需求。

(3)估值定价。企业在进行股权融资时,注意基于其经营情况和市场行情,合理确定股权估值和融资定价,尽可能避免业绩对赌,控制融资风险。

(4)融资成本。股权融资可能涉及法律、财务、资产评估等方面的中介费用,成本较高。

(5)程序及时间。进行股权融资时,可能需要视情况履行投资及融资各方的内部治理程序及监管机构审批程序,可能需要较长的时间,存在一定变数,融资企业需要采取相应的应对策略。

## 145. 确定债务融资的融资期限需要考虑哪些因素?

并购融资时,债务融资的融资期限是一个重要的考量因素,直接影响企业的财务灵活性、风险管理和现金流状况。以下是确定债务融资期限的几个主要考虑因素:

(1)短期债务与长期债务的优劣势及适用场景

①短期债务。期限通常为1~3年,利率相对低,适用于并购后整合期较短及现金流较快回流的情况。短期债务的风险是到期需要迅速偿还或再融资,存在流动性风险。

②长期债务。期限通常为5~10年甚至更长,利率相对高,分期偿还或一次性还本。长期债务通常在并购规模较大、需要更长的整合期、现金流回流较慢的情况下适用。其优势是可减小短期流动性压力,有利于企业长期战略规划,但长期债务利息支出可能较高,使总成本增加。

融资方可考虑采取短期债务与长期债务相结合的策略,平衡利息成本与偿债压力。

(2)现金流状况

从并购方及标的企业现金流角度来看,现金流稳定的情况下,可考虑采取较长期的债务融资;现金流不确定或存在季节性现金流的情况下,应采取更灵活的短期融资结构,避免现金流短缺带来违约风险。并购方应合理评估并购完成后可能存在的现金流波动及需求。

(3)利率环境

在低利率市场环境下,适合锁定长期债务,降低整体融资成本;反之,适合使用短期债务,等待利率下调后再融资。融资方应关注市场利率走向,根据预期进行债务期限的配置。

(4)偿债能力与财务健康

融资方考虑债务期限时,需注意与企业的偿债能力匹配,应关注利息覆盖率、现金流偿债比率及税息折旧及摊销前利润(EBITDA)的比例等偿债能力指标,避免短债长投,增加流动性风险。

(5)再融资风险

长期债务可以减少频繁再融资的需要,但灵活性较差。短期债务再融资的频率较高,可能存在融资成本上升或融资失败的风险。融资方应制订再融资计划,必要时与金融机构建立长期合作关系。

在并购融资时,企业需要综合考虑上述因素,确保债务结构既有利于并购后的整合,又不会对财务健康构成过大压力。必要时,可使用现金流预测模型进行压力测试,验证不同期限债务组合的可行性。

## 146. 监管机构关于银行并购贷款的规定有哪些要点?

并购贷款,是指商业银行向并购方或其子公司发放的,用于支付并购交易价款和费用的贷款。我国商业银行开展并购贷款业务,主要是执行原中国银监会《商业银行并购贷款风险管理指引》(银监发〔2015〕5 号,以下简称《指引》)的监管要求。根据该指引:

(1)贷款期限。银行根据借款人或标的企业生产经营周期、还款能力和贷款人的资金供给能力、资金成本等,由借贷双方共同商议确定贷款期限。依据《指引》的规定,并购贷款期限一般不超过 7 年。

(2)贷款限额。对于贷款限额,《指引》要求商业银行分别按单一借款人、集团客户、行业类别、国家或地区对并购贷款集中度建立相应的限额控制体系,对单一借款人的并购贷款余额占同期本行一级资本净额的比例不应超过 5%,并购交易价款中并购贷款所占比例不应高于 60%。

(3)申请时间节点。《指引》要求商业银行在全面评估并购贷款风险的基础上,确认并购交易的真实性,综合判断借款人的还款资金来源是否充足,还款来源与还款计划是否匹配,借款人是否能够按照合同约定支付贷款利息和本金等,并提出并购贷款质量下滑时可采取的应对措施或退出策略,形成贷款评审报告。故借款人向商业银行正式申请并购贷款,通常要在并购交易支付对价和主要并购交易结构确定后。特殊情况下,在并购交易协议要素基本确认后就可以发起银行贷款申请,但前提是最后确定的并购交易结构与要素和最初申请银行贷款的时候没有重大变化。

(4)贷款流程。依据《指引》的规定,商业银行并购贷款一般包括业务受理、尽职调查、风险评估、合同签订、贷款发放、贷后管理等主要业务环节。具体操作中,先由借款人提出项目申请,银行进行业务初评;通过初评后,银行进行业务受理,安排专业团队就并购交易结构、标的企业相关情况等方面进行尽职调查;完成调查后,按照《指引》开展风险评估,并逐级上报信贷审批。审批通过后,进行文本制备、银团筹组安排(如果是银团贷款)、放款条件落实、股权托管,而后完成贷款发放。发放后做好贷后检查与后评估,并最终完成贷款回收。

(5)并购交易支付对价类型。对于并购资金来源,《指引》要求商业银行关注法律法规对并购交易的资金来源是否有限制性规定,评估并购中使用的债权融资工具及其对并购贷款还款来源造成的影响。实践中,常出现借款人前期以自有资金进行并购交易,再以置换方式向银行申请贷款的情况。银行会要求贷款方提供资金来源凭证,审核资金来源是否违反限制性规定。

(6)特定主体因素。依据《指引》的规定,商业银行并购贷款,要全面分析战略风险、法律与合规风险、整合风险、经营风险以及财务风险等与并购有关的各项风险的基础上评估并购贷款的风险。商业银行并购贷款涉及跨境交易的,还应分析国别风险、汇率风险和资金过境风险等。涉及上市公司的并购贷款项目,特别注重审核上市公司是否按照《证券法》《上市公司收购管理办法》《上市公司信息披露管理办法》等相关规定,合法进行上市公司的收购及相关股份权益变动活动,取得证监会及其他相关部门的批准,并履行相关信息披露义务。

企业在申请并购贷款前,应充分了解并购贷款的程序和条件,与潜在贷款银行就贷款条件等进行深入沟通,理解贷款条件、障碍和风险,为并购提供资金条件,同时控制并购风险。

## 二、估值事项

### 147. 并购前为什么要对标的企业的市场价值进行评估?

企业并购前对标的企业的价值进行评估是并购流程中的重要环节,其必要性主要体现于以下几个方面:

(1)交易定价的需要。并购交易价格的确定基础是标的企业的市场价值,而交易方聘请评估机构进行评估是确定标的企业市场价值的方法之一。合理的评估结果有助于促进交易及保护并购各方的利益。

(2)投资回报潜力评价。价值评估能够帮助并购方了解标的企业的盈利能力、成长潜力以及未来现金流状况。并购方可据此判断并购是否符合其并购目标和战略规划。

(3)潜在风险识别。通过详细评估,可以发现标的企业可能存在的财务问题、法律风险、运营"瓶颈"等问题,有助于买方在交易条款中设计保护机制(如价格调整机制等)或决定是否继续交易。

(4)融资决策依据。如果并购需要借助外部融资,价值评估能够为融资金额和条款的设定提供参考。投资者或银行也会根据标的企业的评估报告来评估并购项目的可行性。

(5)监管和合规要求。以下情况下,需要履行评估程序:

①国企并购。根据《国有资产评估管理办法》的规定,国有资产占有单位有下列情形之一的,应当进行资产评估:资产拍卖、转让;企业兼并、出售、联营、股份经营;与外国公司、企业和其他经济组织或者个人开办外商投资企业;企业清算等。

②上市公司并购。根据《深圳证券交易所股票上市规则》等上市规则,上市公司对外并购,交易标的为股权以外的非现金资产的,应当提供评估报告。实践中,上市公司进行股权并购时,在关联交易或溢价交易的情况下,为确保交易价格的公允性,多会采取评估方式辅助确定交易价格。

③外资并购。根据《商务部关于外国投资者并购境内企业的规定》的规定,并购当事人应以资产评估机构对拟转让的股权价值或拟出售资产的评估结果作为确定交易价格的依据。并购当事人可以约定由在中国境内依法设立的资产评估机构进行评估。资产评估应采用国际通行的评估方法。禁止以明显低于评估结果的价格转让股权或出售资产,变相向境外转移资本。

《外商投资法》颁布后,负面清单之外的外商投资并购已由审批制改为备案制,商务部门已不再审查交易双方履行外资并购资产评估程序的情况,但是,标的企业的开户银行办理外资并购交易外汇登记时,交易标的的资产评估报告仍为必备资料之一,因此,交易双方仍应履行资产评估程序,否则可能在交易价款跨境支付环节存在障碍。

## 148. 常用的企业并购估值方法有哪些?

企业估值是一项综合性的资产、权益评估,是对企业整体价值、股东权益价值进行分析、估算的过程。并购实践中常用的估值方法为收益法、成本法和市场法三类,其要点及适用场景如下：

(1)收益法。收益法是通过评估企业预期收益的现值，判断标的企业价值的一种方法，具体方法包括：

①现金流量贴现法。这一方法把企业未来特定期限内的预期现金流量还原为当前现值。只有当企业具备未来盈利的能力，它的价值才会被市场认同，因此，理论界通常把现金流量贴现法作为企业价值评估的首选方法。应用现金流量贴现法，最关键的是估算贴现期、现金流、贴现率三要素。

贴现期，即需要进行现金流贴现的期限。资产不可能永久带来经济利益，其是受固定资产、无形资产自身的使用寿命，合同约定或法律规定的使用寿命，以及项目的持续时间等限制的，这就是现金流贴现的期限。一般取其中的最小期限作为资产的预计使用寿命即贴现期。

估算未来预期现金流，是应用现金流量贴现法难度最大而又关键的一步，在估算现金流时，要综合考虑宏观市场环境、企业经营风险、市场供需状况、资产技术风险、项目资本结构、风险水平及发展前景等。

贴现率，是将未来现金流折算为现值采用的利率。企业整体价值评估通常选择股权资本成本和税后债务资本成本的加权平均资本成本作为贴现率的确定依据。

可在以下条件具备的情形下适用现金流量贴现法：第一，企业所处的政治、经济和社会环境不会发生重大变化，保证企业经营环境的稳定与可预测性；第二，企业能够从历史业绩、企业现状与发展前景，预测未来现金流量；第三，企业必须具备健全的会计制度，确保所有相关数据的准确和可计量；第四，企业拥有未来执行现金流量贴现法的制度保障和机构保障。

②内部收益率法。内部收益率法是用内部收益率来评价项目投资财务效益的方法。内部收益率，是资金流入现值总额与资金流出现值总额相等、净现值等于零时的折现率。内部收益率法只能计算被评估企业值不值得投资，但无法计算其值得多少钱投资。因此，该方法更多地应用于单个项目投资。

③经济附加值(EVA)评估法。EVA 是指企业税后营业净利润与全部投入资本(债务资本和权益资本之和)成本之间的差额，即 EVA = 税后营业净利润 - 资本总成本 = 投资资本 ×(投资资本回报率 - 加权平均资本成本率)。如果这一差额是正数，说明企业创造了价值，创造了财富；反之，则表示企业发生价值损失。EVA 是近年来在国外比较流行的用于评价企业经营管理状况和管理绩效的重要指标。

(2)成本法。即通过评估重新购置或建造一个全新状态的评估对象，所需的全部成本减去贬值，估算资产价值的方法。成本法主要包括账面价值法、重置成本法和清算价格法。

①账面价值法。账面价值法是基于会计的历史成本原则，以企业账面净资产为

计算依据来确认标的企业价值的一种估值方法。

②重置成本法。重置成本法是将被评估企业视为各种生产要素的组合体，在对各项资产清查核实的基础上，逐一对各项可确指资产进行评估，并确认企业是否存在商誉或经济性损耗，将各单项可确认资产评估值加总后再加上企业的商誉或减去经济性损耗，就可以得到企业价值的评估值。该方法的一个重大缺陷是忽略了不同资产之间的协同效应和规模效应。

③清算价格法。清算价格法是出售企业所有的部门和全部固定资产所得到的收入，再扣除企业的应付债务后得到的差额。

成本法的使用前提是被评估资产能持续使用。如果并购方仅是想要得到标的企业的某些固定资产，而无意经营该企业，那么可采用成本法进行评估。

(3)市场法。即将评估对象与可参考企业或者在市场上已有交易案例的企业、股东权益、证券等权益性资产进行对比以确定评估对象价值。市场法中常用的方法是参考企业比较法、并购案例比较法和市盈率法。

①参考企业比较法。参考企业比较法是指通过对资本市场上与被评估企业处于同一或类似行业的上市公司的经营和财务数据进行分析，确定是否需要对指标进行修正，以经过计算确定的市净率指标，结合评估基准日待估公司的每股净资产确定评估价值的方法。基本计算公式为：每股评估价值 = 市净率 × 被评估单位每股净资产。其中，市净率 = 市价 ÷ 净资产，被评估单位每股净资产 = 评估基准日资产占有单位净资产 ÷ 总股本。

②并购案例比较法。并购案例比较法是指通过分析与被评估企业处于同一或类似行业的公司的买卖、收购及合并案例，研究并了解这些交易案例的数据资料，计算适当的价值比率或经济指标，在与被评估企业比较分析的基础上，得出评估对象价值的方法。

③市盈率法。市盈率法中，企业股权价值等于企业净利润乘以市盈率。市盈率(P/E)等于企业股权价值与净利润的比值(每股价格/每股净利润)。市盈率是中国股权市场应用最普遍的估值指标。基本计算公式为：市盈率 = 每股价格 ÷ 每股净利润。每股价格 = 每股净利润 × 市盈率。

市场法适用前提是有较为完善发达的交易市场，有可比的上市公司，且市场在平均水平上对这些资产定价是正确的。只有找到足够多的与标的企业条件接近的样本企业，市场法才能实现合理的评价。

## 149. 影响企业估值的因素有哪些？

企业估值是一个复杂的过程，受多种因素的影响。以下是一些主要的影响因素：

(1)财务因素

①收入与盈利能力。企业的营收规模、净利润、利润率以及增长趋势是评估其盈利能力的关键指标,持续增长的收入和稳定的盈利能力通常会提高估值。

②现金流。自由现金流是评估企业财务健康和未来盈利能力的重要参考,现金流较强的企业一般会获得较高的估值。

③资产负债状况。资产负债表的健康程度,包括资产质量、负债水平和资本结构,会直接影响估值。高负债企业可能面临更高的财务风险,估值会因此受到负面影响。

④财务稳定性。收入和利润的波动性越小,企业的风险越低、估值越高。

(2)行业与市场因素

①行业前景。其主要是指行业的成长空间、生命周期(如初创期、增长期、成熟期、衰退期)以及技术变革对行业的影响等,高增长行业通常能带来较高的估值。

②市场竞争。其主要体现于企业在行业中的市场地位和竞争力,如市场份额、品牌影响力和客户忠诚度等要素,在寡头市场中占据主导地位的企业往往获得更高的估值。

③宏观经济环境。利率、通货膨胀率、汇率和经济增长等宏观经济指标也会影响估值,经济环境稳定、增长良好时,企业估值通常更高。

(3)运营与管理因素

①商业模式。长期可持续、可扩展性强、具备较高进入壁垒及差异化优势的商业模式更具吸引力。

②管理团队。管理团队的经验、执行力和领导能力对企业长期发展至关重要,优秀的管理团队能显著提升企业价值。

③技术与创新。企业的技术实力、研发投入和创新能力是影响企业估值的核心要素之一,拥有专利、核心技术或领先的产品通常能提高估值。

④运营效率。企业的成本控制能力和运营效率,通常通过利润率或周转率等指标反映。

(4)投资与资本因素

①投资者预期。投资者对企业未来成长性和盈利能力预期增长高的企业(如科技公司)通常获得较高的估值倍数。

②资本市场环境。资本市场追捧行业的企业,估值可能被提高。

③融资历史与结构。企业拥有高质量的投资者、合理的股权结构,有助于提高其估值。

(5)外部因素

①法律与政策环境。法律法规、税收政策和贸易政策等会对企业估值产生直接

或间接影响。政策风险较低的环境下，企业估值更具稳定性。

②社会文化与趋势。注重可持续发展的企业在ESG(环境、社会和治理)评级中表现良好，可能获得较高估值。

③地缘政治因素。地区稳定性、国际关系等外部因素也会影响企业的估值。

(6)特定指标

①市盈率(P/E)。其系衡量企业市值与每股收益的比值，高增长企业通常会有较高的P/E。

②市净率(P/B)。其系反映企业市值与净资产的比率，资产密集型企业更适合使用这一指标。

③市销率(P/S)。其系企业市值与收入的比率，常用于尚未盈利的初创企业。

④企业价值倍数(EV/EBITDA)。其系企业价值与税息折旧及摊销前利润的比率，适合用于跨行业或不同规模企业的比较。

### 150. 如何看待企业评估价值和并购价格之间的关系？

对持续经营的企业进行价值评估，涉及的价值类型主要为市场价值和投资价值。市场价值系指市场上交易各方之间在合理知情且自愿的基础上愿意进行财产交换所使用的一个价格。而投资价值更多是从某个特定投资者的角度，基于其主观和个人因素来衡量的价值，附加了投资者个人独有的考虑因素或偏好。

基于此，若并购交易价格完全按市场价值确定，其可被理解为会被市场上任何一个没有个性化考虑的自愿并购方接受，其计算不包含任何个别并购方的独有考虑。而在正常商业环境中，并购对价在很多情况下不会单纯或完全按市场价值确定，出于交易方个性化原因或考虑因素，如标的企业与并购方是否存在协同效应、是否约定业绩对赌条款、对价支付方式以及交易双方的交易动机、各方市场地位、谈判能力等，交易各方最终确定的交易价格可能会偏离市场价值；这种偏离存在合理性。

## 三、税务筹划问题

### (一)概述

### 151. 并购项目中，如何总体考虑税务筹划问题？

在并购项目中，税务筹划是一个重要环节，直接关系并购交易的经济性和合规性。税务筹划可从以下几个方面考虑：

(1)明确并购目的。首先应明确并购的目的,是市场扩张、技术获取、资源整合,还是税务优化,作为税收筹划和交易结构的设计的基础。

(2)税务尽职调查。这一阶段,主要关注以下要点:

①全面审查标的企业运营及历史交易税务处理的合规性,包括未缴税款、潜在税务风险和争议。

②分析并购对各方的税务影响,包括企业所得税、个人所得税、增值税、土地增值税、契税及印花税等的潜在变化。

(3)选择合适的交易结构。并购方式及对价支付方式是并购交易结构的核心考虑要素,如并购是采用股权收购还是资产收购方式,是受让股权还是认购企业增资,是直接收购还是间接收购,是境内并购还是跨境并购,对价支付方式是货币支付还是非货币资产支付等,这些要素都可能直接影响交易各方税负。

(4)优化资金流动路径。一方面可设计合理的资金流动路径以减少重复征税和税负。另一方面可考虑结合项目实际情况,利用不同地区的税收优惠政策、双边税收协定和境外离岸中心进行跨境税务优化。

(5)适用税收优惠政策。国家为鼓励企业重组,提升企业运营效率,颁布了一系列的税收优惠政策。并购交易方应充分利用税收优惠政策,降低并购成本。

(6)税务风险控制。应关注以下要点:

①针对前期尽调所知的税务风险,是否已经制定相应管控措施进行防范。

②考虑税收筹划方案是否可能违反反避税法规。

③遵循转让定价规则,确保关联交易定价符合独立交易原则。

④应就税收筹划方案依据税法规定制定严格执行流程,确保其依法得到执行,避免税务风险。

(7)并购后的税务整合。可在并购后优化标的企业的税务架构,如通过业务整合、资产重估和亏损结转等降低税负。

(8)制订应急方案。并购双方应在进行并购税务筹划时,预判潜在税务风险,并制订应对方案,包括如何应对税务稽查和税务争议。

## 152. 企业并购通常会涉及哪些税种?

企业并购可能使用的方法很多,包括企业法律形式改变、债务重组、股权收购、资产收购、合并、分立或其结合。企业并购中,也常涉及不同性质的主体(如有限公司、有限合伙或自然人)和标的资产(如股权、不动产或其他资产),相应地,并购涉及的主要税种为企业所得税、个人所得税、增值税及其附加、土地增值税、契税及印花税等。

## (二)并购所得税

### 153. 企业重组所得税的一般性税务处理和特殊性税务处理的区别是什么?

企业重组所得税的一般性税务处理与特殊性税务处理的区别主要体现在法律依据、适用条件、处理方式、税收影响等方面,具体如下:

(1)法律依据不同

①一般性税务处理。企业重组适用一般性税务处理时,纳税依据主要为《企业所得税法》。

②特殊性税务处理。企业重组适用特殊性税务处理时,纳税依据为《企业所得税法》、财税〔2009〕59 号文及《财政部、国家税务总局关于促进企业重组有关企业所得税处理问题的通知》(财税〔2014〕109 号,以下简称财税〔2014〕109 号文)等税务法律、规章规定。

(2)适用条件不同

一般性税务处理没有特别的适用条件要求,适用于所有企业重组,重组行为按照公允价值确认交易收入,计算应纳税所得额。而根据财税〔2009〕59 号文及财税〔2014〕109 号文的规定,适用所得税特殊性税务处理需同时满足以下条件:

①交易具有合理的商业目的,且不以减少、免除或推迟税款为主要目的。

②被收购、合并或分立部分的资产或股权比例符合财税〔2009〕59 号文规定的比例。就股权或资产收购而言,被收购股权或资产不低于标的企业全部股权或资产的 50%;就分立而言,被分立企业所有股东按原持股比例取得分立企业的股权。

③重组交易对价中涉及股权支付金额符合财税〔2009〕59 号文规定的比例。就股权及资产收购、分立及非同一控制下的企业合并而言,作为支付方式的股权支付金额不低于其交易支付总额的 85%。

④企业重组后的连续 12 个月内不改变重组资产原来的实质性经营活动。

⑤企业重组中取得股权支付的原主要股东,在重组后连续 12 个月内,不得转让所取得的股权。

(3)税务处理方式

①适用一般性税务处理时,并购双方按公允价值计算重组交易中的转让所得或损失,并当期确认;并购方应在当期缴纳企业所得税。

例如,企业以资产转让方式进行重组,若资产账面原值为 1000 万元,公允价值为 1500 万元,则确认 500 万元的应税所得,并当期缴纳所得税(25% 税率下为 125 万元)。

②适用特殊性税务处理时,涉及资产或股权的交易,以账面净值作为计税基础

(而非公允价值)。对交易中产生的转让所得,暂不作为当期应税所得额,递延到未来实际交易或资产变现时确认。在以股权支付为主的情况下,满足条件的重组交易中涉及股权的转让,可暂不确认应税所得。

例如,与上例同样的资产交易适用特殊性税务处理,500 万元的转让所得可暂不在当期缴税,仅在资产后续处置时确认并缴纳税款。

(4)税收影响

适用一般性税务处理时,企业当期需确认交易收益,并缴纳企业所得税。这样会对企业现金流和当期税负有较大压力,不利于企业在重组期间保持资金灵活性。

而在特殊性税务处理情况下,企业当期不确认交易收益,可延迟纳税,减轻当期税负,有助于企业资金流的周转和长期经营规划,但需严格满足条件,并接受税务机关的监管。

(5)管理要求与备案程序

适用一般性税务处理时,企业按照一般税收规则处理交易,无须特别备案或审批。而适用特殊性税务处理时,根据《国家税务总局关于企业重组业务企业所得税征收管理若干问题的公告》(以下简称国税总局公告 2015 年第 48 号文),企业需在重组完成后及时向主管税务机关备案,并提交相关证明材料,包括但不限于重组方案、交易双方的协议、股权支付比例计算资料、原始资产或股权的账面净值及其评估报告等。

## 154. 企业所得税特殊性税务处理适用于跨境并购时需要具备哪些条件?

根据财税〔2009〕59 号文,企业发生涉及中国境内与境外(包括我国港、澳、台地区)之间的股权和资产收购交易,同时符合下列条件的,可选择适用所得税特殊性税务处理规定:

(1)具有合理的商业目的,且不以减少、免除或者推迟缴纳税款为主要目的。

(2)被收购、合并或分立部分的资产或股权比例符合财税〔2009〕59 号文规定的比例。

(3)企业重组后的连续 12 个月内不改变重组资产原来的实质性经营活动。

(4)重组交易对价中涉及股权支付比例符合财税〔2009〕59 号文的规定。

(5)企业重组中取得股权支付的原主要股东,在重组后连续 12 个月内,不得转让所取得的股权。

(6)跨境交易还应满足以下条件:

①非居民企业向其 100% 直接控股的另一非居民企业转让其拥有的居民企业股权,没有因此造成以后该项股权转让所得预提税负担变化,且转让方非居民企业向主

管税务机关书面承诺在3年（含3年）内不转让其拥有受让方非居民企业的股权。

②非居民企业向与其具有100%直接控股关系的居民企业转让其拥有的另一居民企业股权。

③居民企业以其拥有的资产或股权向其100%直接控股的非居民企业进行投资。

④财政部、国家税务总局核准的其他情形。

## 155. 如何履行企业所得税特殊性税务处理程序？

关于企业重组所得税特殊性税务处理适用的程序事项，国税总局公告2015年第48号文、财税〔2009〕59号文、《企业重组业务企业所得税管理办法》均作了规定。

国税总局公告2015年第48号文对企业重组特殊性税务处理的申报管理和后续管理事项进行了规范，重新设计了报告表和附表，规范了申报材料，优化了征管流程。根据该文的规定，企业重组特殊性税务处理程序的要点如下：

（1）关于申报流程

根据国税总局公告2015年第48号文第四条的规定，企业重组业务适用特殊性税务处理的，除财税〔2009〕59号文第四条第（一）项所称企业发生其他法律形式简单改变情形外，重组各方应在该重组业务完成当年，办理企业所得税年度申报时，分别向各自主管税务机关报送《企业重组所得税特殊性税务处理报告表及附表》和申报资料。

重组主导方申报后，其他当事方应向其主管税务机关办理纳税申报。合并、分立中重组一方涉及注销的，应在尚未办理注销税务登记手续前进行申报。

（2）重组各方的定义

①关于重组各方。

在不同企业重组情形下，重组各方认定如下：

A. 债务重组：债务人、债权人。

B. 股权收购：收购方、转让方、被收购企业。

C. 资产收购：转让方、收购方。

D. 企业合并：合并企业、被合并企业、被合并企业股东。

E. 企业分立：分立企业、被分立企业、被分立企业股东。

国税总局公告2015年第48号文明确规定，股权收购中转让方、合并中被合并企业股东和分立中被分立企业股东，可以是自然人；对于当事各方中的自然人应按个人所得税的相关规定进行税务处理。

②重组主导方。

不同企业重组情形下，重组主导方认定如下：

A. 债务重组：重组主导方为债务人。

B. 股权收购：重组主导方为股权转让方，涉及两个或两个以上股权转让方，由转让被收购企业股权比例最大的一方作为主导方，转让股权比例相同的可协商确定主导方。

C. 资产收购：重组主导方为资产转让方。

D. 企业合并：重组主导方为被合并企业，涉及同一控制下多家被合并企业的，以净资产最大的一方为主导方。

E. 企业分立：重组主导方为被分立企业。

（3）企业重组日

财税〔2009〕59 号文规定，企业发生重组并选择适用特殊性税务处理的，当事各方应在该重组业务完成当年企业所得税年度申报时，向主管税务机关提交书面备案资料。而国税总局公告 2015 年第 48 号文进一步明确，重组业务完成当年是指重组日所属的企业所得税纳税年度，重组日按如下情况界定：

①债务重组：以债务重组协议或法院裁定书生效日为重组日。

②股权收购：以转让协议生效且完成股权变更手续日为重组日。关联企业之间发生股权收购，转让协议生效后 12 个月内尚未完成股权变更手续的，应以转让协议生效日为重组日。

③资产收购：以转让协议生效且当事各方已进行会计处理的日期为重组日。

④合并：以合并协议生效、当事各方已进行会计处理且完成工商新设登记或变更登记日为重组日。按规定不需要办理工商新设或变更登记的合并，以合并协议生效且当事各方已进行会计处理的日期为重组日。

⑤分立：以分立协议生效、当事各方已进行会计处理且完成工商新设登记或变更登记日为重组日。

（4）如何说明"合理商业目的"

根据财税〔2009〕59 号文，适用特殊性税务处理规定的企业重组需满足"具有合理的商业目的"条件，申报时，应从以下方面逐条说明企业重组具有合理的商业目的：

①重组交易的方式。

②重组交易的实质结果。

③重组各方涉及的税务状况变化。

④重组各方涉及的财务状况变化。

⑤非居民企业参与重组活动的情况。

（5）"分步交易"的申报流程

根据财税〔2009〕59 号文第十条的规定，企业在重组发生前后连续 12 个月内分步对其资产、股权进行交易，应根据实质重于形式原则将上述交易作为一项企业重组交易进行处理。

国税总局公告2015年第48号文对涉及分步交易的特殊性税务处理进行了细化，其第七条规定："根据财税〔2009〕59号文件第十条规定，若同一项重组业务涉及在连续12个月内分步交易，且跨两个纳税年度，当事各方在首个纳税年度交易完成时预计整个交易符合特殊性税务处理条件，经协商一致选择特殊性税务处理的，可以暂时适用特殊性税务处理，并在当年企业所得税年度申报时提交书面申报资料。在下一纳税年度全部交易完成后，企业应判断是否适用特殊性税务处理。如适用特殊性税务处理的，当事各方应按本公告要求申报相关资料；如适用一般性税务处理的，应调整相应纳税年度的企业所得税年度申报表，计算缴纳企业所得税。"

## 156. 非居民企业及个人间接转让中国境内财产的，在什么情况下需在中国境内履行纳税义务？

非居民企业及个人间接转让中国境内财产，在以下情况下，需要依法向中国境内税务机关履行纳税义务：

（1）非居民企业间接转让境内财产

根据《国家税务总局关于非居民企业间接转让财产企业所得税若干问题的公告》（以下简称国税总局公告2015年第7号文）的规定，非居民企业通过实施不具有合理商业目的的安排，间接转让中国居民企业股权等财产，规避企业所得税纳税义务的，应按照《企业所得税法》第四十七条的规定，重新定性该间接转让交易，确认为直接转让中国居民企业股权等财产，应按企业所得税法规定征税。

①适用条件。对非居民企业间接转让境内财产征收企业所得税，主要应满足以下条件：

A. 转让方为非居民企业。就非居民企业的定义，国税总局公告2015年第7号文作了明确规定。如转让方虽为境外企业，但其依法应被认定为非境内注册中国居民企业，则其转让境外注册企业，不适用该文规定，而应就其所得依据《企业所得税法》向中国境内税务机关履行所得税纳税义务。

B. 不具有合理的商业目的。在有合理商业目的的情况下，转让方不负有中国税法规定的纳税义务。国税总局公告2015年第7号文规定了"合理商业目的"的若干考虑因素，但同时从正反两面规定了合理商业目的的标准：

a. 反向测试标准。关于间接转让中国应税财产相关的整体安排，同时符合以下情形的，应直接认定为不具有合理商业目的：

a）境外企业股权75%以上价值直接或间接来自中国境内应税财产。

b）间接转让中国境内应税财产交易发生前一年内任一时点，境外企业资产总额

（不含现金）的90%以上直接或间接由在中国境内的投资构成，或间接转让中国境内应税财产交易发生前一年内，境外企业取得收入的90%以上直接或间接来自中国境内。

c）境外企业及直接或间接持有中国境内应税财产的下属企业虽在所在国家（地区）登记注册，以满足法律所要求的组织形式，但实际履行的功能及承担的风险有限，不足以证实其具有经济实质。

d）间接转让中国境内应税财产交易在境外应缴所得税税负低于直接转让中国境内应税财产交易在中国境内的可能税负。

中国与外国政府签署的税务协定可能对非居民企业间接转让境内财产不具有合理商业目的的标准做更严格规定。《〈中华人民共和国政府和新加坡共和国政府关于对所得避免双重征税和防止偷漏税的协定〉及议定书条文解释》第十三条第四款规定，如果新加坡居民拥有某中国境外公司的股份，该中国境外公司股份价值的50%以上直接或间接由位于中国的不动产所构成，则上述新加坡居民转让该中国境外公司股份取得的收益，中国作为不动产所在国拥有征税权。

b. 正向测试标准。根据国税总局公告2015年第7号文第六条的规定，间接转让中国境内应税财产同时符合以下条件的，应认定为具有合理商业目的：

a）交易双方的股权关系具有下列情形之一：

i）股权转让方直接或间接拥有股权受让方80%以上的股权；

ii）股权受让方直接或间接拥有股权转让方80%以上的股权；

iii）股权转让方和股权受让方被同一方直接或间接拥有80%以上的股权。

境外企业股权50%以上（不含50%）价值直接或间接来自中国境内不动产的，上述第i）-iii）项的持股比例应为100%。

b）本次间接转让交易后可能再次发生的间接转让交易相比在未发生本次间接转让交易情况下的相同或类似间接转让交易，其中国所得税负担不会减少。

c）股权受让方全部以本企业或与其具有控股关系的企业的股权（不含上市企业股权）支付股权交易对价。

②豁免纳税情形。与间接转让中国应税财产相关的整体安排符合以下情形之一的，不适用国税总局公告2015年第7号文规定，相关主体无须向中国履行纳税义务：

A. 非居民企业在公开市场买入并卖出同一上市境外企业股权取得间接转让中国应税财产所得；

B. 在非居民企业直接持有并转让中国应税财产的情况下，按照可适用的税收协定或安排的规定，该项财产转让所得在中国可以免予缴纳企业所得税。

（2）境外非居民个人间接转让境内财产

就境外非居民个人间接转让境内财产的纳税事项，根据法律规定及实践操作，亦参照境外非居民企业间接转让境内财产的条件对股权转让行为征收个人所得税。

《个人所得税法》颁布前，对于境外个人间接转让境内财产征税事宜，并无明确法律规定。国家税务总局曾就一相关案例作出《国家税务总局关于非居民个人股权转让相关政策的批复》。在该案中，国家税务总局认为，非居民企业股权转让涉及的中国境内企业部分所得为来自中国境内的所得，应对其征收个人所得税。该批复未公开发布，但在2014年的另一税务案件中，北京市海淀区地税局援引该批复对境外非居民个人征收了股权转让个人所得税。

《个人所得税法》的颁布，为境外个人间接转让境内财产的纳税事项提供了法律依据。根据该法第一条、第二条及第八条的规定，非居民个人从中国境内取得的所得，依照该法规定缴纳个人所得税；个人实施其他不具有合理商业目的的安排而获取不当税收利益的，税务机关有权按照合理方法进行纳税调整。但实践中尚未见到援引该法对境外非居民个人间接转让财产征税的案例。

## 157. 企业对外进行股权投资时，如何缴纳企业所得税？

根据《企业所得税法》的规定，企业和其他取得收入的组织（不含个人独资企业、合伙企业）为企业所得税的纳税人。

企业对外进行股权投资时，如以现金、银行存款等货币性资产出资，不涉及企业所得税的缴纳；如以非货币资产出资，则应对非货币性资产进行评估并按评估后的公允价值扣除计税基础后的余额计算确认非货币性资产转让所得，并缴纳企业所得税。

根据《财政部、国家税务总局关于非货币性资产投资企业所得税政策问题的通知》的规定，居民企业以非货币性资产对外投资居民企业所确认的非货币性资产转让所得，可在不超过5年期限内，分期均匀计入相应年度的应纳税所得额。

对于非货币性资产出资，符合财税〔2009〕59号文、财税〔2014〕109号文等文件规定的特殊性税务处理条件的，也可由企业选择其中一项政策执行，且一经选择，不得改变。

根据《财政部、国家税务总局关于完善股权激励和技术入股有关所得税政策的通知》的规定，企业以专利技术（含国防专利）、计算机软件著作权、集成电路布图设计专有权、植物新品种权、生物医药新品种，以及科技部、财政部、国家税务总局确定的其他技术成果投资入股境内居民企业，被投资企业支付的对价全部为股票（权）的，投资入股当期可暂不纳税，允许递延至转让股权时，按股权转让收入减去技术成果原值和合理税费后的差额计算缴纳企业所得税。企业既可以选择适用上述递延纳税优惠政策，也可以按照现行有关税务政策执行。选择适用递延纳税政策的，企业应在规定期限内到主管税务机关办理备案手续，并以取得技术成果的企业为扣缴义务人。

## 158. 自然人对外进行股权投资时,如何缴纳个人所得税?

自然人对外进行股权投资时,如以现金、银行存款等货币性资产出资,通常不涉及个人所得税的缴纳。

如以非货币资产出资,则可能涉及个人所得税缴纳义务。根据《财政部、国家税务总局关于个人非货币性资产投资有关个人所得税政策的通知》的规定,个人以非货币性资产投资,属于个人转让非货币性资产和投资同时发生。对个人转让非货币性资产的所得,应按照财产转让所得项目,依法计算缴纳个人所得税。个人以非货币性资产投资,应按评估后的公允价值确认非货币性资产转让收入。非货币性资产转让收入减除该资产原值及合理税费后的余额为应纳税所得额。

个人应在转让非货币性资产、取得股权的次月15日内向主管税务机关申报纳税。个人一次性缴税有困难的,可合理确定分期缴纳计划并报主管税务机关备案后,自发生应税行为之日起不超过5个公历年度内(含)分期缴纳个人所得税。

根据《财政部、国家税务总局关于完善股权激励和技术入股有关所得税政策的通知》的规定,个人以专利技术(含国防专利)、计算机软件著作权、集成电路布图设计专有权、植物新品种权、生物医药新品种,以及科技部、财政部、国家税务总局确定的其他技术成果投资入股境内居民企业,被投资企业支付的对价全部为股票(权)的,投资入股当期可暂不纳税,允许递延至转让股权时,按股权转让收入减去技术成果原值和合理税费后的差额计算缴纳个人所得税。个人既可以选择适用上述递延纳税优惠政策,也可以按照现行有关税务政策执行。选择适用递延纳税政策的,企业应在规定期限内到主管税务机关办理备案手续,并以取得技术成果的企业为扣缴义务人。

## 159. 企业以股权转让方式进行并购,应如何缴纳企业所得税?

企业以股权转让方式进行并购时,需要根据《企业所得税法》及相关规定缴纳企业所得税。以下是相关要点:

(1)企业所得税的缴纳主体

①转让方企业。股权转让所得属于转让方企业的应税收入,因此由转让方企业缴纳企业所得税。

②受让方企业。通常不涉及企业所得税的缴纳,但在交易中可能涉及其他税务事项,如印花税。

(2)企业所得税计算方法

股权转让所得=股权转让收入-股权计税成本-转让过程中发生的合理费用。

其中,股权转让收入,是指交易合同约定的股权交易金额。

股权计税成本,包括股权的原始投资成本、因资本公积转增股本的金额、历史累计盈余转增股本金额等。

合理费用，是指与股权转让直接相关的费用，包括但不限于评估费、中介费用等。

关于适用的税率，一般企业适用25%的企业所得税税率。若转让方为小型微利企业或高新技术企业，可能适用优惠税率。

(3)特别纳税调整事项

如果股权转让价格明显偏低且无正当理由，税务机关有权进行调整。此外，涉及关联企业的股权转让需符合关联交易披露及转让定价规则，可能需提供转让价格的合理性证明。

(4)申报和缴纳流程

①申报时间：在发生股权转让后的次月或次季度，与企业所得税的申报周期一致。

②申报地点：向转让方企业注册地的税务机关申报。

③需提交的资料：

A. 股权转让协议，明确股权转让的相关事宜，包括转让价格、转让时间、双方权利义务等。

B. 标的企业的工商登记资料，如公司章程、股东名册等，以证明股权转让的合法性和股东身份的变更。

C. 股权转让款支付凭证，证明股权转让款的支付情况，包括转账凭证、收据等。

D. 标的企业的财务报表，如资产负债表、利润表等，用于确定股权转让的计税基础。

E. 股权计税成本及相关凭证等。

F. 涉及的税费明细。

G. 涉及的关联交易申报资料(如有)。

H. 其他相关证明材料，如税务机关要求的其他证明文件，以确保缴税的准确性和合规性。

(5)税收优惠

企业在进行股权转让时，如满足特殊性税务处理条件，可依据财税〔2009〕59号文的规定申请适用特殊性税务处理，暂不确认所得及缴纳企业所得税。

## 160. 自然人进行股权转让，如何缴纳个人所得税？

自然人转让所持企业股权的，针对企业的不同情况，相关税法作出了不同规定。主要情况如下：

（1）所得税计算方法

①自然人转让非上市公司的股权。

A. 纳税人。根据《个人所得税法》及《股权转让所得个人所得税管理办法（试行）》（以下简称国税总局公告2014年第67号文）的规定，个人转让股权，以股权转让收入减除股权原值和合理费用后的余额为应纳税所得额，按20%的税率缴纳个人所得税。股权转让方为纳税人，受让方为扣缴义务人。

B. 股权转让收入的确定。申报的股权转让收入明显偏低且无正当理由的，主管税务机关可以核定股权转让收入。国税总局公告2014年第67号文就“股权转让收入明显偏低，视为有正当理由”的情形进行了列举：

a. 能出具有效文件，证明被投资企业因国家政策调整，生产经营受到重大影响，导致低价转让股权。

b. 继承或将股权转让给其能提供具有法律效力身份关系证明的配偶、父母、子女、祖父母、外祖父母、孙子女、外孙子女、兄弟姐妹以及对转让人承担直接抚养或者赡养义务的抚养人或者赡养人。

c. 相关法律、政府文件或企业章程规定，并有相关资料充分证明转让价格合理且真实的本企业员工持有的不能对外转让股权的内部转让。

d. 股权转让双方能够提供有效证据证明其合理性的其他合理情形。

C. 股权原值的确定。根据国税总局公告2014年第67号文的规定，个人转让股权的原值依照以下方法确认：

a. 以现金出资方式取得的股权，按照实际支付的价款与取得股权直接相关的合理税费之和确认股权原值。

b. 以非货币性资产出资方式取得的股权，按照税务机关认可或核定的投资入股时非货币性资产价格与取得股权直接相关的合理税费之和确认股权原值。

c. 通过无偿让渡方式取得股权，具备国税总局公告2014年第67号文第十三条第（二）项所列情形的，按取得股权发生的合理税费与原持有人的股权原值之和确认股权原值。

d. 被投资企业以资本公积、盈余公积、未分配利润转增股本，个人股东已依法缴纳个人所得税的，以转增额和相关税费之和确认其新转增股本的股权原值。

e. 除以上情形外，由主管税务机关按照避免重复征收个人所得税的原则合理确认股权原值。

②自然人转让新三板公司的股权。

根据《财政部、国家税务总局、中国证券监督管理委员会关于个人转让全国中小企业股份转让系统挂牌公司股票有关个人所得税政策的通知》（以下简称财税〔2018〕137号文）的规定，自2018年11月1日（含）起，对个人转让新三板挂牌公司非原始股取得的所得，暂免征收个人所得税。对个人转让新三板挂牌公司原始股取得的所得，按“财产转让所得”，以 20% 的税率缴纳个人所得税。

财税〔2018〕137 号文所称非原始股，是指个人在新三板挂牌公司挂牌后取得的股票，以及由上述股票孳生的送、转股；所称原始股，是指个人在新三板挂牌公司挂牌前取得的股票，以及在该公司挂牌前和挂牌后由上述股票孳生的送、转股。

③自然人转让上市公司的股份。

A. 沪深证券交易所。

根据《财政部、国家税务总局、证监会关于个人转让上市公司限售股所得征收个人所得税有关问题的通知》的规定，对个人在上海证券交易所、深圳证券交易所转让从上市公司公开发行和转让市场取得的上市公司股票所得，免征个人所得税。对于个人转让限售股取得的所得，该转让方以股权转让收入减除股权原值和合理税费后的余额为应纳税所得额，按“财产转让所得”，以 20% 的税率缴纳个人所得税。

如果纳税人未能提供完整、真实的限售股原值凭证，不能准确计算限售股原值，主管税务机关一律按限售股转让收入的 15% 核定限售股原值及合理税费。

B. 北京证券交易所。

根据《财政部、税务总局关于北京证券交易所税收政策适用问题的公告》的规定，新三板精选层公司转为北交所上市公司，以及创新层挂牌公司通过公开发行股票进入北交所上市后，投资北交所上市公司涉及的个人所得税、印花税相关政策，暂按照现行新三板适用的税收规定执行。

（2）缴纳方式及报税时间

①自然人转让非上市公司的股权。

根据国税总局公告 2014 年第 67 号文的规定，具有下列情形之一的，扣缴义务人、纳税人应当依法在次月 15 日内向主管税务机关申报纳税：

A. 受让方已支付或部分支付股权转让价款的；

B. 股权转让协议已签订生效的；

C. 受让方已经实际履行股东职责或者享受股东权益的；

D. 国家有关部门判决、登记或公告生效的；

E. 该办法第三条第（四）至（七）项行为已完成的；

F. 税务机关认定的其他有证据表明股权已发生转移的情形。

②自然人转让新三板公司及上市公司股票。

自然人转让新三板公司及上市公司股票的，视情况采取证券机构预扣预缴、纳税人自行申报清算和证券机构直接扣缴相结合的方式征税。

证券机构预扣预缴的情况下，应将预扣预缴的税款，于次月 7 日内以纳税保证金形式向主管税务机关缴纳。纳税人按照实际转让收入与实际成本计算出的应纳税额，与证券机构预扣预缴税额有差异的，纳税人应自证券机构代扣并解缴税款的次月1日起3个月内，持加盖证券机构印章的交易记录和相关完整、真实凭证，向主管税务机关提出清算申报并办理清算事宜。

采取纳税人自行申报纳税方式的情况下，纳税人应在转让限售股后次月7日内到主管税务机关填报《限售股转让所得个人所得税清算申报表》，自行申报纳税。主管税务机关审核确认后应开具完税凭证，纳税人应持完税凭证、《限售股转让所得个人所得税清算申报表》复印件到证券登记结算公司办理限售股过户手续。

(3)纳税地点

①自然人转让非上市公司的股权。

根据国税总局公告2014年第67号文的规定，个人股权转让所得个人所得税以被投资企业所在地税务机关为主管税务机关。

②自然人转让新三板公司及上市公司股权。

根据《国家税务总局、财政部、中国证监会关于进一步完善个人转让上市公司限售股所得个人所得税有关征管服务事项的公告》的规定，个人转让全国中小企业股份转让系统挂牌公司、北京证券交易所上市公司限售股所得缴纳个人所得税时，纳税地点为发行限售股的上市公司所在地。

## 161. 企业分立时，企业股东如何缴纳所得税？

企业分立是企业重组的方式之一，经常作为企业并购中的一个组成部分被采用。根据财税〔2009〕59号文等规定，股东为企业的，其所得税缴纳，视情况可适用一般性税务处理和特殊性税务处理。

(1)一般性税务处理

适用一般性税务处理的情况下，按以下方法进行企业分立财务及税务处理：

①被分立企业对分立出去资产应按公允价值确认资产转让所得或损失。

②分立企业应按公允价值确认接受资产的计税基础。

③被分立企业继续存在时，其股东取得的对价应视同被分立企业分配进行处理。

④被分立企业不再继续存在时，被分立企业及其股东都应按清算进行所得税处理。

⑤企业分立相关企业的亏损不得相互结转弥补。

符合上述第④点的被分立企业应当按照《财政部、国家税务总局关于企业清算业务企业所得税处理若干问题的通知》(以下简称财税〔2009〕60号文)进行清算，在报送《企业清算所得纳税申报表》时，应当附送：

A. 企业分立的市场监督管理部门或其他政府部门的批准文件；

B. 被分立企业全部资产的计税基础以及评估机构出具的资产评估报告；

C. 企业债务处理或归属情况说明；

D. 主管税务机关要求提供的其他资料证明。

（2）特殊性税务处理

企业分立符合财税〔2009〕59 号文规定的特殊性税务处理适用条件时，可按以下方法进行处理：

①分立企业接受被分立企业资产和负债的计税基础，以被分立企业的原有计税基础确定。

②被分立企业已分立出去资产相应的所得税事项由分立企业承继。

③被分立企业未超过法定弥补期限的亏损额可按分立资产占全部资产的比例进行分配，由分立企业继续弥补。

④被分立企业的股东取得分立企业的股权（以下简称"新股"），如需部分或全部放弃原持有的被分立企业的股权（以下简称"旧股"），"新股"的计税基础应以放弃"旧股"的计税基础确定。如不需放弃"旧股"，则其取得"新股"的计税基础可从以下两种方法中选择确定：

A. 直接将"新股"的计税基础确定为零。

B. 以被分立企业分立出去的净资产占被分立企业全部净资产的比例先调减原持有的"旧股"的计税基础，再将调减的计税基础平均分配到"新股"上。

（3）交易中的非股权支付部分的处理方式

根据财税〔2009〕59 号文的规定，对于非股权支付的部分仍应在交易当期确认相应的资产转让所得或损失，并调整相应资产的计税基础。

非股权支付对应的资产转让所得或损失 =（被转让资产的公允价值 - 被转让资产的计税基础）×（非股权支付金额 ÷ 被转让资产的公允价值）。

（4）关于企业分立中，自然人股东能否适用特殊性税务处理政策问题

根据国税总局公告 2015 年第 48 号文的规定，企业分立中被分立企业股东，可以是自然人；当事各方中的自然人应按个人所得税的相关规定进行税务处理。关于企业分立中，被分立企业自然人股东能否适用特殊性税务处理政策事项，各地税局操作可能不同，企业分立进行之前，应事先特殊性税务处理政策适用事项征求主管税局的意见，避免税务风险。

## 162. 企业合并时，企业股东如何缴纳所得税？

企业合并作为企业重组的方式之一，在并购业务中有时会被采用。根据财税〔2009〕59 号文的规定，视不同情况，股东为企业时，其所得税缴纳事项，可适用一般

性税务处理和特殊性税务处理方式。

(1)一般性税务处理

适用一般性税务处理的情况下,按以下方法进行企业合并财务及税务处理:

①合并企业应按公允价值确定接受被合并企业各项资产和负债的计税基础。

②被合并企业及其股东都应按清算进行所得税处理。

③被合并企业的亏损不得在合并企业结转弥补。

(2)企业分立的特殊性税务处理

企业合并符合财税〔2009〕59 号文规定的特殊性税务处理适用条件时,可按以下方法进行处理:

①合并企业接受被合并企业资产和负债的计税基础,以被合并企业的原有计税基础确定。

②被合并企业合并前的相关所得税事项由合并企业承继。

③可由合并企业弥补的被合并企业亏损的限额 = 被合并企业净资产公允价值 × 截至合并业务发生当年年末国家发行的最长期限的国债利率。

④被合并企业股东取得合并企业股权的计税基础,以其原持有的被合并企业股权的计税基础确定。

## 163. 企业债务重组业务中如何缴纳企业所得税?

根据财税〔2009〕59 号文的规定,债务重组是指在债务人发生财务困难的情况下,债权人按照其与债务人达成的书面协议或者法院裁定书,就其债务人的债务作出让步的事项。企业债务重组主要有债务减免、以非货币资产清偿债务、债权转股权及债务延期等方式。

按适用的企业所得税处理方法不同,债务重组企业所得税处理可分为一般性税务处理及特殊性税务处理两种方式。

(1)一般性税务处理

适用企业所得税一般性税务处理的,可按以下处理方式申报纳税:

①债务减免。

如果债权人同意减免部分或全部债务,按《企业所得税法》第六条的规定,企业因债务重组而取得的债务减免,属于其他收入,需要计入企业的应纳税所得额。

在税务处理上,债务人按照支付的债务清偿额低于债务计算基础的差额,确认债务重组所得。债权人按照收到的债务清偿额低于债权计税基础的差额,确认债务重组损失。

②以非货币资产清偿债务。

债务人应将上述事项分解为转让相关非货币性资产、按非货币性资产公允价值清偿债务两项业务,确认相关资产的所得或损失。债权人按照接受的非货币资产公允价值低于债权计税基础的差额确认债务重组损失,并按照接受的非货币资产公允价值确认其计税基础。

③债权转股权。

发生债权转股权的,应当分解为债务清偿和股权投资两项业务。债务人按照债务转为资本部分公允价值低于债务计税基础的差额,确认债务重组所得。债权人按照债权转为股权部分公允价值低于债权计税基础的差额确认债务重组损失,并按照股权投资的公允价值确认其计税基础。

在债权转股权的情形下,债务人的相关所得税纳税事项原则上保持不变。

④债务展期。

在债务展期的情况下,如果债务重组没有减免或转换,根据展期协议产生的新增利息需要按权责发生制确认收入或费用。在债务本金未变动的情况下,展期本身不会直接引发所得税问题。

(2)特殊性税务处理

在债务重组过程中,交易各方对其交易中的股权支付部分,符合财税〔2009〕59号文规定的特殊性税务处理适用条件的,按以下方法执行:

①企业债务重组确认的应纳税所得额占该企业当年应纳税所得额50%以上,可以在5个纳税年度内,均匀计入各年度的应纳税所得额。

②企业发生债权转股权业务,对债务清偿和股权投资两项业务暂不确认有关债务清偿所得或损失,股权投资的计税基础以原债权的计税基础确定。企业的其他相关所得税事项保持不变。

## 164. 企业清算业务中如何缴纳所得税?

财税〔2009〕60号文第一条规定,企业清算的所得税处理,是指企业在不再持续经营,发生结束自身业务、处置资产、偿还债务以及向所有者分配剩余财产等经济行为时,对清算所得、清算所得税、股息分配等事项的处理。

其第三条规定,企业清算的所得税处理包括以下内容:

(1)全部资产均应按可变现价值或交易价格,确认资产转让所得或损失;

(2)确认债权清理、债务清偿的所得或损失;

(3)改变持续经营核算原则,对预提或待摊性质的费用进行处理;

(4)依法弥补亏损,确定清算所得;

(5)计算并缴纳清算所得税；

(6)确定可向股东分配的剩余财产、应付股息等。

基于上述规定并结合清算实践，企业清算涉及所得税处理的事项主要包括两种交易情形：一是清算企业对自身资产和负债的清理、处置行为；在该等情形下，纳税主体为清算企业。二是清算企业将其剩余资产向其股东进行分配的行为；在该等情形下，纳税主体为清算企业的股东。

上述两种情形下，相应的纳税主体及税务处理相关要求如下：

(1)清算企业对自身资产和负债的清理、处置

①清算期间。

根据《企业所得税法》第五十三条及财税〔2009〕60号文第四条第二款的规定，企业应将整个清算期作为一个独立的纳税年度计算清算所得。

②清算所得的计算。

财税〔2009〕60号文第四条第一款规定，企业的全部资产可变现价值或交易价格，减除资产的计税基础、清算费用、相关税费，加上债务清偿损益等后的余额，为清算所得。其中，债务清偿损益为债务的实际偿还金额扣减债务的计税基础所得金额。

根据《国家税务总局关于印发〈中华人民共和国企业清算所得税申报表〉的通知》，企业清算应纳税所得额的计算方法如下：

清算所得 = 资产处置损益 + 负债清偿损益 - 清算费用 - 清算税金及附加 + 其他所得或支出。

企业清算应纳税所得额 = 清算所得 - 免税收入 - 不征税收入 - 其他免税所得 - 弥补以前年度亏损。

③所得税。

企业进入清算阶段，不属于正常的生产经营期间，不能享受其他税收减免政策，应当适用基本企业所得税税率25%就其清算所得缴纳企业所得税。企业清算应纳所得税金额等于企业清算应纳税所得额乘以25%。

(2)清算企业将其剩余资产向其股东进行分配

根据财税〔2009〕60号文第五条的规定，清算企业全部资产的可变现价值或交易价格减除清算费用，职工的工资、社会保险费用和法定补偿金，结清清算所得税、以前年度欠税等税款，清偿企业债务，按规定计算可以向其股东分配的剩余资产。

股东所获得的剩余资产中，相当于被清算企业累计未分配利润和累计盈余公积中按该股东所占股份比例计算的部分，应当确认为股息所得；剩余资产减除股息所得后的余额，超过或低于股东投资成本的部分，应确认为股东的投资转让所得或损失。

被清算企业的股东从被清算企业分得的资产应按可变现价值或实际交易价格确定计税基础。

根据《企业所得税法》第二十六条关于居民企业之间的股息等权益性投资收益为免税收入的规定，居民企业股东对分得的该部分资产无须缴纳企业所得税。

### (三)增值税

## 165. 以非货币资产对外投资，企业应如何缴纳增值税？

根据《增值税暂行条例》的规定，企业及个人以非货币资产对外投资时，关于增值税纳税事项，应关注以下要点：

(1)视同销售行为

按照《增值税暂行条例》的规定，在中华人民共和国境内销售货物、无形资产、不动产的单位和个人，为增值税的纳税人，应当依照该条例缴纳增值税。以非货币资产对外投资，实质上是将非货币性资产转移给被投资企业，视同销售货物，通常而言，需缴纳增值税。

(2)销售额的确定

以非货币资产对外投资时，销售额应按照其公允价值确定。公允价值通常参照市场价格，也可以依据投资双方之间约定价格或评估价格。主管税局认为双方约定价格不公允时，可能予以调整或要求纳税义务人以核定应纳税额纳税。

(3)税率

根据转让资产的类型，按国家税务总局发布的税率确定适用税率。

(4)进项税额抵扣

如果转让的非货币资产在购入或建设时取得了增值税进项发票且进项税额已抵扣，应进行进项税额转出。转出的进项税额金额通常按照资产的剩余净值比例确定。

(5)特殊规定

①根据《国家税务总局关于纳税人资产重组有关增值税问题的公告》的规定，纳税人在资产重组过程中，通过合并、分立、出售、置换等方式，将全部或者部分实物资产以及与其相关联的债权、负债和劳动力一并转让给其他单位和个人，不属于增值税的征税范围，对其中涉及的货物转让，不征收增值税。

②根据《财政部、国家税务总局关于全面推开营业税改征增值税试点的通知》附件3第一条第(二十六)项的规定，纳税人提供技术转让、技术开发和与之相关的技术咨询、技术服务的，免征增值税，但纳税人申请免征增值税时，须持技术转让、开发的书面合同，到纳税人所在地省级科技主管部门进行认定，并持有关合同和科技主管部门审核意见证明文件报主管税务机关备案。

## 166. 股权并购情况下，相关主体如何缴纳增值税？

根据《增值税暂行条例》的规定，增值税为针对在我国境内销售货物或者加工、修理修配劳务，销售服务、无形资产、不动产以及进口货物的单位和个人征收的一种流转税。

基于上述规定，并购方受让非上市企业股权或认购其增资，本身不直接构成应缴纳增值税的行为，并购方与卖方均无须缴纳增值税。但是，若并购方以无形资产、不动产、应税货物支付股权受让或增资认购对价，则存在该等资产从并购方流转至卖方的情况，并购方应依法缴纳相应增值税。

上市公司股票转让的情况有所不同，上市公司股票在增值税法中被认定为金融商品。合伙企业、有限公司转让其持有的上市公司股票需要缴纳增值税，自然人股东转让其持有的上市公司股票非增值税征税行为。

上市公司股票转让的增值税税率为6%，小规模纳税人适用的征收率为3%。上市公司股票转让增值税纳税义务发生时间为其所有权转移的当天。

上市公司股票转让以卖出价扣除买入价后的余额为销售额。转让上市公司股票出现的正负差，以盈亏相抵后的余额为销售额。若相抵后出现负差，可结转下一纳税期与下期转让上市公司股票销售额相抵，但年末时仍出现负差的，不得转入下一个会计年度。应纳增值税的计算公式为：(卖出价 - 买入价) ÷ 1.06 × 0.06。

按照《国家税务总局关于营改增试点若干征管问题的公告》第五条的规定，对于持有以下规定情形的限售股在解禁流通后对外转让的，按照以下规定确定买入价：

(1) 上市公司实施股权分置改革时，在股票复牌之前形成的原非流通股股份，以及股票复牌首日至解禁日期间由上述股份孳生的送、转股，以该上市公司完成股权分置改革后股票复牌首日的开盘价为买入价。

(2) 公司首次公开发行股票并上市形成的限售股，以及上市首日至解禁日期间由上述股份孳生的送、转股，以该上市公司股票首次公开发行（IPO）的发行价为买入价。

(3) 因上市公司实施重大资产重组形成的限售股，以及股票复牌首日至解禁日期间由上述股份孳生的送、转股，以该上市公司因重大资产重组股票停牌前一交易日的收盘价为买入价。

但是，根据《国家税务总局关于明确二手车经销等若干增值税征管问题的公告》的规定，单位将其持有的限售股在解禁流通后对外转让，按上述《国家税务总局关于营改增试点若干征管问题的公告》的规定确定的买入价低于该单位取得限售股的实际成本价的，以实际成本价为买入价计算缴纳增值税。

金融商品的卖出价是卖出原价，不得扣除卖出过程中支付的税费和交易费用。

## 167. 企业进行合并、分立，是否需要缴纳增值税？

根据《增值税暂行条例》的规定，增值税的征税范围为在我国境内销售货物或者提供加工、修理修配劳务，销售服务、无形资产、不动产以及进口货物。

根据《国务院关于进一步优化企业兼并重组市场环境的意见》的规定，企业通过合并、分立转让全部或者部分实物资产以及与其相关联的债权、债务和劳动力的，不属于增值税和营业税征收范围，不应视同销售而征收增值税和营业税。

根据《国家税务总局关于纳税人资产重组有关增值税问题的公告》的规定，纳税人在资产重组过程中，通过合并、分立将全部或者部分实物资产以及与其相关联的债权、负债经多次转让后，最终的受让方与劳动力接收方为同一单位和个人的，仍适用《国家税务总局关于纳税人资产重组有关增值税问题的公告》的相关规定，其中货物的多次转让行为均不征收增值税。资产的出让方需将资产重组方案等文件资料报其主管税务机关。

综上所述，企业进行合并、分立时，涉及的资产以及与其相关联的债权债务及劳动力的转移无须缴纳增值税。

## 168. 企业在债务重组业务中如何缴纳增值税？

根据《增值税暂行条例》的规定，增值税为针对在我国境内销售货物或者加工、修理修配劳务，销售服务、无形资产、不动产以及进口货物的单位和个人征收的一种流转税。

企业债务重组的主要方法有债务减免、以非货币资产清偿债务、债权转股权、债务展期等。就上述债务重组方法，增值税纳税原则如下：

①债务减免。在债务减免的情况下，未发生增值税应税货物或服务流转，不涉及增值税缴纳事项。

②非货币资产偿债。债务人以非货币资产向债权人清偿债务，实际为一种有偿的非货币资产转让行为，应按《增值税暂行条例》规定缴纳增值税。

③债转股。在债权转股权情形下，债权人以其对债务人的债权认购债务人的注册资本增资，不属于《增值税暂行条例》规定的增值税应税行为，债权人与债务人均无须缴纳增值税。

但是，债权人债转股取得上市公司股票，限售期届满后转让的，构成《增值税暂行条例》规定的增值税应税行为，应依法缴纳增值税。

④债务展期。债权人延长债务偿还时间，可能涉及利息改变或伴随利息调整。根据《增值税暂行条例》的规定，债权人作为金融服务提供者需要根据调整后的利息收入计算缴纳增值税。

## 169. 企业在清算业务中如何缴纳增值税?

在企业清算业务过程中,涉及增值税的情形主要有两种。

第一种情形为企业清理其库存成品、商品、半成品、原材料等应税货物,销售给非股东的第三方。在该情形下,按《增值税暂行条例》的规定,清算企业应按照正常经营销售进行增值税处理。

第二种为清算企业将其应税货物分配给股东。根据《增值税暂行条例实施细则》第四条的规定,清算企业这一行为应视同销售货物,应缴纳增值税。

### (四)土地增值税

## 170. 以土地及其上建筑物进行股权投资的,是否需要缴纳土地增值税?

根据《土地增值税暂行条例》的规定,转让国有土地使用权、地上的建筑物及其附着物(房地产)并取得收入的单位和个人,为土地增值税的纳税义务人,应当缴纳土地增值税。

为支持企业改制重组,优化市场环境,国家对以土地使用权及其上建筑物投资企业行为,给予了税收优惠。《财政部、税务总局关于继续实施企业改制重组有关土地增值税政策的公告》规定,单位、个人在改制重组时以房地产作价入股进行投资,对其将房地产转移、变更到被投资的企业,暂不征收土地增值税。

但是,上述改制重组相关土地增值税政策不适用于房地产转移任意一方为房地产开发企业的情形,即出资方以房地产作价设立、投资企业,且出资方或企业任意一方为房地产开发企业的,均须按照规定缴纳土地增值税。

## 171. 以受让股权方式进行并购,是否涉及土地增值税?

(1)是否需缴纳土地增值税

根据《土地增值税暂行条例》的规定,转让国有土地使用权、地上的建筑物及其附着物并取得收入的单位和个人,为土地增值税的纳税义务人,应当依照该条例缴纳土地增值税。

基于上述规定,一般而言,股权转让、企业增资本身不直接构成土地增值税应税行为,但以下两种情形下,可能需要缴纳土地增值税。

①以国有土地使用权及其上建筑物作为股权转让款的支付方式。这种情形下,作为并购对价的国有土地使用权及其上建筑物,从股权并购方流转至股权收购对价接受方,相应地,并购方应依法缴纳土地增值税。

②交易构成是以转让股权的名义转让房地产的行为。

2000 年以来，国家税务总局在一些个案中，对股权转让是否缴纳土地增值税的问题作出了批复。在该等案例中，以股权形式表现的资产主要是土地使用权、地上建筑物及附着物，国家税务总局认为案例中的股权转让属于利用股权转让方式让渡土地使用权的行为，实质是房地产交易，应按规定征收土地增值税。表 2 为相关批复的主要内容：

**表 2　相关批复主要内容**

| 文件名 | 文号 | 批复内容 |
| --- | --- | --- |
| 《国家税务总局关于以转让股权名义转让房地产行为征收土地增值税问题的批复》 | 国税函〔2000〕687 号 | 广西壮族自治区地方税务局：<br>你局《关于以转让股权名义转让房地产行为征收土地增值税问题的请示》（桂地税报〔2000〕32 号）收悉。鉴于深圳市能源集团有限公司和深圳能源投资股份有限公司一次性共同转让深圳能源（钦州）实业有限公司 100% 的股权，且这些以股权形式表现的资产主要是土地使用权、地上建筑物及附着物，经研究，对此应按土地增值税的规定征税。 |
| 《国家税务总局关于土地增值税相关政策问题的批复》 | 国税函〔2009〕387 号 | 广西壮族自治区地方税务局：<br>你局《关于土地增值税相关政策问题的请示》（桂地税报〔2009〕13 号）收悉。<br>鉴于广西玉柴营销有限公司在 2007 年 10 月 30 日将房地产作价入股后，于 2007 年 12 月 6 日、18 日办理了房地产过户手续，同月 25 日即将股权进行了转让，且股权转让金额等同于房地产的评估值。<br>因此，我局认为这一行为实质上是房地产交易行为，应按规定征收土地增值税。 |
| 《国家税务总局关于天津泰达恒生转让土地使用权土地增值税征缴问题的批复》 | 国税函〔2011〕415 号 | 天津市地方税务局：<br>你局《关于天津泰达恒生转让土地使用权土地增值税征缴问题的请示》（津地税办〔2011〕6 号）收悉。<br>经研究，同意你局关于"北京国泰恒生投资有限公司利用股权转让方式让渡土地使用权，实质是房地产交易行为"的认定，应依照《土地增值税暂行条例》的规定，征收土地增值税。 |

实践中，一些税务局参照上述要求进行土地增值税的征收，如湖南省地税局于 2015 年 1 月 27 日发布的《湖南省地税局财产和行为税处关于明确"以股权转让名义转让房地产"征收土地增值税的通知》中明确指出，对于控股股东以转让股权为名，

实质转让房地产并取得了相应经济利益的,应比照国税函〔2000〕687号、国税函〔2009〕387号、国税函〔2011〕415号文件,依法缴纳土地增值税。

但是,也有部分地区对此执行口径不同。青岛市地方税务局于2009年4月17日印发的《房地产开发项目土地增值税清算有关业务问题问答》中表示股东将持有的企业股权转让,企业土地、房屋权属不发生转移,不征收土地增值税。

(2)税率

根据《土地增值税暂行条例》的规定,土地增值税实行四级超率累进税率:

①增值额未超过扣除项目金额50%的部分,税率为30%。

②增值额超过扣除项目金额50%、未超过扣除项目金额100%的部分,税率为40%。

③增值额超过扣除项目金额100%、未超过扣除项目金额200%的部分,税率为50%。

④增值额超过扣除项目金额200%的部分,税率为60%。

其中,增值额为纳税人转让房地产所取得的收入减除该条例第六条规定扣除项目金额后的余额。纳税人转让房地产所取得的收入,包括货币收入、实物收入和其他收入。

该条例第六条规定的计算增值额的扣除项目为:

①取得土地使用权所支付的金额;

②开发土地的成本、费用;

③新建房及配套设施的成本、费用,或者旧房及建筑物的评估价格;

④与转让房地产有关的税金;

⑤财政部规定的其他扣除项目。

(3)纳税时间

纳税人应自转让房地产合同签订之日起7日内向房地产所在地主管税务机关办理纳税申报,并在税务机关核定的期限内缴纳土地增值税。

考虑到土地增值税税率高,涉及的税收金额通常较大,且股权转让也存在一定的土地增值税征收风险,并购双方在并购方案设计时,应将其作为一个重要考虑因素,并先行与主管税务机关进行充分沟通。

## 172. 企业进行合并与分立,是否需要缴纳土地增值税?

根据《土地增值税暂行条例》的规定,土地增值税的征税范围为转让国有土地使用权、地上的建筑物及其附着物并取得收入。纳税义务人为转让国有土地使用权、地上的建筑物及其附着物并取得收入的单位和个人。

为支持企业改制重组，优化市场环境，国家对企业合并、分立行为给予了税收优惠。根据《财政部、税务总局关于继续实施企业改制重组有关土地增值税政策的公告》(财政部　税务总局公告2023年第51号)的规定，对以下情形导致的房地产转移及变更行为，暂不征收土地增值税：

①合并。按照法律规定或者合同约定，两个或两个以上企业合并为一个企业，且原企业投资主体存续，原企业将房地产转移、变更到合并后的企业，暂不征收土地增值税。

②分立。企业分设为两个或两个以上与原企业投资主体相同的企业，原企业将房地产转移、变更到分立后的企业，暂不征收土地增值税。

上述"原企业投资主体存续"是指原企业出资人必须存在于改制重组后的企业，但出资人的出资比例可以发生变动。上述"原企业投资主体相同"，是指企业分立前后出资人不发生变动，出资人的出资比例可以发生变动。

上述政策不适用于房地产转移任意一方为房地产开发企业的情形。

## 173. 企业债务重组业务中，是否涉及土地增值税？

根据《土地增值税暂行条例》第一条的规定，转让国有土地使用权、地上的建筑物及其附着物并取得收入的单位和个人，为土地增值税的纳税义务人，应当依照该条例缴纳土地增值税。

企业债务重组的主要方法有债务减免、以非货币资产清偿债务、债权转股权、债务延期等。

采取债务减免、债权转股权及债务延期等方式进行债务重组的，通常不涉及土地增值税。而债务人变卖国有土地使用权及其上建筑物偿还债务，或者以该等资产抵偿债务时，会触发上述《土地增值税暂行条例》规定的纳税义务，债务人应当依法缴纳土地增值税。

## 174. 企业清算是否涉及土地增值税？

根据《土地增值税暂行条例》的规定，转让国有土地使用权、地上的建筑物及其附着物并取得收入的单位和个人，为土地增值税的纳税义务人，应当依照该条例缴纳土地增值税。

企业清算中，如清算企业变卖国有土地使用权及其上建筑物，或者以国有土地使用权、建筑物及其附着物向股东进行资产分配，应当根据《土地增值税暂行条例》的规定缴纳土地增值税。

## (五)契税

### 175. 以土地及其上建筑物进行股权投资,是否需要缴纳契税?

根据《契税法》的规定,在我国境内转移土地、房屋权属的,承受的单位和个人为契税的纳税人,应当依照该法规定缴纳契税。

(1)纳税责任

按上述法律规定,如出资方以土地使用权及其上房产作价投资,接受投资的企业作为房地产资产的承受方,应当依法缴纳契税。但是,就上述投资行为,税务政策亦规定了例外情形。根据《财政部、税务总局关于继续实施企业、事业单位改制重组有关契税政策的公告》的规定,母公司以土地、房屋权属向其全资子公司增资,视同划转,免征契税。

(2)税率

根据《契税法》的规定,契税税率为3%~5%,具体税率由省、自治区、直辖市人民政府在前述税率幅度内提出,报同级人民代表大会常务委员会决定,并报全国人民代表大会常务委员会和国务院备案。

(3)契税的计算依据

契税的计税依据如下:

①土地使用权出让、出售,房屋买卖的,为土地、房屋权属转移合同确定的成交价格,包括应交付的货币以及实物、其他经济利益对应的价款;

②土地使用权互换、房屋互换的,为所互换的土地使用权、房屋价格的差额。

纳税人申报的成交价格、互换价格差额明显偏低且无正当理由的,由税务机关依照《税收征收管理法》的规定核定。

(4)纳税时间

根据《契税法》等相关法律法规的规定,被投资企业应当在股东将该等土地使用权、房屋过户至其名下前申报缴纳契税。契税的完税凭证为不动产登记机构办理登记过户的审查文件之一,若未完成契税缴纳,该等资产出资的过户登记将存在障碍。

### 176. 股权收购是否涉及契税?

根据《契税法》第一条的规定,在我国境内转移土地、房屋权属,承受的单位和个人为契税的纳税人,应当依照该法规定缴纳契税。

而根据《财政部、税务总局关于继续实施企业、事业单位改制重组有关契税政策的公告》的规定,在股权(股份)转让中,单位、个人承受公司股权(股份),公司土地、房屋权属不发生转移,不征收契税。因此,股权收购不属于《契税法》规定的契税应税行为,无须对此缴纳契税。

但是,如果在股权收购过程中,并购方以土地使用权及其上房产作为股权受让或增资认购价款的支付方式,导致土地使用权及房屋权属的转移,则接受股权收购交易对价的主体(母公司以土地使用权及其上房产向其全资子公司出资情形除外)应就该等土地使用权及房屋权属转移行为缴纳契税。

## 177. 企业进行合并、分立,是否需要缴纳契税?

根据《财政部、税务总局关于继续实施企业、事业单位改制重组有关契税政策的公告》的规定,公司合并、分立涉及转移土地、房屋权属行为,无须缴纳契税。具体如下:

(1)公司合并。两个或两个以上的公司,依照法律规定、合同约定,合并为一个公司,且原投资主体存续的,对合并后公司承受原合并各方土地、房屋权属,免征契税。

(2)公司分立。公司依照法律规定、合同约定分立为两个或两个以上与原公司投资主体相同的公司,对分立后公司承受原公司土地、房屋权属,免征契税。

上述"投资主体存续"是指原改制重组企业的出资人必须存在于改制重组后的企业,但出资人的出资比例可以发生变动。上述"投资主体相同"是指公司分立前后出资人不发生变动,但出资人的出资比例可以发生变动。

## 178. 企业进行债务重组,是否涉及契税?

根据《契税法》的规定,在我国境内转移土地、房屋权属,承受的单位和个人为契税的纳税人,应当依照该法规定缴纳契税。

企业债务重组的主要方法有债务减免、以非货币资产清偿债务、债权转股权、债务延期等。在上述债务重组方法中,债务减免及债务延期不会涉及土地及房屋权属转移,不属于契税应税行为。

关于以非货币资产清偿债务的债务重组方法,如涉及土地使用权或房屋权属转移,应按《契税法》的规定缴纳契税。

以债权转股权方式进行债务重组时,通常不涉及土地使用权或房屋权属转移,不属于契税应税行为。但是,如债权转股权后新设立公司,可能涉及原公司的土地使用权及房屋权属向新公司转移的情形。就这一情形,《财政部、税务总局关于继续实施企业、事业单位改制重组有关契税政策的公告》规定了一定范围的税收优惠措施,即经国务院批准实施债权转股权的企业,对债权转股权后新设立的公司承受原企业的土地、房屋权属,免征契税。

## 179. 企业在清算业务中，如何缴纳契税？

在企业清算业务中，企业进行剩余资产的分配或债务清偿，若涉及土地、房屋权属的转移，将产生契税缴纳义务。根据《契税法》的相关规定，契税应当由资产的承受方于土地、房屋所在地的税务部门按照所在地契税税率标准履行缴纳义务。

为减少企业破产清算对社会的负面影响，促进员工安置工作的进行，根据《财政部、税务总局关于继续实施企业、事业单位改制重组有关契税政策的公告》第五条的规定，满足以下条件的破产清算行为，可享受免征或减半征收契税的优惠待遇：

（1）企业依照有关法律法规规定实施破产，债权人（包括破产企业职工）承受破产企业抵偿债务的土地、房屋权属，免征契税。

（2）对非债权人承受破产企业土地、房屋权属，凡按照《劳动法》等国家有关法律法规政策妥善安置原企业全部职工规定，与原企业全部职工签订服务年限不少于3年的劳动用工合同的，对其承受所购企业土地、房屋权属，免征契税；与原企业超过30%的职工签订服务年限不少于3年的劳动用工合同的，减半征收契税。

### （六）印花税

## 180. 企业进行并购，如何缴纳印花税？

根据《印花税法》的规定，在中华人民共和国境内书立应税凭证、进行证券交易的单位和个人，为印花税的纳税人，应当依照该法规定缴纳印花税。

《印花税法》规定的应税凭证，是指该法所附《印花税税目税率表》列明的合同、产权转移书据、营业账簿、证券交易。应税凭证的副本或者抄本免征印花税。

基于上述《印花税法》规定，视企业并购情形不同，印花税纳税要点如下：

（1）不同情形下的应税义务

①合同。

并购方案中涉及贷款融资或动产买卖时，如所签协议属于《印花税法》所附《印花税税目税率表》所列合同，则交易方应依法缴纳印花税。

②产权转移。

A. 产权转移书据。并购方以土地使用权、房屋、股权及商标专用权、著作权、专利权、专有技术使用权等知识产权等作为股权转让或认购企业增资对价的，应依法办理财产权的转移手续，相关投资协议属产权转移书据，应按照《印花税法》的规定缴纳印花税。

B. 股权转让。并购方以股权转让方式进行企业并购的，所签股权转让协议属《印花税法》附件《印花税税目税率表》所列股权转让书据，应按该法规定纳税印花税。

就产权转移书据,《财政部、税务总局关于企业改制重组及事业单位改制有关印花税政策的公告》规定了应纳印花税的例外情形,包括:

A. 对企业改制、合并、分立、破产清算以及事业单位改制书立的产权转移书据,免征印花税。

B. 对同一投资主体内部划转土地使用权、房屋等建筑物和构筑物所有权、股权书立的产权转移书据,免征印花税。

③营业账簿。被投资企业接受并购方投资,会计处理计入实收资本或者资本公积项目,属于《印花税法》规定的营业账簿,应基于实收资本(股本)、资本公积金金额及该法规定的税率缴纳印花税。

《财政部、税务总局关于企业改制重组及事业单位改制有关印花税政策的公告》规定了营业账簿免缴增值税的情形,包括:

A. 企业改制重组以及事业单位改制过程中成立的新企业,其新启用营业账簿记载的实收资本(股本)、资本公积合计金额,原已缴纳印花税的部分不再缴纳印花税,未缴纳印花税的部分和以后新增加的部分应当按规定缴纳印花税。

B. 企业改制重组以及事业单位改制过程中,经评估增加的实收资本(股本)、资本公积合计金额,应当按规定缴纳印花税。

④证券交易。并购方以受让上市公司股票方式进行上市公司收购的,属《印花税法》附件《印花税税目税率表》所列证券交易,应按该法规定缴纳印花税。但是,根据《财政部、国家税务总局关于以上市公司股权出资有关证券(股票)交易印花税政策问题的通知》的规定,投资人以其持有的上市公司股权进行出资而发生的股权转让行为,不属于证券(股票)交易印花税的征税范围,不征收证券(股票)交易印花税。

(2)纳税主体

不同印花税应税行为下,纳税主体有所不同:

①同一应税凭证由两方以上当事人书立的,各方均应依法缴纳印花税。

②企业因增资发生实收资本变更的,由该企业缴纳印花税。

③就证券交易,印花税缴纳主体为证券交易的出让方,受让方没有印花税纳税义务。

(3)纳税金额计算

①计税依据。印花税的计税依据如下:

A. 应税合同的计税依据,为合同所列金额,不包括列明的增值税税款。

B. 应税产权转移书据的计税依据,为产权转移书据所列的金额,不包括列明的增值税税款。产权转移书据未列明金额的,印花税的计税依据按照实际结算的金额确定。计税依据按照前款规定仍不能确定的,按照书立合同、产权转移书据时的市场价格确定。

C. 应税营业账簿的计税依据,为账簿记载的实收资本(股本)、资本公积合计金额。已缴纳印花税的营业账簿,以后年度记载的实收资本(股本)、资本公积合计金额比已缴纳印花税的实收资本(股本)、资本公积合计金额增加的,按照增加部分计算应纳税额。

D. 证券交易的计税依据,为成交金额。证券交易无转让价格的,按照办理过户登记手续时该证券前一个交易日收盘价计算确定计税依据;无收盘价的,按照证券面值计算确定计税依据。

②计算公式。

印花税的应纳税额按照计税依据乘以适用税率计算。

同一应税凭证载有两个以上税目事项并分别列明金额的,按照各自适用的税目税率分别计算应纳税额;未分别列明金额的,从高适用税率。

同一应税凭证由两方以上当事人书立的,按照各自涉及的金额分别计算应纳税额。

(4)纳税地

视具体情形不同,印花税纳税地点如下:

①纳税人为单位的,应当向其机构所在地的主管税务机关申报缴纳印花税;纳税人为个人的,应当向应税凭证书立地或者纳税人居住地的主管税务机关申报缴纳印花税。

②不动产产权发生转移的,纳税人应当向不动产所在地的主管税务机关申报缴纳印花税。

③纳税人为境外单位或者个人,在境内有代理人的,以其境内代理人为扣缴义务人;在境内没有代理人的,由纳税人自行申报缴纳印花税。

④证券登记结算机构为证券交易印花税的扣缴义务人,应当向其机构所在地的主管税务机关申报解缴税款以及银行结算的利息。

(5)纳税时间

印花税的纳税义务发生时间为纳税人书立应税凭证或者完成证券交易的当日。

## 181. 企业进行债务重组,是否涉及印花税缴纳?

根据《印花税法》的规定,在中国境内书立应税凭证、进行证券交易的单位和个人,为印花税的纳税人,应当依法缴纳印花税。

企业债务重组的主要方法有债务减免、以非货币资产清偿债务、债权转股权、债务延期等。

债务重组通过债务转移或债务清偿条件修改(如减息或延长清偿时间等)方式进行并签署协议的,因不属于《印花税法》所附《印花税税目税率表》规定的应纳税税目,无须缴纳印花税。

但债务重组通过银行贷款、债转股、股权转让或股票转让等方式进行时,可能构成《印花税法》所附《印花税税目税率表》规定的合同或产权转移书据、营业账簿或证券交易税目,应依法缴纳印花税。

但是,根据《财政部、税务总局关于企业改制重组及事业单位改制有关印花税政策的公告》,企业以债转股方式进行债务重组时,对经国务院批准实施的重组项目中发生的债权转股权,债务人因债务转为资本而增加的实收资本(股本)、资本公积合计金额,免征营业账簿变化相关印花税。

## 182. 企业破产或自愿清算,是否涉及印花税?

企业破产或自愿清算,会引发企业债权债务清理、偿还,以及向股东分配公司债务清偿后剩余财产等法律后果。

在债务偿还以及向股东分配公司债务清偿后剩余财产环节,如涉及清算企业所拥有的动产转让或分配,可能落入《印花税法》规定的合同税目,需要依法缴纳印花税。

而相关土地使用权、房屋、非上市公司股权或上市公司股票、商标专用权、著作权、专利权及专有技术使用权的对外转让或分配,虽然落入《印花税法》规定的合同、产权转移书据及证券交易等印花税应税税目,但为支持企业改制重组及事业单位改制,国家给予了税收优惠,《财政部、税务总局关于企业改制重组及事业单位改制有关印花税政策的公告》规定,对企业改制、合并、分立、破产清算以及事业单位改制书立的产权转移书据,免征印花税。

### (七)特定主体所得税问题

## 183. 有限合伙企业的纳税主体是谁?

依据《财政部、国家税务总局关于合伙企业合伙人所得税问题的通知》的规定,合伙企业以每一个合伙人为纳税义务人。合伙企业合伙人是自然人的,缴纳个人所得税;合伙人是法人和其他组织的,缴纳企业所得税。合伙企业生产经营所得和其他所得采取“先分后税”的原则。合伙企业本身并不缴纳所得税。

## 184.外商投资有限合伙企业如何缴纳所得税?

非居民企业或个人在中国境内投资设立的有限合伙企业,同样适用“先分后税”原则,由合伙人按其性质各自缴纳所得税。具体如下:

(1)非居民个人

①通常情况。

按《个人所得税法》第一条第二款的规定,非居民个人是指在中国境内无住所又不居住,或者无住所而一个纳税年度内在中国境内居住累计不满183天的个人。非居民个人从中国境内取得的所得,依照该法规定缴纳个人所得税。

按《财政部、国家税务总局关于印发〈关于个人独资企业和合伙企业投资者征收个人所得税的规定〉的通知》附件1第四条的规定,合伙企业每一纳税年度的收入总额(包括股权转让和股息所得)减除成本、费用(包括但不限于进行上市公司股票转让时可能需要由合伙企业缴纳的增值税等)以及损失后的余额,按照“先分后税”原则分配给个人投资者的部分,应作为投资者个人的生产经营所得,比照《个人所得税法》的“个体工商户的生产经营所得”应税项目,适用5%~35%的五级超额累进税率,计算征收个人所得税。

根据《国家税务总局关于切实加强高收入者个人所得税征管的通知》第二条第(三)项第2目的规定,对个人独资企业和合伙企业从事股权(票)、期货、基金、债券、外汇、贵重金属、资源开采权及其他投资品交易取得的所得,应全部纳入生产经营所得,依法征收个人所得税。

②税收优惠。

为鼓励创业投资,国家对创业投资企业的个人合伙人规定了所得税优惠政策,根据《财政部、税务总局、国家发展改革委、中国证监会关于延续实施创业投资企业个人合伙人所得税政策的公告》第二条第一款的规定,创投企业选择按单一投资基金核算的,其个人合伙人从该基金应分得的股权转让所得和股息红利所得,按照20%税率计算缴纳个人所得税。相应地,部分地方政府对合伙制股权投资基金亦提供了类似的税收优惠,如北京市《关于促进股权投资基金业发展的意见》。

③能否适用税收协定的争议问题。

依据《财政部、国家税务总局关于个人所得税若干政策问题的通知》的规定,外籍个人从外商投资企业取得的股息、红利所得免个人所得税。此外,视转让企业股权是否为上市公司股份等情况,并结合我国与部分国家或地区签署的税收协定规定,非居民个人转让境内公司股权可能享受25%、不超过10%税率甚至免税的所得税税收优惠,但一个问题是,非居民个人取得境内合伙企业分配的股息红利所得和股权转让所得,能否被认定为从外商投资企业直接取得的股息、红利所得?

实践中，通常认为合伙企业的合伙人取得的是合伙企业收益，而非直接取得被投资企业的股息和股权转让所得，税务机关征税通常不采用穿透的方式认定合伙人所得归属。尽管如此，外商投资合伙企业为非居民个人合伙人代扣代缴个人所得税时，仍可与主管税局沟通，争取适用相关税收优惠政策。

（2）非居民企业

依据《企业所得税法》及《企业所得税法实施条例》的规定，非居民企业在中国境内未设立机构、场所的，或者虽设立机构、场所但取得的所得与其所设机构、场所没有实际联系的，应当就其来自中国境内的所得，减按 10% 的税率征收企业所得税；非居民企业在中国境内设立机构、场所的，应当就其所设机构、场所取得的来自中国境内的所得，以及发生在中国境外但与其所设机构、场所有实际联系的所得，缴纳企业所得税，适用税率为 25% 。

目前，我国税务相关法律法规对非居民企业作为合伙人的税收处理规则仍处于模糊地带，不同地区的税务机关对于非居民合伙人的税收处理具有不同的理解。

一般而言，非居民企业作为普通合伙人的，税务机关视为该非居民企业在中国境内设立机构、场所，适用 25% 的税率。非居民企业作为有限合伙人的，税务机关有以下三种不同的做法：

①认定其在我国境内设立机构、场所，对其从境内合伙企业取得的各类收益，适用 25% 的税率征收企业所得税。

②认为其在我国境内未设立机构、场所，对其从境内合伙企业取得的各类收益，统一适用 10% 的优惠税率征收企业所得税，针对股息、红利所得，我国政府同外国政府订立的关于对所得避免双重征税和防止偷漏税的协定以及内地与香港特区、澳门特区间的税收安排（以下统称协定）有不同规定的，依照协定的规定办理。

③根据合伙企业取得所得的类型，对非居民企业有限合伙人采取不同的税收处理方式。如对合伙企业取得的所得为销售货物、提供劳务等主动所得的，适用 25% 的所得税税率；对股息、红利等被动所得，则适用 10% 的所得税税率，我国政府同外国政府以及内地与香港特区、澳门特区间订立的协定有不同规定的，执行相关协定安排。

外商投资有限合伙作为并购主体进行并购交易前，可提前与其主管税务机关进行沟通，明确当地税务局所执行的税收处理口径，相应对交易结构作出合理税收筹划安排。

## 四、反垄断问题

### 185. 并购项目中，经营者集中申报为什么是重要考虑事项？

根据《反垄断法》的规定，经营者集中是指经营者合并、经营者通过取得股权或者资产的方式取得对其他经营者的控制权，以及经营者通过合同等方式取得对其他经营者的控制权或者能够对其他经营者施加决定性影响的情形。企业并购经常构成经营者集中。

根据《反垄断法》及《国务院关于经营者集中申报标准的规定》等相关法律法规的规定，达到申报标准的经营者集中，具有或可能具有排除、限制竞争效果，经营者应当事先向有权市场监督管理机构申报，未申报的不得实施集中。

根据《反垄断法》的规定，经营者违法进行经营者集中，可能面临以下法律责任：

(1)违法实施集中，且具有或者可能具有排除、限制竞争效果的，由市场监管总局依法责令停止实施集中、限期处分股份或者资产、限期转让营业以及采取其他必要措施恢复到集中前的状态，处上一年度销售额10%以下的罚款；不具有排除、限制竞争效果的，处500万元以下的罚款。

(2)实施垄断行为，给他人造成损失的，依法承担民事责任，损害社会公共利益的，可能面临民事公益诉讼。

(3)违法行为构成犯罪的，依法追究刑事责任。

基于此，对于达到了《反垄断法》及《国务院关于经营者集中申报标准的规定》等规定的申报标准的经营者集中，未履行申报审查程序即实施集中，可能导致行为无效甚至相应法律责任。相应地，并购双方进行并购行为前，应评估并购行为是否达到法律规定的经营者集中申报标准及可能存在的风险，从并购流程上对经营者集中申报事项进行必要安排，避免法律风险。

### 186. 如何履行经营者集中的申报和审查程序？

根据《反垄断法》及《经营者集中审查规定》等法律法规的规定，经营者集中的申报主体、时间、申报方式及审查程序如下：

(1)经营者集中申报主体

通过合并方式实施的经营者集中，合并各方均为申报义务人；其他情形的经营者集中，取得控制权或者能够施加决定性影响的经营者为申报义务人，其他经营者予以配合。同一项经营者集中有多个申报义务人的，可以委托一个申报义务人申报。被委托的申报义务人未申报的，其他申报义务人不能免除申报义务。申报义务人未申报的,其他参与集中的经营者可以提出申报。

(2)经营者集中的申报时间

申报人应当在集中协议签署后、集中实施前向国家市场监督管理总局申报。以公开要约方式收购上市公司的,已公告的要约收购报告书可视同已签署的集中协议。

(3)经营者集中的申报方式

经营者集中的申报人应当通过《经营者集中反垄断审查申报表》软件客户端申报,选择填报《经营者集中反垄断审查申报表》。若符合简易案件的条件,则填报《经营者集中简易案件反垄断审查申报表》,编辑申报文件材料。

(4)经营者集中申报流程

①立案审查。反垄断局应对申报人提交的文件、资料进行审核。申报人提交的文件、资料不完备、不完整或不准确的,应当在反垄断局规定的时限内补充、修改、澄清和说明。反垄断局审核后,认为申报文件、资料(包括补充的文件、资料)符合《反垄断法》第二十三条规定的,应当立案审查,并向申报人递送立案通知。

②公示(仅适用于简易案件)。简易案件立案后,反垄断局将申报人填报的《经营者集中简易案件公示表》在反垄断局网站予以公示,在公示期内,任何单位和个人均可对该案是否应被认定为简易案件向反垄断局提交书面意见。审查发现不应认定简易案件的,可要求申报人按非简易案件程序重新申报。公示期限为 10 日。若为普通案件,则不予适用简易程序。

③初步审查。反垄断局将在立案后进行初步审查,作出是否实施进一步审查的决定。审查期限为 30 日。

④进一步审查。反垄断局将根据需要实施进一步审查,作出是否禁止经营者集中的决定;逾期未作出决定的,经营者可以实施集中。审查期限为 90 日(可延长 60 日)。

## 187. 什么情况下应当履行中国境内经营者集中申报程序?

根据《反垄断法》《经营者集中审查规定》《国家市场监督管理总局反垄断局关于经营者集中简易案件申报的指导意见》《国家市场监督管理总局反垄断局关于经营者集中申报的指导意见》《市场监管总局关于印发〈经营者集中反垄断合规指引〉的通知》《经营者集中反垄断审查办事指南》等法律法规的规定,经营者集中审查适用于中国境内经济活动中的经营者集中行为,以及虽发生于中国境外但可能对境内市场竞争产生排除、限制影响的经营者行为。具体说,满足以下条件的情况(见表 3)下,应在中国境内履行经营者集中申报程序:

表3 经营者集中申报条件

| 条件构成 | 条件内容 | 备注 |
| --- | --- | --- |
| 经营者集中情形 | 进行以下任一行为即构成经营者集中：<br>(1)经营者合并。<br>(2)经营者通过取得股权或者资产的方式取得对其他经营者的控制权。<br>(3)经营者通过合同等方式取得对其他经营者的控制权或者能够对其他经营者施加决定性影响。 | (1)判断是否通过交易取得其他经营者的控制权，通常考虑包括但不限于下列因素：<br>①交易的目的和未来的计划；<br>②交易前后其他经营者的股权结构及其变化；<br>③其他经营者股东会等权力机构的表决事项及其表决机制，以及其历史出席率和表决情况；<br>④其他经营者董事会等决策或者管理机构的组成及其表决机制，以及其历史出席率和表决情况；<br>⑤其他经营者高级管理人员的任免等；<br>⑥其他经营者股东、董事之间的关系，是否存在委托行使投票权、一致行动人等情况；<br>⑦该经营者与其他经营者是否存在重大商业关系、合作协议等；<br>⑧其他应当考虑的因素。<br>(2)两个以上经营者均拥有对其他经营者的控制权或者能够对其他经营者施加决定性影响的，构成对其他经营者的共同控制，构成经营者集中。<br>(3)就新设合营企业而言，如多方控制，构成经营者集中；如只是一个经营者单独控制，则不构成经营者集中。 |
| 营业额标准 | 经营者集中达到下列标准之一的应当进行经营者集中申报：<br>(1)参与集中的所有经营者上一会计年度在全球范围内的营业额合计超过120亿元人民币，并且其中至少两个经营者上一会计年度在中国境内的营业额均超过8亿元人民币；<br>(2)参与集中的所有经营者上一会计年度在中国境内的营业额合计超过40亿元人民币，并且其中至少两个经营者上一会计年度在中国境内的营业额均超过8亿元人民币。 | (1)简易案件申报条件<br>经营者集中符合下列情形之一的，经营者可以作为简易案件申报：<br>①在同一相关市场，参与集中的经营者所占的市场份额之和小于15%；在上下游市场，参与集中的经营者所占的市场份额均小于25%；不在同一相关市场也不存在上下游关系的参与集中的经营者，在与交易有关的每个市场所占的市场份额均小于25%；<br>②参与集中的经营者在中国境外设立合营企业，合营企业不在中国境内从事经济活动的；<br>③参与集中的经营者收购境外企业股权或者资产，该境外企业不在中国境内从事经济活动的；<br>④由两个以上经营者共同控制的合营企业，通过集中被其中一个或者一个以上经营者控制的。<br>符合上述标准，但存在下列情形之一的经营者集中，不视为简易案件：<br>①由两个以上经营者共同控制的合营企业，通过集中被其中的一个经营者控制，该经营者与合营企业属于同一相关市场的竞争者，且市场份额之和大于15%的； |

续表

| 条件构成 | 条件内容 | 备　注 |
| --- | --- | --- |
| | | ②经营者集中涉及的相关市场难以界定的；<br>③经营者集中对市场进入、技术进步可能产生不利影响的；<br>④经营者集中对消费者和其他有关经营者可能产生不利影响的；<br>⑤经营者集中对国民经济发展可能产生不利影响的；<br>⑥市场监管总局认为可能对市场竞争产生不利影响的其他情形。<br>（2）可以不履行经营者集中申报程序的特殊情形<br>经营者集中有下列情形之一的，可以不向国务院反垄断执法机构申报：<br>①参与集中的一个经营者拥有其他每个经营者50%以上有表决权的股份或者资产的；<br>②参与集中的每个经营者50%以上有表决权的股份或者资产被同一个未参与集中的经营者拥有的。 |

经营者集中未达到申报标准，但有证据证明该经营者集中具有或者可能具有排除、限制竞争效果的，经营者可能被市场监管总局要求申报并书面通知。集中尚未实施的，经营者未申报或者申报后、获得批准前不得实施集中；集中已经实施的，经营者应当自收到书面通知之日起120日内申报，并采取暂停实施集中等必要措施减少集中对竞争的不利影响。

## 188. 反垄断申报程序中，经营者的经营额如何计算？

《国务院关于经营者集中申报标准的规定》规定了经营者集中申报标准，其中包括了营业额标准。参与经营者集中的各方在营业额达到规定标准的情况下，应履行经营者集中申报及审批程序。

（1）根据《国家市场监督管理总局反垄断局关于经营者集中申报的指导意见》等相关法律法规的规定，营业额是指相关经营者上一会计年度内销售产品和提供服务所获得的收入，扣除相关税金及其附加。

（2）参与集中的单个经营者的营业额应当为下述经营者的营业额总和：

①该单个经营者；

②第①项所指经营者直接或间接控制的其他经营者；

③直接或间接控制第①项所指经营者的其他经营者；

④第③项所指经营者直接或间接控制的其他经营者;

⑤第①项至第④项所指经营者中两个或两个以上经营者共同控制的其他经营者。

参与集中的单个经营者的营业额不包括上述第①项至第⑤项所列经营者之间发生的营业额,也不包括其在上一会计年度或之前已出售或不再具有控制权的经营者的营业额。

参与集中的单个经营者之间或者参与集中的经营者和未参与集中的经营者之间有共同控制的其他经营者,参与集中的单个经营者的营业额应当包括被共同控制的经营者与第三方经营者之间的营业额,且此营业额只计算一次。

如果参与集中的单个经营者之间有共同控制的其他经营者,则参与集中的所有经营者的合计营业额不应包括被共同控制的经营者与任何一个共同控制他的参与集中的经营者,或与后者有控制关系的经营者之间发生的营业额。

如果参与集中的经营者被两个或两个以上经营者共同控制,其营业额应包括所有控制方的营业额。

(3)在一项经营者集中包括收购一个或多个经营者的一部分时,如果卖方在交易后对被出售部分不再拥有控制权时,则对于卖方而言,只计算集中涉及部分的营业额。

上述规定主要包括两种情形:一是在出售资产的情况下,卖方对被出售的资产不再拥有控制权,则只计算该资产所产生的营业额;二是在出售目标公司全部或部分股权的情况下,卖方在交易完成后对目标公司不再拥有控制权,则只计算该目标公司的营业额。

(4)相同经营者之间在两年内多次实施的未达申报标准的经营者集中,应当视为一次集中交易,集中发生时间从最后一次交易算起,该经营者集中的营业额应当将多次交易合并计算。经营者通过与其有控制关系的其他经营者实施的上述行为,依照此规定处理。参与集中的经营者之间或者参与集中的经营者和未参与集中的经营者之间有共同控制的其他经营者时,参与集中的经营者的营业额应当包括被共同控制的经营者与第三方经营者之间的营业额,此营业额只计算一次,且在有共同控制权的参与集中的经营者之间平均分配。

(5)“在中国境内”,是指经营者产品或服务的买方所在地在中国境内,包括经营者从中国之外的国家或地区向中国的出口,但不包括其从中国向中国之外的国家或地区出口的产品或服务。“在全球范围内”包括在中国境内的营业额。

为方便理解,我们以图 1 举例说明:

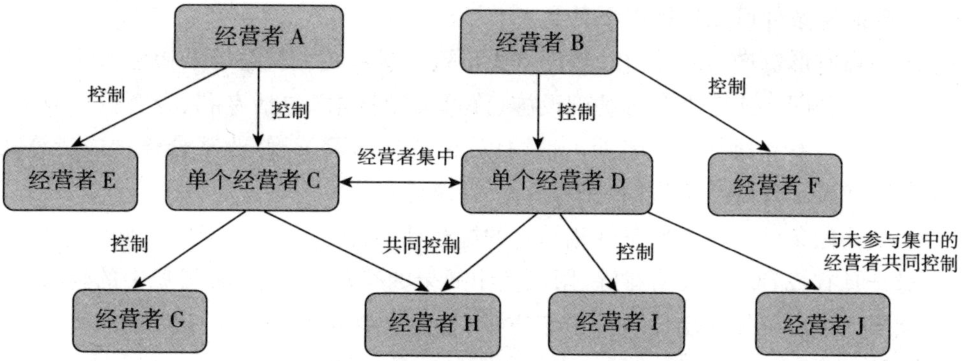


**图1　经营者集中图解举例**

假设单个经营者C与单个经营者D进行集中，营业额的计算应当包括经营者A、B、C、D、E、F、G、H、I、J的营业额，但不包括：

(1)经营者A、C、E、G、H之间发生的营业额；

(2)经营者B、D、H、I、F、J之间发生的营业额；

(3)经营者H和经营者C、经营者D、经营者A、经营者B之间发生的营业额。

并且：

(1)对于经营者H及经营者J的营业额只计算一次；

(2)若经营者C与经营者D在2年内多次实施集中未达到《国务院关于经营者集中申报标准的规定》第三条规定的申报标准的经营者集中，应当视为一次集中交易，集中发生时间从最后一次交易算起，该经营者集中的营业额应当将多次交易合并计算。

## 189. 经营者集中审查的可能结果是什么？

对经营者集中申报事项，审查机关审查之后，可能有以下几种结果：

(1)禁止集中。根据《反垄断法》等法律法规的规定，经营者集中具有或者可能具有排除、限制竞争效果的，经营者集中审查机关可以作出禁止经营者集中的决定。

(2)不予禁止。经营者能够证明该集中对竞争产生的有利影响明显大于不利影响，或者符合社会公共利益的，经营者集中审查机关可以作出对经营者集中不予禁止的决定。

(3)不予禁止但附加限制性条件。对不予禁止的经营者集中，经营者集中审查机关可以依据参与集中的经营者向其提出的附加限制性条件承诺方案以及与该等经营者就限制性条件进行磋商的结果，决定附加减少集中对竞争产生不利影响的限制性

条件。限制性条件可以包括以下种类:

①剥离有形资产,知识产权、数据等无形资产或者相关权益等结构性条件;

②开放其网络或者平台等基础设施、许可关键技术(包括专利、专有技术或者其他知识产权)、终止排他性或者独占性协议、保持独立运营、修改平台规则或者算法、承诺兼容或者不降低互操作性水平等行为性条件;

③结构性条件和行为性条件相结合的综合性条件。

对于具有或者可能具有排除、限制竞争效果的经营者集中,参与集中的经营者在规定期限内提出附加限制性条件承诺方案,且其能够有效减少集中对竞争产生的不利影响的,有利于市场监管总局作出附加限制性条件批准决定。

# 第八章

# 跨境并购相关问题

## 一、外国投资者并购境内企业

### 190. 外国投资者并购境内企业,通常需要履行的审批程序有哪些?

对外国投资者并购境内企业的监管,主要由外商投资管理、外汇管理、安全审查和反垄断审查方面的法律构成,涉及的法律法规主要有《外商投资法》《外商投资准入特别管理措施(负面清单)》《外商投资项目核准和备案管理办法》《外商投资信息报告办法》《商务部关于外国投资者并购境内企业的规定》《国务院办公厅关于建立外国投资者并购境内企业安全审查制度的通知》《国务院关于经营者集中申报标准的规定》等。

按上述外商投资法律规定,外资并购除需履行市场监督管理局登记、外汇登记、税务登记等程序外,视外资并购是否落入外商投资负面清单或涉及固定资产投资,或构成需要进行申报审查的经营者集中情形等因素,可能还需履行政府投资主管部门的投资项目核准或备案、商务部门核准、外商投资安全审查或经营者集中审查程序等。

此外,外国投资者并购境内企业涉及企业国有产权转让和上市公司国有股权管理事宜的,应当遵守国有资产管理的相关规定;标的企业为境内上市公司或标的企业拟进行境外上市的,并购方还应向中国证监会办理相关审批手续。

### 191. 外国投资者并购境内企业,如何履行投资项目核准程序?

对外商投资,我国实行准入前国民待遇加负面清单的管理模式,在准入管理上对外商投资实行国民待遇。

根据《外商投资项目核准和备案管理办法》《政府核准的投资项目目录》《外商投资准入特别管理措施(负面清单)》等法律法规的规定,对涉及投资建设《政府核准的投资项目目录》内固定资产投资项目的外商投资实行有限的核准制,《政府核准的投资项目目录》外的实行广泛的备案制;不涉及固定资产投资建设及《外商投资准入特别管理措施(负面清单)》所列外商投资的,无须履行上述法律法规规定的政府核准及备案程序。上述外商投资核准程序适用于外资并购项目。

我国对外商投资项目实行分类分级管理制。根据《政府核准的投资项目目录》的规定,《外商投资准入特别管理措施(负面清单)》中总投资(含增资)3 亿美元及以上限制类项目,由国务院投资主管部门核准,其中总投资(含增资)20 亿美元及以上项目报国务院备案。《外商投资准入特别管理措施(负面清单)》中总投资(含增资)3 亿美元以下限制类项目,由省级政府核准。《政府核准的投资项目目录》规定的其他项目,按其规定由有权政府机关核准。

从准入管理的程序和要求方面来看,外商投资项目核准管理在申报材料、核准条件及程序等方面的要求与内资项目基本一致。

根据《外商投资项目核准和备案管理办法》第二十五条的规定,对于未按规定权限和程序核准或者备案的项目,有关部门不得办理相关手续,金融机构不得提供信贷支持。

## 192. 外国投资者并购境内企业,如何履行商务部门审批和工商登记程序?

《外商投资法》于 2020 年 1 月 1 日正式施行后,对于不属于外商投资准入负面清单领域的外商投资企业,给予国民待遇,设立外商投资企业(包括外国投资者股权并购境内非外商投资企业)不再由商务部门审批或备案,而是建立外商投资信息报告制度。在办理被并购企业变更登记时,按商务部、国家市场监督管理总局《外商投资信息报告办法》通过企业登记系统提交初始报告。

对于外商投资企业涉及外商投资准入特别管理措施的,企业登记机关收取商务主管部门的批准文件,办理企业注册或变更登记。

关于外国投资者并购境内企业,长期以来一直按《商务部关于外国投资者并购境内企业的规定》执行,该文至今仍然有效。但《商务部关于外国投资者并购境内企业的规定》有许多内容与《外商投资法》不一致,公众对其如何执行广泛存在疑问。就此,商务部分别于 2023 年 12 月 5 日和 2023 年 12 月 7 日在其网站回答"什么时候废除《关于外国投资者并购境内企业的规定》?"及"《关于外国投资者并购境内企业的规定》的适用问题"时称,商务部将进一步完善外资并购管理工作;外国企业收购境内企业应符合《商务部关于外国投资者并购境内企业的规定》规定,但其中与《外商投资法》及其实施条例不一致的内容不再施行。

但商务部的上述回复并没有解决公众提出的问题。《商务部关于外国投资者并购境内企业的规定》规定应由商务部审批的事项，如“境内公司、企业或自然人以其在境外合法设立或控制的公司名义并购与其有关联关系的境内的公司”事项、“外国投资者并购境内企业并取得实际控制权，涉及重点行业、存在影响或可能影响国家经济安全因素或者导致拥有驰名商标或中华老字号的境内企业实际控制权转移的”事项、“外国投资者以股权并购境内公司”事项，以及《商务部关于外国投资者并购境内企业的规定》关于外资并购交易价格需基于评估值确定的规定，《外商投资法》及其实施条例均未要求由商务部审批，亦不属于《外商投资准入特别管理措施（负面清单）》规定范围。但是否《商务部关于外国投资者并购境内企业的规定》关于上述内容的规定就不再执行了？实践操作似乎并非如此。关于《商务部关于外国投资者并购境内企业的规定》的执行情况，还有待商务部作出进一步明确规定。

## 193. 外国企业并购境内企业触发并购安全审查的条件是什么？

依据《外商投资安全审查办法》，并结合《国务院办公厅关于建立外国投资者并购境内企业安全审查制度的通知》《国务院办公厅关于印发自由贸易试验区外商投资国家安全审查试行办法的通知》的规定，外国企业并购境内企业触发并购安全审查的条件如表4所示：

**表4　外国企业并购境内企业触发并购安全审查的条件**

| 外商投资安全审查条件构成 | 条件内容 | 备注 |
|---|---|---|
| 符合审查原则 | 对影响或者可能影响国家安全的外商投资，进行安全审查 | — |
| 应当主动申报安全检查的外商投资行业范围及区域 | 投资军工、军工配套等关系国防安全的领域，以及在军事设施和军工设施周边地域投资 | 在该等领域及区域并购，无论是否取得控制权，都纳入安全审查范围 |
| | 投资关系国家安全的重要农产品、重要能源和资源、重大装备制造、重要基础设施、重要运输服务、重要文化产品与服务、重要信息技术和互联网产品与服务、重要金融服务、关键技术以及其他重要领域，并取得所投资企业的实际控制权 | 在该等领域投资且取得所并购企业的实际控制权的，纳入安全审查范围。<br>外国投资者取得实际控制权，是指外国投资者通过并购成为境内企业的控股股东或实际控制人。包括下列情形：<br>（1）外国投资者及其控股母公司、控股子公司在并购后持有的股份总额在50%以上。<br>（2）数个外国投资者在并购后持有的股份总额合计在50%以上。 |

续表

| 外商投资安全审查条件构成 | 条件内容 | 备注 |
|---|---|---|
| | | (3)外国投资者在并购后所持有的股份总额不足50%,但依其持有的股份所享有的表决权已足以对股东会、董事会的决议产生重大影响。<br>(4)其他导致境内企业的经营决策、财务、人事、技术等实际控制权转移给外国投资者的情形 |
| 满足形式要件 | 外商投资是指外国投资者直接或者间接在中国境内进行的投资活动,包括下列情形:<br>(1)外国投资者单独或者与其他投资者共同在境内投资新建项目或者设立企业;<br>(2)外国投资者通过并购方式取得境内企业的股权或者资产;<br>(3)外国投资者通过其他方式在境内投资。<br>结合《国务院办公厅关于印发自由贸易试验区外商投资国家安全审查试行办法的通知》的规定,上述第(3)项所述的"其他方式"包括但不限于协议控制、代持、信托、再投资、境外交易、租赁、认购可转换债券等方式 | |

外国投资者并购境内金融机构的安全审查,以及外国投资者通过证券交易所或者国务院批准的其他证券交易场所购买境内企业股票,影响或者可能影响国家安全的,适用国家发展改革委、商务部牵头设立的国家外商投资安全审查工作机制办公室另行制定的规定。

## 194. 不按规定履行外商投资安全审查程序的法律风险或责任是什么?

根据《外商投资安全审查办法》的规定,对申报范围内的外商投资,当事人未依照该办法的规定申报即实施投资的,由安全审查工作办公室责令限期申报;拒不申报的,责令限期处分股权或者资产以及采取其他必要措施,恢复到投资实施前的状态,消除对国家安全的影响。

当事人向安全审查工作机制办公室提供虚假材料或者隐瞒有关信息的,由安全审查工作机制办公室责令改正;提供虚假材料或者隐瞒有关信息骗取通过安全审查的，撤销相关决定；已经实施投资的，责令限期处分股权或者资产以及采取其他必要措施，恢复到投资实施前的状态，消除对国家安全的影响。

附条件通过安全审查的外商投资，当事人未按照附加条件实施投资的，由安全审查工作机制办公室责令改正；拒不改正的，责令限期处分股权或者资产以及采取其他必要措施，恢复到投资实施前的状态，消除对国家安全的影响。

当事人存在上述情形的，还应当将其作为不良信用记录纳入国家有关信用信息系统，并按照国家有关规定实施联合惩戒。

基于上述规定，不按规定履行外商投资安全审查程序，可能导致并购无法进行，或者并购行为无效，并购双方面临重大法律风险，故并购双方对此应予以高度重视，并将其纳入并购方案予以考虑。

## 195. 外商投资安全审查可能的结果是什么？

根据《外商投资安全审查办法》的规定，外商投资安全审查的可能结果有三：

(1)安全审查工作机制办公室对申报的外商投资作出不需要进行安全审查或通过安全审查的决定，在此情况下，当事人可以实施投资。但安全审查工作机制办公室作出该等决定后，当事人变更投资方案，影响或者可能影响国家安全的，应当依照该办法的规定重新向安全审查工作机制办公室申报。

(2)安全审查工作机制办公室作出禁止投资决定。这种情况下，当事人不得实施投资；已经实施的，应当限期处分股权或者资产以及采取其他必要措施，恢复到投资实施前的状态，消除对国家安全的影响。

(3)安全审查工作机制办公室作出附条件通过安全审查决定。这种情况下，当事人应当按照附加条件实施投资。对附条件通过安全审查的外商投资，安全审查工作机制办公室可以采取要求提供有关证明材料、现场检查等方式，对附加条件的实施情况进行核实。

## 196. 外国投资者能否以股权代持等方式规避并购安全审查？

《商务部实施外国投资者并购境内企业安全审查制度的规定》第九条明确规定，外国投资者不得以任何方式实质规避并购安全审查，包括但不限于代持、信托、多层次再投资、租赁、贷款、协议控制、境外交易等方式。外国投资者所做未通过代持、信托、多层次再投资、租赁、贷款、协议控制、境外交易以及其他方式规避并购安全审查的承诺亦为安全审查的申报必备文件之一。由此可见，外国投资者不得通过股权代持等其他方式规避并购安全审查。

## 197. 外国投资者对 A 股上市公司进行战略投资需具备什么条件？

《〈上市公司证券发行注册管理办法〉第九条、第十条、第十一条、第十三条、第四十条、第五十七条、第六十条有关规定的适用意见——证券期货法律适用意见第 18 号》《外国投资者对上市公司战略投资管理办法》对战略投资者及外国战略投资者的条件进行了规定。

上市公司的战略投资者，是指具有同行业或者相关行业较强的重要战略性资源，与上市公司谋求双方协调互补的长期共同战略利益，愿意长期持有上市公司较大比例股份，愿意并且有能力认真履行相应职责，提名董事实际参与公司治理，提升上市公司治理水平，帮助上市公司显著提高公司质量和内在价值，具有良好诚信记录，最近 3 年未受到中国证监会行政处罚或者被追究刑事责任的投资者。

外国投资者对上市公司进行战略投资应当符合以下条件：

(1)外国投资者为依法设立、经营的外国企业或者其他组织，财务稳健、资信良好且具有成熟的管理经验，有健全的治理结构和良好的内控制度，经营行为规范；外国自然人具备相应的风险识别和承担能力。

(2)实有资产总额不低于 5000 万美元或者管理的实有资产总额不低于 3 亿美元；外国投资者成为上市公司控股股东的，实有资产总额不低于 1 亿美元或者管理的实有资产总额不低于 5 亿美元。

外国企业或者其他组织实有资产总额或者管理的实有资产总额不符合上述条件，但其全资投资者（指全资拥有前述主体的外国自然人、企业或者其他组织）符合前款规定的条件的，可以依据《外国投资者对上市公司战略投资管理办法》进行战略投资；此时，该全资投资者应作出承诺，或者与该外国企业或者其他组织约定，对有关投资行为共同承担责任。

(3)近 3 年内未受到境内外刑事处罚或者监管机构重大处罚；企业或者其他组织成立未满 3 年的，自成立之日起计。

(4)能够给上市公司带来国际、国内领先的核心技术资源，显著增强上市公司的核心竞争力和创新能力，带动上市公司的产业技术升级，显著提升上市公司的盈利能力；或者，能够给上市公司带来国际、国内领先的市场、渠道、品牌等战略性资源，促进上市公司市场拓展，推动实现上市公司销售业绩大幅提升。

(5)外国投资者以其持有的境外公司股权，或者外国投资者以其增发的股份作为支付手段对上市公司实施战略投资的，还应当符合以下条件：

①境外公司依法设立，注册地具有完善的公司法律制度，且境外公司及其管理层最近 3 年未受到境内外监管机构重大处罚；战略投资通过协议转让方式实施的，境外公司应当为上市公司；

②外国投资者合法持有境外公司股权并依法可转让，或者外国投资者合法增发股份；

③符合《证券法》《公司法》及国务院、国务院证券监督管理机构、证券交易所、证券登记结算机构的相关规定；

④符合国家对外投资管理有关规定，完成相关手续。

## 二、中资企业海外并购

### 198. 中资企业海外并购的动因通常是什么？

随着经济全球化的发展和世界范围内并购浪潮的持续，越来越多的中国企业选择“走出去”，通过跨国并购参与国际贸易合作与竞争，其动因主要如下：

(1)国家政策支持和鼓励。我国政府在20世纪90年代后期就提出了“走出去”战略，此后陆续出台了许多政策支持企业进行跨国投资。很多中国企业开展境外投资、并购系顺应国家政策指引的方向。

(2)规避国际贸易摩擦和壁垒。我国2001年加入世界贸易组织以来，国内企业对外出口大幅增加，科技实力显著增强，但国际贸易保护主义愈演愈烈，越来越多的中国企业遇到国际贸易摩擦及关税与非关税壁垒，出口受阻。在此情况下，企业通过境外直接投资进入国际市场，很多时候也是一个不得已的选择。

(3)资源、技术和品牌获取需要。我国是资源消费大国，随着经济的发展，对石油、铁、铝等资源和能源的需求逐年攀升。近年来，中石油等资源企业频频进行跨国并购，以缓解国内资源紧缺的状况。

此外，通过跨国并购，我国企业可收购国外拥有先进技术的企业并获得先进技术，有利于企业的技术升级和创新。

再有，我国企业产品进入欧美发达和成熟的市场时，以新品牌形象进入成本高昂，但通过收购及运营海外高知名度品牌，有利于以相对低的成本快速打开当地市场。

(4)建立海外营销网络，拓展海外市场。跨国并购可能是中国企业拓展国际市场的一条捷径。通过跨国并购，可以利用标的企业原有的销售网络进行产品推广，效率可能远高于自己新建销售网络。

### 199. 我国政策对境外投资有哪些鼓励性、限制性、禁止性规定？

当前国际、国内环境正在发生深刻变化，我国企业开展境外投资既存在机遇，也面临诸多风险和挑战。为加强对境外投资的宏观指导，引导和规范境外投资方向，推动企业境外投资持续合理有序健康发展，国家发展改革委、商务部、人民银行、外交部于2017年8月4日发布《关于进一步引导和规范境外投资方向的指导意见》，对中资企业境外投资作出以下鼓励性、限制性与禁止性规定：

(1)鼓励开展的境外投资

支持境内有能力、有条件的企业积极稳妥开展境外投资活动，推进"一带一路"建设，深化国际产能合作，带动国内优势产能、优质装备、适用技术输出，提升我国技术研发和生产制造能力，弥补我国能源资源短板，推动我国相关产业提质升级。

①重点推进有利于"一带一路"建设和周边基础设施互联互通的基础设施境外投资。

②稳步开展带动优势产能、优质装备和技术标准输出的境外投资。

③加强与境外高新技术和先进制造业企业的投资合作，鼓励在境外设立研发中心。

④在审慎评估经济效益的基础上稳妥参与境外油气、矿产等能源资源勘探和开发。

⑤着力扩大农业对外合作，开展农林牧副渔等领域互利共赢的投资合作。

⑥有序推进商贸、文化、物流等服务领域境外投资，支持符合条件的金融机构在境外建立分支机构和服务网络，依法合规开展业务。

(2)限制开展的境外投资

限制境内企业开展与国家和平发展外交方针、互利共赢开放战略以及宏观调控政策不符的境外投资，包括：

①赴与我国未建交、发生战乱或者我国缔结的双多边条约或协议规定需要限制的敏感国家和地区开展境外投资。

②房地产、酒店、影城、娱乐业、体育俱乐部等境外投资。

③在境外设立无具体实业项目的股权投资基金或投资平台。

④使用不符合投资目的国技术标准要求的落后生产设备开展境外投资。

⑤不符合投资目的国环保、能耗、安全标准的境外投资。

其中，前三类须经境外投资主管部门核准。

(3)禁止开展的境外投资

禁止境内企业参与危害或可能危害国家利益和国家安全等的境外投资，包括：

①涉及未经国家批准的军事工业核心技术和产品输出的境外投资。

②运用我国禁止出口的技术、工艺、产品的境外投资。

③赌博业、色情业等境外投资。

④我国缔结或参加的国际条约规定禁止的境外投资。

⑤其他危害或可能危害国家利益和国家安全的境外投资。

## 200. 中资企业海外并购主要有哪些风险？

我国企业在海外进行并购，除了正常存在的并购项目风险外，还存在很多与跨国因素相关的风险，主要如下：

(1)政府审批风险。政府审批包括我国境内的境外投资等审批手续及投资所在国家/地区的相关政府审批，包括但不限于投资、外汇、反垄断、国家安全审批等。在具体的并购交易中，能不能获得政府审批、何时能获得、以什么条件获得，都存在不确定性，可能给并购交易的成功带来不确定性风险。

(2)政策法律风险。跨境并购中，并购方要面临的法律风险很多。首先是劳工法律风险，中国企业入主海外企业后，经常遭遇劳工和工会谈判，而在很多欧美国家，法律对劳工利益给予严格保护。其次，海外国家多制定了严格的环境保护法律，一个看似很小的环境问题，可能会被无限放大，导致并购后标的企业经营受阻。最后，并购项目还可能涉及税务、海关、外汇、知识产权等一系列法律问题，都可能导致项目障碍或并购方经济损失，需要给予高度重视。

(3)政治和社会风险。目前，许多国家经过产业变革与发展，更加重视对本国产业的保护。一些国家对中国企业在能源、高新技术等领域的并购持有很强的抵触心理。此外，经济波动可能加大社会风险，加上各地的种族矛盾和文化冲突，都将构成影响跨境并购成功进行的潜在障碍。

(4)文化冲突与整合风险。海外并购中，文化方面的巨大差异也是一个常见风险，很多在国内被认为是正确的管理方法，在国外可能行不通。跨国并购是文化背景、经营理念、管理制度、组织架构、生产方式等各方面完全不同的企业的结合，要将它们集而成团、管而有控，困难常常是超乎想象的。

总的来说，海外并购与国内并购相比，不确定性因素更多，风险更高。因此，海外并购项目中，并购方须制订周密的并购方案，防范并购风险，促进并购后的成功整合和运营。

## 201. 中资企业海外并购主要存在哪些问题？

由于经济实力、企业文化和国内习惯做法等方面差异，中资企业在海外投资与并购，经常存在以下问题：

(1)不注重长期观察和研究，缺少战略思维和长远规划。很多国内企业进行的海外并购，是在获知某国外企业希望出售资产时临时决定的，而非基于事先制定的并购战略，这种情况下，往往难以进行充分的并购准备工作，容易导致并购失败。

(2)对风险预计不足。如前所述，与国内并购相比，海外并购存在更多风险，企业可能更多看到海外投资与并购的优势、时机和必要性，而较少关注风险的类别及处置的难度，可能导致企业海外并购时的风险应对措施不足，使并购项目的进行受阻或并购后运营不力。

（3）忽视相关者的利益处理。海外并购在本质上是对与海外标的企业相关者利益的重新调整，除标的企业原股东外，利益相关者还包括管理层、员工、客户、当地政府、工会等。能否合理处理好相关者利益将会是决定海外并购能否顺利完成的关键因素之一。

（4）支付手段和并购方式单一。中国企业偏爱以“现金为王”的思路进行海外并购，而海外并购在支付手段上可以多种多样，采取何种并购方式可视情况而变化，如可单独或同时采用换股或股份支付、并购贷款等支付方式，以尽可能减少对自身资金的巨额消耗，减少财务风险。

（5）并购整合能力欠缺。并购后的整合中，人才和资源是关键。中国企业要在跨国并购中取得成功，必须具备一批了解国际政治、经济、社会文化环境和懂得东道国法律法规的并购人才，以及并购后进行企业整合与管理的经营人才。另外，中国企业能否在海外并购后给予标的企业资源赋能及业务协同，也是标的企业被并购后能否获得良好发展的重要影响因素。国内企业在上述方面还存在普遍不足。

## 202. 中国企业海外并购通常遵循什么样的流程？

中国企业海外并购与国内企业并购的流程类似，操作要点如下：

（1）制定并购战略和目标。海外并购前，中国企业应根据其长期发展战略，制定并购战略和目标。

（2）组建并购团队。跨境并购之前，应至少组建有业务、法律、财务、税务专业人才的并购团队，进行标的企业条件符合性判断、并购流程管理、并购融资、尽职调查、交易文件草拟、审核与谈判、并购后运营、协作与整合事项的研究、推进、落实与安排。复杂且规模大的项目还应聘请财务顾问参与项目，企业战略管理、人力资源及信息管理等相关部门均应参与并购工作。

（3）目标筛选。对并购目标行业、所在国家/地区和潜在标的企业，从行业发展和市场前景，所在地政治、文化、法治及营商环境、经济发展程度，外汇供应与管理，海关，税务，资源供应，产业链情况，以及企业与中资企业发展战略匹配情况、业务协同前景、企业规模、优势及风险等角度，进行初步尽职调查和目标筛选。

（4）初步接洽。初步确定潜在标的企业后，并购方与标的企业进行初步接洽，如双方能够达成并购交易意向，可签署意向书或备忘录，推进下一步的并购工作。

（5）深入尽调。对标的企业从业务发展、财务、法律、人力资源、资源配置等方面进行全面调查，发现及评估标的企业价值和风险，为投资决策和交易方案设计等提供基础。

(6)交易方案设计。基于前期尽调情况,进行投资并购交易方案设计,内容包括但不限于交易结构、风险管控策略、交易流程和时间表、并购后运营计划及后期整合方案等。

(7)交易文件草拟及签署。双方基于前期工作,进行并购交易文件的草拟及谈判工作,包括但不限于投资意向书、交易合同及其附件等。双方就交易达成一致后,按约进行交易文件的签署工作,推进并购项目进行,维护并购各方利益。

(8)审批程序。根据标的企业所在国家/地区及相关国家/地区的相关法律和监管要求,履行并购审批程序,包括但不限于投资、外汇、反垄断、国家安全审批等。

(9)交割。在这个阶段,并购方与标的企业及卖方应交割条件的成就情况进行确认,就约定的标的企业资产、凭证、财务资料等进行移交,并在交割条件成就的情况下,进行并购资金的划转和结算。

(10)并购后整合。完成并购交割后,标的企业进行并购后运营,并购方应在标的企业整合、双方业务协同等方面给予持续重视及投入,以促进并购方和标的企业双方的发展。

## 203. 中国企业对海外目标市场尽调应关注哪些主要方面?

我国企业并购海外企业前,应先通过各种渠道对目标海外市场进行尽调。尽调可关注以下主要方面:

(1)社会及法治环境。稳定的社会秩序及友好的法治环境能够减少并购进行的不确定性,也是标的企业并购后稳定运营的保障。对法治不健全、营商环境不好的市场,不宜投资。

(2)政府态度。虽然投资经营是企业的私事,但如投资所在国政府及社会对中国投资不友好,企业并购及后期运营很容易遇到障碍及波折。

(3)产业及招商引资政策。从投资所在国的产业政策,可以判断企业投资是否属于鼓励性产业;对于限制性或禁止性的投资,应谨慎开展投资并购活动。此外,投资所在国的招商引资政策,有利于投资者降低运营成本及税负,提高盈利能力,尽调时应予关注。

(4)金融业发展情况。企业经营离不开与银行与保险业的合作,如投资所在国的银行业和保险业不发达,不利于标的企业并购后的运营。

(5)资源及供应链情况。企业运营离不开所需水、电、气等资源,以及产品经营所需的配套零配件及服务的供给,而该等资源及产业链配套保障及价格水平,将直接影响企业运营的可持续性及运营成本。

(6)进出口政策。标的企业所在地如存在限制企业所需资源或原材料进口措施，或者进出口海关程序烦琐，可能导致企业运营效率低下。

(7)外汇管制情况。很多发展中国家本币币值缺乏稳定性，外汇储备少，并实施严格外汇管制政策。中国企业在该等国家投资，可能面临外汇缺乏导致的境外采购困难，以及经营利润难以兑换成外汇汇回国内等问题，对此，需要予以充分重视并进行准备工作。

(8)政府廉政情况。投资所在国政府腐败严重，可能严重影响企业的运营效率，增加企业运营成本及其自身和高管人员的合规风险。

## 204. 境内企业海外并购应如何履行境内核准与备案程序?

境内企业境外投资涉及境内核准与备案程序，主要包括发改委、商务部门及外汇的核准、备案或登记，具体如下：

(1)发改委境外投资登记

根据《企业境外投资管理办法》的规定，境内企业开展境外投资前，应当履行境外投资项目核准、备案等手续，报告有关信息，配合监督检查，具体如下：

①境外直接投资

境内企业直接以投入资产、权益或提供融资、担保等方式，获得境外所有权、控制权、经营管理权及其他相关权益的投资活动属于境外直接投资，根据投资主体、投资总额、投资领域和投资区域的敏感程度，所需履行的发改委登记手续如表5所示：

**表5 境外直接投资发改委备案、核准手续**

| 项目类别（敏感类项目/非敏感类项目） | 投资主体（中央管理企业/非中央管理企业） | 境内投资主体投资额[1] | 备案/核准 | 备案/核准单位 |
|---|---|---|---|---|
| 敏感类项目[2] | 任何投资主体 | 任何投资规模 | 核准 | 国家发展改革委 |
| 非敏感类项目 | 中央管理企业 | 任何投资规模 | 备案 | 国家发展改革委 |
| | 非中央管理企业 | 3亿美元及以上 | 备案 | 国家发展改革委 |
| | | 3亿美元以下 | 备案 | 投资主体注册地的省级政府发展改革部门 |

[1]境内投资主体投资额，是指境内投资主体直接以及通过其控制的境外企业为项目投入的货币、证券、实物、技术、知识产权、股权、债权等资产、权益以及提供融资、担保的总额。

[2]敏感类项目包括：涉及敏感国家和地区的项目；涉及敏感行业的项目。敏感国家和地区包括：与我国未建交的国家和地区；发生战争、内乱的国家和地区；根据我国缔结或参加的国际条约、协定等，需要限制企业对其投资的国家和地区；其他敏感国家和地区。敏感行业包括：武器装备的研制生产维修；跨境水资源开发利用；新闻传媒；根据我国法律法规和有关调控政策，需要限制企业境外投资的行业。

②通过境外控制的主体进行投资

境内企业通过其境外控制的主体进行境外投资时，根据境内投资主体是否直接投入资产、权益或提供融资、担保，以及投资领域和投资区域的敏感程度，所需履行的发改委核准或备案手续如表6所示：

**表6　通过境外控制的主体进行投资的发改委核准、备案手续**

| 项目类型(敏感类项目/非敏感类项目) | 境内投资主体是否直接投入资产、权益或提供融资、担保 | 境内投资主体投资额 | 所需履行核准/备案手续 |
|---|---|---|---|
| 敏感类项目 | 不论境内投资主体是否直接投入资产、权益或提供融资、担保 | 任何投资规模 | 于国家发展改革委进行核准登记 |
| 非敏感类项目 | 是 | 任何投资规模 | 视同境外直接投资，按照境外直接投资履行相应核准/备案登记 |
| | 否 | 3亿美元及以上 | 向国家发展改革委提交大额非敏感类项目情况报告表 |
| | | 3亿美元以下 | 无须履行任何发改委登记手续 |

(2)商务部或地方商务主管部门境外投资登记

根据《境外投资管理办法》的规定，境内企业正式进行境外投资时，商务部和省级商务主管部门按照企业境外投资的不同情形，分别实行核准和备案管理。具体如下：

①境外直接投资

境内企业进行境外直接投资时，根据投资主体、投资领域和投资区域的敏感程度，所需履行的商务部门核准或备案手续具体如表7所示：

**表7　境外直接投资商务部门备案、核准手续**

| 项目类别(敏感类项目/非敏感类项目) | 投资主体(中央管理企业/非中央管理企业) | 需要履行备案/核准 | 备案/核准单位 |
|---|---|---|---|
| 敏感类项目 | 任何投资主体 | 核准 | 商务部 |
| 非敏感类项目 | 中央管理企业 | 备案 | 商务部 |
| | 非中央管理企业 | 备案 | 投资主体注册地的省级商务主管部门 |

②通过境外控制的主体进行投资

境内企业通过其境外控制的主体进行境外投资时，根据境内投资主体是否直接投入资产、权益或提供融资、担保以及投资主体性质，所需履行的商务部门核准或备案手续具体如表8所示：

**表8 通过境外控制的主体进行投资部门核准、备案手续**

| 境内投资主体是否直接投入资产、权益或提供融资、担保 | 投资主体（中央管理企业/非中央管理企业） | 所需履行核准/备案流程 |
|---|---|---|
| 是 | 任何投资主体 | 视同境外直接投资，按照境外直接投资履行相应核准/备案登记 |
| 否 | 中央管理企业 | 通过“境外投资管理系统”填报相关信息，打印《境外中资企业再投资报告表》并加盖印章后报商务部 |
| | 非中央管理企业 | 通过“境外投资管理系统”填报相关信息，打印《境外中资企业再投资报告表》并加盖印章后报投资主体注册地的省级商务主管部门 |

(3)外汇登记

根据《外汇管理条例》第十七条的规定，境内机构、境内个人向境外直接投资或者从事境外有价证券、衍生产品发行、交易，应当按照国务院外汇管理部门的规定办理登记。

根据《国家外汇管理局关于进一步简化和改进直接投资外汇管理政策的通知》及国家外汇管理局《资本项目外汇业务指引》的规定，自2015年6月1日起，国家外汇管理局及其分支机构（以下简称外汇局）通过银行对直接投资外汇登记实施间接监管，已经取得外汇局金融机构标识码且在所在地外汇局开通资本项目信息系统的银行可直接通过外汇局资本项目信息系统为境内外商投资企业、境外投资企业的境内投资主体办理直接投资外汇登记。

根据上述规定，自2015年6月1日起，境内企业进行境外直接投资通过所在地的已经取得外汇局金融机构标识码且在所在地外汇局开通资本项目信息系统的银行办理境外投资外汇登记即可，境内企业境外再投资无须履行外汇登记手续。

除上述发改委、商务部门及外汇管理部门的审批程序外，境外投资项目根据投资主体性质、所在行业及项目实际情况不同，还可能涉及国务院国资委或地方国资委的批准或备案，以及外事部门、财政部门、税收部门、海关部门的批准等。境内企业在进行境外投资前应根据项目的具体情况与相关主管部门及外部顾问确认其应履行的审批、备案程序，避免因为投资程序存在瑕疵而影响投资项目的顺利开展。

## 205. 什么是国际并购的分手费与反向分手费？

分手费，也称合同终止费，是国际并购交易保护机制之一，在美国上市公司收购项目中常见，国内并购交易协议中尚不多见。对并购双方来说，分手费有两种，即分手费及反向分手费。交易双方在并购协议中约定分手费的目的在于寻求交易的确定性，如果交易协议因约定情形出现被终止，保障守约方能够得到一定的经济补偿。

分手费的产生源于英美法系的董事信义义务，即董事会有义务忠于公司的利益。按照这一原则，在并购项目中，标的企业董事会如收到更高价格的收购要约，有义务接受或与相应的意向并购方进行谈判。但是，标的企业董事会按这一原则执行，会导致在先达成的并购交易协议被终止，而并购方在交易过程中可能已经支出高额中介费等各种费用，会因标的企业董事会的行为遭受高额经济损失，故应得到经济补偿。这一费用被称为分手费，并在并购实践中逐步形成惯例。

比较常见的分手费触发情形如：(1)标的企业董事会为接受更高的收购对价而终止在先达成的交易协议；(2)交易协议被标的企业股东会否决；(3)交易协议因其他原因未完成交割，如卖方或标的企业违反陈述与保证事项等。分手费的金额通常为交易金额的1%～5%，视交易金额及国际司法管辖区域的不同，比例会有所不同。

就非上市公司而言，因交易中卖方通常由股东直接谈判，一般不会产生上市公司董事会需履行信义义务而存在的问题，且买卖双方一般在合同中约定排他条款，即卖方在谈判过程中或签约后不得与第三方就标的企业出售事宜再进行谈判，交易成交后，并购方亦可以请求法院判决卖方强制执行交易协议。但并购交易与其他交易不同，卖方不配合时，并购方很难顺利完成标的企业并购后的整合；为追求主动性及确定性，在交易文件中设置分手费条款对并购方肯定是有利的。

与分手费不同，反向分手费是并购方向标的企业或卖方支付的费用。在并购交易签署后，特定事件的发生，如未能获取政府审批、并购方未能获得融资导致交易价款不能按约支付等，会导致交易无法交割，但卖方可能已产生高额中介费用等，同时并购交易的进行可能导致标的企业客户或员工的流失，并购方不能按约交割也可能导致标的企业丧失另外的交易机会进而遭受经济损失。在此情况下，卖方将遭受重大经济损失，故应得到经济补偿；这一费用被称为反向分手费。反向分手费金额一般高于分手费，为交易价格的3%～7%。近年来，随着“买方市场”逐渐转变为“卖方市场”，卖方在资产出售中也处于越来越强势的地位，反向分手费在跨境并购交易中被更多使用和接受。例如，在中集集团与 A. P. 穆勒—马士基集团并购交易中，因经营者集中审查的巨大不确定性，可能导致交易协议约定的交易先决条件不能达成，双方协商终止了交易，中集集团向卖方支付和解费用（反向分手费）8500 万美元，占收购价格的比例大约为 8%。

# 第九章

# 国有企业并购的问题

## 一、国有企业对外并购

### 206. 什么是国有企业？

根据《企业国有资产交易监督管理办法》的规定，国有企业包括国有及国有控股企业、国有实际控制企业，具体包括：

(1)政府部门、机构、事业单位出资设立的国有独资企业(公司)，以及上述单位、企业直接或间接合计持股为100%的国有全资企业；

(2)上一项所列单位、企业单独或共同出资，合计拥有产(股)权比例超过50%，且其中之一为最大股东的企业；

(3)前两项所列企业对外出资，拥有股权比例超过50%的各级子企业；

(4)政府部门、机构、事业单位、单一国有及国有控股企业直接或间接持股比例未超过50%，但为第一大股东，并且通过股东协议、公司章程、董事会决议或者其他协议安排能够对其实际支配的企业。

### 207. 国有企业对外并购通常有哪些步骤？

各地或不同层级的国有企业并购，程序可能存在不同之处，但概括而言，通常会有以下步骤：

(1)制定并购策略。根据企业的战略定位和发展需求，制定并购策略。

(2)目标筛选。确定并购的目标行业、地区和企业，进行初步的尽职调查。

(3)初步履行内部批准程序。国有企业开展并购行为，应初步履行内部批准程序或预批准程序。

(4)尽职调查。委托财务顾问、律师对标的企业进行全面尽职调查，聘请审计和/或评估机构对标的企业进行审计和/或评估。

(5)编制并购方案。国有企业开展并购行为应编制并购方案,进行可行性研究分析,内容可以包括但不限于:

①并购主体包括并购方、出让方和标的企业的基本情况以及其他重要股东情况;

②并购目的及理由分析;

③并购方式和程序;

④并购价格和定价原则、方法;

⑤涉及的债权、债务和担保抵押等情况及处理办法;

⑥涉及的职工安置、劳动关系处置等情况及处理办法;

⑦涉及的重大法律纠纷、诉讼等情况及处理办法;

⑧涉及的特许经营权、矿业权、土地使用权等需要行政主管部门审批处置事项的情况及处理办法;

⑨并购资金来源,如需筹集资金,应当说明并购资金筹集及偿还等安排;

⑩关于并购行为的合法性分析;

⑪关于并购行为的投资收益预测及财务分析;

⑫并购过程中包括并购完成后存在的风险分析及防范措施;

⑬并购完成后对于并购对象的战略规划或资产重组计划。

(6)交易谈判。基于审计、评估和尽调结果,草拟交易协议,与卖方或标的企业进行谈判,确定收购方式、价格和交易条款。

(7)合同签署。在谈判达成一致后,各方签署收购合同。

(8)履行内部审批程序。交易文件签署后,依法依规履行国有企业对外投资/并购的内部审批程序。

(9)国资审批程序。根据相关法律和监管要求,履行国资监管部门的核准、备案或报告程序。

(10)产权过户与登记。国资监管部门批准后,并购双方依法履行市场监督管理部门的产权过户登记程序和国有产权登记程序。

(11)交割。进行资产及资料移交,审核交割条件的满足情况,相应完成交割及并购对价的支付和结算。

(12)后期整合。完成收购后,进行后期整合和运营。

国有企业对外并购涉及国有产权,程序较为复杂,并购前需要充分了解相关法律和规定,确保相关程序得到适当履行,保障并购交易合法有效及顺利进行。

## 208. 国有企业对外并购如何定价?

国有企业对外投资与并购,估值与定价是核心环节之一,是国资监管机构及证券监管机构（涉及上市公司时）的监管重点，须依法定程序进行。国企并购的定价主要考虑以下因素：

（1）评估要求。受国企性质所限，法律法规规定国企并购应依法履行评估程序。

国有并购上市公司时，如拟取得上市公司控制权，根据《上市公司国有股权监督管理办法》第三十三条、第五十五条的规定，上市公司估值报告为交易定价基础，需在履行审批程序时向国资监管机构提交。在收购标的股份为非国有股份的情况下，根据《企业国有资产评估管理暂行办法》第六条的规定，应当对所收购的非国有股份价值进行评估，并将其作为定价参考依据。

国企并购非上市公司时，结合《企业国有资产评估管理暂行办法》第六条、第二十二条及《企业国有资产交易监督管理办法》第十二条等国资监管规定，应当对所收购股权的市场价值进行评估，并将经依法核准或备案的评估报告作为定价基础。

（2）上市公司国有股权转让规定。如果上市公司股份转让方为国有企业，国有股东以公开征集、非公开协议方式转让上市公司股份，以及国有股东所持上市公司股份间接转让的，《上市公司国有股权监督管理办法》就最低转让价格均作出了明确规定，国有企业作为并购方进行上述情形下的上市公司收购时，亦应遵守上述定价规定。

（3）证券交易所规则。上海证券交易所、深圳证券交易所及北京证券交易所均对上市公司股份协议转让价格的下限作出了规定。例如，《深圳证券交易所上市公司股份协议转让业务办理指南》规定，协议转让的定价以协议签署日的前一交易日转让股份二级市场收盘价为定价基准，转让价格范围下限比照大宗交易的规定执行。国企进行上市公司收购时，应遵守证券交易所关于交易价格的规定。

（4）其他因素。并购时除必须遵守的上述法律、法规及规范性文件规定外，以下因素亦可能影响并购定价：

①并购项目的个性因素。并购项目中，可能存在与并购目的相关的或影响标的企业价值或风险的个性因素，如并购方与标的企业之间的潜在协同效应、标的企业具有并购方特别看重的资产（如知识产权），以及并购项目存在较高的债权债务或税务风险等。

②支付方式。并购交易中，对价支付方式可能影响交易定价。纯货币支付可能给并购方争取更多的交易价格折扣。在重大重组项目中，货币与股份等共同使用的混合支付方式可更好平衡交易双方的需求，对促进交易成功有重要作用，亦可能对交易定价产生影响。

③业绩承诺。业绩承诺及估值调整机制在许多案例中被采用，在一定程度上影响交易估值与定价。虽然业绩承诺及估值调整机制在一定程度上能够保护并购方的利益，但也可能导致卖方为获得高额对价不顾实际进行承诺，影响标的企业后期经

营,因此,进行标的企业估值及定价时,应模拟业绩承诺及估值调整机制失效时的企业价值,评估这一情形下标的企业定价是否仍具公允性及合理性。

④审批与监管。并购方案中标的企业的估值与定价能否通过监管机构的核准或审查,也是并购方进行标的企业估值与定价时的重要考虑因素。例如,以协议转让方式进行上市公司收购的情形下,证券交易所监管规则只规定了交易价格的下限,并未限定交易价格的上限,但如交易定价与证券交易所监管规则规定的交易价格下限相比溢价幅度过高,可能会受到证券交易所的问询及国资监管机构的质疑,国有企业在向国资监管机构提交的交易方案中,需充分解释并说明交易价格的确定依据及公允性、合理性。

## 209. 国有企业对外投资,如何进行国有资产产权登记?

根据《企业国有资产产权登记管理办法》的规定,企业国有资产产权登记是指国有资产管理部门代表政府对占有国有资产的各类企业的资产、负债、所有者权益等产权状况进行登记,依法确认产权归属关系的行为。国有企业、国有独资公司、持有国家股权的单位以及以其他形式占有国有资产的企业,应当依照法律的规定办理产权登记。

根据《国家出资企业产权登记管理暂行办法》第十一条的规定,履行出资人职责的机构和履行出资人职责的企业有下列情形之一的,应当办理占有产权登记:(1)因投资、分立、合并而新设企业的;(2)因收购、投资入股而首次取得企业股权的;(3)其他应当办理占有产权登记的情形。国有企业对外投资、并购后,应该办理国有资产产权登记。

国有企业对外并购/投资时,应当自并购/投资行为完成后20个工作日内,在办理市场主体登记前,申请办理产权登记。国有企业按照填报要求,填写有关登记内容和对外并购行为合规性资料目录,逐级报送国家出资企业,国家出资企业负责对登记内容及对外并购行为的合规性进行审核后,向国有资产监督管理机构申请登记。

同一国有资产监督管理机构及其管理的多个履行出资人职责的企业共同出资的企业,由拥有实际控制权的一方负责申请办理产权登记;任一方均不拥有实际控制权的,由持股比例最大的一方负责申请办理产权登记;各方持股比例相等的,由其共同推举一方负责申请办理产权登记。

非同一国有资产监督管理机构及其管理的多个履行出资人职责的企业共同出资的企业,由各方分别申请办理产权登记。

有关登记应包括下列内容:(1)企业出资人及出资人类别、出资额、出资形式;(2)企业注册资本、股权比例;(3)企业名称及在国家出资企业中所处级次;(4)企业组织形式；(5)企业注册时间、注册地；(6)企业主营业务范围；(7)国有资产监督管理机构要求的其他内容。

## 二、并购国有企业

### 210. 国有企业接受并购通常应履行哪些程序？

综合《企业国有资产法》《企业国有资产交易监督管理办法》《中共中央办公厅、国务院办公厅印发关于进一步推进国有企业贯彻落实“三重一大”决策制度的意见》《国有资产评估管理若干问题的规定》等法律法规规定，国有企业接受并购一般应履行以下基本操作流程：

(1)开展可行性研究

国有企业根据自身主业情况，对接受并购的可行性开展研究，包括接受并购的必要性、引进投资者带来的作用及风险等。

(2)制订接受并购方案

国有企业应制订接受并购方案，方案一般包括以下内容：企业基本情况；接受并购必要性和可行性分析；接受并购的基本原则和思路；接受并购后企业股权结构设置；引进投资者的条件要求、方式、定价办法；员工激励计划；债权债务处置方案；职工安置方案；历史遗留问题解决方案；接受并购的风险评估与防范措施；接受并购的组织保障和进度安排等。

其中涉及职工切身利益的，要做好保障职工知情权及建议权工作，职工安置方案应经职工大会或者职工代表大会审议通过。

(3)履行决策审批程序

制订接受并购方案后，国有企业应按照“三重一大”决策机制，履行企业内部决策程序。

①国资监管机构负责审核国家出资企业接受并购事项，包括股权转让及增资。其中，因接受并购致使国家不再拥有国有企业控股权的，须由国资监管机构报本级人民政府批准。国家出资企业决定其子企业的接受并购事项。

②如果涉及非公有资本投资者，应按照混合所有制改革决策审批程序进行。国有企业属于主业处于关系国家安全、国民经济命脉的重要行业和关键领域、主要承担重大专项任务子企业的，其混合所有制改革的并购方案由国家出资企业审核后报国资监管机构批准，其中需报国资监管机构本级人民政府批准的，由国资监管机构按照有关法律、行政法规履行相应程序；国有企业属于其他功能定位子企业的，其混合所有制改革的并购方案由国家出资企业批准。

(4)开展审计评估

国有企业接受并购,应合理确定纳入并购的资产范围,需要对资产、业务进行调整的,可按照相关规定选择无偿划转、产权转让、产权置换等方式。国有企业应按规定开展清产核资工作,并由国有企业或国有企业股东/产权持有单位选聘具备相应资质的中介机构开展财务审计、资产评估工作,履行资产评估项目确认程序,以经确认的资产评估结果作为资产交易定价的参考依据。

(5)引进投资者

国有企业接受并购,主要通过产权市场、股票市场等市场化平台,以公开、公平、公正的方式进行。通过产权市场引进投资者,主要方式包括增资扩股和转让部分国有股权。通过股票市场引进投资者,主要方式包括首发上市和上市公司股份转让、发行证券、资产重组等。

(6)签订并购协议,办理相关登记变更

通过产权市场引进投资者的,根据增资扩股或国有股权转让的不同方式,由国有企业分别和投资者签订增资协议或国有企业股权转让方投资者签订股权转让协议,产权交易机构据此出具交易凭证,并通过交易机构网站对外公告结果。各方根据并购协议办理国有产权登记变更等。

## 211. 国有企业接受并购,如何定价?

国有企业接受并购,系指国有企业作为标的企业,由国有股东将所持标的企业股权对外转让或由国有企业进行注册资本增资的行为。国有企业接受并购定价须依照法定程序进行,主要如下:

(1)国有产权转让

国有产权转让可分为国有企业转让非上市企业股权及上市股份转让两类:

①非上市企业股权转让,是指履行出资人职责的机构、国有及国有控股企业、国有实际控制企业转让其对企业各种形式出资所形成权益的行为,即《企业国有资产交易监督管理办法》所称的企业产权转让。

根据《企业国有资产交易监督管理办法》的规定,国有企业产权转让原则上通过产权市场公开进行,确定交易方及交易价格。产权转让项目首次正式信息披露的转让底价,不得低于经核准或备案的转让标的评估结果。信息披露期满未征集到意向受让方的,可以降低转让底价,新的转让底价低于评估结果的90%时,应当经转让行为批准单位书面同意。

根据《企业国有资产交易监督管理办法》第三十一条的规定,以下情形可以采取非公开协议转让方式:

A. 涉及主业处于关系国家安全、国民经济命脉的重要行业和关键领域企业的重组整合，对受让方有特殊要求，企业产权需要在国有及国有控股企业之间转让的，经国资监管机构批准。

B. 同一国家出资企业及其各级控股企业或实际控制企业之间因实施内部重组整合进行产权转让的，经该国家出资企业审议决策。

但是，采取非公开协议转让方式转让企业产权，转让价格不得低于经核准或备案的评估结果。

以下情形按照《公司法》、企业章程履行决策程序后，转让价格可以资产评估报告或最近一期审计报告确认的净资产值为基础确定，且不得低于经评估或审计的净资产值：

A. 同一国家出资企业内部实施重组整合，转让方和受让方为该国家出资企业及其直接或间接全资拥有的子企业；

B. 同一国有控股企业或国有实际控制企业内部实施重组整合，转让方和受让方为该国有控股企业或国有实际控制企业及其直接、间接全资拥有的子企业。

②上市公司股份转让。国有企业转让上市公司股份，通常通过证券交易系统转让、公开征集方式、非公开协议转让以及国有股东所持上市公司股份间接转让方式进行。以下是不同转让方式下最低价格限制规定：

A. 公开征集。《上市公司国有股权监督管理办法》第二十三条规定，国有股东公开征集转让上市公司股份的，价格不得低于下列两者之中的较高者：

a. 提示性公告日前30个交易日的每日加权平均价格的算术平均值；

b. 最近一个会计年度上市公司经审计的每股净资产值。

B. 非公开协议转让。符合以下情形之一的，国有股东可以不公开征集受让方，而通过直接签订协议转让上市公司股份：

a. 上市公司连续两年亏损并存在退市风险或严重财务危机，受让方提出重大资产重组计划及具体时间表的；

b. 企业主业处于关系国家安全、国民经济命脉的重要行业和关键领域，主要承担重大专项任务，对受让方有特殊要求的；

c. 为实施国有资源整合或资产重组，在国有股东、潜在国有股东（经本次国有资源整合或资产重组后成为上市公司国有股东的，以下统称国有股东）之间转让的；

d. 上市公司回购股份涉及国有股东所持股份的；

e. 国有股东因接受要约收购方式转让其所持上市公司股份的；

f. 国有股东因解散、破产、减资、被依法责令关闭等原因转让其所持上市公司股份的；

g. 国有股东以所持上市公司股份出资的。

国有股东非公开协议转让上市公司股份的价格不得低于下列两者之中的较高者：

a. 提示性公告日前 30 个交易日的每日加权平均价格的算术平均值；

b. 最近一个会计年度上市公司经审计的每股净资产值。

C. 国有股东所持上市公司股份间接转让。按照《上市公司国有股权监督管理办法》第四十三条及第四十七条的规定，国有股东所持上市公司股份间接转让应进行资产评估，并应遵守前述《上市公司国有股权监督管理办法》第二十三条的规定，上市公司股份价值确定的基准日应与国有股东资产评估的基准日一致，且与国有股东产权直接持有单位对该产权变动决策的日期相差不得超过 1 个月。

国有产权转让或增资扩股到产权交易机构挂牌时，因上市公司股价发生大幅变化等原因，导致资产评估报告的结论已不能反映交易标的真实价值的，原决策机构应对间接转让行为重新审议。

国有股东产权转让或增资扩股未构成间接转让的，其资产评估涉及上市公司股份作价按照上述规定确定。

(2)国有企业增资

国有企业进行增资，分为两种类型，一是属于《企业国有资产交易监督管理办法》第三十八条规定的四种情形：①增资企业原股东同比例增资的；②履行出资人职责的机构对国家出资企业增资的；③国有控股或国有实际控制企业对其独资子企业增资的；④增资企业和投资方均为国有独资或国有全资企业的。以上情形下，可以根据依据评估报告或最近一期审计报告确认国有企业股权资本及比例。

二是属于《企业国有资产法》第三十九条规定的两种改制情形：①国有独资企业、国有独资公司改为国有资本控股公司或者非国有资本控股公司；②国有资本控股公司改为非国有资本控股公司。该两种情形，实现的方式之一是国有企业由非国有资本进行增资，应按该法规定对改制企业进行清产核资、财务审计、资产评估，准确界定和核实资产，并在此基础上，采取以下两种方式确定增资价格：

①公开征集投资方及定价。以资产评估报告为基础，企业增资通过产权交易机构网站对外披露信息公开征集投资者，时间不得少于 40 个工作日。通过资格审查的意向投资方数量较多时，可以采用竞价、竞争性谈判、综合评议等方式进行多轮次遴选。企业董事会或股东会以资产评估结果为基础，结合意向投资方的条件和报价等因素审议选定投资方。

②非公开协议方式增资及定价。

A. 以下情形经同级国资监管机构批准，投资者可以采取非公开协议方式进行增资：

a. 因国有资本布局结构调整需要，由特定的国有及国有控股企业或国有实际控制企业参与增资；

b. 因国家出资企业与特定投资方建立战略合作伙伴或利益共同体需要，由该投资方参与国家出资企业或其子企业增资。

B. 以下情形经国家出资企业审议决策，可以采取非公开协议方式进行增资：

a. 国家出资企业直接或指定其控股、实际控制的其他子企业参与增资；

b. 企业债权转为股权；

c. 企业原股东增资。

国资监管机构批准、国家出资企业审议决策采取非公开协议方式的企业增资行为时，应审核增资企业的审计报告、资产评估报告及其核准或备案文件，也就是说，审计报告或资产评估报告应作为增资企业增资的定价基础。在前述《企业国有资产交易监督管理办法》第三十八条规定的四种情形下，可以仅提供企业审计报告，以审计报告所载股东权益金额作为定价基础。

## 212. 国有企业接受并购，如何履行清产核资程序？

国有企业接受并购，无论是产权转让型或企业增资型，根据《企业国有资产法》及《企业国有资产交易监督管理办法》等相关法律法规的规定，应对接受并购的国有企业进行清产核资、财务审计、资产评估，准确界定和核实资产。

根据《国有企业清产核资办法》的规定，清产核资是指国有资产监督管理机构根据国家专项工作要求或者企业特定经济行为需要，按照规定的工作程序、方法和政策，组织企业进行账务清理、财产清查，并依法认定企业的各项资产损溢，从而真实反映企业的资产价值和重新核定企业国有资本金的活动。

关于企业分立、合并、重组、改制、撤销等经济行为涉及资产或产权结构重大变动情况的，由企业提出申请，报同级国有资产监督管理机构批准后，进行清产核资。国有企业接受并购可能导致其产权结构发生重大变动，故属应清产核资的范围。

国有企业清产核资一般按照下列程序进行：(1)企业提出申请；(2)国有资产监督管理机构批复同意立项；(3)企业制订工作实施方案，并组织账务清理、资产清查等工作；(4)聘请社会中介机构对清产核资结果进行专项财务审计和对有关损溢提出鉴证证明；(5)企业上报清产核资工作结果报告及社会中介机构专项审计报告；(6)国有资产监督管理机构对资产损溢进行认定，对资金核实结果进行批复；(7)企业根据清产核资资金核实结果批复调账；(8)企业办理相关产权变更登记和企业变更登记；(9)企业完善各项规章制度。

对于不同层级国有企业的清产核资，组织实施清产核资的主体机构会有所不同。由国有资产监督管理部门直接履行出资人义务所出资企业由于国有产权转让、出售等发生控股权转移等产权重大变动需要开展清产核资的，由同级国有资产监督管理机构组织实施并负责委托社会中介机构。上述国有企业的子企业因国有产权转让、出售等发生控股权转移等重大产权变动的，可由上述国有企业自行组织开展清产核资工作。对有关资产损溢和资金挂账的处理，按规定程序申报批准。

## 213. 国有企业并购的资产评估应如何履行程序？

《企业国有资产评估管理暂行办法》规定，企业进行与资产评估相应的经济行为时，应当以经核准或备案的资产评估结果为作价参考依据。

根据《国有资产评估管理办法》及《企业国有资产评估管理暂行办法》，并结合地方政府规章，如《广州市国资委监管企业资产评估管理办法》等的规定，国有企业并购履行资产评估程序的要点如下：

(1)应进行资产评估的情形。国有资产占有单位有下列情形之一的，应当进行资产评估：

①资产拍卖、转让；

②企业兼并、出售、联营、股份经营；

③与外国公司、企业和其他经济组织或者个人开办外商投资企业；

④企业清算；

⑤收购非国有单位的资产；

⑥接受非国有单位以非货币资产出资；

⑦依照国家有关规定需要进行资产评估的其他情形。

(2)程序事项。国有资产评估按照下列程序进行：

①申请立项。进行资产评估的国有资产占有单位，经其主管部门或出资单位审查同意后，应当向同级国有资产管理行政主管部门提交资产评估立项申请书，并附财产目录和有关会计报表等资料。经国有资产管理行政主管部门授权或者委托，占有单位的主管部门可以审批资产评估立项申请。

国有企业增资的，由增资单位办理评估立项及委托评估机构手续。国有企业进行企业合并、分立、清算、非上市公司国有股东股权比例变动或产权转让的，由拟发生产权变动企业的出资人负责办理立项手续。涉及多个国有股东的，经协商一致，可由其中持股比例最大的国有股东负责立项手续；国有股股东持股比例相等的，经协商一致，可由其中一方负责立项手续。收购非国有单位的资产或接受非国有单位以非货币资产出资等经济行为，一般由接受非国有资产的国有企业负责立项及后续手续。

②资产清查。受占有单位委托的资产评估机构应当在对委托单位的资产、债权、债务进行全面清查的基础上，核实资产账面与实际是否相符，经营成果是否真实，据

以作出鉴定。

③评定估算。受占有单位委托的资产评估机构应当根据《国有资产评估管理办法》及其他相关规范性文件，对委托单位被评估资产的价值进行评定和估算，并向委托单位提出资产评估结果报告书。

④验证确认。根据《企业国有资产评估管理暂行办法》的规定，企业国有资产评估项目实行核准制和备案制。

经各级人民政府批准经济行为的事项涉及的资产评估项目，分别由其国有资产监督管理机构负责核准。经国务院国有资产监督管理机构批准经济行为的事项涉及的资产评估项目，由国务院国有资产监督管理机构负责备案；经国务院国有资产监督管理机构所出资企业及其各级子企业批准经济行为的事项涉及的资产评估项目，由中央企业负责备案。

地方国有资产监督管理机构及其所出资企业的资产评估项目备案管理工作的职责分工，由地方国有资产监督管理机构根据各地实际情况自行规定。例如，《广州市国资委监管企业资产评估管理办法》规定，经广州市政府批准的经济行为所涉及的资产评估项目，以及经市国资委批准的上市公司的经济行为所涉及的资产评估项目，由市国资委负责核准；其他经市国资委批准的经济行为所涉及的资产评估项目，由市国资委负责备案。除上述由市国资委负责核准或备案的资产评估项目外，其他资产评估项目由市国资委出资企业负责备案。

国有企业转让或收购境外资产或产权的评估事项，通常参考以上程序执行。

## 214. 国有企业委托的资产评估机构应符合什么条件？

根据《企业国有资产评估管理暂行办法》的规定，企业产权持有单位委托的资产评估机构至少应当具备下列基本条件：

(1)遵守国家有关法律、法规、规章以及企业国有资产评估的政策规定，严格履行法定职责，近3年内没有违法、违规记录；

(2)具有与评估对象相适应的资质条件；

(3)具有与评估对象相适应的专业人员和专业特长；

(4)与企业负责人无经济利益关系；

(5)未向同一经济行为提供审计业务服务。

不同地方政府基于上述国资委规定，结合当地实际情况，制定具体的评估机构选聘操作办法。

## 215. 国有企业接受并购时，就价款支付事项应遵守哪些规定？

国有企业接受并购情形下，就价款支付事项，并购双方应遵守以下规定：

（1）币种及支付。根据《企业国有资产交易监督管理办法》第二十七条的规定，交易价款应当以人民币计价，通过产权交易机构以货币进行结算。因特殊情况不能通过产权交易机构结算的，转让方应当向产权交易机构提供转让行为批准单位的书面意见以及受让方付款凭证。

（2）支付时间。根据上述办法第二十八条的规定，交易价款原则上应当自合同生效之日起5个工作日内一次付清。金额较大、一次付清确有困难的，可以采取分期付款方式。采用分期付款方式的，首期付款不得低于总价款的30%，并在合同生效之日起5个工作日内支付；其余款项应当提供转让方认可的合法有效担保，并按同期银行贷款利率支付延期付款期间的利息，付款期限不得超过1年。

（3）非货币支付。根据上述办法第四十三条的规定，投资方以非货币资产出资的，应当经增资企业董事会或股东会审议同意，并委托具有相应资质的评估机构进行评估，确认投资方的出资金额。

## 216. 国有企业混合所有制改革的重点和难点是什么？

国企混改不是简单的私有化或出售国有资产，而是通过引入市场化机制和竞争机制，提高国有企业的竞争力和效益，进一步推进国有企业改革和发展。其重点和难点如下。

（1）国企混改的重点

①产权结构及公司治理机制。国企混改的核心是引入非国有资本，建立多元化的产权结构及科学的公司治理机制，增强混改企业运营的独立性及市场化持续运营能力。

②运营机制。国有企业在混改中需引入市场化运营机制，包括但不限于建立管理层能进能出、能上能下，薪酬能增能减的市场化机制，以及市场化的运营模式等，把经营者的利益与企业利益绑定，提升经营者的积极性、主动性与创造力，增强企业的竞争力，以适应市场经济竞争激烈的市场环境。

③防止国有资产流失。国企混改必须依法依规进行，《企业国有资产交易监督管理办法》《上市公司国有股权监督管理办法》《中央企业混合所有制改革操作指引》等法律法规为国有企业资产交易及混合所有制改革提供了规则和指引。国有企业混改应确保清产核资、资产评估、公开交易及交易审批等程序依法得到履行，防范国有资产流失。

(2)国企混改的难点

①利益平衡。国有企业与民营资本在混合所有制企业中的权益分配与平衡是国企混改的难点之一。国企混改不一定要保持国家对国有企业的控制权;对不保持国家对国有企业控制权的情况,如何设定产权格局及公司治理机制,减少原国企控股股东对混改企业的干预,增加混改企业的独立性和自主性,是国企混改难题之一。

②机制建设。无论国企混改后变成国有控股还是国有参股企业,公司治理、经营管理应比混改前更加市场化及灵活。如何设置混改企业的公司治理及管理和运营机制,才能既保障国有股东及非国有股东的股东权利,又激发混改企业的活力,提升其运营效率及水平,是国企混改中的又一难点。

③混改实施。国企混改不仅涉及企业内部的各种机制和制度改革,还涉及法律法规和政策层面的支持和保障。但国企改革相关法规及政策的出台可能存在滞后及不稳定的问题,可能制约国企混改工作的推进和成功进行。

## 217. 国有企业混改引进资本的要点有哪些?

国有企业混改引进资本需要科学规划、合理安排和有效管理,以提高企业的市场竞争力和经济效益。其要点如下:

(1)程序合法合规。国企混改,从内部决策到审计、评估、投资者选择及交易定价等各环节和方面,均应严格遵循法律法规及其他相关规范性文件规定,以公开、公平、公正的方式进行,避免国有资产流失。

(2)引资方式和比例。国有企业混改引进资本的方式可以很多元,如股权转让、增资扩股等。可根据混改国企实际情况和市场需求,选择合适的引资方式和出让注册资本比例,但无论是哪种引资方式、混改后国有资本是控股还是参股,均应努力建立科学的产权结构、公司治理和运营机制,促进国企混改后的良性发展。

(3)投资者条件设定。根据国企混改的相关法律规定,对公开招募的投资者的条件设定不得有明确指向性或违反公平竞争原则的内容。以下是国企混改选择投资者的一些常见考虑因素:

①是否与拟混改企业具有发展战略及业务协同效应,能否优势互补;

②投资者是否具有行业领先地位;

③在发展理念和价值观方面与拟混改企业是否契合;

④是否有助于推进企业运营机制改革;

⑤是否依法诚信经营,治理规范,具有良好的市场声誉。

(4)人才队伍建设。国有企业混改需要引进优秀的经营和技术人才,提高企业的竞争力和创新能力。通过建立能进能出、能上能下、薪酬能增能减的市场化用人机制,以及合理的股权和薪酬激励机制,吸引和留住优秀人才,提高企业的整体素质和管理水平。

(5)做好社会稳定工作。国有企业混改可能会涉及人员调整和企业改革事项,需加强对员工的培训和岗位安置,保障员工的合法权益和社会稳定。同时,要加强对社会各界的宣传和沟通,提高混改的公信力和社会认可度。

## 218. 国有企业产权无偿划转应遵守哪些程序?

根据《企业国有产权无偿划转管理暂行办法》的相关规定,企业国有产权无偿划转应遵守以下程序:

(1)做好可行性研究。无偿划转可行性论证报告一般应当载明下列内容:

①被划转企业所处行业情况及国家有关法律法规、产业政策规定;

②被划转企业主业情况及与划入、划出方企业主业和发展规划的关系;

③被划转企业的财务状况及或有负债情况;

④被划转企业的人员情况;

⑤划入方对被划转企业的重组方案,包括投入计划、资金来源、效益预测及风险对策等;

⑥其他需说明的情况。

(2)划转双方应当在可行性研究的基础上,按照内部决策程序进行审议,并形成书面决议。

划入方(划出方)为国有独资企业的,应当由总经理办公会议审议;已设立董事会的,由董事会审议。划入方(划出方)为国有独资公司的,应当由董事会审议;尚未设立董事会的,由总经理办公会议审议。所涉及的职工分流安置事项,应当经被划转企业职工代表大会审议通过。

(3)划出方应当就无偿划转事项通知本企业(单位)债权人,并制订相应的债务处置方案。

(4)划转双方应当组织被划转企业按照有关规定开展审计或清产核资,以中介机构出具的审计报告或经划出方国资监管机构批准的清产核资结果作为企业国有产权无偿划转的依据。

(5)划转双方协商一致后,应当签订企业国有产权无偿划转协议。划转协议应当包括下列主要内容:

①划入、划出双方的名称与住所;

②被划转企业的基本情况;

③被划转企业国有产权数额及划转基准日;

④被划转企业涉及的职工分流安置方案；

⑤被划转企业涉及的债权、债务(包括拖欠职工债务)以及或有负债的处理方案；

⑥划转双方的违约责任；

⑦纠纷的解决方式；

⑧协议生效条件；

⑨划转双方认为必要的其他条款。

(6)无偿划转事项履行审批程序。企业国有产权在同一国资监管机构所出资企业之间无偿划转的，由所出资企业共同报国资监管机构批准；在不同国资监管机构所出资企业之间无偿划转的，依据划转双方的产权归属关系，由所出资企业分别报同级国资监管机构批准。

实施政企分开的企业，其国有产权无偿划转所出资企业或其子企业持有的，由同级国资监管机构和主管部门分别批准。

下级政府国资监管机构所出资企业国有产权无偿划转上级政府国资监管机构所出资企业或其子企业持有的，由下级政府和上级政府国资监管机构分别批准。

企业国有产权在所出资企业内部无偿划转的，由所出资企业批准并抄报同级国资监管机构。

(7)划转双方应当依据相关批复文件及划转协议，进行账务调整，按规定办理产权登记等手续。

## 219. 国有企业接受并购是否需要召开职工或职工代表大会?

国有企业接受并购视情况需要召开职工或者职工代表大会。就目的而言，会议有“听取意见”及“审议”两种，决定性因素在于企业行为性质，以及并购是否涉及职工的重新安置。

根据《企业国有资产法》第三十七条及《公司法》第十七条的规定，公司研究决定合并、分立、改制、解散、申请破产以及经营方面的重大问题、制定重要的规章制度时，应当听取公司工会的意见，并通过职工代表大会或者其他形式听取职工的意见和建议。

但是，根据《企业国有资产法》第四十一条的规定，企业改制涉及重新安置企业职工的，还应当制定职工安置方案，并经职工代表大会或者职工大会审议通过。根据该法第三十九条的规定，该法规定的改制不仅包括国有独资企业改为国有独资公司，还包括国有独资企业、国有资本控股公司改为非国有资本控股公司，即被非国有资本收购。

综上所述，在国有企业合并、分立、改制(包括接受并购)时，如涉及员工重新安置,则需召开职工或职工代表大会,并由其审议通过;如不涉及员工重新安置,或在国有企业解散、申请破产的情况下,只需召开职工或职工代表大会听取意见。

## 220. 什么样的国有企业可以进行员工持股、股权激励?

国有企业在以下情况下,可以实施员工持股或股权激励:

(1)混合所有制企业

《关于国有控股混合所有制企业开展员工持股试点的意见》就国有控股混合所有制企业开展员工持股试点提出了意见。按上述意见的规定,优先支持人才资本和技术要素贡献占比较高的高新技术企业、科技服务型企业开展员工持股[不含中央企业二级(含)以上企业以及各省、自治区、直辖市及计划单列市和新疆生产建设兵团所属一级企业]。员工持股企业应当具备以下条件:

①主业处于充分竞争行业和领域的商业类企业。

②股权结构合理,非公有资本股东所持股份应达到一定比例,公司董事会中有非公有资本股东推荐的董事。

③公司治理结构健全,建立市场化的劳动人事分配制度和业绩考核评价体系,形成管理人员能上能下、员工能进能出、收入能增能减的市场化机制。

④营业收入和利润90%以上来源于所在企业集团外部市场。

(2)国有科技型企业

为加快实施创新驱动发展战略,建立国有科技型企业自主创新和科技成果转化的激励分配机制,调动技术和管理人员的积极性和创造性,推动高新技术产业化和科技成果转化,《国有科技型企业股权和分红激励暂行办法》《财政部、科技部、国资委关于扩大国有科技型企业股权和分红激励暂行办法实施范围等有关事项的通知》对国有科技型企业实施股权和分红激励作出了规定。根据《国有科技型企业股权和分红激励暂行办法》及《财政部、科技部、国资委关于扩大国有科技型企业股权和分红激励暂行办法实施范围等有关事项的通知》的规定,可实施股权和分红激励的国有科技企业应符合以下条件:

①实施主体为国有科技型企业。国有科技型企业是指中国境内具有公司法人资格的国有及国有控股未上市科技企业(含全国中小企业股份转让系统挂牌的国有企业、国有控股上市公司所出资的各级未上市科技子企业),具体包括:

A. 国家认定的高新技术企业;

B. 转制院所企业及所投资的科技企业;

C. 高等院校和科研院所投资的科技企业;

D. 纳入科技部"全国科技型中小企业信息库"的企业;

E. 国家和省级认定的科技服务机构。

②产权及运营机制。实施股权和分红激励的国有科技型企业应当产权明晰、发展战略明确、管理规范、内部治理结构健全并有效运转，同时具备以下条件：

A. 企业建立了规范的内部财务管理制度和员工绩效考核评价制度。年度财务会计报告经过中介机构依法审计，且激励方案制定近3年（以下简称近3年）没有因财务、税收等违法违规行为受到行政、刑事处罚。成立不满3年的企业，以实际经营年限计算。

B. 对于上述国有科技型企业范围中的B、C、D类企业，近3年研发费用占当年企业营业收入均在3%以上，激励方案制定的上一年度企业研发人员占职工总数10%以上。成立不满3年的企业，以实际经营年限计算。

C. 对于上述国有科技型企业范围中的E类企业，近3年科技服务性收入不低于当年企业营业收入的60%。

（3）国有控股上市公司

国有控股上市公司可以实施员工持股或股权激励，但视情况不同，应遵循《上市公司股权激励管理办法》、《北京证券交易所上市公司持续监管指引第3号——股权激励和员工持股计划》及《国资委关于印发〈中央企业控股上市公司实施股权激励工作指引〉的通知》等法律法规及规范性文件的规定。

国有控股企业实施股权或分红激励时，除应符合上述企业条件外，还应符合相关法律规定的具体操作要求。

## 221. 哪些员工可以参加国企员工持股、股权激励？

根据国企员工持股、股权激励相关规定，可以参与员工持股、股权激励计划的国企员工范围如下：

（1）混合所有制企业员工持股

根据《关于国有控股混合所有制企业开展员工持股试点的意见》的规定，国有控股混合所有制企业开展员工持股时，参与持股人员应为在关键岗位工作并对公司经营业绩和持续发展有直接或较大影响的科研人员、经营管理人员和业务骨干，且与本公司签订了劳动合同。

但是，党中央、国务院和地方党委、政府及其部门、机构任命的国有企业领导人员不得持股。外部董事、监事（含职工代表监事）不参与员工持股。如直系亲属多人在同一企业时，只能一人持股。

（2）国有控股上市公司股权激励

根据《上市公司股权激励管理办法》的规定，激励对象可以包括上市公司的董事、高级管理人员、核心技术人员或者核心业务人员，以及公司认为应当激励的对公司经营业绩和未来发展有直接影响的其他员工。但是，以下人员不得参加上市公司股权激励：

①单独或合计持有上市公司5%以上股份的股东或实际控制人及其配偶、父母、子女，不得成为激励对象；

②独立董事；

③最近12个月内被证券交易所认定为不适当人选；

④最近12个月内被中国证监会及其派出机构认定为不适当人选；

⑤最近12个月内因重大违法违规行为被中国证监会及其派出机构行政处罚或者采取市场禁入措施；

⑥具有《公司法》规定的不得担任公司董事、高级管理人员情形的；

⑦法律法规规定不得参与上市公司股权激励的；

⑧中国证监会认定的其他情形。

《国资委关于印发〈中央企业控股上市公司实施股权激励工作指引〉的通知》对中央企业控股上市公司股权激励对象作了进一步规定。总体上，就激励对象人员选择，其与《上市公司股权激励管理办法》基本相同，中央企业控股上市股权激励的激励对象要聚焦核心骨干人才队伍，一般为上市公司董事、高级管理人员以及对上市公司经营业绩和持续发展有直接影响的管理、技术和业务骨干。上市公司国有控股股东或中央企业的管理人员在上市公司担任除监事以外职务的，可以参加上市公司股权激励计划，但只能参加一家任职上市公司的股权激励计划，应当根据所任职上市公司对控股股东公司的影响程度、在上市公司担任职务的关键程度决定优先参加其中一家所任职上市公司的股权激励计划。

就股权激励对象的不适当人选范围，上述通知作了进一步规定，不适当人选还包括以下人员：

①中央和国资委党委管理的中央企业负责人。

②未在上市公司或其控股子公司任职、不属于上市公司或其控股子公司的人员。

③国有资产监督管理机构、证券监督管理机构规定的不得成为激励对象的人员。

(3)国有科技型企业股权和分红激励

根据《国有科技型企业股权和分红激励暂行办法》的规定，国有科技型企业进行股权和分红激励，激励对象应为与本企业签订劳动合同的重要技术人员和经营管理人员。综合考虑职工岗位价值、实际贡献、承担风险和服务年限等因素，重点激励在自主创新和科技成果转化中发挥主要作用的关键核心技术、管理人员。激励对象的范围具体包括：

①关键职务科技成果的主要完成人，重大开发项目的负责人，对主导产品或者核

心技术、工艺流程做出重大创新或者改进的主要技术人员。

②主持企业全面生产经营工作的高级管理人员，负责企业主要产品（服务）生产经营的中、高级经营管理人员。

③通过省、部级及以上人才计划引进的重要技术人才和经营管理人才。

企业不得面向全体员工实施股权或者分红激励。企业监事、独立董事不得参与企业股权或者分红激励。

## 222. 国有企业员工持股的比例如何确定？

根据国有企业员工持股及股权激励相关规定，不同情形下，国企员工持股、股权激励的总额最高比例和个人员工的最高比例有所不同。

（1）混合所有制企业员工持股

根据《关于国有控股混合所有制企业开展员工持股试点的意见》的规定，员工持股比例应结合企业规模、行业特点、企业发展阶段等因素确定。员工持股总量原则上不高于公司总股本的30%，单一员工持股比例原则上不高于公司总股本的1%。

（2）中央企业控股上市公司股权激励

《上市公司股权激励管理办法》对上市公司股权激励的数量作了规定。根据该办法，上市公司全部在有效期内的股权激励计划所涉及的标的股票总数累计不得超过公司股本总额的10%。非经股东会特别决议批准，任何一名激励对象通过全部在有效期内的股权激励计划获授的本公司股票，累计不得超过公司股本总额的1%。

《国资委关于印发〈中央企业控股上市公司实施股权激励工作指引〉的通知》就央企控股上市公司股权激励数量所作规定更宽松。

关于股权激励总量，上述通知规定，上市公司全部在有效期内的股权激励计划所涉及标的股票总数累计不得超过公司股本总额的10%（科创板上市公司累计不超过股本总额的20%）。不得因实施股权激励导致国有控股股东失去实际控制权。

关于首次股权激励数量，上市公司首次实施股权激励计划授予的权益所涉及标的股票数量原则上应当控制在公司股本总额的1%以内。中小市值上市公司及科技创新型上市公司可以适当上浮首次实施股权激励计划授予的权益数量占股本总额的比例，原则上应当控制在3%以内。

关于单个激励对象的激励股权数量，上述通知规定，非经股东大会特别决议批准，任何一名激励对象通过全部在有效期内的股权激励计划获授权益（包括已行使和未行使的）所涉及标的股票数量，累计不得超过公司股本总额的1%。

（3）国有科技型企业股权和分红激励

国有科技型企业应按照《统计上大中小微型企业划分办法（2017）》的规定，对企业规模进行大、中、小、微的划分。

根据《国有科技型企业股权和分红激励暂行办法》的规定，大型企业的股权激励总额不超过企业总股本的5%；中型企业的股权激励总额不超过企业总股本的10%；小、微型企业的股权激励总额不超过企业总股本的30%，且单个激励对象获得的激励股权不得超过企业总股本的3%。且企业不能因实施股权激励而改变国有控股地位。

(4)关于国有金融企业内部职工持股的比例

鉴于金融行业的特殊性，财政部、中国人民银行、原银监会、证监会、原保监会公布《关于规范金融企业内部职工持股的通知》，对金融企业内部职工持股比例有特殊规定。

一是属于定向募集股份有限公司金融企业的内部职工持股，应严格执行《国家体改委关于印发〈定向募集股份有限公司内部职工持股管理规定〉的通知》有关规定，内部职工持股比例不得超过总股本的2.5%。

二是城市商业银行的内部职工持股，应严格执行《中国人民银行关于城市商业银行吸收自然人入股有关问题的批复》有关规定，内部职工持股比例不得超过总股本的20%，单个职工持股的比例不得超过总股本的5‰。

三是农村商业银行，农村合作银行和农村信用社的内部职工持股，应严格执行《中国银行业监督管理委员会农村中小金融机构行政许可事项实施办法》有关规定，内部职工和自然人持股比例不得超过总股本的20%，单个职工持股的比例不得超过总股本的2%。

## 223. 国企员工持股如何定价？

根据国企员工持股、股权激励相关规定，在不同情形下，国企员工持股、股权激励的定价方法不同，具体如下：

(1)关于混合所有制企业员工持股的定价

根据《关于国有控股混合所有制企业开展员工持股试点的意见》的规定，在混合所有制企业员工入股前，应按照有关规定对试点企业进行财务审计和资产评估。员工入股价格不得低于经核准或备案的每股净资产评估值。

(2)关于中央企业控股上市公司股权激励的定价

根据《上市公司股权激励管理办法》的规定，上市公司股权激励分为限制性股票激励和股票期权激励。对于限制性股票激励，授予价格不得低于股票票面金额，且原则上不得低于下列价格较高者：

①股权激励计划草案公布前1个交易日的公司股票交易均价的50%；

②股权激励计划草案公布前20个交易日、60个交易日或者120个交易日的公司

股票交易均价之一的 50%。

对于股票期权激励,行权价格不得低于股票票面金额,且原则上不得低于下列价格较高者:

①股权激励计划草案公布前 1 个交易日的公司股票交易均价;

②股权激励计划草案公布前 20 个交易日、60 个交易日或者 120 个交易日的公司股票交易均价之一。

上市公司也可以采用其他方法确定限制性股票授予价格和股票期权的行权价格,并应当在股权激励计划中对定价依据及定价方式作出说明,同时聘请独立财务顾问,对股权激励计划的可行性、是否有利于上市公司的持续发展、相关定价依据和定价方法的合理性、是否损害上市公司利益以及对股东利益的影响发表专业意见。

《中央企业控股上市公司实施股权激励工作指引》对限制性股票的授予价格的规定是,限制性股票的授予价格不得低于公平市场价格的 50% 以及公司标的股票的单位面值。股票公平市场价格低于每股净资产的,限制性股票授予价格不应低于公平市场价格的 60%。

(3)关于国有科技型企业股权和分红激励的定价

根据《国有科技型企业股权和分红激励暂行办法》的规定,企业无论采取股权出售、股权奖励、股权期权等一种或多种方式对激励对象实施股权激励,都应按不低于经核准或者备案的资产评估结果的价格进行定价。

## 224. 国企员工持股应如何履行程序?

根据国企员工持股、股权激励相关规定,在不同情形下,国企员工持股履行不同的程序,具体如下:

(1)混合所有制企业员工持股

根据《关于国有控股混合所有制企业开展员工持股试点的意见》的规定,国有控股混合所有制企业开展员工持股,应履行以下程序:

①员工持股方案制定。深入分析实施员工持股的必要性和可行性,以适当方式向员工充分提示持股风险,严格按照有关规定制定员工持股方案,并对实施员工持股的风险进行评估,制定应对预案。员工持股方案内容应包括持股员工条件、持股比例、入股价格、出资方式、持股方式、股权分红、股权管理、股权流转及员工岗位变动调整股权等操作细节。

②员工持股方案审批与备案。通过职工代表大会等形式充分听取本企业职工对员工持股方案的意见,并由董事会提交股东会进行审议。地方试点国有企业的员工持股方案经股东会审议通过后,报履行出资人职责的机构备案,同时抄报省级人民政

府国有资产监督管理机构;中央试点国有企业的员工持股方案经股东会审议通过后,报履行出资人职责的机构备案。

③试点企业信息公开。国有企业应将持股员工范围、持股比例、入股价格、股权流转、中介机构以及审计评估等重要信息在本企业内部充分披露,切实保障员工的知情权和监督权。

(2)中央企业控股上市公司股权激励

结合《国资委关于印发〈中央企业控股上市公司实施股权激励工作指引〉的通知》及《上市公司股权激励管理办法》的规定,中央企业控股上市公司实施股权激励,应履行以下程序:

①股权激励计划草案拟订。上市公司董事会下设的薪酬与考核委员会负责拟订股权激励计划草案,董事会应当依法对股权激励计划草案作出决议。独立董事及监事会应当就股权激励计划草案是否有利于上市公司的持续发展,是否存在明显损害上市公司及全体股东利益的情形发表意见。

独立董事或监事会认为有必要的,可以建议上市公司聘请独立财务顾问,上市公司采用其他方法确定限制性股票授予价格或股票期权行权价格的,应当聘请独立财务顾问,对股权激励计划的可行性、是否有利于上市公司的持续发展、相关定价依据和定价方法的合理性、是否损害上市公司利益以及对股东利益的影响发表专业意见。

②股权激励方案公开。上市公司应当在召开股东会前,通过公司网站或者其他途径,在公司内部公示激励对象的姓名和职务,公示期不少于 10 天。监事会应当对股权激励名单进行审核,充分听取公示意见。上市公司应当在股东会审议股权激励计划前 5 日披露监事会对激励名单审核及公示情况的说明。同时,上市公司应当对内幕信息知情人在股权激励计划草案公告前 6 个月内买卖本公司股票及其衍生品种的情况进行自查,说明是否存在内幕交易行为。

③律师出具法律意见书。上市公司应当聘请律师事务所对股权激励计划及对相关履行程序的情况出具法律意见书。

④股东大会审议。上市公司召开股东会审议股权激励计划时,独立董事应当就股权激励计划向所有的股东征集委托投票权。股东会对股权激励计划内容进行表决,并经出席会议的股东所持表决权的 2/3 以上通过。除上市公司董事、监事、高级管理人员、单独或合计持有上市公司 5% 以上股份的股东外,其他股东的投票情况应当单独统计并予以披露。

⑤股权激励计划实施。上市公司董事会应当根据股东会决议,负责实施限制性股票的授予、解除限售和回购以及股票期权的授权、行权和注销。上市公司监事会应当对限制性股票授予日及期权授予日激励对象名单进行核实并发表意见。

股权激励计划经股东会审议通过后,上市公司应当在 60 日内授予权益并完成公告、登记；有获授权益条件的，应当在条件成就后60日内授出权益并完成公告、登记。上市公司在向激励对象授出权益前，董事会应当就股权激励计划设定的激励对象获授权益的条件是否成就进行审议，独立董事及监事会应当同时发表明确意见。律师事务所应当对激励对象获授权益的条件是否成就出具法律意见。

⑥上市公司国有股东的内部审批程序。除上述上市公司实施股权激励应履行的程序外，中央企业控股上市公司根据有关政策规定，制订股权激励计划；在股东会审议之前，国有控股股东按照公司治理和股权关系，应经中央企业审核同意，并报国资委批准。

（3）国有科技型企业股权和分红激励

根据《国有科技型企业股权和分红激励暂行办法》的规定，国有科技型企业股权和分红激励按以下程序进行：

①方案拟订。国有科技企业总经理班子或者董事会负责拟订企业股权和分红激励方案，应当通过职工代表大会或者其他形式充分听取职工的意见和建议。激励方案涉及的财务数据和资产评估结果，应当经具有相关资质的会计师事务所审计和资产评估机构评估，并按有关规定办理核准或备案手续。

②出资人审批。激励方案拟订机构应当将激励方案及听取职工意见的情况，先行报履行出资人职责的单位，也就是审核单位批准。审核单位应当严格审核国有科技企业申报的激励方案，必要时要求国有科技企业法律事务部门或者外聘律师对激励方案出具法律意见书。审核单位自受理国有科技企业股权和分红激励方案之日起20个工作日内，提出书面审定意见。

③股东会审议。审核单位批准国有科技企业实施股权和分红激励后，激励方案拟订机构应将批准的激励方案提请股东会审议。国有科技企业应当在股东会审议通过激励方案后5个工作日内，将经股东会审议通过的激励方案及相关批准文件、股东会决议报送审核单位备案。

④激励实施。国有科技企业实施激励导致注册资本规模、股权结构或者组织形式变动的，应当按照有关规定，根据相关批准文件、股东会决议等，及时办理国有资产产权登记和工商变更登记手续。

# 第十章

# 上市公司并购的问题

## 一、收购上市公司

### 225. 收购上市公司控制权主要有哪些方法？

根据中国证监会《上市公司收购管理办法》及《上市公司重大重组办法》规定，投资者收购上市公司控制权的方法主要有举牌收购、要约收购、协议收购、间接收购、爬行增持、上市公司国有股份重组、认购上市公司增发的股份等方式。

(1)举牌收购。即投资者通过证券交易所的证券交易购买股票，单独或与其一致行动人一起，在某一上市公司拥有权益的股份达到一定数量，取得对该上市公司的控制权。

(2)要约收购。即投资者自愿，或在持有一个上市公司股份超过30%而需继续收购股份时依法向被收购上市公司的所有股东发出部分或全面收购要约，并按要约收购报告书载明的价格、数量、比例、时间及条件等，收购其所持该公司的部分或全部股份。

(3)协议收购。即投资者与上市公司的个别股东进行协商，以协议方式收购上市公司一定数量拥有权益的股份，成为该上市公司的股东并取得其控制权。协议收购是被采用最多的上市公司收购的方式。

(4)间接收购。即投资者与上市公司的个别股东的控股股东协商，收购该上市公司股东的控制权，间接控制该上市公司控制权的行为。

(5)爬行增持。即投资者在一个上市公司中拥有权益的股份达到或者超过该公司已发行股份的30%时，自上述事实发生之日起1年后，每12个月内增持不超过该公司已发行的2%的股份，以此方式逐步取得上市公司的控制权。

(6)上市公司国有股份重组。即经政府或者国有资产管理部门批准进行上市公司国有股份的无偿划转、变更、合并，并因此发生上市公司控制权的变更。

(7)认购上市公司增发的股份。即投资者取得上市公司依法定程序发行的新股，借以取得上市公司的控制权。

## 226. 上市公司收购可分哪些类别？

按不同的分类标准，上市公司收购可分为以下类别：

(1)按是否在证券市场进行收购，可分为场内收购、场外收购。

场内收购，是指根据《证券法》和证券交易所交易规则的规定，收购方通过证券交易所的证券交易收购一个上市公司的股票，取得该上市公司控制权的行为，如举牌收购、要约收购、爬行增持等方式。

场外收购，是指收购方通过证券交易所证券交易之外的其他方式收购一个上市公司控制权的行为，如协议转让、股票大宗交易及间接收购等方式。

(2)按收购方是否就收购事项与上市公司大股东进行协商，分为恶意收购、友好收购。

恶意收购，是指收购方不与标的上市公司的大股东进行协商，直接通过在证券交易所证券交易收购其股票，以实现对该上市公司的收购，如举牌收购、要约收购等方式。

友好收购，是指收购方通过与标的上市公司的大股东进行协商，就收购事项达成一致的方式收购该上市公司，协议收购、间接收购等通常都属于友好收购方式。

(3)按收购方是否自愿收购上市公司的股份，分为自愿收购、强制收购。

自愿收购，是指收购方按自己的意愿决定进行的上市公司收购行为。

强制收购，是指收购方依据法律规定必须履行收购上市公司一定比例或全部股份的义务，主要是指不同情形下的要约收购。

## 227. 什么是一致行动人？

就上市公司收购而言，在上市公司的收购及相关股份权益变动活动中有一致行动情形的投资者，互为一致行动人。根据《上市公司收购管理办法》第八十三条第二款的规定，如无相反证据，投资者有下列情形之一的，为一致行动人：

(1)投资者之间有股权控制关系。

(2)投资者受同一主体控制。

(3)投资者的董事、监事或者高级管理人员中的主要成员，同时在另一个投资者担任董事、监事或者高级管理人员。

(4)投资者参股另一投资者，可以对参股公司的重大决策产生重大影响。

(5)银行以外的其他法人、其他组织和自然人为投资者取得相关股份提供融资安排。

(6)投资者之间存在合伙、合作、联营等其他经济利益关系。

(7)持有投资者30%以上股份的自然人,与投资者持有同一上市公司股份。

(8)在投资者任职的董事、监事及高级管理人员,与投资者持有同一上市公司股份。

(9)持有投资者30%以上股份的自然人和在投资者任职的董事、监事及高级管理人员,其父母、配偶、子女及其配偶、配偶的父母、兄弟姐妹及其配偶、配偶的兄弟姐妹及其配偶等亲属,与投资者持有同一上市公司股份。

(10)在上市公司任职的董事、高级管理人员及其前项所述亲属同时持有本公司股份的,或者与其自己或者其前项所述亲属直接或者间接控制的企业同时持有本公司股份。

(11)上市公司董事、高级管理人员和员工与其所控制或者委托的法人或者其他组织持有本公司股份。

(12)投资者之间具有其他关联关系。

被认定为一致行动人的法律效果在于应当合并计算一致行动人所持有的股份及其表决权。投资者计算其所持有的股份,应当包括登记在其名下的股份,也包括登记在其一致行动人名下的股份。

## 228. 上市公司收购尽职调查有哪些关注要点?

收购上市公司的尽职调查,除历史沿革、股权结构、资产、债权债务、税务、经营合规性、社会保障等通常应进行的并购尽调事项外,根据《上市公司收购管理办法》及《上市公司证券发行注册管理办法》等,还应注意尽调以下事项:

(1)控制权收购交易进行的潜在障碍

①卖方及其关联方承诺。上市公司大股东、实际控制人及其关联方之前如曾作出股份限售或其他方面的承诺,可能会对该等人员转让上市公司控制权构成履约障碍。

②标的股份的权利限制及卖方债务情况。如卖方所持上市公司股份存在质押或法院冻结情况,或者卖方或其实际控制人存在高额负债,可能使标的股份无法过户,或交易难以安全进行。

③卖方的持股情况及相关安排。卖方可能存在通过直接或间接持有上市公司股份,以及通过关联关系、一致行动协议、表决权委托、董事会及管理层安排等方式实现对上市公司的控制的情况。收购方在进行交易方案设计时,应充分了解及考虑这一情形,采取必要的交易策略,确保其在收购完成后能够取得上市公司的控制权。

④上市公司权利受损情况。控股股东、实际控制人及其关联方存在损害被收购上市公司及其他股东合法权益的行为，如违规担保及关联方资金占用等，且未得到妥善处理的，很可能使收购交易无法继续进行；如收购侥幸完成，上市公司及收购方利益后续可能因此受到严重损害。

⑤第三方一票否决权。上市公司与第三方的合同中，如存在关于上市公司控制权发生变化须取得该第三方同意等第三方利益保护条款，在上市公司控制权转让交易合同生效前，应取得该等第三方的同意，否则该等第三方可能追究上市公司的违约责任，损害上市公司及收购方的利益。

⑥收购方自身情况。根据《上市公司收购管理办法》第六条的规定，有下列情形之一的，不得收购上市公司：A. 收购方负有数额较大债务，到期未清偿，且处于持续状态；B. 收购方最近 3 年有重大违法行为或者涉嫌有重大违法行为；C. 收购方最近 3 年有严重的证券市场失信行为；D. 收购方为自然人的，存在《公司法》第一百七十八条规定的情形；E. 法律、行政法规规定以及中国证监会认定的不得收购上市公司的其他情形。

此外，上市公司收购项目中，收购方需视情况披露自身信息，如其股权结构、收购资金来源、与上市公司之间是否存在同业竞争和关联交易等。

如果收购方存在上述方面违法或损害上市公司利益情形，其上市公司收购行为可能被监管机构责令暂停或者停止。

(2)上市公司后续资本运作的潜在障碍

上市公司存在《上市公司证券发行注册管理办法》第十条及第十一条规定情形的，可能不被允许向特定对象或不特定对象发行股份，相应影响收购后上市公司的资本运作。

《上市公司证券发行注册管理办法》第十条规定，上市公司存在下列情形之一的，不得向不特定对象发行股票：

①擅自改变前次募集资金用途未作纠正，或者未经股东会认可；

②上市公司或者其现任董事、高级管理人员最近 3 年受到中国证监会行政处罚，或者最近 1 年受到证券交易所公开谴责，或者因涉嫌犯罪正在被司法机关立案侦查或者涉嫌违法违规正在被中国证监会立案调查；

③上市公司或者其控股股东、实际控制人最近 1 年存在未履行向投资者作出的公开承诺的情形；

④上市公司或者其控股股东、实际控制人最近 3 年存在贪污、贿赂、侵占财产、挪用财产或者破坏社会主义市场经济秩序的刑事犯罪，或者存在严重损害上市公司利益、投资者合法权益、社会公共利益的重大违法行为。

《上市公司证券发行注册管理办法》第十一条规定，上市公司存在下列情形之一

的,不得向特定对象发行股票:

①擅自改变前次募集资金用途未作纠正,或者未经股东会认可。

②最近1年财务报表的编制和披露在重大方面不符合企业会计准则或者相关信息披露规则的规定;最近1年财务会计报告被出具否定意见或者无法表示意见的审计报告;最近1年财务会计报告被出具保留意见的审计报告,且保留意见所涉及事项对上市公司的重大不利影响尚未消除。本次发行涉及重大资产重组的除外。

③现任董事、高级管理人员最近3年受到中国证监会行政处罚,或者最近一年受到证券交易所公开谴责。

④上市公司或者其现任董事、高级管理人员因涉嫌犯罪正在被司法机关立案侦查或者涉嫌违法违规正在被中国证监会立案调查。

⑤控股股东、实际控制人最近3年存在严重损害上市公司利益或者投资者合法权益的重大违法行为。

⑥最近3年存在严重损害投资者合法权益或者社会公共利益的重大违法行为。

(3)信息披露真实性。上市公司公开披露的财务、业务、法律信息存在重大虚假内容的,一方面给上市公司及收购方造成经济损失或影响其运营的可持续性;另一方面可能受到证监会的行政处罚,给上市公司带来经济损失或退市风险。

(4)业务真实性。近年来,上市公司财务造假案例不断出现,收购方收购时未发现标的上市公司历史上或现有的财务造假行为,收购后标的上市公司业绩“爆雷”,进而使收购方遭受重大损失的案例亦屡见不鲜。

(5)退市风险。上海、深圳及北京证券交易所上市规则规定了四类强制退市标准,即交易类、财务类、规范类和重大违法违规类退市标准,上市公司触发该等强制退市标准时,将被强制退市。除非收购方收购上市公司看中的主要不是其上市身份,否则收购完成后,被收购上市公司因收购前的退市风险退市,会导致收购方无法达成收购目的的后果。

## 229. 什么是举牌收购?

为保护中小投资者权益,我国《证券法》第六十三条规定,投资者通过证券交易所的证券交易购入一个上市公司股票达到其已发行的有表决权股份的5%时,应在该事实发生之日起3日内,向国务院证券监督管理机构、证券交易所作出书面报告,通知该上市公司并予以公告。这种公告行为俗称“举牌”。

相应地,举牌收购,是指通过证券交易所的证券交易,投资者及其一致行动人拥有权益的股份达到一个上市公司已发行有表决权股份的5%以后,继续通过证券交易所的证券交易收购上市公司股票进而取得上市公司控制权的行为。

需要注意的是,如果投资者“举牌”仅仅是因获得上市公司5%的股份而触发公告义务,并不谋求对该上市公司的控制权,则这种“举牌”行为不构成举牌收购。

举牌收购系通过证券交易所的证券交易从不特定投资者手中购买股票,而非通过协商方式向特定投资者购买股票,因此,上市公司现有大股东及管理层通常会将其理解为恶意收购。

## 230. 什么类型的上市公司容易招致举牌收购?

从被广泛关注的宝能系公司举牌收购万科案例来看,存在以下情形的上市公司,容易吸引“野蛮人”举牌收购:

(1)市值低。上市公司的市值相对低,便于收购方以低成本获取控制权。宝能系公司举牌万科时,万科的情况即是如此。从2014年7月到2015年6月,在主板28个行业中,万科房地产估值排在倒数第四。就万科而言,其当时的经营业绩远高于同行业企业,但市盈率仅为同行业企业的一半,市场价值被显著低估,这给宝能系公司提供了低价收购的可乘之机。

(2)资产优质。宝能系公司举牌收购万科时,万科资产及业绩优秀。宝能系公司首次买入万科A股股票发生于2015年年初。1994年万科净资产10.9亿元,而到2015年6月,万科净资产已达1177亿元,20年间增加近100倍,年均复合增长26%。而且,万科的高增长并没有因为自身规模庞大而明显减速。截至2014年年底,万科账面现金超过600亿元,拥有3600万平方米的土地储备且购买价格低廉,公司治理长期良好运作,这是吸引宝能系公司对其举牌收购的另一重要因素。

(3)股权结构分散。宝能系公司首次买入万科A股股票时,华润股份约持有万科14.89%的股权,除华润股份和一位持股1.21%自然人股东外,万科前十位股东都是各类保险、证券投资基金,他们加在一起,控制万科约7%的股权。万科这种分散的股权结构显然便于宝能系公司进行举牌收购。

该案例中,截至2015年12月24日,宝能系公司对万科的持股比例增至25.4%,如果不是后来股东深圳地铁增持万科股权至占比29.38%,超过宝能系公司成为万科第一大股东,宝能系公司将控股万科。

## 231. 就上市公司举牌收购,哪些事项通常会引起关注?

举牌方式收购上市公司行为通常会导致收购方与标的上市公司现有大股东、实际控制人及管理层之间的激烈对抗,并引起股价的剧烈波动。在举牌收购过程中,其他投资者的利益可能因收购双方的行为受到损害。基于上述情况,上市举牌收购常引起资本市场各方关注,尤其在以下方面:

(1)举牌程序履行的合规性。按照《上市公司收购管理办法》的规定,投资人举牌上市公司,应当严格履行信息披露义务,持股达到一定比例时,应基于实际情况编制及公告相关信息披露报告书。以举牌方式收购上市公司时,收购方在收购过程中应尽可能避免程序瑕疵,否则可能被质疑收购的合法性,进而被要求限制表决权、强制卖出股份、向投资者赔偿损失等,最终导致收购失败。

(2)一致行动关系认定和披露。一致行动关系的准确认定和依规披露,是正确履行举牌收购信息披露义务的一个重要方面。投资人如存在这一方面的违法违规行为,可能被监管机构发现或被标的上市公司甚至媒体等举报;若被查证属实,可能被监管机构采取责令改正、出具警示函、责令暂停或者停止收购等监管措施,且在改正前,收购方不得对其持有或者实际支配的股份行使表决权,进而导致收购进程受阻。

(3)收购资金来源的合规性。根据《上市公司收购管理办法》第十六条的规定,投资者及其一致行动人不是上市公司的第一大股东或者实际控制人,其拥有权益的股份达到或者超过该公司已发行股份的5%,但未达到20%的,应当编制简式权益变动报告书,其中应披露收购资金来源。如收购资金来源存在不合法情况,收购方可能被监管机构要求改正。

(4)公司章程中反收购条款的合法性。上市公司反收购的一个重要策略是在公司章程中规定反收购条款。这一策略的制定基础是法定股东权利与公司章程规定的股东自治权利的行使。章程中反收购条款的有效性取决于其是否违反《公司法》《证券法》等法律法规的强制性规定。根据《上市公司收购管理办法》第八十条的规定,上市公司章程中涉及公司控制权的条款违反法律、行政法规和该办法规定的,中国证监会有权责令上市公司改正。公司股东也可基于公司法规定向法院提起诉讼,要求确认其无效。若此,相关公司章程条款将不能被适用于反收购。

(5)董事义务的履行。根据《上市公司收购管理办法》第八条关于上市公司董事忠实和勤勉义务的规定,上市公司董事会针对收购作出的决策及采取的措施,应当有利于维护公司及其股东的利益,不得滥用职权对收购设置不适当的障碍,不得利用公司资源向收购方提供任何形式的财务资助,不得损害公司及其股东的合法权益,否则,可能被监管机构采取监管谈话、出具警示函等监管措施,也可能被认定为不适当人选。除上述风险外,如果上市公司董事会反收购措施违背了上述忠实义务,股东理论上亦可对其进行诉讼,要求其承担经济损失。

## 232. 上市公司通常的反收购策略有哪些?

上市公司反收购策略总体上可以归为以下四类:第一,利用股权安排,保障控制权;第二,在公司章程中嵌入反并购条款;第三,增加恶意收购者的收购成本和风险,或降低收购收益；第四，以攻为守。

表 9 展示了一些上市公司反收购方法，供读者了解。其中部分因合规问题，在 A 股市场未必具有可操作性。

**表 9　部分上市公司反收购方法**

| 序号 | 类别 | 名称 | 含义或做法 | 目的 | A 股市场合规性 |
|---|---|---|---|---|---|
| 1 | 利用股权安排，保障控制权 | 定向增发 | 上市公司向符合条件的少数特定投资者非公开发行股份的行为 | 巩固上市公司控制权 | 可行 |
| 2 | | 管理层收购 | 在章程中规定，一旦公司受到敌意收购者的并购威胁，即授权公司董事会立即启动公司管理层优先收购计划并给予收购支持 | 巩固上市公司控制权 | 损害其他投资者利益，不合规 |
| 3 | | “白衣骑士” | 当上市公司成为恶意投资者的收购目标，管理层寻找一家友好公司进行收购。公司管理层在友好公司的支持下，甚至可以自己成为“白衣骑士”，实行管理层收购 | 给敌意收购者寻找竞争对手，利用第三方力量或支持，实现对上市公司的控制 | 可行 |
| 4 | | “白衣护卫” | 这是一种与“白衣骑士”类似的反收购措施。但标的公司不是将控股权，而是将其较大比例的股票出让给友好公司。在这一策略下，标的公司常采取向“白衣护卫”发行新股的方式 | 与己方的友好投资者联手，巩固控制权，给敌意收购者设置障碍 | 可行 |
| 5 | | 交叉持股 | 上市公司之间相互持有对方一定比例的股份，相互成为对方股东。交叉持股既有利于相关上市公司之间的战略协作，亦可使其相互支持，防御敌意收购 | 锁定上市公司股份，减少敌意收购者的可收购股份数量 | 可行。但应注意，根据《公司法》的规定，上市公司的控股子公司不得取得该上市公司的股份 |
| 6 | | 寻求小股东支持，征集投票权 | 在上市公司股权分散的情况下，能否取得小股东的支持对控制权的掌握有重要影响；同时，因上市公司使用累积投票制选举董事，小股东的表决权可能影响董事会的构成 | 巩固上市公司控制权 | 可行。但上市公司大股东及管理层应有足够的号召力 |

续表

| 序号 | 类别 | 名称 | 含义或做法 | 目的 | A股市场合规性 |
|---|---|---|---|---|---|
| 7 | 在公司章程中嵌入反并购条款 | 超级多数条款 | 在章程中将公司收购列为特别决议事项，并规定相关议案应由股东会出席会议的股东所持表决权的3/4通过，更有甚者直接将涉及收购方及其一致行动人提交的关于购买或出售资产、对外投资、对外担保等内容的议案的表决通过标准提高至出席股东会的股东所持表决权的4/5 | 为敌意收购者设计高于法定标准的表决权障碍 | 限制股东权利，不合规 |
| 8 | | 限制董事会结构调整 | 在章程中设置分级分期董事会，将董事会分成若干组，规定每一组不同的任期，以使每年都有一组董事任期届满，每年也只有任期届满的董事被改选。同时，在公司章程中限制任期届满后董事会成员可改选的人数或改选频率，阻止收购方对董事会进行改组。例如，规定在董事会任期届满后，继任董事会成员中应有2/3以上的原任董事会成员连任，连续36个月内更换的董事不得超过董事会成员的1/4 | 掌握或延长控制时间 | 违反《公司法》有关规定。公司章程不得通过规定董事强制性连任，变相延长董事法定最长3年的任期 |
| 9 | | 提名董事的股东持股时间、比例限制条款 | 在章程中提高股东行使提案权、提名权、征集投票权、自行召集和主持股东会等权利的股东持股比例或持股期限要求 | 为敌意收购者的股东权利行使设置时间和持股比例限制，迟滞收购进程 | 限制股东权利，不合法 |
| 10 | | 股东提名人数限制条款 | 规定对股东提名董事的人数进行限制来达到反收购的目的 | | |

续表

| 序号 | 类别 | 名称 | 含义或做法 | 目的 | A股市场合规性 |
|---|---|---|---|---|---|
| 11 | | 董事资格限制条款 | 在公司章程中规定董事的任职条件，如在公司任职10年以上；总裁聘任的条件包括在公司任高级管理职务10年以上等 | 限制敌意收购者委派董事的提名权 | 限制或变相剥夺股东权利，不合法 |
| 12 | | 职工董事条款 | 在章程中规定董事会成员中职工代表担任董事的名额为5人或更多。因为职工董事由公司职工通过职工代表大会、职工大会或其他民主方式产生，敌意收购者无法直接选职工董事，增加控制难度 | 利用职工董事的选举程序迟滞收购进程 | |
| 13 | | 董事不得无故解职条款 | 在公司章程中规定在董事任期届满前，除非董事发生违反法律法规及公司章程规定的情形，股东会不得无故解除其职务 | 保障原有董事的权益，迟滞收购进程 | 违反《公司法》第七十一条规定，限制股东权利，不合法 |
| 14 | | 增设股东的信息披露义务 | 在章程中降低收购方持股变动触发披露义务的法定最低比例，如将《上市公司收购管理办法》中规定的5%修改为3%，并规定如果未履行该等程序，就其继续增持的部分股份，其股份表决权及提案权等股东权利将受限制 | 使恶意收购方的收购行为提前暴露，为反收购策略实施赢得时间 | 损害股东权利，不合法 |
| 15 | | 公平价格条款 | 在公司章程中纳入要求收购方在同一次要约收购中以相同条件对待所有持有同类股份的股东 | 保证收购过程的公平性 | 可行 |

续表

| 序号 | 类别 | 名称 | 含义或做法 | 目的 | A股市场合规性 |
|---|---|---|---|---|---|
| 16 | | 双重股权结构(AB股) | 公司发行两种不同投票权的股份,通常命名为A股和B股,A股由普通投资者持有,一股A股具有一个投票权,而B股通常由公司创始人、高级管理人员及其他股东持有,一股B股拥有数倍于普通股的表决权,同时A、B股具有同样的盈余分配权和剩余财产分配权。A、B股皆可转让,但转让后的B股将丧失其原本附着的超级表决权,成为A股 | 减少敌意收购者所持股份的表决权,锁定公司控制权 | 符合条件的上市公司可以实施 |
| 17 | | 累积投票制 | 股东所持的每一股都拥有与股东会拟选举的董事或者监事数量相等的投票权,股东既可以用全部投票权集中选举一人,亦可以分散选举数人,最后按得票多少决定当选董事或者监事。累积投票制的本质是一股多票,而直接投票制的本质是一股一票 | 保证中小投资者的利益,提高收购者的收购成本及保障公平 | 可行 |
| 18 | 降低恶意收购者收益或增加收购风险 | 回购股份 | 上市公司回购其本身发行在外的股份,减少股本金额 | 通过股份回购增加恶意收购者收购成本(股价可能因此上涨) | 视情况而定。不合理或不公允回购可能被质疑损害上市公司利益 |
| 19 | | "金降落伞"计划 | 公司董事会通过决议,由公司董事及高层管理者与公司签订合同,约定该公司被收购且其董事及高层管理者被解职时,可一次性领到巨额的补偿金、行使股票期权或获得额外津贴 | 提高敌意收购者的收购成本,保护上市公司管理层和员工的利益 | 涉嫌损害公司及中小股东利益,不合规 |
| 20 | | "银降落伞"计划 | 公司承诺,若该公司被收购,中级管理人员可以根据工龄长短领取超过法定金额的经济补偿金 | | |
| 21 | | "锡降落伞"计划 | 公司普通员工若在公司被收购后一段时间内被解雇,则可领取超过法定金额的员工遣散费 | | |

续表

| 序号 | 类别 | 名称 | 含义或做法 | 目的 | A股市场合规性 |
| --- | --- | --- | --- | --- | --- |
| 22 | | “毒丸”计划 | 章程中规定上市公司在遇到敌意收购时，现有股东所持股份的表决权按一定规则增加，或赋予其特殊性质的表决权（如否决权）或按优惠条件将现有股东所持优先股转换为普通股等 | 增加现有股东股份表决权或二级市场的新股，稀释敌意收购者的股权 | 不合规或存在操作障碍 |
| 23 | | 兑换毒债 | 在可转债募集说明书中规定，公司遭到恶意收购时，相关债券的持有人有权要求提前清偿借贷或将债券转换成股票 | | |
| 24 | | “皇冠之珠” | 上市公司将其最有价值的资产出售或抵押，以消除敌意收购者的收购意图 | 上市公司通过自残的方式，使自己失去最有价值的部分或主动陷入困境，进而使敌意收购者丧失兴趣 | 可能损害上市公司及股东利益，存在合规性问题 |
| 25 | | “虚胖战术” | 上市公司通过大量举债、购置无用资产、恶意投资、放弃债权等方式使公司财务状况恶化、资产质量下降，盈利能力降低，进而消除敌意收购的收购意图 | | |
| 26 | 以攻为守 | “帕克门” | 上市公司以收购敌意收购者的方式来应对其对自己的收购意图 | 此方式是“以彼之道，还施彼身” | 视情况而定。不合理收购可能被质疑损害上市公司利益 |
| 27 | | “讹诈赎金” | 上市公司溢价回购敌意收购者所持本公司股票 | 回购对象是敌意收购者，让敌意收购者受益，从而放弃收购 | 涉嫌损害上市公司利益，不可行 |

续表

| 序号 | 类别 | 名称 | 含义或做法 | 目的 | A股市场合规性 |
|---|---|---|---|---|---|
| 28 | | 利用公司治理程序 | 上市公司章程规定,股东向股东会提出提案,应先请董事会召集股东会进行审议;董事会不同意召集股东会的,向监事会提出召集股东会。只有董事会和监事会不同意召集股东会审议其所提议案时,该股东方可自行召集股东会。被收购方应充分利用该等公司治理程序 | 阻碍收购或为其他措施的进行赢得时间 | 可行 |
| 29 | | 行政、司法措施 | 发现敌意收购者存在的收购瑕疵问题,向有关部门提起举报、控告、申诉,甚至向法院提起诉讼,阻碍收购进行 | | |

## 233. 哪些情形下的上市公司收购适合采用要约收购方式?

根据《上市公司收购管理办法》的规定,要约收购是指收购方向一家上市公司的全体股东发出要约,收购全体股东所持有的该上市公司之全部或者部分股份。

要约收购可按以下标准进行分类:根据要约收购的股份数量不同,要约收购可分为全面要约收购和部分要约收购。根据发起要约的原因,可分为收购人主动发起的要约收购和因履行法定义务而进行的被动要约收购。通常而言,部分要约收购属主动要约收购,而全面要约收购多属被动要约收购(因私有化退市而进行的全面要约除外)。

相应地,要约收购通常适用于以下情形:

(1)巩固控制权

这种情形下,投资者已经持有一个上市公司超过30%的股份,但该上市公司第二大股东与该投资者持股比例相差不大,该投资者凭借所持股份不能对上市公司享有稳定的控制权。为此,该投资者可主动使用部分要约收购方式,另行收购上市公司的部分股份,拉开其与其他股东之间的持股比例差距,巩固其对该上市公司控制权。

(2)取得控制权

这种情形下,投资者直接通过要约收购方式,取得一个上市公司低于或高于30%的股份比例,相应取得其控制权。投资者通过部分要约收购获取上市公司控制权,较其他收购方式而言,可能付出更高的收购成本。因此,投资者直接采用要约收购方式进行上市收购的案例较少。

(3)履行全面要约收购义务

依据《上市公司收购管理办法》的规定,收购者拟通过协议方式收购一个上市公司的股份超过30%的,超过30%的部分,应当改以要约方式进行;但符合该办法规定的豁免情形的,收购人可以免于发出要约。不符合前述规定情形的,在履行其收购协议前,应当发出全面要约。这种情况下,投资者进行的全面要约收购即属于为履行法定义务而被动进行的要约收购。

(4)私有化退市

这种情形下,投资者可采用全面要约收购方式,收购其他二级市场投资者所持一个上市公司的全部股份,使公众股所占该上市公司的股份比例低于维持该上市公司上市地位所需的公众股法定最低比例,使其丧失上市地位。

私有化退市多出现在境外证券市场,其原因多是公司市值被低估,而境内证券市场交易活跃度和股票流动性较好于境外市场,且企业上市难度大,故很少出现私有化退市情况。之前出现的全面要约私有化退市案例主要出于战略性资本运作需要而发生,如2013年神华国能为解决同业竞争问题全面要约收购暨私有化金马集团案例。

## 234. 要约收购上市公司有哪些关注要点?

考虑到要约收购的成本、程序复杂度及不确定性通常较其他收购方式更高,且并购后可能面临更大的整合难度,故并购方应对要约收购涉及的法律问题进行深入研究,保障收购行为顺利进行。以下是一些要约收购中需要关注的常见问题:

(1)尽职调查事项。投资者单独采取要约方式进行收购,通常会被认为是敌意收购,较协议转让等收购方式而言,更不易获得未公开披露的上市公司信息。因此,收购前,投资者应尽可能从各种可获得的公开及非公开信息渠道对拟要约收购的上市公司进行尽职调查,或收购前对其经营及财务情况进行长期观察和研究,减少收购风险。

(2)收购比例。根据《上市公司收购管理办法》的规定,部分要约的预定收购比例应不低于5%。收购方可以根据交易的实际情况,结合上市公司股权结构情况及收购成本、潜在出售方可出售比例以及是否有提前预受的安排等因素,设定要约收购比例上限,并设置一定的比例下限作为生效要件,如果要约收购期限届满后预受股份比例未达到预设比例,则要约收购不生效,为收购方案的实施提供一定的灵活性。

(3)收购价格。根据《上市公司收购管理办法》第三十五条的规定,对同一种类股票的要约价格,不得低于要约收购提示性公告日前6个月内收购方取得该种股票所支付的最高价格。同时,要约价格低于提示性公告日前30个交易日该种股票的每日加权平均价格的算术平均值的,收购方聘请的财务顾问需说明是否存在股价被操纵、收购方是否有未披露的一致行动人、收购方前6个月取得公司股份是否存在其他支付安排、要约价格的合理性等。

实践中,收购价格通常不会低于上述两个价格标准,但也有少数例外情况,如浙江交投收购浙商中拓,该交易因收购方协议收购触发了要约收购义务。

除上述法定要约收购价格要求外,收购方需结合上市公司股价现状及趋势、现有股东对收购价格的预期、收购成本控制,以及收购方凭已持股份的比例能否掌握上市公司控制权等因素考虑综合收购价格。

(4)交易对手。要约收购实施前,交易对手既可以事先确定(由其出具预受承诺或者签署预受协议),提高收购的成功率,也可不事先确定,由收购方通过二级市场进行收购。

根据《上市公司收购管理办法》第二十六条的规定,要约收购应公平对待所有股东。因此,收购方与交易对方签署预受协议时,其日期不能早于要约收购提示性公告日,否则可能违反这一规定并受到行政处罚。上海乐铮要约收购汇源通信案例中,上海乐铮因此受罚。

(5)履约保证。根据《上市公司收购管理办法》的规定,以现金作为支付手段的,收购方可以选择提供收购所需总金额20%的保证金或者收购总金额100%的保函;以证券作为支付手段的,收购方需将用于支付的全部证券交由证券登记结算机构保管,但上市公司发行新股的除外。各交易所关于履约保证的程序存在一定的不同。收购方事先应基于上述规定做好财务安排。

(6)上市公司的配合义务。相较于其他交易方式,要约收购要求上市公司履行更多的配合义务。除履行正常信息披露责任外,根据《上市公司收购管理办法》第三十二条至第三十四条的规定,上市公司董事会还需对收购方的主体资格、资信情况及收购意图进行调查,对要约条件进行分析,对股东是否接受要约提出建议,并聘请独立财务顾问提出专业意见;收购方作出提示性公告后至要约收购完成前,被收购公司除继续从事正常的经营活动或者执行股东会已经作出的决议外,未经股东会批准,被收购公司董事会不得通过处置公司资产、对外投资、调整公司主要业务、担保、贷款等方式,对公司的资产、负债、权益或者经营成果造成重大影响;在要约收购期间,被收购公司董事不得辞职。事实上,上市公司如何履行配合义务,对收购方成功进行要约收购存在重大影响。

(7)同业竞争和关联交易。要约收购导致上市公司控制权变化的,其关联方会相应发生变化,可能相应导致同业竞争、关联交易及上市公司独立性等问题的产生。实践中通常可以采取出具承诺的方式解决，承诺的期限可视问题存在的具体情况及届时的监管要求确定。

## 235. 在哪些情况下，收购方可免于履行要约收购义务？

因要约收购程序较为复杂，且可能较大幅度增加收购成本，收购方通常尽可能避免采用要约方式收购上市公司股份。以下情况下，收购方可免于以要约方式收购上市公司股份：

（1）根据《上市公司收购管理办法》第六十二条的规定，有下列情形之一的，收购方可以免于以要约方式增持股份：

①收购方与出让方能够证明本次股份转让是在同一实际控制人控制的不同主体之间进行，未导致上市公司的实际控制人发生变化；

②上市公司面临严重财务困难，收购方提出的挽救公司的重组方案取得该公司股东会批准，且收购方承诺 3 年内不转让其在该公司中所拥有的权益；

③中国证监会为适应证券市场发展变化和保护投资者合法权益的需要而认定的其他情形。

（2）根据《上市公司收购管理办法》第六十三条的规定，有下列情形之一的，投资者可以免于发出要约：

①经政府或者国有资产管理部门批准进行国有资产无偿划转、变更、合并，导致投资者在一个上市公司中拥有权益的股份占该公司已发行股份的比例超过 30%；

②因上市公司按照股东会批准的确定价格向特定股东回购股份而减少股本，导致投资者在该公司中拥有权益的股份超过该公司已发行股份的 30%；

③经上市公司股东会非关联股东批准，投资者取得上市公司向其发行的新股，导致其在该公司拥有权益的股份超过该公司已发行股份的 30%，投资者承诺 3 年内不转让本次向其发行的新股，且公司股东会同意投资者免于发出要约；

④在一个上市公司中拥有权益的股份达到或者超过该公司已发行股份的 30% 的，自上述事实发生之日起 1 年后，每 12 个月内增持不超过该公司已发行的 2% 的股份；

⑤在一个上市公司中拥有权益的股份达到或者超过该公司已发行股份的 50% 的，继续增加其在该公司拥有的权益不影响该公司的上市地位；

⑥证券公司、银行等金融机构在其经营范围内依法从事承销、贷款等业务导致其持有一个上市公司已发行股份超过 30%，没有实际控制该公司的行为或者意图，并且提出在合理期限内向非关联方转让相关股份的解决方案；

⑦因继承导致在一个上市公司中拥有权益的股份超过该公司已发行股份

的30%；

⑧因履行约定购回式证券交易协议购回上市公司股份导致投资者在一个上市公司中拥有权益的股份超过该公司已发行股份的30%，并且能够证明标的股份的表决权在协议期间未发生转移；

⑨因所持优先股表决权依法恢复导致投资者在一个上市公司中拥有权益的股份超过该公司已发行股份的30%；

⑩中国证监会为适应证券市场发展变化和保护投资者合法权益的需要而认定的其他情形。

上述情形发生的情况下，收购方应按《上市公司收购管理办法》及其他相关规范性文件规定，就免于以要约收购方式收购股份相关事项聘请律师出具法律意见，并由上市公司履行信息披露程序。完成免于要约收购相关程序后，收购方可直接向交易所和证券登记结算机构申请股份交易确认及过户程序。

## 236. 以协议收购方式收购上市公司有哪些关注要点?

协议收购是A股上市公司控制权交易的最常见方式，是收购方与上市公司股东协商，由其依法以协议方式将所持上市公司股份转让给收购方，相应使收购方取得该上市公司的控制权。

相较于要约收购而言，因交易系经双方协商达成，控制权转让通常不存在激烈冲突，并购后的整合难度相对小。但协议收购情形下，仍有很多事项需要考虑，以下是一些关注要点：

(1)股份转让价格。以协议转让方式收购上市公司的，标的股份的转让价格虽由买卖双方协商确定，但应执行其上市所在证券交易所关于协议转让价格的规定，不得低于股票大宗交易价格范围的下限，否则无法办理股票过户。

股票转让方为国有股东的，协议转让的价格还需符合《上市公司国有股权监督管理办法》的规定，即不得低于下列两者之中的较高者：①提示性公告日前30个交易日的每日加权平均价格的算术平均值；②最近一个会计年度上市公司经审计的每股净资产值，除非转让方进行股份转让系为实施《上市公司国有股权监督管理办法》第三十三条规定的资源整合或资产重组行为。

(2)转让股份的比例。以协议转让方式进行上市公司股份转让交易，应遵守交易所关于协议转让股份数量的下限规定，除交易所规定的特别情形外，协议转让中单个受让方受让的上市公司股份比例不低于5%，否则只能通过大宗交易、竞价交易等方式进行。

在考虑股份收购比例事项时，须注意协议收购的股份比例不要高于上市公司总股本的30%，避免触发全面要约收购义务。

（3）价格锁定。上市公司股票的公开交易导致其价格具有波动性，收购信息披露亦会影响股票价格。为控制交易成本，交易双方需在交易协议中对转让价格进行锁定，并明确除权、除息等情形下的调整机制。

（4）股份转让价款的支付。通常，结合对被收购上市公司的尽调情况、标的股份质押情况、双方的市场地位以及风险控制安排等因素的考虑，交易双方会对股份转让价款的支付时间、方式、先决条件及股份交割等事项作出相应安排，推进交易进行及控制交易风险。

转让方为国有股东的，股份转让价款的支付还应符合《上市公司国有股权监督管理办法》关于国有股东应在股份转让协议签订后5个工作日内收取不低于转让价款30%的保证金，其余价款应在股份过户前全部结清。在全部转让价款支付完毕或交由转让双方共同认可的第三方妥善保管前，不得办理股份过户登记手续的规定。参照《企业国有资产交易监督管理办法》第二十八条关于国有资产交易的支付期限规定，其余款项的支付期限应不超过1年。

（5）价款支付先决条件。收购方可基于对上市公司的尽调结果，设置交易价款支付先决条件，例如，标的股份存在质押、冻结或其他瑕疵的，可将该等瑕疵的消除作为交易价款支付的先决条件。此外，还可将并购应履行的相关审批程序，如国有资产监管机构的审批、经营者集中申报、外商投资安全审查等，作为先决条件之一。

（6）交割。收购方可根据尽调情况，与卖方约定交割先决条件，并在先决条件满足或被豁免后，按约定时间履行交割程序。交割的一个重要事项是卖方向买方提交股份过户完成凭证。视并购项目的具体情况，双方还可将国有资产监管机构、国家反垄断局等相关审批、登记或备案文件等作为交割事项之一。

（7）过渡期保护。收购协议签署后至标的股份过户至收购方名下之前的期间为过渡期，这一期间内，收购方还未获得标的股份的所有权，通常不能改选董事会和控制上市公司。这种情况下，收购方为防止被收购上市公司的利益受损、保护自身的合法权益，往往在收购协议中对卖方行为进行限制，如要求卖方不得作出改变被收购上市公司经营现状的行为，不得作出在正常业务经营之外增加被收购上市公司财务负担或经营风险的行为等，收购方可基于尽调情况及双方谈判地位就过渡期保护条款的具体内容提出要求。

（8）业绩对赌。在上市公司收购项目中，收购方出于规避风险、进行利益绑定和并购整合等目的，常约定业绩对赌条款。在该等条款中，收购方或上市公司均可作为受偿主体，一般由卖方、上市公司原控股股东及其实际控制人和关联方作为补偿主体。在承诺业绩未按约完成的情况下，补偿义务人应对收购方或上市公司进行补偿。补偿方法通常是围绕承诺的利润金额及/或其他经营业绩设定，补偿义务人向收购方或上市公司补偿未完成的业绩金额，或按未完成业绩金额与承诺业绩的比例，以收购交易对价总额为基础向收购方或上市公司进行补偿。设定补偿计算公式时亦可加入业绩承诺的折扣及收购的股份比例等因素。

(9)表决权安排。以协议收购方式收购上市公司的，如果需要分步收购或收购后原控股股东及实际控制人剩余股份比例仍较高，可辅以一致行动协议、表决权委托或让渡的方式，由卖方及一致行动人将所持被收购上市公司剩余股份表决权的全部或部分在一定期限内委托给收购方或放弃，以保障收购方控制权的实现及稳定。

需要注意的是，表决权委托行为可能导致委托方和受托方被认定构成一致行动关系，进而可能对其所持股份权益变动的信息披露义务等构成影响。

(10)经营者集中。在约定协议转让交易条件时，需考虑避免构成实施经营者集中的"抢跑"行为，也就是交易文件签署后，在经营者集中申报前或后，虽未完成股权转让交割，但收购方已经对被收购上市公司形成了事实上的控制，且达到了申报标准，从而在反垄断法角度，可被认定为实施了集中。在这种情形下，违规方可能被依据《反垄断法》处以高额罚款、责令停止集中，或恢复到集中前的状态。

## 237. 常见的上市公司收购方式下，如何履行收购程序？

通过证券交易所的证券交易、要约收购及协议转让是三种常见的上市公司收购方式，根据《上市公司收购管理办法》的规定，该三种收购方式需履行的主要流程如图 2、图 3、图 4 所示：

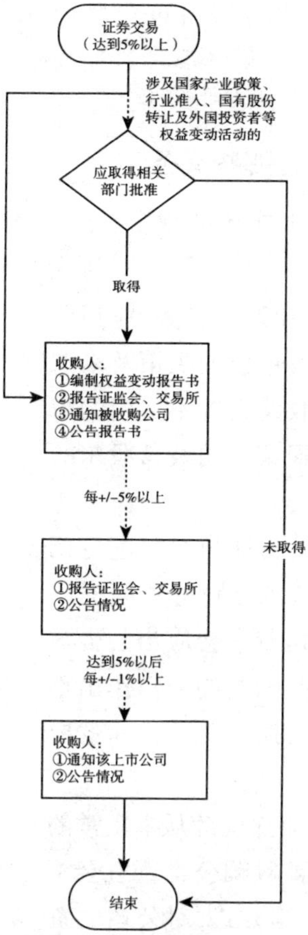


图2　证券交易方式下的收购程序

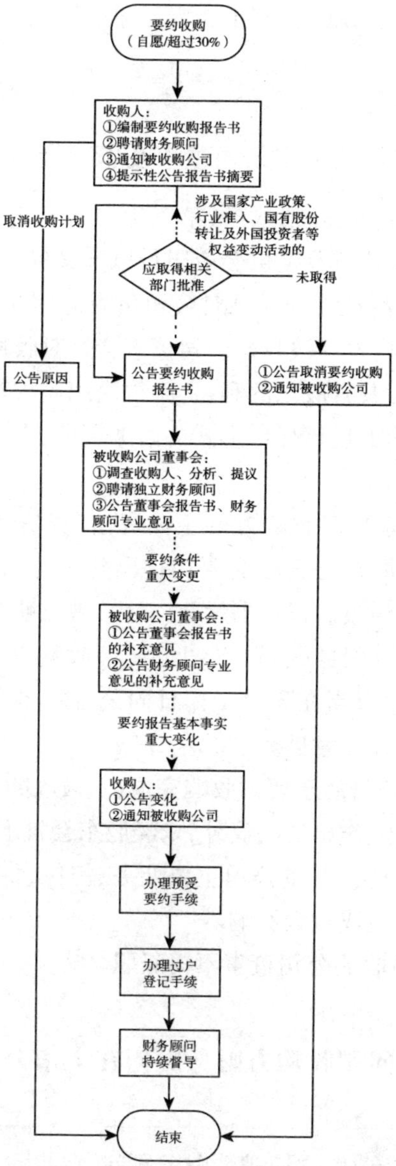


图3　要约收购方式下的收购程序

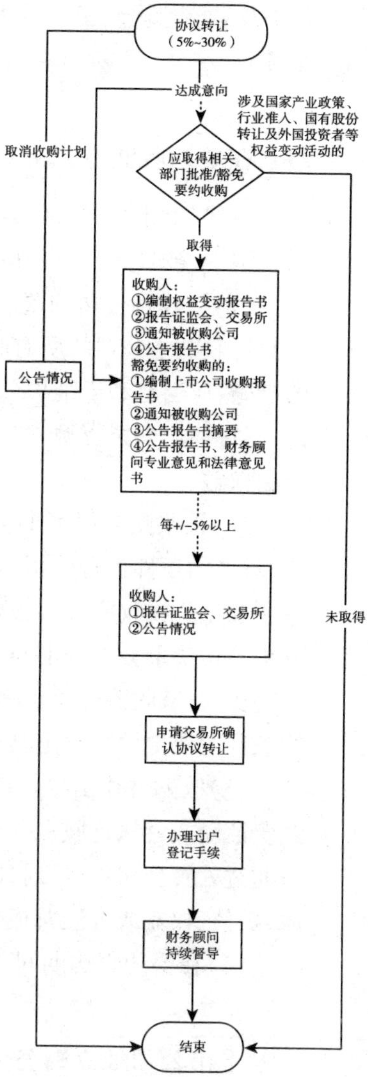


图4　协议转让方式下的收购程序

注：本图中百分比均表示持股比例。

除上述三种常见并购方式外，投资者及其一致行动人还可通过间接收购、爬行收购、认购增资、行政划转或者变更、执行法院裁定、继承、赠与等方式拥有上市公司的权益，其所持股份达到或超过5%的，需按《上市公司收购管理办法》及交易所规则相应向中国证监会、证券交易所履行书面报告及公告等程序，并办理股份过户登记手续。

## 238. 在要约收购方式下，被收购上市公司董事及董事会应履行哪些义务？

根据《上市公司收购管理办法》第八条、第三十二条至第三十四条的规定，在要约收购中，被收购上市公司的董事及董事会应履行以下义务：

（1）被收购公司的董事、高级管理人员对公司负有忠实义务和勤勉义务，应当公平对待收购本公司的所有收购方。被收购公司董事会针对收购所作出的决策及采取的措施，应当有利于维护公司及其股东的利益，不得滥用职权对收购设置不适当的障碍，不得利用公司资源向收购方提供任何形式的财务资助，不得损害公司及其股东的合法权益。

（2）被收购公司董事会应当对收购方的主体资格、资信情况及收购意图进行调查，对要约条件进行分析，对股东是否接受要约提出建议，并聘请独立财务顾问提出专业意见。在收购方公告要约收购报告书后20日内，被收购公司董事会应当公告被收购公司董事会报告书与独立财务顾问的专业意见。收购方对收购要约条件作出重大变更的，被收购公司董事会应当在3个工作日内公告董事会及独立财务顾问就要约条件的变更情况所出具的补充意见。

（3）收购方作出提示性公告后至要约收购完成前，被收购公司除继续从事正常的经营活动或者执行股东会已经作出的决议外，未经股东会批准，被收购公司董事会不得通过处置公司资产、对外投资、调整公司主要业务、担保、贷款等方式，对公司的资产、负债、权益或者经营成果造成重大影响。

（4）在要约收购期间，被收购公司董事不得辞职。

## 239. 上市公司独立财务顾问和收购方财务顾问在上市公司收购中的职责有何不同？

在收购上市公司项目中，收购方应聘请财务顾问；在收购方以要约方式进行收购或进行管理层收购时，上市公司及其独立董事应当聘请独立财务顾问；两者各尽其责，同时发挥重要作用。两者职责主要区别如表10所示：

表 10　独立财务顾问与收购方财务顾问职责区别

| 主要职责 | 独立财务顾问 | 收购方财务顾问 |
|---|---|---|
| 尽职调查 | 独立财务顾问根据上市公司委托对收购方进行尽职调查，对收购的公正性和合法性发表专业意见 | (1)全面评估被收购公司的财务和经营状况，帮助收购方分析收购所涉及的法律、财务、经营风险，就并购方案涉及的收购价格、并购方式、支付安排等事项提出对策建议。<br>(2)对收购方的相关情况进行尽职调查，对收购方是否符合《上市公司收购管理办法》的规定及公告文件内容的真实性、准确性、完整性进行充分核查和验证，对收购事项客观、公正地发表专业意见 |
| 交易方案设计及论证 | 无 | 应收购方要求向收购方提供专业化服务，全面评估被收购公司的财务、经营情况，帮助收购方分析收购涉及的法律、财务、经营风险，就收购方案所涉及的收购价格、收购方式、支付安排等事项提出对策建议，进行收购方案的设计、论证 |
| 交易谈判 | 无 | 代表收购方参与交易谈判 |
| 专业意见发表 | 出具独立财务顾问报告，对以下问题进行说明和分析，发表明确意见：<br>(1)收购方是否具备主体资格；<br>(2)收购方的实力及本次收购对被收购公司经营独立性和持续发展可能产生的影响分析；<br>(3)收购方是否存在利用被收购公司的资产或者由被收购公司为本次收购提供财务资助的情形；<br>(4)涉及要约收购的，分析被收购公司的财务状况，说明收购价格是否充分反映被收购公司价值，收购要约是否公平、合理，对被收购公司社会公众股股东接受要约提出的建议；<br>(5)涉及收购方以证券支付收购价款的，还应当根据该证券发行人的资产、业务和盈利预测，对相关证券进行估值分析，就收购条件对被收购公司的社会公众股股东是否公平合理、是否接受收购方提出的收购条件提出专业意见； | 出具财务顾问报告，对以下事项进行说明和分析，并逐项发表明确意见：<br>(1)收购方编制的上市公司收购报告书或者要约收购报告书所披露的内容是否真实、准确、完整；<br>(2)本次收购的目的；<br>(3)收购方是否提供所有必备证明文件，根据对收购方及其控股股东、实际控制人的实力、从事的主要业务、持续经营状况、财务状况和诚信情况的核查，说明收购方是否具备主体资格，是否具备收购的经济实力，是否具备规范运作上市公司的管理能力，是否需要承担其他附加义务及是否具备履行相关义务的能力，是否存在不良诚信记录；<br>(4)对收购方进行证券市场规范化运作辅导的情况，其董事、监事和高级管理人员是否已经熟悉有关法律、行政法规和中国证监会的规定，充分了解应承担的义务和责任，督促其依法履行报告、公告和其他法定义务的情况；<br>(5)收购方的股权控制结构及其控股股东、实际控制人支配收购方的方式；<br>(6)收购方的收购资金来源及其合法性，是否存在利用本次收购的股份向银行等金融机构质押取得融资的情形； |

续表

| 主要职责 | 独立财务顾问 | 收购方财务顾问 |
| --- | --- | --- |
| | (6)涉及管理层收购的,应当对上市公司进行估值分析,就本次收购的定价依据、支付方式、收购资金来源、融资安排、还款计划及其可行性、上市公司内部控制制度的执行情况及其有效性、上述人员及其直系亲属在最近24个月内与上市公司业务往来情况以及收购报告书披露的其他内容等进行全面核查,发表明确意见 | (7)涉及收购方以证券支付收购价款的,应当说明有关该证券发行人的信息披露是否真实、准确、完整以及该证券交易的便捷性等情况;<br>(8)收购方是否已经履行了必要的授权和批准程序;<br>(9)是否已对收购过渡期间保持上市公司稳定经营作出安排,该安排是否符合有关规定;<br>(10)对收购方提出的后续计划进行分析;收购方所从事的业务与上市公司从事的业务存在同业竞争、关联交易的,对收购方解决与上市公司同业竞争等利益冲突及保持上市公司经营独立性的方案进行分析,说明本次收购对上市公司经营独立性和持续发展可能产生的影响;<br>(11)在收购标的上是否设定其他权利,是否在收购价款之外还作出其他补偿安排;<br>(12)收购方及其关联方与被收购公司之间是否存在业务往来,收购方与被收购公司的董事、监事、高级管理人员是否就其未来任职安排达成某种协议或者默契;<br>(13)上市公司原控股股东、实际控制人及其关联方是否存在未清偿对公司的负债、未解除公司为其负债提供的担保或者损害公司利益的其他情形;存在该等情形的,是否已提出切实可行的解决方案;<br>(14)涉及收购方拟免于发出要约的,应当说明本次收购是否属于《上市公司收购管理办法》第六章规定的情形,收购方是否作出承诺及是否具备履行相关承诺的实力 |
| 申报文件制作 | 在上市公司收购涉及重大资产重组的情况下,需就上市公司向监管机构报送的相关申请文件进行审核并发表意见 | 接受收购方委托,向监管机构报送申报材料,并根据审核意见,组织、协调收购方及其他专业机构予以答复 |
| 信息披露文件制作 | 无 | 指导收购方按照规定的内容与格式制作公告文件 |
| 对收购方的辅导责任 | 无 | 对收购方进行证券市场规范化运作的辅导,使收购方的董事、监事和高级管理人员熟悉有关法律、行政法规和中国证监会的规定,充分了解其应当承担的义务和责任,督促其依法履行报告、公告和其他法定义务 |

续表

| 主要职责 | 独立财务顾问 | 收购方财务顾问 |
| --- | --- | --- |
| 对上市公司持续督导责任 | 无 | 自收购方公告上市公司收购报告书至收购完成后12个月内,财务顾问应持续督导收购方遵守法律、行政法规、中国证监会的规定、证券交易所规则、上市公司章程,依法行使股东权利,切实履行承诺或者相关约定 |

由上可见,在上市公司收购业务中,并购方的财务顾问与上市公司的独立财务顾问相比,服务对象及职能定位不同:独立财务顾问的职能重在保护上市公司及其中小股东的利益;财务顾问受收购方委托,为其提供服务,维护其利益,但其工作客观上亦起到保护上市公司及其中小股东利益的作用。

## 240. 上市公司独立财务顾问在独立性方面有哪些要求?

根据《上市公司并购重组财务顾问业务管理办法》《上市公司收购管理办法》《上市公司重大资产重组管理办法》的规定,在上市公司收购或者重大资产重组项目中,上市公司及其独立董事聘请的独立财务顾问作为独立第三方,应具有独立性,与收购相关各方没有任何利害关系,具体要求如下:

(1)根据《上市公司并购重组财务顾问业务管理办法》第十七条的规定,证券公司、证券投资咨询机构或者其他财务顾问机构受聘担任上市公司独立财务顾问的,应当保持独立性,不得与上市公司存在利害关系;存在下列情形之一的,不得担任独立财务顾问:

①持有或者通过协议、其他安排与他人共同持有上市公司股份达到或者超过5%,或者选派代表担任上市公司董事;

②上市公司持有或者通过协议、其他安排与他人共同持有财务顾问的股份达到或者超过5%,或者选派代表担任财务顾问的董事;

③最近2年财务顾问与上市公司存在资产委托管理关系、相互提供担保,或者最近1年财务顾问为上市公司提供融资服务;

④财务顾问的董事、监事、高级管理人员、财务顾问主办人或者其直系亲属有在上市公司任职等影响公正履行职责的情形;

⑤在并购重组中为上市公司的交易对方提供财务顾问服务;

⑥与上市公司存在利害关系、可能影响财务顾问及其财务顾问主办人独立性的其他情形。

(2)根据《上市公司收购管理办法》第六十七条的规定,上市公司董事会或者独立董事聘请的独立财务顾问,不得同时担任收购方的财务顾问或者与收购方的财务顾问存在关联关系。

## 二、上市公司并购

### 241. 并购可以作为上市公司市值管理方法吗?

上市公司并购,是指上市公司作为收购主体,收购其他企业产权的行为。

市值管理,通常是指上市公司基于公司市值信号,综合运用多种科学与合规的价值经营方法和手段,以达到公司价值创造最大化、价值实现最优化的战略管理行为。其中,价值创造是市值管理的基础,价值经营是市值管理的关键,价值实现是市值管理的目的。

实务中,上市公司常使用企业并购方法进行市值管理,用以促进其市值提升,其中的逻辑至少有以下几个:

(1)因上市公司市值与利润(PE)倍数较高,而未上市企业的 PE 倍数通常相对较低,上市公司收购其他企业,会提高其每股收益及按上市公司 PE 倍数计算的市值。

(2)传统行业上市公司收购新兴行业的未上市企业,有利于提升上市公司的成长性和业绩想象空间,进而提高上市公司的 PE 倍数。

(3)上市公司业务如能够与拟收购未上市企业资源共享,协同发展,这种情况下的企业收购将有利于上市公司业绩提升,进而提高其 PE 倍数和市值。

上述情形下,上市公司业绩增加是价值创造,而上市公司市值增加则是价值的实现。因此,并购可以是上市公司管理市值的手段之一,但并购的目的不仅仅是管理市值,其根本价值应系提升上市公司内在价值。

通过成功、有效的并购,上市公司可以获得更多的资源和市场份额,提高企业的竞争力,从而进一步提高企业的市值。同时,并购也存在失败的风险,上市公司进行并购前,应谨慎考虑并制定相应风险控制措施,促进并购目标及目的的实现。

### 242. 公司上市后要尽快开展并购活动吗?

公司上市后,受一些因素的影响,在较短时间内,可能就会主动或被推动开展并购活动。常见的驱动因素有:

(1)公司通过上市从资本市场融入了高额资金,家底变厚,大股东和管理层信心倍增,容易产生投资冲动。

(2)上市公司大股东及管理层受公司市值及二级市场表现压力影响,会采取各种措施提升市值,通过并购寻求新的增长点是一种选择。

(3)公司上市使管理层进入一个更高的平台,很多资源和并购标的会主动上门,其中部分可能极具诱惑力。

但是,并购是一件复杂的事情,因并购双方信息不对称,并购方难以透彻了解标的企业的质量及问题,故并购行为本身具有高风险基因。而且,成功并购并非以并购交割完成为标志,交割完成是一个新的开始,并购难点在于交割后的企业整合及运营。上市公司并购前需要对标的企业并购后的运营、整合及协同进行深入思考。

实践中,因各种原因,许多并购项目未能取得成功,标的企业并购后轻则运营绩效不佳;重则破产清算甚至招致诉讼。并购失败可能使并购方遭受重大经济损失,甚至可能对其自身经营造成严重负面影响。

因此,上市公司管理层应先提升对企业并购的认知水平,理解并购成功的基本逻辑及条件,科学制定经营及并购战略,做好团队及资源储备,然后再进行并购。这样会大大提高并购的成功率。

## 243.《上市公司重大资产重组管理办法》2025 年 5 月修改要点有哪些?

2025 年 5 月 16 日,中国证监会发布《关于修改〈上市公司重大资产重组管理办法〉的决定》及配套的《上市公司监管指引第 9 号——上市公司筹划和实施重大资产重组的监管要求》,沪深交易所上市公司重大资产重组审核规则亦进行了相应修改。此次修改旨在落实中央政治局会议及新"国九条"关于"活跃资本市场"的政策部署,以及《中国证监会关于深化上市公司并购重组市场改革的意见》提出的提高支付灵活性和审核效率、提升监管包容度的改革举措,回应并购重组中审核周期长、私募基金参与受限、交易灵活性不足等市场痛点,并与新《公司法》实现制度衔接。

此次修改聚焦六项核心内容,具体如下:

1. 建立重组股份对价分期支付机制

将申请一次注册、分期发行股份购买资产的注册决定有效期延长至 48 个月;分期发行的股份锁定期自首期结束起算,后续发行无须重复审核;业绩承诺多元化,允许选择"分期支付 + 业绩补偿"组合方式,增强交易双方履约灵活性等。

2. 监管包容度提升

上市公司发行股份购买资产交易对上市公司财务状况变化的影响从要求"改善财务状况"调整为"不会导致财务状况发生重大不利变化",以配套《中国证监会关于深化上市公司并购重组市场改革的意见》中允许上市公司收购优质未盈利资产的安排。同时,放宽同业竞争与关联交易限制,从"有利于上市公司减少关联交易、避免同业竞争、增强独立性"的要求调整为"不会导致新增重大不利影响的同业竞争及严重影响独立性或者显失公平的关联交易”，仅禁止存在重大不利影响的情形。

3. 新设重组简易审核程序

明确适用简易审核程序的重组交易，交易所在2个工作日内受理，受理后5个工作日内出具审核意见，交易所重组审核机构不进行审核问询，无须提交交易所并购重组委审议，中国证监会在5个工作日内作出予以注册或者不予注册的决定。

4. 完善锁定期规则支持上市公司之间吸收合并

明确上市公司之间吸收合并的锁定要求，对被吸并方控股股东、实际控制人或者其控制的关联人设置6个月锁定期，构成收购的，执行《上市公司收购管理办法》中18个月的锁定期要求；对被吸并方其他股东不设锁定期。

5. 新设私募基金“反向挂钩”机制，鼓励私募基金参与上市公司并购重组

明确私募基金投资期限满48个月的，锁定期限缩短50%，即第三方交易中的锁定期限由12个月缩短为6个月，重组上市中控股股东、实际控制人及其控制的关联人以外的股东的锁定期限由24个月缩短为12个月。

6. 法律适应性调整

与新《公司法》衔接，进行“股东大会”调整为“股东会”、删去“上市公司监事”等术语调整。

此次《上市公司重大资产重组管理办法》的修改体现了对效率与规范的并重，通过简易审核程序、分期支付机制等机制安排，能够有效降低市场主体交易成本、提升交易灵活度，有利于提升市场活跃度；通过“反向挂钩”机制缓解私募基金的流动性压力，为并购市场增加稳定性，助力科技创新与产业升级；虽然放宽财务状况、同业竞争和关联交易的监管要求，但通过强调信息披露、明确持续督导期起算点等举措，追求实现交易真实与整合效果。

## 244. 什么是上市公司重大资产重组？

根据《上市公司重大资产重组管理办法》第二条的规定，上市公司重大资产重组，是指上市公司及其控股或者控制的公司在日常经营活动之外购买、出售资产或者通过其他方式进行资产交易达到规定的标准，导致上市公司的主营业务、资产、收入发生重大变化的资产交易行为。

上市公司重大资产重组方式包括但不限于股权或其他资产的购买或出售、股权或资产置换、合并、分立、与他人新设企业、对已设立的企业增资或者减资、受托经营、租赁其他企业资产或者将经营性资产委托他人经营或租赁、接受附义务的资产赠与或者对外捐赠资产，以及中国证监会根据审慎监管原则认定的其他情形。

上市公司重大资产重组又分为一般性的重大资产重组和控制权变更情况下的重

大资产重组(借壳上市)。

(1)一般性的重大资产重组

根据《上市公司重大资产重组管理办法》第十二条的规定,上市公司及其控股或者控制的公司购买、出售资产,达到下列标准之一的,构成重大资产重组:

①购买、出售的资产总额占上市公司最近一个会计年度经审计的合并财务会计报告期末资产总额的比例达到50%以上;

②购买、出售的资产在最近一个会计年度所产生的营业收入占上市公司同期经审计的合并财务会计报告营业收入的比例达到50%以上,且超过5000万元人民币;

③购买、出售的资产净额占上市公司最近一个会计年度经审计的合并财务会计报告期末净资产额的比例达到50%以上,且超过5000万元人民币。

(2)上市公司控制权变更情况下的重大资产重组(借壳上市)

根据《上市公司重大资产重组管理办法》第十三条的规定,上市公司自控制权发生变更之日起36个月内,向收购方及其关联人购买资产,导致上市公司发生以下根本变化情形之一的,构成重大资产重组,应当按照该办法的规定履行相关义务和程序:

①购买的资产总额占上市公司控制权发生变更的前一个会计年度经审计的合并财务会计报告期末资产总额的比例达到100%以上;

②购买的资产在最近一个会计年度所产生的营业收入占上市公司控制权发生变更的前一个会计年度经审计的合并财务会计报告营业收入的比例达到100%以上;

③购买的资产净额占上市公司控制权发生变更的前一个会计年度经审计的合并财务会计报告期末净资产额的比例达到100%以上;

④为购买资产发行的股份占上市公司首次向收购方及其关联人购买资产的董事会决议前一个交易日的股份的比例达到100%以上;

⑤上市公司向收购方及其关联人购买资产虽未达到上述第①项至第④项标准,但可能导致上市公司主营业务发生根本变化;

⑥中国证监会认定的可能导致上市公司发生根本变化的其他情形。

上市公司重大重组构成借壳上市的,上市公司购买的资产对应的经营实体应当是股份有限公司或者有限责任公司,且符合《首次公开发行股票注册管理办法》规定的其他发行条件、相关板块定位、证券交易所规定的具体条件,以及《上市公司重大资产重组管理办法》第十三条第二款规定的其他条件;涉及发行股份的,适用《证券法》和中国证监会的相关规定,应当报经中国证监会注册。

## 245. 上市公司重大资产重组如何履行程序?

根据《上市公司重大资产重组管理办法》的规定,不同情形下的上市公司重大资产重组,应履行的主要程序如下:

(1)证监会对于不涉及股份发行且不构成重组上市的重大资产重组行为已取消行政许可。对于未触及行政许可的重大资产重组交易,上市公司可自主实施并履行信息披露义务,但应接受上市所在交易所监管。

(2)涉及行政许可的重大资产重组需履行的主要程序如图5所示:

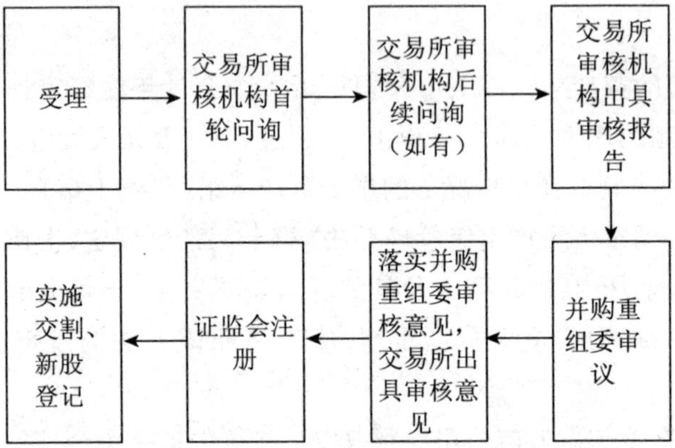


**图5　涉及行政许可的重大资产重组程序**

在交易所审核程序中,既有常规审核,也有简易程序及"小额快速"通道。

对于符合条件的上市公司之间的吸收合并,以及运作规范、市值超过100亿元且信息披露质量评价连续两年为A的优质公司发行股份购买资产且不构成重大资产重组的申请,交易所在2个工作日内受理,受理后5个工作日内出具审核意见;交易所重组审核机构不进行审核问询,无须将该次交易提交重组委审议。同时,证监会的注册时间也缩短为5个工作日。

## 246. 上市公司进行重大资产重组,有哪些重点关注事项?

上市公司进行重大资产重组时,应关注相关方面是否符合《上市公司重大资产重组管理办法》的规定,特别是以下重点事项:

(1)交易价格。标的资产定价公允与合理是上市公司重大资产重组成功的关键因素之一,不公允的高价格将损害上市公司的利益,亦会积累高额商誉,一旦标的企业业绩不能按约实现,将导致上市公司计提商誉损失,可能导致其业绩及股价下滑。

标的企业的财务报表、评估报告及盈利预测报告是评估交易价格公允性的重要基础性文件。需关注评估报告与盈利预测报告、公司管理层讨论与分析之间是否存在大的矛盾;标的资产在注入上市公司前3年的评估情况,前后所做评估的评估值是否存在较大差异;不同评估方法下评估参数取值等是否存在大的矛盾;评估假设前提的可靠性和合理性等。

(2)盈利能力预测。重大重组项目中,标的企业的盈利能力和预测对标的企业的估值、重组后卖方控制权的支撑以及上市公司股价的上升都具有重要意义,会被审核机构、并购双方和二级市场投资者特别关注。

标的企业盈利能力与预测可从其审计报告和盈利预测报告中进行观察。审计报告中,应关注审计师所述非标事项的影响;利润表中,应关注标的企业最近两年收入是否稳定;资产负债表中,应关注大额应收或预付款项,以及关联方占款情况;盈利预测报告中关注假设前提是否合理,以及实现的难度等。

(3)资产权属。重大资产重组涉及的资产权属清晰,已合法取得权属证明,不存在争议或限制,资产过户或者转移不存在法律障碍,是上市公司实施重大资产重组的实质性条件之一,应予特别关注。

(4)独立性。上市公司重大资产重组应有利于其增强持续经营能力,有利于上市公司在业务、资产、财务、人员、机构等方面与实际控制人及其关联人保持独立。应关注交易完成后,上市公司收入及供应是否严重依赖关联交易,上市公司与实际控制人及其下属企业是否存在竞争;如存在,应予解决。

(5)债权债务。上市公司重组过程中,债务问题可能是障碍之一,重组方案可能涉及债务剥离或置换。就此,应关注处理过程及结果的合法性。上市公司、重组交易对方、原有控股股东或实际控制人等应对未取得债权人同意的债务处理提出可行的解决方案。

(6)收购资金来源。上市公司重大资产重组常涉及高额交易价款,上市公司收购和重组方如不具备资金实力,而通过高比例股权质押、高利率借贷等方式筹措资金,可能使大股东产生违法占用上市公司资金等行为的动机,威胁上市公司后续经营。为此,收购和重组方重组资金来源成为重要关注事项,会被要求进行穿透式披露,避免资金筹措和使用中的违规行为。

(7)重组方案。应关注资产重组是否取得上市公司股东会的批准;重组完成后,上市公司是否具备持续经营能力及盈利能力;重组方案是否有利于保护公司和中小股东的合法权益,能否消除上市公司债务风险及兼顾各方利益(如职工的妥善安置)等。

(8)借壳上市。上市公司自控制权发生变更之日起36个月内,向收购方及其关联人购买资产,构成重大资产重组及借壳上市的,上市公司购买的资产对应的经营实体应当是股份有限公司或者有限责任公司,且符合《首次公开发行股票注册管理办法》规定的其他发行条件、相关板块定位，和证券交易所规定的具体条件，以及《上市公司重大资产重组管理办法》规定的其他条件。

(9)中介机构独立性。需关注为上市公司重大资产重组活动提供服务的审计机构及其人员与评估机构及其人员是否具有独立性；是否由同时具备注册会计师及注册资产评估师资格的人员对同一标的资产既执行审计业务又执行评估业务。

## 247. 上市公司在并购项目中应采取哪些保密措施？

上市公司在并购项目未公告、股票亦未停牌的情况下，为做好保密工作，应至少采取以下措施：

(1)简化并缩短流程。上市公司应当简化协商、尽职调查及相关决策流程，提高工作效率，缩短决策时限。

(2)控制内幕知情人范围。在并购项目实施过程中，尽可能缩小内幕信息知情人范围。

(3)及时完成保密协议的签署及内幕信息知情人登记。上市公司及交易对方聘请证券服务机构的，应当立即与所聘请的证券服务机构签署保密协议。上市公司应将所有内幕信息知情人记录于证券交易所规定格式和内容的内幕信息知情人登记表。项目相关进程事项应记录于证券交易所规定格式的书面交易进程备忘录并予以妥当保存，参与项目的人员应当及时在备忘录上签名确认。

## 248. 上市公司重大资产重组项目中，如何约定业绩对赌措施？

和其他企业并购项目类似，上市公司并购重组项目中，交易双方围绕标的企业估值通常存在预期差异，为解决这一问题，同时促进标的企业并购后的顺利整合，保护并购方的合法权益，交易方经常使用业绩补偿（又称业绩对赌或业绩调整）机制。

重组项目中，卖方非上市公司控股股东、实际控制人或其控制的关联人的，业绩补偿机制并非强制采用措施。但是，根据《上市公司重大资产重组管理办法》第三十五条及《监管规则适用指引——上市类第 1 号》等的规定，就上市公司向控股股东、实际控制人或者其控制的关联人购买资产的重大资产重组项目，采取收益现值法、假设开发法等基于未来收益预期的方法对标的资产进行评估或估值并作为定价参考依据的，交易双方应就重组完毕后 3 年内标的资产实际盈利数不足利润预测数的情况签订明确可行的补偿协议，或者根据相关资产的利润预测数约定分期支付安排，并就分期支付安排无法覆盖的部分签订补偿协议。

根据《监管规则适用指引——上市类第 1 号》的规定，就上一段所述重大资产重组情形，业绩补偿机制的要点如下：

(1)补偿范围

①交易对方为上市公司控股股东、实际控制人或者其控制的关联人的,无论标的资产是否为其所有或控制,也无论其参与此次交易是否基于过桥等暂时性安排,均应以其获得的股份和现金进行业绩补偿。

②在交易定价采用资产基础法估值结果的情况下,如果资产基础法中对一项或几项资产采用了基于未来收益预期的方法,上市公司控股股东、实际控制人或者其控制的关联人也应就此部分进行业绩补偿。

(2)补偿计算方法

交易对方为上市公司控股股东、实际控制人或者其控制的关联人的,应当以其获得的股份和现金进行业绩补偿。构成重组上市的,应当以拟购买资产的价格进行业绩补偿计算,且股份补偿不低于本次交易发行股份数量的90%。业绩补偿应当先以股份补偿,不足部分以现金补偿。

交易对方以股份方式进行业绩补偿时,按照下列原则确定应补偿股份的数量及期限:

①补偿股份数量的计算

A. 基本公式

以收益现值法、假设开发法等基于未来收益预期的估值方法对拟购买资产进行评估或估值的,每年补偿的股份数量为:

当期补偿金额=(截至当期期末累积承诺净利润数-截至当期期末累积实现净利润数)÷补偿期限内各年的预测净利润数总和×拟购买资产交易作价-累积已补偿金额;

当期应当补偿股份数量=当期补偿金额÷本次股份的发行价格。

当期股份不足补偿的部分,应现金补偿。

采用现金流量法对拟购买资产进行评估或估值的,交易对方计算出现金流量对应的税后净利润数,并据此计算补偿股份数量。

此外,在补偿期限届满时,上市公司应当对拟购买资产进行减值测试,例如,(期末减值额÷拟购买资产交易作价)>(补偿期限内已补偿股份总数÷认购股份总数),则交易对方需另行补偿股份,补偿的股份数量为:

期末减值额÷每股发行价格-补偿期限内已补偿股份总数。

B. 以市场法对拟购买资产进行评估或估值的,每年补偿的股份数量为:期末减值额÷每股发行价格-补偿期限内已补偿股份总数

当期股份不足补偿的部分,应现金补偿。

②其他事项

按照前述第A、B项的公式计算补偿股份数量时,应遵照下列原则:

前述净利润数均应当以拟购买资产扣除非经常性损益后的利润数确定。

前述减值额为拟购买资产交易作价减去期末拟购买资产的评估值并扣除补偿期限内拟购买资产股东增资、减资、接受赠与以及利润分配的影响。会计师应当对减值测试出具专项审核意见,同时说明与本次评估选取重要参数的差异及合理性,上市公司董事会、独立董事及独立财务顾问应当对此发表意见。

在逐年补偿的情况下,在各年计算的补偿股份数量小于0时,按0取值,即已经补偿的股份不冲回。

拟购买资产为非股权资产的,补偿股份数量比照前述原则处理。

拟购买资产为房地产、矿业公司或房地产、矿业类资产的,上市公司董事会可以在补偿期限届满时,一次确定补偿股份数量,无须逐年计算。

(3)补偿期限

业绩补偿期限不得少于重组实施完毕后的3年。

(4)保障措施

上市公司重大资产重组中,业绩承诺方拟就业绩承诺作出股份补偿安排的,应当确保相关股份能够切实用于履行补偿义务。如业绩承诺方拟在承诺期内质押重组中获得的、约定用于承担业绩补偿义务的股份(以下简称对价股份),应承诺保证对价股份优先用于履行业绩补偿承诺,不通过质押股份等方式逃废补偿义务;未来质押对价股份时,将书面告知质权人根据业绩补偿协议上述股份具有潜在业绩承诺补偿义务情况,并在质押协议中就相关股份用于支付业绩补偿事项等与质权人作出明确约定。

(5)业绩奖励

上市公司重大资产重组方案中,对标的资产交易对方、管理层或核心技术人员设置业绩奖励安排时,应基于标的资产实际盈利数大于预测数的超额部分,奖励总额不应超过其超额业绩部分的100%,且不超过其交易作价的20%。

交易对方为上市公司控股股东、实际控制人或者其控制的关联人的,不得对上述对象作出奖励安排。涉及国有资产的,应同时符合国有资产管理部门的规定。

## 249. 上市公司并购通常可采用哪些对价支付方式?

上市公司在并购项目中,主要采用股份支付、货币支付、承债式支付及综合证券支付等对价支付方式。以下是上述对价支付方式的简要介绍:

(1)股份支付。上市公司向标的企业的股东发行股份,作为收购标的企业的对价,使标的企业成为上市公司的子公司。这种情形下,标的企业的股东持有上市公司的股票,能够分享上市公司的价值增值,同时推迟收益实现时间,能够享受税收优惠。

对并购方来说,可减少现金支付压力,但稀释上市公司的股权,摊薄其每股收益,影响股东利益。

(2)货币支付。上市公司以货币方式支付并购对价。货币支付直接、简单、迅速,通常是交易卖方最喜欢的支付方式。货币支付方式要求并购方有足够的筹资能力,很多时候交易规模也会因此受限。随着巨额规模并购交易越来越多地出现,货币支付经常伴随其他支付方式一起出现。但货币支付情形下,无法推迟资本利得的确认时点,不能享受税收上的优惠政策。

(3)承债式支付。上市公司以承担标的企业全部或部分债务的方式作为交易对价的支付方式,而不向交易卖方支付任何其他交易对价。这种方式在并购项目中也经常被采用,常出现于对存在财务困境企业的并购,较适用于目标公司资产价值高但负债重的场景。这种并购模式能够减缓并购方的资金压力,但并购方会存在更大的交易风险。

(4)综合证券支付。这种方式下,并购方可视情况采用可转换债券、公司债券或认股权权证等多种支付形式,亦可与其他支付方式结合使用,常见于大规模的企业并购。

将证券作为并购支付方式,优劣势亦很明显。以可转债为例,因 A 股上市公司发行可转债需要履行复杂的监管程序,存在较大的发行不确定性,可能给并购的顺利进行造成较大影响。

但其亦具有较强的优势,对于上市公司而言,定向可转债可以增加交易谈判的弹性,为交易提供更为灵活的利益博弈机制,有利于有效缓解上市公司的现金压力及降低大股东股权稀释风险。同时定向可转债设定有转股价上修和强制转股的条款,能限制股价向上时资产方的套利空间,保护上市公司股东的权益。

对于资产方来说,弱市市场环境下,发行股份购买资产的,发行后股价容易继续下行导致资产方获得的对价缩水,从而影响其并购的积极性。但若采用可转债的支付方式,因可转债兼具股性和债性,债性保障了可转债存在一个债底,假定发行完毕之后股价继续大幅下跌,基于可转债的债底,其价格下跌幅度有限,并且还可以博弈转股价的下修,为资产方增加了一层保障。

上市公司并购采取哪种支付方式,还需结合自身和项目实际,以及宏观经济环境、融资成本、风险及合规要求因素,综合平衡各种支付方式的优缺点而进行。

# 下篇

# 典型案例评析

## 案例1 并购失策之殇:战略规划缺失下的企业困境

在资本市场的舞台上,企业的每一次并购决策都如同一场高风险的豪赌,成功则能实现跨越式发展,失败则可能坠入万劫不复的深渊。Z公司的并购经历,便是一个并购前缺乏战略规划导致企业发展受阻的典型案例,为众多企业敲响了警钟。

### 一、企业发展困局与并购契机浮现

Z公司是一家教育多媒体产品生产企业,于2017年在上海证券交易所上市,成功融资4亿余元。实际控制人L总一生兢兢业业,事业心强,把Z公司从一家名不见经传的小公司培育到上市,十分不易。Z公司上市后,L总创业心丝毫未改,毫不松懈,希望把Z公司做大做强。但Z公司所处市场竞争激烈,主营业务拓展不易,上市后业务增长缓慢。

为激励员工,Z公司2018年实施了员工股权激励,核心员工以市场价格的一半认购了所获授的Z公司限制性股票。这本是一项充满希望的激励举措,然而由于Z公司未能完成既定的业绩目标,激励股份最终被注销。这一挫折不仅让员工们大失所望,也让L总感到十分郁闷,陷入了对企业发展方向的迷茫之中。

2020年,命运的转折悄然降临。在一场聚会上,一位朋友把Y公司介绍给了L总,称其是一个绝佳的并购标的,估值人民币2.5亿元。Y公司是一家灯具生产企业,多年来一直稳步发展,上一年度实现了2500万元的净利润;在此之前,每年都有三四千万元净利润。但其老板萌生退意,希望转让股权。更为诱人的是,Y公司名下还有数十亩土地和数万平方米厂房,抛开每年经营业绩带来的价值,光是土地、房产及其他资料也值人民币五六千万元。在这位朋友的描述中,Z公司若能收购Y公司,无疑是一桩很合算的买卖。

### 二、心动决策与现实的碰撞

L总在听闻介绍后,便现场考察了Y公司。经过反复盘算,他越发觉得Y公司确实值得收购。在他看来,Y公司的收购价格极具吸引力,按Y公司上一年度约2500万元的税后净利算,估值2.5亿元也就约10倍PE估值,Y公司五六千万元的其他资产还未另行计价。此外,经过近20年的发展,Y公司产供销体系完善,拥有良好的品牌形象和市场渠道,经营团队也很成熟,只要不出大的意外,每年至少能维持目前的经营业绩。如果给予适当激励,加上原实际控制人承诺并购后会继续提供支持和协助,业绩提升也非遥不可及。他相信,此次并购将会对Z公司的业绩和市值产生积极提升作用。

很快,L总决定以2.5亿元的价款并购Y公司。Z公司手头资金充裕,上市募集的资金还剩了一部分,这个时候不买Y公司,以后怕是会后悔。

但现实却给了L总和Z公司沉重的一击。2021年度,Y公司业绩公布,只实现了约1000万元的净利润,因为溢价收购及会计报表并表,Z公司计提了数千万元的商誉减值,导致当年度业绩大幅下降,股价不断下行。更为尴尬的是,至今L总还没有找到提升Y公司业绩的方法,而此时他又遇到了更好的投资机会,但Z公司却因资金短缺而无力涉足。

**三、分析与启示**

回顾Z公司收购Y公司的全过程,不难发现这很大程度上是一次冲动的投资行为。在收购Y公司之前,Z公司并没有就收购Y公司的可行性及后期运营事项进行全面、深入地研究及思考。收购Y公司后,Z公司对Y公司也未能采取有效的整合策略。在此情况下,Y公司业绩下滑,Z公司本次收购行为未达预期结果也就成了预料之中的事。

那么,企业在并购之前,应做好哪些准备措施呢?可从以下角度进行考虑和准备:

(1)明确企业发展蓝图。企业必须清晰确立自己的发展方向、战略和目标。这是企业前行的灯塔。企业只有明确了前进的方向,才能在并购的浪潮中作出正确的抉择。

(2)制定严谨并购战略。企业应制定明确的并购战略和目标,并相应选择并购标的。企业应避免盲目或头脑发热式并购,并购应围绕企业自己的经营及发展战略进行,避免过多考虑不动产等的并购价值(除非企业处于房地产业),而忽略或弱化对并购战略的考虑。

(3)深入调研并购标的。深入了解并购标的发展现状及存在的影响发展的问题。只有全面掌握标的企业的真实情况,才能在并购决策中做到心中有数,避免陷入潜在的风险。

(4)精心规划整合策略。深入研究企业并购后能否向并购标的提供适当资源,如何整合双方资源,采取什么样的措施协助标的企业提高经营业绩,以及并购后标的企业的运营与企业是否具有协同效应。整合策略的成败往往决定了并购的最终成败。

(5)合理配置运营团队。充分考虑企业是否拥有适当的运营团队,如何为并购后的标的企业配置称职的运营团队,如何与标的企业进行文化整合,使其管理层与自身经营理念达成一致。团队的融合与文化的协同是并购后企业稳定发展的重要保障。

(6)构建科学治理模式。在并购后应通过建立科学的公司治理及人员激励机制,对标的企业保持适当控制,在对并购标的管理层进行激励的同时应避免对某个特定人员的依赖,实现科学治理和管理。建立健全治理机制,能够确保企业在并购后实现高效运作。

总而言之,对并购前的战略及并购整合思考越具体、深入,就越能为并购的成功奠定坚实的基础。

## 案例 2　并购危机:合同诈骗与失职尽调的沉痛教训

在商业竞争的浪潮中,企业并购作为实现资源整合、战略扩张的重要途径,备受企业青睐。然而,这一过程充满风险与挑战,一旦大意,就可能引发严重后果。本案例聚焦于上市公司 Y 公司的并购悲剧,深入剖析其因中介机构尽调失职以及合同诈骗而遭受重大经济损失的过程,为企业进行并购活动敲响警钟。

### 一、并购背景

上市公司 Y 公司为一个大型文化传媒上市企业,在广州乃至广东都有一定的知名度和影响力。为顺应时代发展,谋求扩展移动互联网及新媒体广告业务,加速公司转型发展,并购一家具有资源优势的企业便成为 Y 公司的最快捷选项。

经多方寻觅,在移动互联网及新媒体广告方面有丰富经验的 X 公司进入了 Y 公司的视野,成为理想的并购对象。经商谈,2013 年 9 月,Y 公司与 X 公司即签订并购意向书。Y 公司当时披露的 X 公司 2011 年至 2013 年净利润分别为 3600 万元、3690 万元和 4680 万元。这一业绩表现让 Y 公司对此次并购充满了期待。

2013 年 10 月,Y 公司与 X 公司全体股东达成股权转让协议,Y 公司以货币和向 X 公司全体股东发行股份相结合的方式购买 X 公司 100% 的股权,确定交易价格为 4.5 亿元。同时,协议约定并购后 X 公司继续由其原实际控制人经营管理,X 公司原实际控制人承诺在 2014 年、2015 年和 2016 年分别实现 5680 万元、6890 万元和 8160 万元的扣非净利润。

2014 年 6 月 17 日,Y 公司与 X 公司的股东完成了 X 公司的股权过户登记。从 X 公司的财务报表及其实际控制人业绩承诺来看,双方主动顺应潮流,强强联合,有业绩兜底的保障,未来似乎一片光明。Y 公司也因这一新的战略布局而踌躇满志。

### 二、美梦破碎:并购后的残酷现实

然而,并购协议履行过程中,X 公司的情况却急转直下,Y 公司迎来的是巨大的失望。2014 年、2015 年和 2016 年 X 公司实现的扣非后净利润分别为 -1.54 亿元、-1.33 亿元和 -1.17 亿元,X 公司及其原股东远未完成业绩承诺。自 2016 年起,X 公司更是陷入了严重困境,因资金链断裂、主要银行存款账户被冻结,生产经营活动无法正常进行,已进入停业状态。

遭受重创的 Y 公司对 X 公司业绩亏损原因进行了调查,结果令人震惊。原来,X 公司 2011 年至 2013 年存在严重的虚增收入、业绩造假情况。Y 公司随即以 X 公司及其实际控制人涉嫌合同诈骗罪向公安机关报案。经公安机关调查,并根据司法鉴定结果,剔除有关虚假合同后,X 公司 2011 年、2012 年、2013 年的净利润分别为 -436 万元、-6590 万元和 -11 520 万元。这意味着 Y 公司此前信息披露的 X 公司 2011 年年报、2012 年年报和 2013 年年报的净利润分别虚增 4036 万元、10 280 万元和 16 200 万元。

随着案件的进一步发展,券商、会计师事务所、律师事务所等中介机构因尽职调查未勤勉尽责被证监会行政处罚。X 公司及其直接负责的人员因犯合同诈骗罪、单位行贿罪等被判处刑罚。Y 公司及对其直接负责的主管人员同样因披露信息有虚假记载被证监会行政处罚。

**三、分析与启示**

通过并购补齐短板,将并购方资金与被并购方技术及市场相结合,实现快速发展及双赢,是并购企业发展的重要策略之一。然而,本案并购以双输结局告终。

根据本案刑事判决书,X 公司主要存在三个方面的问题:第一,通过制作虚假合同虚增收入、虚增净利润提高估值,误导并购方;第二,隐瞒其以自有产权的户外 LED 显示屏为其实际控制人 2000 万元个人债务提供担保的事实,给并购方带来潜在债务风险;第三,通过行贿等方式在并购项目过程中谋取不正当利益,严重损害并购方利益。

再看证监会行政处罚决定书披露的中介机构违法事实,中介机构在尽职调查中,未能审慎开展尽职调查,未勤勉尽责,导致 X 公司违法事实未能被及时识别。例如,对于 X 公司制作虚假合同虚增收入的违法行为,中介机构并未切实履行尽调职责,没有采取实地调查等必要方式对 X 公司业务真实性进行核查,从而使 X 公司的欺诈行为能够得逞。此外,Y 公司个别工作人员接受 X 公司行贿则进一步助推了并购项目失败的结局。

对并购结果的美好期待,必须以充分的尽职调查为基础。本案中,尽管 Y 公司作为上市公司实施了通常的并购尽职调查,但中介机构的失职使尽职调查未能发挥应有作用。

这一案例为所有并购服务中介机构敲响了警钟,中介机构在并购业务中,既然受人之托,就应忠人之事,严格按照证监会或者行业协会制定的执业规则开展尽职调查工作,恪尽勤勉义务。这不仅是对客户负责,更是对自身声誉和长远发展负责。

对企业来说,一方面,在并购过程中,应当重视对中介机构的选拔,委托专业且勤勉尽责的中介机构为并购项目的顺利进行保驾护航,控制项目风险;另一方面,不能只依赖中介机构,自身也应加强对并购标的的全面审查和风险评估,确保并购活动的安全与成功。

## 案例3　并购背后的税务隐患：交割完成并非终点

在企业的战略扩张版图中，并购是常见且关键的手段。然而，这条扩张之路布满荆棘，并购交割的完成并非意味着万事大吉，其中潜藏的税务风险，犹如一颗未被察觉的“雷”，随时可能被引爆，给企业带来难以估量的损失。笔者将剖析S上市公司在并购W公司过程中遭遇的税务危机，为企业在并购活动中敲响税务风险防控的警钟。

### 一、并购历程与税务责任

W公司由五名自然人股东（以下简称原股东）于2012年投资设立，经营范围涵盖医疗美容科、美容外科、美容牙科、美容皮肤科等多个医美领域，并于2016年7月被Y机构收购。

彼时，医美市场前景广阔。S上市公司为寻求业务转型，开展多元化经营，开始切入医美赛道，并计划通过并购方式逐步做大做强。2021年7月，S上市公司通过其全资子公司H公司，收购了Y机构持有的W公司100%股权。自此，W公司被纳入S上市公司合并报表。

原本看似顺利的并购布局，却在2022年9月23日被打破。S上市公司发布公告，披露W公司收到税务行政处罚决定书。原来W公司通过快钱支付系统和拉卡拉支付系统收取的营业款部分未入账，合计少申报营业收入约2700万元。其中2013年少申报营业收入约250万元，2014年少申报营业收入约829万元，2015年少申报营业收入约1300万元，2016年少申报营业收入约326万元。W公司因为这一偷税行为被处以行政处罚，需补缴税款合计约1460万元。

从税务机关认定的违法事实及W公司被收并购历程来看，这些违法问题主要发生于Y机构收购W公司前，但W公司作为纳税义务人，必须承担缴纳税款及罚款的责任，而这一结果也直接对S上市公司财务报表产生了负面影响。

面对这一局面，S上市公司在公告中表示，将通过刑事立案、民事诉讼等各种可采取的方式，追究W公司原股东偷税、侵占W公司营业收入行为的全部法律责任。然而，无论后续追偿结果如何，S上市公司都不可避免地投入大量时间与经济成本。

### 二、分析与启示

并购交易中，税务风险包含两个层面，一是并购交易本身存在的税务风险，二是并购前标的企业遗留的历史税务风险。如本案所揭示的，即使并购交割顺利完成，税务风险依然可能如影随形。一旦税务问题爆发，高额的税款、滞纳金、罚款等行政责任，甚至刑事责任，都可能在并购交割后某个意想不到的时刻，沉重地落到并购方头上。

由此可见，高度重视税务风险，审慎开展税务尽职调查，是并购方降低税务风险关键且有效的手段。在并购前,并购方应组建专业的税务团队或聘请专业的税务顾问,对标的企业的税务情况进行全面、深入地审查。不仅要关注标的企业的日常纳税申报、税务合规情况,还要对其过往的重大交易、财务处理等进行细致核查,确保不存在潜在的税务隐患。

同时,在并购协议中,对已知税务风险作出合理安排,明确各方在税务责任上的划分,避免后续出现责任不清的纠纷。对或有税务风险,可通过陈述与保证条款、违约责任条款、担保责任条款的设置予以合理预防。例如,要求原股东对标的企业的税务合规情况作出明确陈述与保证,若后续发现存在未披露的税务问题,原股东需承担相应的违约责任;亦可引入第三方担保,确保在原股东无法承担责任时,并购方的损失能得到一定补偿。

此外,如果标的企业税务风险难以评估和控制,并购方可通过变更收购模式或剥离税务风险的方式处理。例如,将标的企业的资产转移到卖方注册的新公司,再由并购方收购新公司股权的方式等,以此将潜在的税务风险与并购方隔离开来,最大限度保障并购活动的安全与稳定。

## 案例4　股权交易违约案:尽职调查与完备的合同条款,筑牢并购风险防线

并购交易涉及复杂的法律关系和潜在风险,处理不当容易引发纠纷。本案聚焦于一起因股权受让方签约前未进行尽职调查,进而以转让方隐瞒标的企业情况为由拒不履约付款的纠纷。通过对案件的详细分析,笔者希望能揭示法律尽职调查及交易条件设计在企业并购中的关键作用。

### 一、案件背景

2007年,W公司、赵某分别持有C公司60%及40%的股权。2013年12月30日,W公司、赵某与牟某签订《股权转让合同》,约定W公司、赵某将所持C公司的全部股权和公司所持项目转让给牟某。

《股权转让合同》约定,公司所持项目地块主要经济指标为:土地总面积,规划红线范围内约46 000平方米土地;容积率为2.2,根据市规划局专家论证会会议纪要,该地块的容积率已同意调增为4.0,调增容积率的手续正在办理当中;土地使用性质为商住用地。

C公司100%股权和项目转让款为12 000万元,分四期支付,其中第二期、第三期、第四期支付条件为:牟某应于2014年3月3日前,将第二期转让款汇入双方指定银行共管账户上,随即双方相互配合准备C公司股权和法定代表人变更资料,共同向省工商局办理公司法定代表人及W公司持有60%股权的变更,办理完结后,牟某将款项一次性划入W公司、赵某指定账户;在省工商局办理完结公司法定代表人及W

公司所持60%股权变更手续当日起3个月内,牟某一次性支付第三期款项;牟某付清第三期转让款起2个月内,向W公司、赵某一次性支付第四期款项。

剩余40%股权过户条件为,W公司、赵某收齐股权转让款后,办理赵某40%股权的过户登记手续。

2014年4月25日,C公司、W公司、赵某与牟某签订《补充协议》,其中第二条约定,补充协议签订后,双方共同办理公司的所有证照变更手续,并共同办理且完善前述公司项目的土地使用权及规划等手续。

《补充协议》签订后,牟某未按约向W公司及赵某支付第二、三、四期股权转让款。就此,W公司、赵某向省高级人民法院提起诉讼,并得到法院支持。

牟某随后向最高人民法院上诉。二审中,牟某主张案涉项目转让必须满足三个条件:(1)项目总面积达到46 000平方米;(2)容积率调增至4.0;(3)土地用地性质为商住用地。而W公司和赵某未履行《股权转让合同》及《补充协议》约定的义务,案涉项目容积率未调增至4.0;同时,因项目地块中规划有一座轻轨变电站,并且包含一片近10亩的林地,导致用地面积未达到46 000平方米,而W公司及赵某故意隐瞒了该事实。因此,牟某认为其付款条件未满足,其逾期付款行为不构成违约。W公司及赵某认为,其未向牟某隐瞒事实,《股权转让合同》及《补充协议》约定的付款条件未包括上述事项。

**二、最高人民法院裁判观点**

在本案二审阶段,就牟某是否违约问题,最高人民法院认为:对房地产开发项目来说,项目的用地面积、容积率的大小以及土地性质等直接决定了项目的开发利润,是房地产开发商重点关注事项,但《股权转让合同》和《补充协议》约定的付款条件未包含牟某所述的三个条件……基础设施和公共服务设施用地以及绿化用地属于城市总体规划的强制性内容,牟某完全有渠道获得上述信息。而对房地产开发来说,项目所在地的总体规划情况对项目开发的收益影响甚巨,作为从事房地产开发的商事主体,牟某理应充分调查并知悉,其关于W公司及赵某未履约的抗辩主张,依据不足。最终,最高人民法院认定牟某违约,驳回了牟某的上诉请求。

**三、分析与启示**

我国采用民商合一的立法体例,但基于商事活动的营利性特征和对商事主体专业、理性程度的推定等因素,商事审判更注重形式平等、市场效率、意思自治、风险自担,并且法律对商事主体科以更重的注意义务。正如本案中,最高人民法院认为牟某对案涉项目的相关情况理应充分调查并知悉。

企业并购是典型商事活动,交易双方都负有高度注意义务,不知情并非有效抗辩事由。法律尽职调查则是并购双方履行注意义务的方式之一。

鉴于牟某在本案中的教训,并购协议签署前,并购方应就并购标的进行尽职调查，发现并评估并购中可能存在的风险，以此作出是否继续并购的决定。如果继续，则要考虑如何通过并购交易合同条款管控尽调发现的并购风险，包括但不限于陈述与保证条款、付款先决条件条款、违约责任条款及担保条款等。完善的尽职调查和合同条款设计有助于有效降低并购风险，保障交易的顺利进行和双方的合法权益。

## 案例5　X集团跨界并购：财务困境与战略反思

在资本市场的舞台上，上市公司X集团的跌宕起伏令人扼腕叹息。曾经，它是行业的佼佼者，凭借优质产品和创新精神在市场中崭露头角。然而，一系列激进的跨界并购，却让其陷入了难以自拔的财务泥沼，最终面临破产重整的严峻局面。

### 一、辉煌起点与转型契机

1995年12月，X集团在广东正式成立，初期专注于照明产品的生产及销售。在董事长C总的引领下，X集团始终将质量与创新视为发展的核心驱动力。其精心研发的节能灯产品，以卓越的性价比和国际领先的技术，满足了市场需求，产品供不应求，业绩迅速增长，并成为行业排头兵。之后，X集团并未满足现状，在原有业务基础之上积极拓展业务版图，相继推出汽车氙气灯、紫外线杀菌灯、空气净化器和水净化产品等，进一步丰富了产品线。

2007年，X集团成功在深圳证券交易所上市，迎来了发展的新里程碑。但随着节能灯行业迅速发展，竞争日趋激烈，市场很快从蓝海变成红海。X集团上市后的业绩也陷入不瘟不火的状态。面对这一困境，C总意识到，如继续在原有主业上按部就班地发展，很难实现业绩的重大突破；只有进行业务转型，才是破局之道。

### 二、并购扩张与危机隐现

在转型思路主导下，X集团于2013年开始了并购之旅，以5亿元收购F公司100%股权，从室内照明、汽车照明业务扩展到室外LED照明市场。这一并购犹如一剂强心针，为X集团的业绩增长注入了强大动力。2014年，X集团合并营业收入同比增加75%，净利润更是同比飙升180%。

初次并购的成功让X集团尝到了甜头，从此一发不可收拾。在短短三四年时间内，X集团如同疯狂的猎手，不断追逐热门行业，陆续并购了十余家企业，跨界进入了无人机、汽车、充电桩、锂电池等热门产业。然而，现实却给了X集团沉重一击，这些并购的企业不仅未与主业形成协同效应，而且随着市场的变化，X集团进入的热门产业也很快陷入激烈的竞争，所并购企业大多处于亏损状态，成为X集团沉重的负担。

2018年，X集团经历了上市以来的首个亏损年，营收骤降至5.8亿元，近乎腰斩，归母净利润更是暴跌至-8.6亿元，同比下滑幅度高达1600%。进入2019年上半年，颓势依然没有扭转，营收同比继续下滑56%，扣非净利润为-1.8亿元，同比下滑690%。

## 三、债务危机全面爆发

2020年8月15日，X集团发布公告，如同一颗重磅炸弹，宣告了其债务危机的全面爆发。公告显示，X集团及其子公司部分银行贷款债务逾期，累计逾期本金合计约为2.80亿元，尚未支付的利息、违约金和罚息合计约为1800万元，以上合计约为2.98亿元，占公司2020年经审计净资产的58%。违约主体主要是X集团和子公司F公司，债务类型包括贷款、融资租赁款、借款以及委托贷款等。

由于未能及时偿还债务，X集团及F公司新增多处房产及设备被查封或轮候查封，公司运营受到了严重冲击。从X集团的财务报表中，可以清晰地看出一系列深层次的问题：

（1）存货高企。2017年以来，X集团存货呈现大幅增长态势，近3年存货价值分别为5.6亿元、3.9亿元和3.5亿元。大量的存货积压，如同一个巨大的资金黑洞，牢牢锁住了企业的现金流，为后期的资金链紧张埋下了隐患。

（2）应收账款逐年走高。在存货高企的同时，X集团的应收账款也日益攀升，近3年分别为5.6亿元、4.2亿元和3.6亿元。大量的应收账款无法及时收回，进一步导致企业资金周转困难。

（3）短期借款大幅增长。一方面，存货和应收账款占用了大量资金；另一方面，企业为了维持正常经营和继续扩张收购，不得不大量借款。近3年来，X集团的短期借款分别为6.2亿元、5.3亿元和4.5亿元，银行借款合计达到了16亿元。而彼时X集团的总资产才10亿元左右，等于借出了1.6个X集团。

这种情况下，X集团的营运资金极度紧张，主要业务大受影响，营业收入大幅减少。同时，大量贷款带来了高额的财务费用，进一步侵蚀了企业的经营利润，导致巨额亏损。X集团的短期债务高达4.46亿元，2020年5月债务危机爆发后，逾期债务像滚雪球一样迅速增长，短短4个月就累积到了2.6亿元，而X集团的手中只有不到5000万元的货币资金。

随之而来的是公司银行账户被冻结，资产被查封，甚至连X集团实际控制人C总的股权也被司法冻结和违约处置。因2018年度、2019年度连续两个会计年度经审计的净利润均为负值，深交所对X集团股票交易实行“退市风险警示”处理。2020年，X集团因资不抵债，无法清偿到期债务，被债权人申请破产重整。

## 四、分析与启示

回顾X集团的发展历程，不难发现，如其管理层能够保持理性，不盲目追求短期内的疯狂扩张，而是持续深耕主业，将细分领域市场做精做细，那么X集团未来突破“瓶颈”，实现进一步发展可能性很大。然而，现实却是X集团快速扩张到多个自己并不擅长的领域，且在并购后未能有效整合和经营好这些企业。这一系列失误导致公司现金流被大量消耗,不得不大量增加短期负债以维持运营,进而使负债率大幅上升。同时,应收账款回收困难又导致资金链断裂,最终导致资产及股权被查封,公司经营陷入恶性循环,亏损不断扩大,直至破产重整。

显然,X 集团在过去几年的并购活动中缺乏合理规划。在没有充足的资金储备、强大的团队实力,亦未对并购后协同、整合安排及资金使用和财务风险防范进行充分考虑和妥善安排的情况下,贸然进行大量并购,这无疑是导致其并购失败的根本原因。

基于 X 集团的惨痛教训,我们可以得到以下启示:

(1)围绕主业审慎并购。企业应尽可能围绕主业进行并购;若要跨界并购,必须事先对目标行业进行认真研究,对投资可行性及可操作性进行充分论证,缜密规划,全面准备,切不可盲目跟风。

(2)科学规划财务。企业在进行并购时,要做好科学合理的财务规划,确保有充足的资金支持并购活动。同时,谨慎使用财务杠杆,尤其是避免使用短期融资进行长期股权投资。企业在进行战略转型前,务必要准确衡量自身实力,在追求收益的同时充分考虑风险,加强风险意识,做好风险预警和管理。

(3)强化并购后整合。并购完成后,企业要认真落实好风险应对策略,积极做好团队和资源整合工作,促进业务协同发展,全力协助被并购企业提升经营管理水平,提高业绩,降低并购失败概率。

## 案例6　并购合同诈骗警示:卖方如何规避交易雷区

在资本市场的并购浪潮中,每一次交易都像是一场精心布局的博弈,充满了机遇与挑战。然而,D 公司与上市公司 T 公司的并购案,却以一种令人意想不到的方式,给所有参与并购的企业敲响了警钟。D 公司实际控制人 C 总,因这场并购交易,从企业掌舵人沦为阶下囚,被判合同诈骗罪,不仅面临漫长的牢狱之灾,还需归还全部并购价款。这一案件背后的故事和警示意义值得我们深入剖析。

### 一、并购背后的欺诈阴影

D 公司的实际控制人 C 总,或许从未想过,将公司卖给上市公司 T 公司这一商业决策,会让自己的生活发生天翻地覆的转变。这个并购项目的定价模式是基于评估机构以未来收益法评估的 D 公司股东权益价值协商定价。交易对价通过两种方式支付,一部分由 T 公司发行股份支付,另一部分通过现金支付。

并购交割完成后,T 公司发现,自己陷入了一场精心策划的骗局。在并购过程中,C 总指使他人通过制作虚假合同、提供虚假证明材料、伪造虚假银行询证函等手段,营造出 D 公司具有强大盈利能力的假象,骗取 T 公司的信任,以虚高价格与其签订并购协议。在并购业绩承诺期内,D 公司并未收敛,继续虚增营业收入,同时隐瞒与关联方发生的大额非经营性资金往来、为关联方提供担保以及重大诉讼等事宜。最终,D 公司未能完成并购合同中 C 总承诺的业绩目标。C 总在 D 公司不具有约定并购价值的情况下,为了非法占有 T 公司的财物,通过虚构事实、隐瞒真相的手段,让 T 公司遭受巨额损失。

T 公司发现被骗后,以 C 总及 D 公司涉嫌合同诈骗为由,向其所在地公安机关报案。案件进展迅速,C 总等涉案人员很快被捕。检察机关以合同诈骗罪向法院提起公诉,法院审理后判决:D 公司犯合同诈骗罪,判处罚金人民币 1000 万元;C 总犯合同诈骗罪,判处无期徒刑,剥夺政治权利终身,并处没收个人全部财产;追缴 C 总名下在本项目中取得的 T 公司股票,并返还 T 公司支付的现金价款。D 公司及 C 总不服一审判决,提出上诉,但被二审法院驳回。

**二、罪与非罪的法律边界**

企业发展壮大了,企业主要卖公司,都想卖个高价,这很正常。但 C 总在这个项目中,怎么就成犯罪了?什么是合同诈骗罪?

根据《刑法》第二百二十四条的规定,合同诈骗罪是指,有下列情形之一,以非法占有为目的,在签订、履行合同过程中,骗取对方当事人财物的行为:一是以虚构的单位或者冒用他人名义签订合同;二是以伪造、变造、作废的票据或者其他虚假的产权证明作担保;三是没有实际履行能力,以先履行小额合同或者部分履行合同的方法,诱骗对方当事人继续签订和履行合同;四是收受对方当事人给付的货物、货款、预付款或者担保财产后逃匿;五是以其他方法骗取对方当事人财物。

在实际情况中,一般民事欺诈行为与合同诈骗罪不易区分,两者的边界存在较大争议,判断行为人是不是存在非法占有目的并非易事,很多案件中犯罪嫌疑人的行为不具有上述合同诈骗行为的典型特征。但是,在上市公司并购背景下,情况有所不同。由于受害者为公众公司,且这类案件往往涉案金额巨大,社会影响广泛。上市公司一旦认为自己遭受欺诈,通常会在其住所地有管辖权的公安机关报案,且报案后获得支持的可能性相对较大。类似本案情形的上市公司收购欺诈案例,在资本市场已经出现多次。

**三、卖方的风险防范之道**

规模较大的并购项目中,并购双方通常会聘请专业中介来协助交易。买方通常会在并购合同中,就并购标的企业及相关方的方方面面,包括但不限于财务、税务、法律、业务、知识产权、重大合同等,要求卖方作出详细及全面的保证与承诺,并对并购条件进行具体约定。卖方一旦违反该等保证与承诺,后果可能非常严重:轻则可能构成违约,无法按约收取并购价款,还可能需要承担违约责任,向买方赔偿损失;重则可能如本案卖方,被判决承担刑事法律责任。买方认定自己受骗后,为追回损失,往往会采取一切手段,包括刑事和民事法律途径,这将并购卖方置于风险极高的位置。那么,并购项目中,卖方如何防范法律风险呢?可从以下几个方面着手:

(1)坚守诚信底线。主观上,卖方应避免通过虚构、误导或隐瞒的方式,粉饰企业价值及提高并购价格。在商业活动中,虚假行为就像埋下的定时炸弹,一旦引爆,后果不堪设想。一个谎言往往需要无数个谎言来掩盖,最终只会让自己陷入更深的困境。

(2)对标的企业进行尽调。卖方拟转让标的企业控制权时,应先行对标的企业各方面的情况进行梳理:一方面能够提炼标的企业的亮点,给并购方良好印象;另一方面能够发现标的企业存在的问题,可以提前进行规范以提高并购估值,也可以在未来与并购方协商交易文件时,在并购协议中对存在的问题进行如实披露,降低己方风险。

(3)审慎对待合同条款。仔细甄别买方草拟的并购合同条款,对其中的承诺及保证事项给予足够重视,在披露相关事项时,务必做到真实、准确和完整。对无法保证的事项,切不可随意承诺,应尽可能如实披露。如确实无法做到如实披露的情况,需要客观评估该事项的性质,以及后期被发现不实可能导致的法律后果及风险。只有在确信自己已经完全认识到并能够承受风险,且有应对策略的情况下,才可以谨慎考虑对相关事项的处理。

(4)进行责任限制。并购卖方可视潜在违约行为的性质,在并购合同中与并购方约定不同潜在违约行为的责任承担方式。同时,还可就责任金额承担门槛、总额限制及时间限制等与买方协商,通过这些条款的设置,尽可能减轻自己面临的潜在法律责任、降低风险。

## 案例7 折戟海外并购:9000万美元"分手费"的警示

在经济全球化的浪潮中,海外并购成为众多企业拓展国际市场、获取先进技术和资源的重要战略手段。但是,这一充满机遇的征程也布满了暗礁。中国Z集团对德国M集团的收购计划,本是一次看似双赢的商业布局,却因反垄断审查等重重阻碍戛然而止,Z集团不仅未能实现战略目标,还遭受了高达9000万美元的"分手费"损失。这一案例为企业海外并购中的重大法律风险防范敲响了警钟,值得深入剖析与反思。

### 一、并购蓝图:协同发展的美好愿景

2020年9月10日,中国Z集团与德国M集团签署《股份转让协议》,Z集团拟斥资9亿美元收购M集团100%的股权。M集团主营业务为海运冷机与冷藏集装箱制造和销售,并在相关领域占有重要地位,其产品主要服务于多式联运行业客户,为海

运冷藏运输提供关键装备。

M 集团的海运冷机凭借诸多创新技术,成为业界公认的最节能冷机之一,并于 2018 年成功研发智能控制系统,在市场上广受赞誉。对于 Z 集团来说,此次收购是提升自身在冷链装备领域核心竞争力的绝佳契机。Z 集团有望通过本次收购掌握海运冷机的核心技术,并与其现有的冷链业务产生强大的协同效应,进而推动整个集团在冷链领域的全面发展。

就 M 集团而言,其致力于发展成一家综合的集装箱航运物流公司,在这一过程中,不断加强核心业务之间的协同效应并寻求新的发展路径至关重要。与 Z 集团的合作,无疑为其提供了新的契机和资源支持。因此,本次并购对双方来说是互利共赢的良好选择。

**二、风云突变:反垄断调查引发的危机**

《股份转让协议》签订后,双方迅速行动,积极地推动并购项目的执行,憧憬着合作后的美好前景。但是,就在双方刚对本次收购进行披露时,风云突变,一场突如其来的反垄断调查如乌云般笼罩了整个项目。

2020 年 11 月 5 日,德国反垄断办公室发言人表示,该反垄断监管机构正在对 M 集团向 Z 集团出售股权的计划进行仔细研究。与此同时,美国也与德国反垄断监管机构进行合作,对此次并购表达了强烈关注。美方声称,拟议中的交易将使全球前四大冷藏集装箱制造商中的两家合并。一旦交易完成,中国企业将控制这一市场 90% 以上的产能。这将使全球冷藏供应链更为集中,可能对市场竞争格局产生重大影响。

面对这一复杂局面,Z 集团和 M 集团并未放弃,双方持续努力,积极应对反垄断审查。然而,经过漫长的等待和不懈的努力,局势并未朝着他们期望的方向发展。2021 年 8 月 10 日,Z 集团无奈发布关于终止购买 M 集团的公告,称尽管双方已作出了最大努力,但由于反垄断审查面临巨大的不确定性,可能导致《股份转让协议》中约定的交割先决条件不能满足。在综合审慎评估后,双方最终决定终止本次交易。

**三、损失与质疑:终止交易的连锁反应**

交易的终止,不仅意味着双方前期的努力付诸东流,还带来了一系列棘手的问题,其中最为突出的便是合同终止后的损失问题。2021 年 10 月 15 日,Z 集团与 M 集团签署《和解协议》。根据该协议约定,Z 集团须在该协议签署后 10 个工作日内向 M 集团支付 9000 万美元的"分手费",同时双方解除各自在《股份转让协议》下的除保密条款以外的全部权利义务。

Z 集团虽对外表示,本次交易的终止不会对其主营业务经营产生重大不利影响,但高达 9000 万美元的经济损失,无疑在资本市场掀起了波澜。投资者纷纷质疑 Z 集团管理层在此次并购项目中的决策和执行能力,公司的声誉和市场形象也受到了一定程度的损害。

**四、风险剖析与应对启示**

回顾整个事件,Z集团此次折戟海外并购,9000万美元的经济损失令人痛心,而究其根源,在于对本次并购的反垄断法律风险及其可能导致的障碍严重估计不足。

本次并购交易文件明确约定,项目获得所有反垄断监管机构的审核批准是交割先决条件之一。双方还约定,如果本次并购交割条件不能全部满足,Z集团应向M集团支付9000万美元的"分手费"。

在本次交易前,中国在集装箱制造领域已占据全球90%以上的市场份额,基本处于垄断地位。Z集团收购M集团的冷藏集装箱业务后,势必强化中国在集装箱生产领域的垄断地位。在这种情况下,德国和美国反垄断机构不批准本次并购是可以理解及合理预见的。

"分手费"和"反向分手费"作为国际并购交易中重要的交易保护条款,旨在对冲跨境并购交易所涉不确定风险导致的损失。这些风险涵盖政府审批、安全审查、反垄断审查、特殊行业的准入审查等多个方面,即使交易方无过错,这些因素也可能导致交易无法顺利完成而使交易方遭受损失。为了增强交易信心,提升交易意愿,交易双方通常会设置"分手费"条款,明确在发生特定事件导致交易无法达成时,由一方向另一方支付一定价款以结束交易。

在当前复杂的国际形势下,跨境交易面临政治、主权、法律、文化、安全、市场等诸多因素的交织影响。这些因素相互叠加,使我国企业出海并购面临的商业及法律环境越发复杂,项目成功的不确定性显著增加。

因此,企业在进行跨境并购或投资项目之前,应进行全面细致的尽职调查,深入了解目标企业所在国家或地区的政治、法律、市场等各方面情况,发现及评估潜在风险,制定切实可行的风险应对策略。面对交易对方提出的严苛违约责任要求时,要谨慎权衡利弊,作出明智决策。

以Z集团本次项目为例,考虑到经营者集中的事实以及政治因素的影响,项目不被境外反垄断机构批准的概率很高。在这种情况下,或许Z集团慎重考虑不接受"分手费"条件,转而寻求通过自研解决技术需求,或等待更合适的时间进行类似并购,才是更合理的办法。通过这一案例,我们深刻认识到,海外并购之路充满挑战,唯有充分做好风险防范,才能在波涛汹涌的国际市场中稳健前行。

## 案例8　国企改制瑕疵:上市之路的荆棘与启示

在资本市场的宏大叙事中,企业上市是一场关乎企业未来发展的关键战役。然而,对于L股份公司来说,其上市之路却因20年前的国企改制瑕疵而布满荆棘。最终其主动撤回A股主板IPO申请,陷入了发展的泥沼。这一案例深刻揭示了国有企业改制过程中,合法程序的履行对于企业产权明晰及资本市场发展的重要性。

**一、改制风云:看似机遇的转折**

2001年,国有企业L厂在经营困境中艰难挣扎,累计负债超过10亿元。尽管处境艰难,但作为四川省著名药厂,其坐拥5亿元净资产,深厚的底蕴和潜在的价值吸引了众多国内同行业巨头的目光,收购意向纷至沓来。W总同样看中了L厂的潜力,最终他控股的公司在激烈的竞争中脱颖而出,被选为改制并购方。

W总给出的交易对价方案是,未来5年将以4.9亿元对价以及额外1.2亿元职工工龄买断款,共计6.1亿元,通过分期付款的方式拿下L厂100%的股权。2002年2月,W总正式并购L厂,成功将L厂改制为L股份公司。

然而,这场看似顺利的改制背后,却隐藏着诸多问题。本次交易中,W总并没有一次性买下L厂的全部资产,不仅受让的L厂资产不包含L厂的商标及专利技术等无形资产,而且1.2亿元的职工工龄买断款也未支付。更为严重的是,资产评估、股权转让、职工安置、商标获取、租赁房产等多个关键程序,均存在审批或其他程序瑕疵。这些问题犹如一颗颗定时炸弹,为后续争议和纠纷埋下了伏笔,也成为长期困扰L股份公司的焦点问题。

**二、上市受阻:历史遗留问题的爆发**

2020年5月,L股份公司怀揣着对资本市场的憧憬,向证监会递交IPO申请,试图开启企业发展的新篇章。2021年2月,证监会发出的反馈问题如同一记重锤,将L股份公司打回现实。证监会要求保荐机构及发行人律师对L股份公司及其前身涉及国企改制、国有股权及国有资产转让过程的合法合规性,以及是否造成国有资产流失等问题进行深入核查,并出具明确意见。

根据L股份公司招股说明书披露的情况,L厂改制的许多环节都存在程序瑕疵。这主要体现在以下关键方面:

(1)改制方案审批缺失。L厂改制方案未履行当地政府的正式批准程序,这使得整个改制的合法性基础受到质疑。政府的批准是国企改制合规性的重要保障,缺失这一环节,犹如大厦失去根基。

(2)职工安置方案批复滞后。L厂1.2亿元净资产对应的产权份额转让给L厂工会,用于职工解除国企员工身份以及相关遗留问题处理的资金支付。但该方案当时并未获得有权机关的批复;该问题直到多年后才得以解决。这期间的不确定性给职工权益和企业发展带来了诸多隐患。

(3)产权变动方案未再审批。2006年,当地政府对L厂产权变动方案进行调整,将L厂全部产权转让给W总控制的公司。然而,修改后的产权变动方案并未再上报给有权政府审批,这一违规操作进一步加重了产权变动的不合法性。

(4)资产评估核准手续延误。L厂产权转让过程中,收购方虽然对其资产进行了评估,但当时没有及时向相关部门办理资产评估结果核准/备案手续,使得交易价格的合理性遭到质疑。

(5)商标转让违规操作。L厂商标转让到W总控制的公司名下过程中,未履行任何国有资产流转的审批流程。为推动公司上市,L股份公司才于2019年4月补充了相关审批文件,试图让政府承认这次转让合法有效。但这种事后补救的行为,难以消除外界对其合规性的质疑。

如今,回顾L厂改制的历史问题,由于时间久远,诸多细节已难以厘清。但只要这些程序瑕疵和对价公允问题没有得到妥善的补救及追溯调整,L股份公司在A股上市的可能性就微乎其微。

据报道,L股份公司或将转战港股。不过值得注意的是,内地企业赴港上市,在流程上亦需在上市前先行履行中国证监会备案程序。因此,L股份公司即使改道香港上市,亦可能存在重大障碍。可以说,对L股份公司来说,或许只有彻底厘清股权改制问题,才能真正开启上市之路,无论是A股还是港股上市。

## 三、分析与启示

L股份公司的遭遇并非个例,在国企产权变动过程中,履行程序不合规导致后期法律风险的案例屡见不鲜。严重的情况下,不仅会导致管理层或投资人被追究刑事责任,像L股份公司这样产权纠纷导致后续发展受阻的情况更是十分常见。交易文件一旦被认定违反法律及行政法规的强制性规定,就可能被认定不具法律效力,投资方的权利将无法得到有效保护。

对国有企业进行投资并购,需要特别注意关注以下程序履行事项:

(1)严格内部决策与审批。必须按规定履行国企的内部决策和审批程序,避免越权转让资产或接受投资。内部决策和审批程序是确保国企改制合法合规的第一道防线,越权行为可能引发严重的法律后果。

(2)规范审计与评估程序。依法对拟投资并购的标的公司进行财务审计和资产评估,并依规履行核准或备案程序。准确的财务审计和公允的资产评估是确定交易价格、保障国有资产安全的重要依据,违规操作可能导致国有资产流失。

(3)杜绝中介机构操纵。避免操纵中介机构出具虚假财务审计或不公允的资产评估报告。中介机构的专业意见在国企改制及并购中具有重要作用,一旦其被操纵,可能严重误导决策,损害国家和企业的利益。

(4)遵循关联交易回避制度。如买卖双方存在关联关系,依规履行回避制度,避免后期交易的公允性被质疑。

(5)依法选择交易方式。交易各方应依法依规选择交易方式,避免以不公允价格转让国有企业的产权和资产，避免国有资产流失。

在对国企进行投资并购前，投资人及其律师应对国企产权交易相关法律、法规、规范性文件及交易双方的内部公司治理规定进行全面研究及梳理，明确需要履行的程序及涉及的主体，并相应形成详细的交易方案和流程，确保其合法合规性。

## 案例9　竞业禁止缺位：并购失败的多米诺骨牌

在资本市场的风云变幻中，企业的兴衰往往就在转瞬之间。C公司系一家曾经在互联网视频服务领域崭露头角的上市企业，其从辉煌到衰败的历程令人唏嘘。短短不到5年的时间，C公司就从上市的高光时刻，坠入退市的深渊，而这一切的导火索，很大程度上是一场失败的海外并购。

### 一、并购的雄心与残酷的现实

2015年年末，C公司怀揣着快速扩张业务版图、开拓国际市场的宏伟目标，将目光投向了欧洲的M公司。彼时，C公司主营互联网视频服务，试图通过并购欧洲M公司补齐体育业务板块中的版权短板。M公司作为欧洲体育版权行业的龙头企业，在全球重要体育联赛的版权分销领域占据重要地位，手握数个国际知名赛事一定期限的转播权。这对C公司来说，无疑是一块极具吸引力的“肥肉”。

然而，这场并购从一开始就充满了争议。当时因体育行业盈利模式尚不清晰，而本并购项目所需资金金额巨大，C公司内部对本项目收购意见不一，但最终仍决定并购。收购方案为C公司联合其他证券公司设立产业并购基金，筹资50亿元先行收购M公司，C公司承诺于并购基金收购交割完成后的18个月内回购产业并购基金所持M公司的股权，实现并购基金的退出。

但事与愿违，M公司控制权发生变化后，经营问题接踵而至。2017年至2018年，出于未顺利续期、拖欠版权费等原因，M公司陆续失去了多个关键体育赛事的转播权。一系列版权终止让M公司丧失了盈利能力，并最终于2018年宣告破产。

M公司的破产，让产业并购基金并未能按照原定计划退出，陷入重大风险之中，C公司自身也因该项海外并购“踩雷”，市值大幅缩水，最终于2020年退市。

### 二、并购失败的深层次剖析

回顾这场并购，C公司对M公司的并购“爆雷”，是多种因素共同作用的结果，既有产业政策、外汇政策变化等外部因素，也有投前决策、投后管理不当等内部因素，但不可忽视的是，C公司在并购风险控制方面的严重缺陷是本次并购失利的重要原因。

M公司的业务高度依赖持续稳定的版权资源，其行业特性也决定了原管理团队在版权资源的获取和续约中起着至关重要的作用。在并购之前，M公司就存在多数体育赛事版权将于未来2～3年内到期，且观众对在中国拥有版权的赛事关注度不高的问题,但C公司并未对这些业务重大风险给予应有的重视,反而以高于同行业3倍的过高估值进行定价,为后续的失败埋下了隐患。

特别令人费解的是,M公司的创始人一直保留同行业公司,且其在并购完成后从M公司迅速离职,同时带走了大量版权资源。由于交易文件中未对关键人员竞业禁止义务进行约定,C公司对此毫无办法,无法向其追责。关键人员离职和资源流失,成为M公司后续经营出现问题的直接原因。

**三、风险规避与启示**

C公司的惨痛经历给众多企业敲响了警钟。就收购方而言,为了避免类似的风险,可考虑采用以下方法:

(1)尽职调查,审慎决策。在并购前,收购方应聘请独立第三方进行全面的业务、财务和法律尽职调查,根据尽调结果,结合自身的风险承受能力,决定是否并购,并对收购方案进行客观评估。

(2)人才保留,利益绑定。针对资源、技术敏感型行业,收购方应当充分考虑人才流失风险。一方面,完成收购后,要积极调动原核心团队的积极性,制定激励制度,并对核心团队所持股权设置一定期限的锁定期,实现利益绑定。另一方面,在收购过程中,应在并购协议中约定卖方及其他关键人员的竞业禁止义务。这样,即使人才流失不可避免,也能限制相关人员通过转向竞争对手或另起炉灶对标的公司的利益造成重大不利影响。

(3)竞业禁止,合理约定。在并购中,为了保护标的企业的资源和竞争优势,并购方通常会要求卖方及其他关键人员在一定期限内不得从事与被并购方相同或相似、形成竞争关系的经营活动。在进行竞业禁止约定时,需要注意以下几点:

①精准确定主体。充分了解、调查标的企业核心团队,准确确定需纳入约定主体的范围。可视必要性,要求该等人员的近亲属同样受到竞业限制的约束,以防止其通过亲属关系规避限制。

②补充承诺保障。对于不作为并购协议主体的相关方,可考虑要求其另行出具承诺书,承诺如实、完整、真实披露对外投资及任职情况,在交易后或任职期间及离职后一定期限内不进行同业竞争,并明确设定违约责任。

③细化限制范围。对于限制的范围进行可操作的细化约定,避免笼统表述为“不得从事与目标公司的业务相竞争的业务”。

④明确违约责任。设置明确的违约责任。在付款安排上,可将竞业禁止期限届满作为股权转让价款尾款的支付时间。一旦出现违约情形,收购方就可以相应抵扣或要求赔偿损失,以此强化对违约行为的约束。

## 案例 10　并购控制权危机:失败根源的深度剖析

上市公司 A 公司对 Y 医院的并购,本是一次满怀希望的转型之举,却因控制权缺失和管理失当,最终以失败告终。

**一、危机与转型:A 公司的并购抉择**

A 公司原本扎根于水产养殖、加工与销售领域,然而随着养殖业务滑坡,经营连年亏损,甚至戴上了"ST"的帽子,面临严峻的退市风险。在生死存亡的关头,A 公司急需寻找一条自救之路。经过深思熟虑,他们将目光投向了并购,期望通过收购一家处于行业风口、盈利能力良好的企业,实现业绩的逆转和市值的提升。

2016 年,A 公司披露重组方案,计划以 10 亿元人民币收购 Y 医院,进军医疗领域。并购对价采用了多元化的支付方式,部分以货币支付,部分用 A 公司向 Y 医院原实际控制人及管理团队设立的持股平台发行的股份支付。同时,卖方对 2017 ~ 2019 年 Y 医院扣非后净利润金额作出了承诺。重组实施完毕后,Y 医院继续由原管理团队经营,Y 医院原实际控制人仍担任其法定代表人职务,并担任 A 公司副总经理。

这一收购举措在短期内取得了显著成效。重组后的 A 公司剥离了盈利不佳的养殖业务,成功扭亏为盈,似乎正朝着预期的方向稳步前行。

**二、矛盾激化:业绩未达预期引发的纷争**

但是,好景不长。除了 2017 年顺利完成业绩承诺外,Y 医院在 2018 年及 2019 年均未能兑现承诺的业绩。A 公司依据协议,要求业绩承诺人履行补偿义务,却遭到了拒绝。业绩承诺人指出,A 公司违约派人干预 Y 医院的经营管理,亦未按约向 Y 医院支付约定投资款,并违约操纵 Y 医院的审计工作,这些才是导致 Y 医院业绩下滑的真正原因。

双方各执一词,矛盾迅速升级。A 公司果断向法院提起诉讼,追究业绩承诺人的违约责任。诉讼过程中,A 公司对 Y 医院经营团队的履职情况进行了调查。2020 年 8 月,A 公司回复证券交易所问询函称,发现 Y 医院原实际控制人存在利用职务之便,违规占用该院资金等行为,严重损害上市公司利益;A 公司已向公安机关报案,要求追究其涉嫌职务侵占罪的刑事责任,并被公安机关立案侦查。自此,双方矛盾进一步激化。

2020 年 10 月,A 公司果断采取行动,免去了 Y 医院原实际控制人 A 公司副总裁职务以及 Y 医院董事长及法定代表人职务。同时,A 公司委派工作组赶赴 Y 医院现场接手管理权,但遭到 Y 医院部分管理层人员激烈抵制。

在 A 公司的股东会层面,Y 医院原实际控制人及管理团队也展开了反击,以董事会涉嫌关联交易为由,弹劾包括 A 公司董事长在内的多名董事及监事。至此,A 公司与Y医院之间的对赌变成了“对打”。

这场僵持不下的纷争给Y医院带来了沉重的打击,业绩直线下滑,进而使A公司2020年度再度陷入亏损。2021年5月,A公司公告称,Y医院拒绝审计,A公司无法控制其公章和经营证照,不得不将Y医院移出合并报表。后来,因无力运营Y医院,A公司考虑将其挂牌对外转让。

**三、失败溯源:多因素交织的困境**

A公司的这次并购重组,无疑是一次令人深思的失败案例。近年来,资本市场并购重组活动日益频繁,但类似A公司这样的困境也屡见不鲜。判断并购成功与否,关键在于并购整合的成效和并购目标的实现情况,而并购交割的完成,仅仅是一个阶段性的成果。企业并购远比一般资产买卖复杂,其涉及业务和团队的融合、管理理念和企业文化的碰撞,以及利益的重新分配。

从表面来看,A公司对Y医院的并购在交易结构上似乎安排得较为合理。采取股份支付方式,使Y医院原经营团队在A公司持股,与A公司形成了一定的利益绑定,使并购后Y医院的经营成果和原经营团队仍密切相关。但是,为何最终却导致了双方互相攻击,Y医院业绩暴跌,A公司不得不出售Y医院的结果?以下应该是几个主要原因:

(1)行业认知短板。A公司原主业非医疗行业,对医院运营缺乏专业认知和经验,这使得在并购后的管理和决策中,其难以提供有效的支持和指导。

(2)控制权缺失与依赖困境。A公司未取得Y医院的控制权,过度依赖原经营团队。同时,双方在子公司管控措施上未能达成一致,导致管理混乱,决策难以有效执行。

(3)合同履行争议。并购合同履行过程中,A公司可能亦存在违约情况,导致双方对于Y医院业绩下滑责任不清,加剧了矛盾。

(4)接管能力不足。争议发生后,A公司缺乏具备医院运营经验的团队,无法接管Y医院的经营,进一步削弱了对Y医院的控制。

(5)纠纷处理不当。纠纷发生后,双方解决问题的方法过于简单、粗暴,缺乏有效的沟通和协商,导致矛盾不断升级,无法达成共识。

**四、经验启示:成功并购的关键策略**

为了避免类似的并购失败,促进标的企业在并购后的有效整合与发展,企业在并购过程中可以参考以下策略:

(1)战略规划先行。在并购前,对并购战略、动机、目标和并购后的整合及发展方案进行全面研究和准备,避免盲目跟风和冲动决策。

(2)尽职调查全面。对并购标的进行全方位尽调,为并购风险防范和整合策略制定提供坚实基础。

(3)谨慎跨界并购。尽可能避免与自己主营业务完全不相关的跨界并购,降低行业差异带来的管理难度和风险。

(4)组建专业团队。准备经验丰富的运营团队,确保有能力对标的企业进行有效的经营管理,实现平稳过渡。

(5)明确监管机制。如双方在交易文件中设置业绩对赌机制,且对赌期内标的企业仍由原管理团队负责经营,双方应就经营理念及子公司监管措施进行详细约定,避免管理失控。

(6)利益协同一致。交易方案应尽可能使卖方利益与标的企业的发展方向一致,促进卖方从标的企业及并购方角度考虑问题,共同推动企业发展。

(7)强化运营管控。并购方应在并购后参与标的企业的运营,向其关键岗位派驻人员,至少对其财务及印章使用等关键环节进行监管,防止标的企业脱离控制。

(8)促进业务协同。并购方应在并购后为标的企业提供必要的运营资源,积极推进业务协同,实现优势互补,促进标的企业业绩增长。

(9)明晰权利义务。在并购交易文件中,明确双方权利义务,减少不确定性和歧义,严格按照约定履行各自权利义务,减少或避免纠纷。

(10)持续评估调整。并购方应在并购后定期及不定期评估整合进展和对标的公司的管控力度,分析实际情况与计划的差异及原因,注重公司文化的融合,及时调整策略。

(11)妥善解决争议。发生争议时,保持冷静,权衡利弊,抓住根本利益,注意沟通方式,争取通过协商和合作解决问题,避免矛盾激化。

## 案例 11　举牌收购陷阱:股权纷争与财务造假的双重打击

在资本市场的复杂棋局中,上市公司收购是一招充满机遇与风险的险棋。B 公司对 Q 公司的举牌收购,本是一场满怀协同发展期望的布局,却因一系列意外陷入泥沼,最终以 B 公司遭受重大经济损失而告终。这一案例深刻揭示了上市公司收购过程中隐藏的重重风险与挑战。

### 一、收购缘起:互补业务的协同憧憬

Q 公司作为一家主营建筑装饰工程的设计与施工的 A 股上市公司,股权比例分散,大股东及实际控制人 H 总持有 Q 公司 24% 的股份,第二大、第三大股东分别持有 Q 公司 13% 及 12% 的股份,其他股东持有 Q 公司股份比例均低于 8%。

自 2014 年 A 股上市后,Q 公司前四年业绩较为稳定,年均净利润近 1.4 亿元。然而,到了第五年,也就是收购前一年,公司业绩急转直下,净利润缩水至 8000 多万元,同时短期借款飙升到十几亿元,应收账款高达数十亿元、占收入比例约为 70%。

受此影响,公司股价一路回落,总市值由上市时50亿元大幅回落至12亿元。

B公司是一家建筑材料企业,业务上与Q公司存在互补性。B公司看中了Q公司的技术储备及建筑装饰工程设计与施工行业广阔的市场空间,认为Q公司当前的困境只是经营不善所致。如能成功收购Q公司,通过整合资源,实现业务协同,将为双方带来共同发展的机遇。

**二、收购波折:股权争夺与经营困境**

在未与Q公司大股东及管理层进行沟通的情况下,B公司于2020年开始在二级市场频繁举牌,在二级市场收购了Q公司26%的股份,成为Q公司的最大股东。随后,B公司向Q公司董事会提出提案,要求提前改选董事会,试图掌控公司经营决策权,但被拒绝。

B公司并未就此罢休,单方召集股东会,改选董事会,并由新董事会选出了高管层。但Q公司拒不承认这一系列操作,向法院提起诉讼,要求撤销B公司选出的Q公司董事会,同时拒绝移交经营及管理权,这使得B公司虽持有大量股份,却无法介入Q公司的经营管理,双方陷入了激烈的股权争夺大战。

这场新老股东之间的争斗,对Q公司的经营产生了严重的负面影响。公司经营业绩持续下滑,股票市值进一步缩水,B公司原本期望通过收购实现业务协同的初心彻底落空。

**三、危机爆发:财务造假引发的连锁反应**

就在B公司与Q公司的官司打得如火如荼之际,更大的危机悄然降临。B公司举牌收购Q公司后,Q公司的业绩出现了惊人的"大变脸"。第一年Q公司即亏损数亿元,第二年的亏损更是扩大至十几亿元。

2021年,会计师出具的否定意见的审计报告犹如一颗重磅炸弹,揭开了Q公司的财务黑幕。原来,Q公司长期隐瞒承包经营模式,通过签订虚假或放大金额的工程合同、对内部承包项目少计成本等方式虚增利润,公司不仅在财务上存在严重造假行为,在管理上也处于失控状态,甚至还存在挂靠等违法违规行为。

B公司意识到事态严重,立即向公安局报案,并起诉Q公司原控股股东、实际控制人及其关联方。然而,此时的Q公司已经深陷泥沼,无力回天。证监会迅速对Q公司立案调查,各商业银行纷纷起诉要求Q公司归还借款,法院也已受理了对Q公司破产预重整的申请,Q公司在重重危机下轰然倒地。

2022年4月,证监会出具处罚决定书。经其调查,Q公司的财务造假前后横跨5个会计年度,虚增利润高达数十亿元。Q公司及其时任董、监、高,甚至包括其他财务部职员,均因上述信息披露违法违规以及证券发行文件编造重大虚假内容的行为,被处以大额罚款或警告;Q公司的实际控制人被采取终身市场禁入措施,其他主要责任人也分别被采取10年或5年市场禁入措施。

2022 年 6 月,交易所决定 Q 公司进入退市整理期,待时限届满后股票终止上市。B 公司因这场失败的收购,遭受了重大经济损失。

**四、风险洞察与应对启示**

B 公司对 Q 公司的收购尝试,出发点是好的,希望通过业务协同实现共赢,且从 Q 公司的股权结构来看,举牌收购似乎存在一定合理性。然而,最终的结果却是 B 公司不仅未能成功取得控制权,还踩上了财务造假的“地雷”,损失惨重。这一案例凸显了上市公司收购的诸多特性与风险:

(1)尽调困难与风险。采用举牌方式进行收购,在实际取得控制权之前,收购方难以对上市公司进行深入尽调。这无疑给收购方带来了巨大的风险。

(2)利益平衡与控制权挑战。上市公司涉及股东、管理层、员工、社会公众及其他相关方等多方的利益,关系复杂,利益平衡难度大,取得上市公司实际控制权并非易事。

(3)整合与经营考验。上市公司通常规模较大,收购后的整合、过渡和经营管理,对收购方的经验和经营能力是一个考验。

因此,企业在收购上市公司时,风险比收购未上市企业更高,应做好充分的前期准备工作:

(1)审慎选择标的企业。收购上市公司,需明确收购目的,结合自身战略和需求,全面考量拟收购对象的行业、业务、行业地位、市场份额、经营状况、协同可能性及优缺点等。特别要关注拟收购的上市公司的运营规范性,对其所处行业易出现的不规范问题须重点排查。B 公司虽目标明确,但对风险认识不足,导致收购失败。

(2)优选收购方式。以举牌方式进行上市公司收购难以让并购方在取得控制权前深入了解标的企业;规模较小的上市公司,潜藏风险更高。因此,上市公司收购应尽可能选择协议方式,以便对标的企业进行全面调查,有效管控风险,为后续整合创造条件。

(3)深度尽职调查。尽管上市公司运营规范度较高,但也有少数上市公司存在业绩造假等问题。收购前,收购方应对标的企业进行深入尽调,发现及评估风险,制定风险管控策略。

(4)严守收购规则。收购上市公司前,应全面梳理资本市场法律法规及上市规则、交易各方及标的企业的治理和管理程序,依法履行信息披露、监管审批及公司治理程序,确保收购交易合法合规,减少潜在障碍或不确定性,保障并购顺利进行。

## 案例 12 对赌协议:并购成功的“万能药”?

在企业并购的复杂棋局中,对赌协议常被视作平衡风险与收益的关键砝码。它是投资方为应对信息不对称、精准估值难题，以及并购后原大股东和经营者可能出现的动力不足等问题，精心设计的一种交易价格事后调整机制。一般来说，对赌协议会明确原大股东须在过渡期内达成的标的企业业绩目标，部分并购交易价格会依据这一目标的完成情况进行动态调整。但对赌协议并非并购成功的“万能钥匙”。

**一、经典范例：蒙牛对赌的双赢奇迹**

2002 年，外部财务投资者首次入股蒙牛时，一场精彩的业绩对赌拉开帷幕。外部投资者与蒙牛管理层持股公司在投资协议中约定：在既定投资价格的基础上，若未来 3 年内蒙牛年复合增长率低于 50%，蒙牛管理层将按象征性价格向投资者转让一定数量的股份；反之，如超过 50%，外部投资者则按象征性价格向蒙牛管理层转让一定数量的股份。

幸运的是，蒙牛管理层凭借卓越的经营能力赢得了这场业绩对赌，外部投资者如约兑现股权奖励，蒙牛管理者持股公司获得了 6260 余万股的蒙牛股票，约合 3.75 亿港元。这次业绩对赌堪称双赢典范，尽管外部投资者手中的股票数量减少，但是股票价值却大幅攀升，对双方来说都是一次成功的交易。

从本案例可见，对赌协议的价格调整机制有很多优点，因而在投资、并购项目中被经常采用。在 2014 年 11 月 23 日前，《上市公司重大资产重组管理办法》甚至明确规定，如上市公司拟购买资产基于未来收益预期的估值方法定价，交易对方与上市公司应签署业绩对赌协议。卖方一旦不能完成业绩承诺，需向上市公司进行损失补偿。

**二、现实困境：业绩未达标的残酷真相**

那么，对赌协议真的是保证企业并购成功的“万能药”吗？万得（WIND）数据库统计数据给出了否定答案。2013 年至 2019 年，采取对赌机制的上市公司并购案例中，业绩未完成的情况呈逐年上升趋势。

FL 集团并购 ZY 科技便是一个典型的失败案例。2015 年，FL 集团斥资 9000 余万元收购 ZY 科技 40% 股权。收购完成后，FL 集团持有 ZY 科技 51.2% 的股权。ZY 科技原股东承诺，2015 年、2016 年和 2017 年的净利润分别不低于 1300 万元、2000 万元和 3000 万元。如当年实现净利润数低于当年承诺值，原股东须在审计报告出具日后的 10 个工作日内向 ZY 科技支付补偿金，补偿金额为承诺净利润数与实际完成利润金额的差额。

然而，现实却极为残酷。ZY 科技 2015 年仅实现净利润 707 万元、2016 年为 -783.50 万元、2017 年为 -1428.40 万元，不仅连续 3 年未达成业绩承诺，与承诺的累计净利润 6300 万元，更是相差 7804.9 万元。FL 集团深入调查后发现，ZY 科技原股东在股权转让过程中虚构事实、隐瞒真相，骗取 FL 集团与其签订《股权转让合同》，且存在利用关联交易套取 ZY 科技资产的恶劣行为。FL 集团随即向公安机关报案，追究 ZY 科技原股东合同诈骗刑事责任。

ZY 科技原股东被司法机关依法批捕后,已无能力履行业绩补偿义务,FL 集团遭受直接经济损失。由于并购价格因此高于市场公允价格,截至 2017 年年末,FL 集团已累计计提商誉减值 4900 余万元,二级市场市值亦大幅下降,进一步加剧了损失。无奈之下,FL 集团只能重新组建管理团队,全盘接管 ZY 科技的业务。

**三、深度剖析:对赌失败的多重根源**

从 FL 集团与 ZY 科技的案例不难看出,对签订对赌协议的并购双方来说,一旦无法实现对赌业绩承诺,往往形成双输的局面。对赌协议并非保证企业并购成功的"万能药",并购方不能盲目依赖业绩对赌。并购卖方也要谨慎对待业绩对赌,因为如果对赌失败,卖方将可能为履行业绩补偿责任付出沉重代价。

除并购双方可能存在的道德风险因素外,导致对赌业绩不能完成的因素错综复杂。政治、法律、经济、市场环境的变化难以预测;经营团队或客户流失,会严重影响企业运营;并购双方围绕标的企业发生的经营权争议,可能导致决策混乱;标的企业原经营中存在的问题未能解决,会成为发展的绊脚石;经营团队的经营水平或判断失误,也可能使企业偏离发展轨道。这些风险因素众多且复杂,并购双方很难全面排除和有效控制。

**四、应对策略:理性运用对赌协议**

收购方在面对对赌安排时,正确的态度是将其作为保障并购成功的工具之一,但不能对其形成依赖。并购方在并购前,应对标的企业进行全面尽职调查,深入了解企业经营情况,甄别和防范风险。若标的企业并购后继续由原经营者经营,并购双方应就经营策略、方向和理念达成共识,尽可能整合资源,与标的企业形成业务协同,帮助标的企业运营成功。

并购方还应对标的企业规范运营进行必要监管或控制,降低原经营者损害标的企业利益的道德风险。除非标的企业被并购后长期由原经营团队经营,并购方宜尽早介入或接管经营管理。在设置对赌机制时,除财务指标外,还应从标的企业业务及对赌期后企业发展角度,抓住标志业务成长对赌期后业绩发展的核心特征或要素,多维度设置对赌业绩考核标准,确保业务和业绩增长的真实性。同时,根据实际情况采取股份回购、现金补偿、(股份及现金)混合支付、分期支付并购对价模式,最大限度控制风险。

而对标的企业原大股东来说,并购后如果要继续经营及接受对赌,同样应充分考虑及甄别经营风险,如需分期收取并购对价,且要接受对赌,应全面具体约定经营者保障条款、并购方业务协同及资源提供等条件,争取完成业绩承诺,避免造成经济损失。

对赌协议虽在企业并购中具有重要作用,但绝非万能的。只有理性看待、谨慎运用,结合全面的风险防控和有效的协同合作,并购各方才能在并购的浪潮中稳健前行,实现真正的共赢。

## 案例13 宝能系举牌万科:上市公司收购与反收购实战启示

在资本市场的风云变幻中,宝能系公司举牌收购万科A股股票(以下简称万科A)这一事件,堪称A股上市公司收购与反收购实践中的经典范例,犹如一部精彩绝伦的商业大片,其跌宕起伏的情节和错综复杂的策略博弈,为市场参与者提供了宝贵的借鉴意义。

### 一、交锋前奏:巨头登场与股权格局初现

宝能投资成立于2000年,业务广泛,涵盖综合房地产开发、金融、现代物流、文化旅游和民用生产等多个领域。在资本市场舞台上,宝能集团与旗下企业前海人寿和钜盛华等共同构成了赫赫有名的"宝能系",凭借其强大的资本运作能力和敏锐的市场洞察力,在市场中崭露头角。

万科则是中国房地产行业的龙头企业,自1984年成立以来,经过这么多年的发展,已成为行业标杆企业。万科于1991年在深交所上市,后成功登陆港交所主板,再后来更是进军纽约证券交易所,开启了国际化的征程。

在宝能系举牌万科A之前,万科A的股权结构非常分散。第一大股东华润股份是时任万科董事会主席王石引入的战略投资者,仅持有万科14.89%的股份;万科管理层控制的盈安合伙人持有4.14%的股份,万科工会持有0.61%的股份,王石的老朋友刘元生个人持有1.21%的股份。由此可见,万科当时处于管理层实际控制之下,王石及盟友持股比例合计约为21%。这种分散的股权结构,犹如一座看似坚固实则暗藏隐患的城堡,为宝能系的入侵埋下了伏笔。

### 二、攻防博弈:策略对决与局势逆转

#### (一)第一阶段:短兵相接,宝能系突袭与万科初抗

2015年7月10日,万科A公告显示,宝能系从二级市场强势买入万科A约5.52亿股,首次举牌万科A。此次举牌宝能系耗资约80亿元,如同在平静的湖面投下一颗巨石,激起千层浪。仅仅两周后的7月24日,宝能系再次增持万科股份,持股比例达到10%,与第一大股东华润股份的持股比例已十分接近。为安抚万科管理层,宝能系掌门人姚振华此时承诺,宝能系成为万科大股东之后,王石依然会是万科的旗手。

然而,宝能系的野心远不止于此。至2015年8月26日,宝能系合计持有万科15.04%的股份,首次超过华润股份,以0.15%的微弱优势登上了持股榜首。在短短数十天内,宝能系通过保险资金、融资融券、收益互换、资管计划、股权质押等多种复杂的融资方式,大规模收购万科A,向万科发起了凌厉的进攻,其来势汹汹,让万科管理层感受到了前所未有的危机。

察觉到宝能系入侵带来的巨大威胁,王石迅速寻求华润股份的支持,开始狙击"野蛮人"。2015年8月31日和9月1日,华润股份增持了少许万科股份,股权比例

从14.89%提升至15.29%,以微弱的优势再次反超宝能系。但这一微弱的优势显然无法彻底消除宝能系带来的威胁,而且华润股份的增持行为也未展现坚决抵抗“野蛮人”入侵的强烈意愿,万科管理层的处境依然岌岌可危。

（二）第二阶段:全面反击,宝能系强攻与万科周旋

宝能系并未因华润股份的反超而退缩,反而进一步扩大进攻。一方面,其通过所控制的资管计划等主体投入近100亿元,继续收购万科A。至2015年12月4日,其合计持有其20.008%的股份;至12月18日,其持股合计24.26%。此时各方的持股情况发生了显著变化:宝能系持股24.26%,华润股份持股15.29%,安邦保险持股7%,万科管理层持股4.14%。按此速度,宝能系取得万科控制权似乎指日可待,万科管理层地位受到严重威胁。

另一方面,2016年6月26日,宝能系向万科董事会提出罢免王石等10名现任董事、2名监事的提案,试图从根本上瓦解万科管理层的权力核心,可谓釜底抽薪。然而,宝能系的这一提案遭到了华润股份反对,相比之下,华润股份更愿意相信万科管理层的能力和经验。

面对宝能系的步步紧逼,万科管理层展开了全面反击:

（1）舆论造势与监管关注。2015年12月17日,万科董事会主席王石公开表示不欢迎宝能系成为万科第一大股东,并指出其收购系短债长投,是一场赌博。这一言论瞬间引发了市场的广泛关注,也成功吸引了监管机构的目光。宝能集团次日迅速在官网回应称,公司重视每一笔投资,恪守法律。虽然宝能系反应迅速,但收购资金来源的弱点已初露端倪。

（2）临时停牌与资金施压。2015年12月18日,宝能系所持万科A股比达到24.26%时,万科发布了临时停牌公告,宣布筹划发行股份收购资产。这次停牌时间长达6个月之久,不仅迟滞了宝能系的收购行动,还对其资金链造成了巨大压力。根据万科后期发布的《关于提请查处钜盛华及其控制的相关资管计划违法违规行为的报告》,宝能系本次收购的主要资金来源是资管计划、发债、信用贷款、股权质押及万能险保险资金,短贷长投且涉嫌违规,万科长期停牌无疑大幅增加了其资金成本及风险。

（3）多方寻求“白衣护卫”援助。万科积极寻求外部力量的支持,先后引入安邦保险、深圳地铁和恒大入股。

2015年12月7日,安邦保险举牌万科,持有万科5%的股份;18日,其持股比例又增加到7.01%;23日,双方同时发布公告,表达结盟意图。

2016年3月14日,停牌后近4个月的时间,万科公告与深圳地铁签署合作备忘录,但因万科引入深圳地铁未经华润股份同意,遭到华润股份反对,双方盟友关系破裂,万科重大资产重组预案未获通过。

2016 年 8 月 4 日，恒大公告购入约 5.2 亿股万科 A，持股比例约 4.68%；11 月 29 日，恒大公告，其持有 15.53 亿股万科 A，占万科 A 总股本的 14.07%。

（4）法律行动与多方施压。万科自身及其管理层盟友对宝能系采取一系列法律行动，阻止其收购行为。

2016 年 7 月 19 日，万科向证券监管机关提交报告，举报宝能系公司收购资金来源违法违规，要求查处其信息披露、市场操纵及资管计划违规行为。万科举报行为收到了良好效果，深圳证监局迅速展开核查，原保监会也责令前海人寿整改违规行为，并进行了处罚，成功阻断了宝能系后续融资渠道。

此外，万科工会提起宝能系损害股东利益诉讼，部分万科员工前往深圳市政府请愿，万科第一大自然人股东向多个监管部门实名举报华润股份及宝能系公司，从多个角度对宝能系公司的收购行为进行打击。

万科管理层采取的上述措施，虽未迅速击败宝能系的夺权行动，但为下一步的谈判、政府干预及实施其他策略争取了时间和空间，起到了至关重要的缓冲作用。

（三）第三阶段：政府干预，宝能系折戟与万科定局

在这场激烈的收购与反收购大战中，地方政府的干预成了关键转折点。2016 年 12 月 19 日，万科宣布终止与深圳地铁的资产重组事项。经深圳市政府协调，华润股份与深圳地铁达成股权转让协议。2017 年 1 月 13 日，万科发布公告，深圳地铁与华润股份签署《股权转让协议》，收购华润股份所持万科 A 15.31% 的股权，并获得国资委的批复。

2017 年 3 月 16 日，万科发布公告，恒大与深圳地铁签署《战略合作框架协议》，将恒大所持万科 A 14.07% 股权的表决权、提案权及参加股东会的权利不可撤销地委托给深圳地铁，期限 1 年。2017 年 6 月 9 日，恒大发布公告称，将其所持万科股份全部转让给深圳地铁。

通过这一系列交易，深圳地铁成为万科的最大股东，持股比例达 29.38%。万科管理层迎来了自己的“白衣护卫”。此时万科各股东股权比例为：深圳地铁 29.38%，宝能系 25.4%，安邦保险 6.73%。

2017 年 6 月 21 日，深圳地铁改组万科董事会，王石卸任董事长，被聘为名誉董事长；万科原总经理郁亮接任董事长职位。在违规行为被强烈质疑并受到处罚的情况下，宝能系不得不放弃成为万科大股东计划。2018 年 4 月，宝能系开始陆续减持万科股份，后消失于万科前十大股东名册。

**三、复盘启示：收购与反收购的策略指南**

回顾这场惊心动魄的收购大战，宝能系进攻不可谓不犀利，一度让万科管理层非常被动，但后者及时采取多项措施，综合运用舆论力量、长期停牌、举报违规行为、利益相关者采取法律行动、寻求“白衣护卫”援助等策略，成功迟滞了宝能系的收购进

程,并引起了深圳市政府及证券和金融监管部门的重视。最终,在深圳市政府的主导下,深圳地铁成为万科的控股股东,而万科原管理层的地位亦基本得到保全。

从这一案例中,收购方可吸取以下经验教训:

(1)合法合规是底线。在收购程序、信息披露和资金来源等各方面,都应确保收购行为合法合规,否则一旦被抓住把柄,会受到被收购上市公司大股东及管理层的猛烈攻击。宝能系因资金来源问题受到监管处罚,进而导致融资渠道被阻断就是深刻的教训。

(2)资金与速度是关键。要准备充足收购资金,争取速战速决,不给被收购上市公司喘息机会。在宝能系收购过程中,由于资金来源的隐患和万科的反制措施,收购进程受阻,最终功亏一篑。

(3)利益平衡是保障。需要全面规划被收购上市公司的发展未来,充分考虑利益相关方的利益及诉求,包括小股东、公众投资者、员工及当地政府等,尽可能争取利益相关方的支持。

而对于存在类似潜在被举牌收购风险的上市公司,其大股东及其管理层可以从本案例中得到以下启示:

(1)优化股权结构。尽可能在上市前就安排好股权结构,结合实际情况,以成立股东或员工持股平台、签署一致行动协议、表决权委托等适当方式聚集控制上市公司所需的股权表决权,从源头上降低被恶意收购的风险。

(2)固化反收购措施。及时在公司治理及其他方面采取反收购措施,并通过公司章程及其他公司治理制度进行固化,使反收购措施具有制度保障和可操作性。

(3)灵活反击策略。如遇到“野蛮人”入侵,要结合实际情况,迅速准确地抓住对方的弱项,及时采取有效的反击措施。万科管理层在面对宝能系的进攻时,灵活运用多种策略,成功捍卫了公司的控制权,为其他上市公司提供了宝贵的借鉴。

宝能系举牌万科A的这场商业大战,不仅是两家企业之间的较量,更是资本市场收购与反收购策略的一次全面展示。它为市场参与者提供了丰富的经验教训,无论是收购方还是被收购方,都能从中找到应对类似情况的思路和方法,在未来的资本市场竞争中更加从容应对类似情况。

## 案例14　SQ汽车跨境并购:文化整合不当的警示

中国SQ集团对韩国SG汽车的收购,是一个文化整合策略不当导致并购失败的典型案例。这一事件系国内汽车业首个跨国并购失败案例,更引发了社会各界对中国企业海外并购风险的深刻反思。

## 一、并购缘起:雄心勃勃的跨国布局

韩国 SG 公司,作为韩国第四大汽车生产商,自 1954 年成立以来,在豪华型高档轿车、运动型多用途车(SUV)及大型休闲车领域深耕。其发展历程丰富,最初为美军生产吉普车,1976 年开始生产特种车辆,1988 年被 SG 集团收购。但因经营不善,公司陷入困境,最终被债权银行接管。2003 年,债权银行为摆脱 SG 公司的债务困境,决定公开出售所持 48% 的股份,以减少损失。

彼时,中国的 SQ 集团已发展成为我国最大的汽车上市公司之一,其历史可追溯至 1955 年成立的上海一家内燃机配件制造企业,经过多次产业整合后,业务涵盖整车(包括乘用车、商用车)及零部件的研发、生产和销售业务,整车销量多年来在国内保持领先地位。然而,SQ 集团在自主研发方面一直面临挑战,销售的产品主要是外国品牌产品。

基于此,SQ 集团对收购 SG 公司寄予了厚望:一方面,希望通过控股 SG 公司,获取其品牌和先进制造技术,走向全球市场;另一方面,希望利用自身在中国的低成本优势,与 SG 品牌、技术结合,形成协同效应,提升 SG 公司的经营业绩,实现双赢。2004 年 7 月,SQ 集团在激烈的收购竞标中脱颖而出,收购了 SG 汽车 48.92% 的股权,成为其第一大股东。2006 年,SQ 集团通过二级市场增持,将持股比例提升至 51.33%,正式成为 SG 公司的控股股东。

## 二、冲突频发:罢工浪潮下的经营困境

但是,SQ 集团对 SG 公司的收购之路,从一开始就伴随重重阻碍。早在 SG 公司债权团与 SQ 集团进行并购谈判期间,SG 公司工会就组织了罢工,提出一系列要求,包括保留现有的管理层和员工、不降低工资、准许工会参与公司决策、确保 SG 公司的生产设备和技术留在韩国等。为推进收购进程,SQ 集团无奈同意了这些条件。

2005 年年初,SQ 集团计划进口零部件到中国组装生产 SG 汽车,这一旨在降低成本、拓展市场的举措,却遭到 SG 公司工会的强烈反对。工会认为 SQ 集团试图转移 SG 汽车的核心技术,导致该计划被搁置。数月之后,SQ 集团提出与 SG 汽车各出资 50% 在中国设厂,实现 SG 汽车国产化的方案,再次引发 SG 公司工会的揣测和反对。他们担心 SQ 集团的真实目的是转移技术和生产设备,而非发展 SG 汽车。此时,由于经营巨亏,加上管理层也反对国产化计划,2005 年 11 月,SQ 集团解雇了 SG 公司原有领导班子,对高层人员做了大幅调整。这一系列事件迫使 SG 公司工会再次决定举行大罢工,要求 SQ 集团履行前期协议以及投资承诺,并阻止技术转移计划。最终,SQ 集团不得不再次妥协。

2006 年年初,SG 公司尚未从之前的罢工和亏损影响中恢复,又因韩国政府取消柴油车政府补贴等原因,产品销量大幅下降,陷入经营危机。2006 年 6 月下旬,SQ 集

团与其任命的SG公司管理层签订了一份项目交流合同,试图推进之前搁置的在中国合资设厂计划,并提出裁减数百名工人及管理人员的裁员计划,以解决SG公司的经营危机。然而,这一做法彻底激怒了SG公司工会,他们于2006年7月组织了全面罢工,导致8月SG公司再次停产。经过艰难谈判,SQ集团与SG公司工会于2006年8月末达成和解协议,SQ集团被迫撤回于中国合资设厂、员工解雇计划,同意不减薪但冻结部分未来新增员工福利等。

这些频繁的罢工不仅给SG公司造成了重大经济损失,还使得SQ集团不得不放弃与SG公司合资在中国设厂计划,并导致SG公司人工成本居高不下,经营状况雪上加霜。2008年,国际经济危机爆发,主要产品为SUV及高档轿车的SG公司在国内外市场销量大幅下滑,出现巨额经营资金缺口。而SQ集团自身也因国际经济危机严重亏损,无力拯救SG公司。2009年年初,SG公司不得不再次申请破产保护,SQ集团收购SG公司以失败告终。

**三、深度剖析:文化差异背后的整合困境**

观察SQ集团与SG公司之间的冲突,宏观层面体现为经营战略上的对抗,微观层面则表现为双方在共享SG汽车技术、管理层调整和裁员计划等方面的争议。然而,这些冲突的深层次根源在于国家文化和企业文化的差异。

从国家文化角度看,尽管中韩两国同属儒家文化圈,但韩国人风险意识更强,更注重资历,信赖权威,对稳健、缓和的改革适应性较强,面对激进、不确定程度高的改革则较难适应。

在企业文化方面,SQ集团和SG公司都强调创新和注重核心技术,但SG公司对核心技术转移十分敏感。从心理角度,SQ集团作为中国汽车行业的领导者,在收购后具有优势心态,管理手段较为强硬;而SG公司处于被收购地位,渴望追求独立发展能力和空间。两者心态的差异导致了摩擦和冲突的产生。

在文化吸纳方面,SQ集团并购SG公司的主要目的之一是获取技术,作为大型国企,其在收购后急于推进SG汽车国产化,对SG公司文化的尊重和吸纳意愿较低。而SG公司因历史上的辉煌成就,独立意识很强,排斥外来文化,对SQ集团文化的吸收意愿也不高。

在并购运营过程中,SQ集团未能充分重视双方文化的差异。在SG公司工会数次罢工抗议的情况下,仍强行推行在中国合资设厂策略,导致双方信任危机加剧,企业运行成本居高不下,最终导致运营失败。

**四、经验启示:跨境并购文化整合的关键要点**

SQ集团并购SG公司的失败案例,深刻揭示了企业文化差异对跨国并购的重大影响。不同的企业文化孕育企业独有的战略目标、经营方式和人力资源政策,并渗透于企业的管理制度和决策程序中。因此,在跨境并购前,并购方应充分做好文

化整合准备,防止并购后产生文化冲突,确保并购整合顺利进行。以下是一些考虑要点:

(1)修炼自身实力,塑造优质文化。并购方练好内功,塑造良好的自身企业文化和品牌形象,建立强大的核心竞争力。在跨国并购中,强大的自身实力和优质的企业文化更易获得标的企业的认可,有助于营造相互理解和尊重的局面,减少摩擦。

(2)深入文化调研,洞悉差异根源。全面做好文化调研工作,充分了解国家文化和企业文化方面的差异。国家文化的差异主要体现在风土人情、价值观念等方面。企业文化则需要了解企业愿景、决策方式、管理方式和员工整体性格等。深入的文化调研可帮助并购方选择合适的文化整合方式,减少整合障碍。

(3)高度重视文化整合,避免策略生硬。并购方必须高度重视文化整合。不能仅在并购前进行文化尽调,更要在整个并购过程中持续关注文化融合。在遇到文化冲突时,应采取灵活、有效的对策,避免生硬的处理方式。许多中国民营企业目前缺乏企业文化意识,对并购文化整合的重视不足,需要加强这方面的学习和实践。

(4)选择合适策略,动态调整优化。根据文化调研结果,选择适当的文化整合模式,随着并购整合的推进,根据实际情况动态调整文化整合方法。文化整合是一个长期的过程,需要不断适应和优化,以确保并购整合平稳有序进行。

(5)搭建交流平台,促进文化融合。搭建双方文化交流的平台,组织多种形式的交流活动,为员工提供价值观、工作方式及生活习惯等方面的交流机会。通过全方位的文化互动,促进员工之间的文化认同,提升团队配合度,提高工作效率。

(6)建立沟通机制,化解矛盾冲突。企业并购形同婚姻,难免会遇到冲突和矛盾,因此,建立对话沟通机制至关重要。针对特定矛盾,双方应秉持善意,通过有效沟通,换位思考,理解对方顾虑,在相互尊重的基础上寻求解决方案,以实现良好的整合效果。

## 案例 15　吉利并购沃尔沃:跨国并购整合的成功密码

在全球汽车产业的版图变迁中,吉利对沃尔沃的并购堪称一段经典传奇。这场并购不仅改写了吉利与沃尔沃的命运轨迹,更为全球企业并购整合提供了极具价值的样本,清晰地展现出科学策略与精准执行在并购活动中的关键作用。

### 一、吉利的扩张版图:投资并购铸就崛起之路

自 1997 年踏入汽车制造领域,吉利便开启了一段波澜壮阔的发展征程。吉利持续投入,累计对外投资达数百亿元,收获了令人瞩目的成长。回首 2006 年起,吉利一系列投资并购动作,每一步都彰显着其战略布局的雄心。

2006 年,吉利战略性入股英国锰铜公司,持股 19.97% 的股份,成为其最大股东,

并顺势合资成立了上海英伦帝华汽车公司，开启经典伦敦黑色出租车及在中国市场的销售篇章。2010 年，吉利全资收购了沃尔沃，这一举措成为其发展历程中的关键转折点。2012 年，吉利凭借强劲实力首次跻身世界财富 500 强榜单，标志着其在全球商业舞台上崭露头角。2013 年，吉利全资揽下伦敦出租车业务；同年，吉利汽车欧洲研发中心成立，加速技术研发的国际化进程。

2017 年，吉利的并购步伐进一步加快，收购马来西亚宝腾 49% 的股权，以及英国豪华跑车品牌路特斯 51% 的股权，并将路特斯全球总部迁到武汉市，拓展了品牌矩阵与国际市场版图。同年，领克合资公司、吉利—沃尔沃技术合资公司相继成立，推动技术共享与协同创新。2017 年，吉利还收购美国太力，进军新兴出行领域。2018 年，吉利收购奔驰母公司戴姆勒约 9.69% 具有表决权的股份，以及控股盛宝银行，多元布局金融与高端汽车领域。

2019 年，吉利与百度达成全面战略合作，聚焦智能网联、智能驾驶等人工智能技术在汽车、出行领域的应用；与戴姆勒共同投资德国城市空中出行公司；与奔驰组建合资公司，助力 SMART 品牌的电动化转型。2020 年，吉利与梅赛德斯—奔驰正式成立 SMART 品牌全球合资公司，深化合作成果；戴姆勒、吉利及其子公司携手开发混合动力应用的高效动力系统。2021 年，吉利与百度组建智能电动汽车公司；沃尔沃在斯德哥尔摩挂牌上市，迈向资本市场新征程。

2022 年，吉利认购雷诺韩国 34.02% 的股权；收购英国超豪华品牌阿斯顿·马丁 7.6% 的股份成为其第三大股东，并在 2023 年将持股比例提升至约 17%。2023 年，吉利控股集团和吉利汽车控股有限公司与雷诺集团签署合资协议，成立新公司研发、制造和供应先进的混合动力总成。

在规模、业绩、产品与管理等多维度，吉利都实现了飞跃式发展。从销量数据来看，2018 年吉利汽车历史总销量超 215 万辆；2021 年吉利汽车年销量达 132.8 万辆，连续 5 年荣膺中国品牌年度销售冠军；2022 年销量攀升至 143 万辆。如今的吉利，已成功构建多品牌、超级品牌运营体系，稳步向电动化、智能化、全球化迈进，品牌价值持续攀升。其成功的投资并购与并购后的高效整合，成为推动这一系列发展的重要引擎，值得深入剖析与借鉴。

## 二、蛇吞象？吉利并购沃尔沃的逆袭奇迹

2009 年，沃尔沃的经营陷入困境，控股股东福特于 2010 年 3 月宣布将沃尔沃出售给吉利。在当时的全球汽车市场上，吉利还只是一家年销量不过约 33 万辆、营收不过 200 亿元的中国汽车品牌，与拥有深厚底蕴的沃尔沃形成鲜明对比。

沃尔沃创建于 1927 年，总部设在瑞典哥德堡，作为瑞典最大的工业企业集团，在全球 18 个国家设有生产基地，业务覆盖 190 多个国家和地区，雇员达 11 万人之多，是全球排名第三，安全技术世界领先的百名品牌，堪称瑞典的国家骄傲。2007 年，沃

尔沃营收高达106亿美元,远超当时的吉利。

这一收购当时并不被外界看好。一方面,吉利面临巨大资金压力,2009年其净利润刚超10亿元人民币,而收购沃尔沃需支付18亿美元,后续发展资金至少还要9亿美元,资金缺口巨大。另一方面,业界对吉利能否盘活沃尔沃心存疑虑,2009年沃尔沃全年销量33.4万辆,创下近10年新低,且亏损逾9亿美元,福特也是因不能扭转局面才选择出售。

然而,事实证明这一并购获得了巨大成功。吉利以相对较低代价获得了沃尔沃这一优质资产。福特1999年收购沃尔沃支付了64.5亿美元,而吉利仅花费18亿美元。通过本次收购,吉利收获颇丰,不仅拥有沃尔沃商标所有权,10个系列可持续发展的产品和技术、产品生产平台,一家发动机公司和数家零部件公司,还获得80余年整车和关键零部件的开发经验、数字化汽车设计开发平台和研发体系、分布于100多个国家、地区的2300余个网点的销售服务体系,以及过万项专利等知识产权,一举跻身世界汽车企业的强者行列。

并购对吉利和沃尔沃的发展均产生了极大的促进作用。吉利借此实现跨越式发展,而沃尔沃也重焕生机。汽车销量上,2009年,沃尔沃销售33.4万辆,2019年销售超70万辆车,连续六年打破其全球销量纪录;经营业绩方面,2009年,沃尔沃亏损过9亿美元,2019年营业利润达14.28亿美元,现金流量达11.58亿美元;市值从2010年18亿美元跃升至2019年逾180亿美元,增长10倍;品牌价值上,沃尔沃依然保持世界一流汽车品牌地位。此外,吉利通过此次并购积累的丰富经验,为后续与德国戴姆勒、美国飞行、马来西亚宝腾、英国路特斯等一系列投资、收购项目的成功实施奠定了坚实基础。

**三、成功密码:多维度策略引领并购整合**

吉利并购沃尔沃之所以能取得成功依靠的是一系列科学、系统且精准执行的并购整合策略。

(1)战略领航,方向明确。吉利在2007年前就制定了"总体跟随、局部超越、重点突破、招贤纳士、合纵连横、后来居上"的发展战略,这一战略为吉利进行包括收购沃尔沃在内的一系列投资并购提供了方向。

(2)人才先行,资源储备。在收购沃尔沃之前,吉利就逐步建立了强大的财务、运营及技术人才储备,并购时组建了专业的投行、法律和财务中介团队,并在并购资金来源方面做了充分的筹划和准备,为并购项目的顺利进行打下了良好基础。

(3)目标明晰,契合战略。吉利对并购沃尔沃的目的进行了深入思考和充分论证。其核心目标锁定沃尔沃的技术和品牌,认为这两者与独特的产品外观设计共同构成汽车企业的核心竞争力,这一目标与前期制定的经营发展战略高度契合。最终,吉利在此次并购中如愿以偿,收获了技术与品牌的双重加持。

(4)谈判有道,合作共赢。并购谈判中,吉利并购团队展现出卓越的谈判技巧。他们摒弃一味追求己方利益的狭隘思维,在尊重对方文化的同时,充分考虑交易对方及相关方利益及关切。通过客观分析和坦率阐述并购相关事项的利弊,以理服人,以利服人,营造了良好的谈判氛围,促进了交易的顺利完成。

(5)整合有序,协同发展。吉利制定了清晰的整合及发展策略,确定了“沃人治沃”的经营方针。并购后,沃尔沃保留了瑞典哥德堡的公司总部、研究管理中心和基地,在产品研发和销售方面保持独立性与自主能力。同时,吉利为沃尔沃提供充足发展资金等资源,协助其拓展中国市场,双方合作成立研发机构、合资公司,共同开发新技术及产品,实现互利共赢,推动双方技术、管理水平及品牌形象的全面提升。

(6)文化融合,和谐共生。吉利高度重视文化整合,并购前深入研究了沃尔沃的文化和价值观,理解其历史、技术、市场优势以及人文理念,充分考虑瑞典国家、社会及沃尔沃股东、员工和工会对吉利集团并购的关切和顾虑,并积极沟通交流,展现真诚与善意。并购后,吉利摒弃强势姿态,不强行植入自身企业文化,而是基于瑞典国家和沃尔沃企业文化,贯彻执行“沃人治沃”、“和而不同”及适当“妥协”的兄弟式和协商型管理和沟通方法。双方共同成立了对话与合作委员会作为沟通平台,建立了定期对话机制,对话内容涵盖汽车制造、零部件采购、新产品开发等各个领域,有效避免了文化碰撞和内耗,促进双方深度合作与发展。

(7)团队精锐,活力注入。吉利收购沃尔沃后,精心组建了一支强有力的经营团队,沃尔沃主营的经营班子中,除董事长李书福来自吉利外,其他均是来自汽车或其他行业的世界著名企业的专家,于所在领域经验丰富,履历出色;沃尔沃在中国设立的生产基地和销售机构的高层,由吉利推荐人员及沃尔沃董事会委派或从市场选聘的国际人才共同组成。这一国际化、专业化的管理团队,为沃尔沃的发展注入了动力与活力,也赢得了员工等利益相关方的信任。

(8)运营支持,坚实后盾。吉利收购沃尔沃后,为其发展提供全方位、强大的运营支持,协助沃尔沃建立中国市场发展团队、建设中国汽车生产基地,共同打造零配件联合采购平台。通过扩大产品销量、降低生产及销售成本,有力推动了对沃尔沃的发展壮大。虽然并购后双方合作亦存在一些问题和矛盾,但这些问题和矛盾因沃尔沃的持续发展而得到有效消化和控制。

(9)控制有度,收放自如。吉利收购沃尔沃后,对沃尔沃实施了“兄弟式”的管理模式,表面上不直接全面干预沃尔沃的经营管理,但通过多种方式实现对沃尔沃的重大影响和实质控制。在产权结构和公司治理方面,通过控股沃尔沃并决定其董事会成员,对其经营决策施加重大影响。在保障员工利益上,重组董事会和监事会时,注重维护经营团队积极性,维持薪酬管理体系稳定,增强人力资源稳定性和归属感。借助良好的对话与沟通机制,与沃尔沃管理层及工会建立信任,影响经营决策。通过建立联合采购,在控制采购成本的同时,实现对沃尔沃汽车从研发到生产的各个环节的经营控制。在财务整合上,采用全新的财务系统及管理平台,研发统一的财务主体管理系统和财务报表管理体系,提升对沃尔沃的财务管理控制力。

(10)品牌分层,协同共进。吉利并购沃尔沃后,实施了科学合理的品牌策略,沃尔沃主打中高端,吉利集团品牌主打中低端。这一差异化定位有效推动了吉利突破品牌发展"瓶颈",实现品牌协同发展,提升整体市场竞争力。

(11)技术吸收,创新驱动。吉利通过与沃尔沃建立联合研究机构和采购平台、合作进行产品开发和销售,以及搭建深入的人才和技术交流机制,广泛吸收了沃尔沃的技术及设计思想,极大提升了吉利汽车产品线的设计水平,为吉利汽车的整体发展注入创新活力。

吉利成功收购沃尔沃的案例,为中国企业提供了宝贵的并购整合经验借鉴。企业在并购前,要有明确的经营战略及并购目标,确保并购与自身发展战略一致。同时,要制定清晰及可操作的整合策略和措施,以实现并购后与被并购企业的成功整合与协同效应。当然,由于企业情况各异,吉利的成功经验虽有重要参考价值,但并非适用于所有企业和行业,企业需基于自身实际情况,量身定制并购整合策略,方能在并购之路上行稳致远。

# 附录

# 企业并购相关法律规范

# 中华人民共和国公司法(节录)

(1993年12月29日第八届全国人民代表大会常务委员会第五次会议通过　根据1999年12月25日第九届全国人民代表大会常务委员会第十三次会议《关于修改〈中华人民共和国公司法〉的决定》第一次修正　根据2004年8月28日第十届全国人民代表大会常务委员会第十一次会议《关于修改〈中华人民共和国公司法〉的决定》第二次修正　2005年10月27日第十届全国人民代表大会常务委员会第十八次会议第一次修订　根据2013年12月28日第十二届全国人民代表大会常务委员会第六次会议《关于修改〈中华人民共和国海洋环境保护法〉等七部法律的决定》第三次修正　根据2018年10月26日第十三届全国人民代表大会常务委员会第六次会议《关于修改〈中华人民共和国公司法〉的决定》第四次修正　2023年12月29日第十四届全国人民代表大会常务委员会第七次会议第二次修订)

## 第三章　有限责任公司的设立和组织机构

### 第一节　设　　立

**第四十二条**　有限责任公司由一个以上五十个以下股东出资设立。

**第四十三条**　有限责任公司设立时的股东可以签订设立协议,明确各自在公司设立过程中的权利和义务。

**第四十四条**　有限责任公司设立时的股东为设立公司从事的民事活动,其法律后果由公司承受。

公司未成立的,其法律后果由公司设立时的股东承受;设立时的股东为二人以上的,享有连带债权,承担连带债务。

设立时的股东为设立公司以自己的名义从事民事活动产生的民事责任,第三人有权选择请求公司或者公司设立时的股东承担。

设立时的股东因履行公司设立职责造成他人损害的,公司或者无过错的股东承担赔偿责任后,可以向有过错的股东追偿。

**第四十五条**　设立有限责任公司,应当由股东共同制定公司章程。

**第四十六条**　有限责任公司章程应当载明下列事项:

(一)公司名称和住所;

（二）公司经营范围；

（三）公司注册资本；

（四）股东的姓名或者名称；

（五）股东的出资额、出资方式和出资日期；

（六）公司的机构及其产生办法、职权、议事规则；

（七）公司法定代表人的产生、变更办法；

（八）股东会认为需要规定的其他事项。

股东应当在公司章程上签名或者盖章。

**第四十七条** 有限责任公司的注册资本为在公司登记机关登记的全体股东认缴的出资额。全体股东认缴的出资额由股东按照公司章程的规定自公司成立之日起五年内缴足。

法律、行政法规以及国务院决定对有限责任公司注册资本实缴、注册资本最低限额、股东出资期限另有规定的，从其规定。

**第四十八条** 股东可以用货币出资，也可以用实物、知识产权、土地使用权、股权、债权等可以用货币估价并可以依法转让的非货币财产作价出资；但是，法律、行政法规规定不得作为出资的财产除外。

对作为出资的非货币财产应当评估作价，核实财产，不得高估或者低估作价。法律、行政法规对评估作价有规定的，从其规定。

**第四十九条** 股东应当按期足额缴纳公司章程规定的各自所认缴的出资额。

股东以货币出资的，应当将货币出资足额存入有限责任公司在银行开设的账户；以非货币财产出资的，应当依法办理其财产权的转移手续。

股东未按期足额缴纳出资的，除应当向公司足额缴纳外，还应当对给公司造成的损失承担赔偿责任。

**第五十条** 有限责任公司设立时，股东未按照公司章程规定实际缴纳出资，或者实际出资的非货币财产的实际价额显著低于所认缴的出资额的，设立时的其他股东与该股东在出资不足的范围内承担连带责任。

**第五十一条** 有限责任公司成立后，董事会应当对股东的出资情况进行核查，发现股东未按期足额缴纳公司章程规定的出资的，应当由公司向该股东发出书面催缴书，催缴出资。

未及时履行前款规定的义务，给公司造成损失的，负有责任的董事应当承担赔偿责任。

**第五十二条** 股东未按照公司章程规定的出资日期缴纳出资，公司依照前条第一款规定发出书面催缴书催缴出资的，可以载明缴纳出资的宽限期；宽限期自公司发出催缴书之日起，不得少于六十日。宽限期届满，股东仍未履行出资义务的，公司经董事会决议可以向该股东发出失权通知,通知应当以书面形式发出。自通知发出之日起,该股东丧失其未缴纳出资的股权。

依照前款规定丧失的股权应当依法转让,或者相应减少注册资本并注销该股权;六个月内未转让或者注销的,由公司其他股东按照其出资比例足额缴纳相应出资。

股东对失权有异议的,应当自接到失权通知之日起三十日内,向人民法院提起诉讼。

**第五十三条** 公司成立后,股东不得抽逃出资。

违反前款规定的,股东应当返还抽逃的出资;给公司造成损失的,负有责任的董事、监事、高级管理人员应当与该股东承担连带赔偿责任。

**第五十四条** 公司不能清偿到期债务的,公司或者已到期债权的债权人有权要求已认缴出资但未届出资期限的股东提前缴纳出资。

**第五十五条** 有限责任公司成立后,应当向股东签发出资证明书,记载下列事项:

(一)公司名称;

(二)公司成立日期;

(三)公司注册资本;

(四)股东的姓名或者名称、认缴和实缴的出资额、出资方式和出资日期;

(五)出资证明书的编号和核发日期。

出资证明书由法定代表人签名,并由公司盖章。

**第五十六条** 有限责任公司应当置备股东名册,记载下列事项:

(一)股东的姓名或者名称及住所;

(二)股东认缴和实缴的出资额、出资方式和出资日期;

(三)出资证明书编号;

(四)取得和丧失股东资格的日期。

记载于股东名册的股东,可以依股东名册主张行使股东权利。

**第五十七条** 股东有权查阅、复制公司章程、股东名册、股东会会议记录、董事会会议决议、监事会会议决议和财务会计报告。

股东可以要求查阅公司会计账簿、会计凭证。股东要求查阅公司会计账簿、会计凭证的,应当向公司提出书面请求,说明目的。公司有合理根据认为股东查阅会计账簿、会计凭证有不正当目的,可能损害公司合法利益的,可以拒绝提供查阅,并应当自股东提出书面请求之日起十五日内书面答复股东并说明理由。公司拒绝提供查阅的,股东可以向人民法院提起诉讼。

股东查阅前款规定的材料,可以委托会计师事务所、律师事务所等中介机构进行。

股东及其委托的会计师事务所、律师事务所等中介机构查阅、复制有关材料，应当遵守有关保护国家秘密、商业秘密、个人隐私、个人信息等法律、行政法规的规定。

股东要求查阅、复制公司全资子公司相关材料的，适用前四款的规定。

## 第二节 组织机构

**第五十八条** 有限责任公司股东会由全体股东组成。股东会是公司的权力机构，依照本法行使职权。

**第五十九条** 股东会行使下列职权：

（一）选举和更换董事、监事，决定有关董事、监事的报酬事项；

（二）审议批准董事会的报告；

（三）审议批准监事会的报告；

（四）审议批准公司的利润分配方案和弥补亏损方案；

（五）对公司增加或者减少注册资本作出决议；

（六）对发行公司债券作出决议；

（七）对公司合并、分立、解散、清算或者变更公司形式作出决议；

（八）修改公司章程；

（九）公司章程规定的其他职权。

股东会可以授权董事会对发行公司债券作出决议。

对本条第一款所列事项股东以书面形式一致表示同意的，可以不召开股东会会议，直接作出决定，并由全体股东在决定文件上签名或者盖章。

**第六十条** 只有一个股东的有限责任公司不设股东会。股东作出前条第一款所列事项的决定时，应当采用书面形式，并由股东签名或者盖章后置备于公司。

**第六十一条** 首次股东会会议由出资最多的股东召集和主持，依照本法规定行使职权。

**第六十二条** 股东会会议分为定期会议和临时会议。

定期会议应当按照公司章程的规定按时召开。代表十分之一以上表决权的股东、三分之一以上的董事或者监事会提议召开临时会议的，应当召开临时会议。

**第六十三条** 股东会会议由董事会召集，董事长主持；董事长不能履行职务或者不履行职务的，由副董事长主持；副董事长不能履行职务或者不履行职务的，由过半数的董事共同推举一名董事主持。

董事会不能履行或者不履行召集股东会会议职责的，由监事会召集和主持；监事会不召集和主持的，代表十分之一以上表决权的股东可以自行召集和主持。

**第六十四条** 召开股东会会议，应当于会议召开十五日前通知全体股东；但是，公司章程另有规定或者全体股东另有约定的除外。

股东会应当对所议事项的决定作成会议记录，出席会议的股东应当在会议记录上签名或者盖章。

**第六十五条**　股东会会议由股东按照出资比例行使表决权；但是，公司章程另有规定的除外。

**第六十六条**　股东会的议事方式和表决程序，除本法有规定的外，由公司章程规定。

股东会作出决议，应当经代表过半数表决权的股东通过。

股东会作出修改公司章程、增加或者减少注册资本的决议，以及公司合并、分立、解散或者变更公司形式的决议，应当经代表三分之二以上表决权的股东通过。

**第六十七条**　有限责任公司设董事会，本法第七十五条另有规定的除外。

董事会行使下列职权：

（一）召集股东会会议，并向股东会报告工作；

（二）执行股东会的决议；

（三）决定公司的经营计划和投资方案；

（四）制订公司的利润分配方案和弥补亏损方案；

（五）制订公司增加或者减少注册资本以及发行公司债券的方案；

（六）制订公司合并、分立、解散或者变更公司形式的方案；

（七）决定公司内部管理机构的设置；

（八）决定聘任或者解聘公司经理及其报酬事项，并根据经理的提名决定聘任或者解聘公司副经理、财务负责人及其报酬事项；

（九）制定公司的基本管理制度；

（十）公司章程规定或者股东会授予的其他职权。

公司章程对董事会职权的限制不得对抗善意相对人。

**第六十八条**　有限责任公司董事会成员为三人以上，其成员中可以有公司职工代表。职工人数三百人以上的有限责任公司，除依法设监事会并有公司职工代表的外，其董事会成员中应当有公司职工代表。董事会中的职工代表由公司职工通过职工代表大会、职工大会或者其他形式民主选举产生。

董事会设董事长一人，可以设副董事长。董事长、副董事长的产生办法由公司章程规定。

**第六十九条**　有限责任公司可以按照公司章程的规定在董事会中设置由董事组成的审计委员会，行使本法规定的监事会的职权，不设监事会或者监事。公司董事会成员中的职工代表可以成为审计委员会成员。

**第七十条**　董事任期由公司章程规定，但每届任期不得超过三年。董事任期届满，连选可以连任。

董事任期届满未及时改选，或者董事在任期内辞任导致董事会成员低于法定人数的，在改选出的董事就任前，原董事仍应当依照法律、行政法规和公司章程的规定，履行董事职务。

董事辞任的，应当以书面形式通知公司，公司收到通知之日辞任生效，但存在前款规定情形的，董事应当继续履行职务。

**第七十一条** 股东会可以决议解任董事，决议作出之日解任生效。

无正当理由，在任期届满前解任董事的，该董事可以要求公司予以赔偿。

**第七十二条** 董事会会议由董事长召集和主持；董事长不能履行职务或者不履行职务的，由副董事长召集和主持；副董事长不能履行职务或者不履行职务的，由过半数的董事共同推举一名董事召集和主持。

**第七十三条** 董事会的议事方式和表决程序，除本法有规定的外，由公司章程规定。

董事会会议应当有过半数的董事出席方可举行。董事会作出决议，应当经全体董事的过半数通过。

董事会决议的表决，应当一人一票。

董事会应当对所议事项的决定作成会议记录，出席会议的董事应当在会议记录上签名。

**第七十四条** 有限责任公司可以设经理，由董事会决定聘任或者解聘。

经理对董事会负责，根据公司章程的规定或者董事会的授权行使职权。经理列席董事会会议。

**第七十五条** 规模较小或者股东人数较少的有限责任公司，可以不设董事会，设一名董事，行使本法规定的董事会的职权。该董事可以兼任公司经理。

**第七十六条** 有限责任公司设监事会，本法第六十九条、第八十三条另有规定的除外。

监事会成员为三人以上。监事会成员应当包括股东代表和适当比例的公司职工代表，其中职工代表的比例不得低于三分之一，具体比例由公司章程规定。监事会中的职工代表由公司职工通过职工代表大会、职工大会或者其他形式民主选举产生。

监事会设主席一人，由全体监事过半数选举产生。监事会主席召集和主持监事会会议；监事会主席不能履行职务或者不履行职务的，由过半数的监事共同推举一名监事召集和主持监事会会议。

董事、高级管理人员不得兼任监事。

**第七十七条** 监事的任期每届为三年。监事任期届满，连选可以连任。

监事任期届满未及时改选，或者监事在任期内辞任导致监事会成员低于法定人数的，在改选出的监事就任前，原监事仍应当依照法律、行政法规和公司章程的规定，履行监事职务。

**第七十八条**　监事会行使下列职权：

（一）检查公司财务；

（二）对董事、高级管理人员执行职务的行为进行监督，对违反法律、行政法规、公司章程或者股东会决议的董事、高级管理人员提出解任的建议；

（三）当董事、高级管理人员的行为损害公司的利益时，要求董事、高级管理人员予以纠正；

（四）提议召开临时股东会会议，在董事会不履行本法规定的召集和主持股东会会议职责时召集和主持股东会会议；

（五）向股东会会议提出提案；

（六）依照本法第一百八十九条的规定，对董事、高级管理人员提起诉讼；

（七）公司章程规定的其他职权。

**第七十九条**　监事可以列席董事会会议，并对董事会决议事项提出质询或者建议。

监事会发现公司经营情况异常，可以进行调查；必要时，可以聘请会计师事务所等协助其工作，费用由公司承担。

**第八十条**　监事会可以要求董事、高级管理人员提交执行职务的报告。

董事、高级管理人员应当如实向监事会提供有关情况和资料，不得妨碍监事会或者监事行使职权。

**第八十一条**　监事会每年度至少召开一次会议，监事可以提议召开临时监事会会议。

监事会的议事方式和表决程序，除本法有规定的外，由公司章程规定。

监事会决议应当经全体监事的过半数通过。

监事会决议的表决，应当一人一票。

监事会应当对所议事项的决定作成会议记录，出席会议的监事应当在会议记录上签名。

**第八十二条**　监事会行使职权所必需的费用，由公司承担。

**第八十三条**　规模较小或者股东人数较少的有限责任公司，可以不设监事会，设一名监事，行使本法规定的监事会的职权；经全体股东一致同意，也可以不设监事。

## 第四章　有限责任公司的股权转让

**第八十四条**　有限责任公司的股东之间可以相互转让其全部或者部分股权。

股东向股东以外的人转让股权的，应当将股权转让的数量、价格、支付方式和期限等事项书面通知其他股东，其他股东在同等条件下有优先购买权。股东自接到书面通知之日起三十日内未答复的，视为放弃优先购买权。两个以上股东行使优先购买权的，协商确定各自的购买比例；协商不成的，按照转让时各自的出资比例行使优先购买权。

公司章程对股权转让另有规定的，从其规定。

**第八十五条** 人民法院依照法律规定的强制执行程序转让股东的股权时，应当通知公司及全体股东，其他股东在同等条件下有优先购买权。其他股东自人民法院通知之日起满二十日不行使优先购买权的，视为放弃优先购买权。

**第八十六条** 股东转让股权的，应当书面通知公司，请求变更股东名册；需要办理变更登记的，并请求公司向公司登记机关办理变更登记。公司拒绝或者在合理期限内不予答复的，转让人、受让人可以依法向人民法院提起诉讼。

股权转让的，受让人自记载于股东名册时起可以向公司主张行使股东权利。

**第八十七条** 依照本法转让股权后，公司应当及时注销原股东的出资证明书，向新股东签发出资证明书，并相应修改公司章程和股东名册中有关股东及其出资额的记载。对公司章程的该项修改不需再由股东会表决。

**第八十八条** 股东转让已认缴出资但未届出资期限的股权的，由受让人承担缴纳该出资的义务；受让人未按期足额缴纳出资的，转让人对受让人未按期缴纳的出资承担补充责任。

未按照公司章程规定的出资日期缴纳出资或者作为出资的非货币财产的实际价额显著低于所认缴的出资额的股东转让股权的，转让人与受让人在出资不足的范围内承担连带责任；受让人不知道且不应当知道存在上述情形的，由转让人承担责任。

**第八十九条** 有下列情形之一的，对股东会该项决议投反对票的股东可以请求公司按照合理的价格收购其股权：

（一）公司连续五年不向股东分配利润，而公司该五年连续盈利，并且符合本法规定的分配利润条件；

（二）公司合并、分立、转让主要财产；

（三）公司章程规定的营业期限届满或者章程规定的其他解散事由出现，股东会通过决议修改章程使公司存续。

自股东会决议作出之日起六十日内，股东与公司不能达成股权收购协议的，股东可以自股东会决议作出之日起九十日内向人民法院提起诉讼。

公司的控股股东滥用股东权利，严重损害公司或者其他股东利益的，其他股东有权请求公司按照合理的价格收购其股权。

公司因本条第一款、第三款规定的情形收购的本公司股权，应当在六个月内依法转让或者注销。

**第九十条** 自然人股东死亡后，其合法继承人可以继承股东资格；但是，公司章程另有规定的除外。

## 第十一章　公司合并、分立、增资、减资

**第二百一十八条**　公司合并可以采取吸收合并或者新设合并。

一个公司吸收其他公司为吸收合并，被吸收的公司解散。两个以上公司合并设立一个新的公司为新设合并，合并各方解散。

**第二百一十九条**　公司与其持股百分之九十以上的公司合并，被合并的公司不需经股东会决议，但应当通知其他股东，其他股东有权请求公司按照合理的价格收购其股权或者股份。

公司合并支付的价款不超过本公司净资产百分之十的，可以不经股东会决议；但是，公司章程另有规定的除外。

公司依照前两款规定合并不经股东会决议的，应当经董事会决议。

**第二百二十条**　公司合并，应当由合并各方签订合并协议，并编制资产负债表及财产清单。公司应当自作出合并决议之日起十日内通知债权人，并于三十日内在报纸上或者国家企业信用信息公示系统公告。债权人自接到通知之日起三十日内，未接到通知的自公告之日起四十五日内，可以要求公司清偿债务或者提供相应的担保。

**第二百二十一条**　公司合并时，合并各方的债权、债务，应当由合并后存续的公司或者新设的公司承继。

**第二百二十二条**　公司分立，其财产作相应的分割。

公司分立，应当编制资产负债表及财产清单。公司应当自作出分立决议之日起十日内通知债权人，并于三十日内在报纸上或者国家企业信用信息公示系统公告。

**第二百二十三条**　公司分立前的债务由分立后的公司承担连带责任。但是，公司在分立前与债权人就债务清偿达成的书面协议另有约定的除外。

**第二百二十四条**　公司减少注册资本，应当编制资产负债表及财产清单。

公司应当自股东会作出减少注册资本决议之日起十日内通知债权人，并于三十日内在报纸上或者国家企业信用信息公示系统公告。债权人自接到通知之日起三十日内，未接到通知的自公告之日起四十五日内，有权要求公司清偿债务或者提供相应的担保。

公司减少注册资本，应当按照股东出资或者持有股份的比例相应减少出资额或者股份，法律另有规定、有限责任公司全体股东另有约定或者股份有限公司章程另有规定的除外。

**第二百二十五条**　公司依照本法第二百一十四条第二款的规定弥补亏损后，仍有亏损的，可以减少注册资本弥补亏损。减少注册资本弥补亏损的，公司不得向股东分配，也不得免除股东缴纳出资或者股款的义务。

依照前款规定减少注册资本的，不适用前条第二款的规定，但应当自股东会作出

减少注册资本决议之日起三十日内在报纸上或者国家企业信用信息公示系统公告。

公司依照前两款的规定减少注册资本后，在法定公积金和任意公积金累计额达到公司注册资本百分之五十前，不得分配利润。

**第二百二十六条** 违反本法规定减少注册资本的，股东应当退还其收到的资金，减免股东出资的应当恢复原状；给公司造成损失的，股东及负有责任的董事、监事、高级管理人员应当承担赔偿责任。

**第二百二十七条** 有限责任公司增加注册资本时，股东在同等条件下有权优先按照实缴的出资比例认缴出资。但是，全体股东约定不按照出资比例优先认缴出资的除外。

股份有限公司为增加注册资本发行新股时，股东不享有优先认购权，公司章程另有规定或者股东会决议决定股东享有优先认购权的除外。

**第二百二十八条** 有限责任公司增加注册资本时，股东认缴新增资本的出资，依照本法设立有限责任公司缴纳出资的有关规定执行。

股份有限公司为增加注册资本发行新股时，股东认购新股，依照本法设立股份有限公司缴纳股款的有关规定执行。

## 第十五章 附　　则

**第二百六十五条** 本法下列用语的含义：

（一）高级管理人员，是指公司的经理、副经理、财务负责人，上市公司董事会秘书和公司章程规定的其他人员。

（二）控股股东，是指其出资额占有限责任公司资本总额超过百分之五十或者其持有的股份占股份有限公司股本总额超过百分之五十的股东；出资额或者持有股份的比例虽然低于百分之五十，但依其出资额或者持有的股份所享有的表决权已足以对股东会的决议产生重大影响的股东。

（三）实际控制人，是指通过投资关系、协议或者其他安排，能够实际支配公司行为的人。

（四）关联关系，是指公司控股股东、实际控制人、董事、监事、高级管理人员与其直接或者间接控制的企业之间的关系，以及可能导致公司利益转移的其他关系。但是，国家控股的企业之间不仅因为同受国家控股而具有关联关系。

**第二百六十六条** 本法自 2024 年 7 月 1 日起施行。

本法施行前已登记设立的公司，出资期限超过本法规定的期限的，除法律、行政法规或者国务院另有规定外，应当逐步调整至本法规定的期限以内；对于出资期限、出资额明显异常的，公司登记机关可以依法要求其及时调整。具体实施办法由国务院规定。

# 中华人民共和国证券法(节录)

(1998年12月29日第九届全国人民代表大会常务委员会第六次会议通过　根据2004年8月28日第十届全国人民代表大会常务委员会第十一次会议《关于修改〈中华人民共和国证券法〉的决定》第一次修正　2005年10月27日第十届全国人民代表大会常务委员会第十八次会议第一次修订　根据2013年6月29日第十二届全国人民代表大会常务委员会第三次会议《关于修改〈中华人民共和国文物保护法〉等十二部法律的决定》第二次修正　根据2014年8月31日第十二届全国人民代表大会常务委员会第十次会议《关于修改〈中华人民共和国保险法〉等五部法律的决定》第三次修正　2019年12月28日第十三届全国人民代表大会常务委员会第十五次会议第二次修订)

## 第四章　上市公司的收购

**第六十二条**　投资者可以采取要约收购、协议收购及其他合法方式收购上市公司。

**第六十三条**　通过证券交易所的证券交易,投资者持有或者通过协议、其他安排与他人共同持有一个上市公司已发行的有表决权股份达到百分之五时,应当在该事实发生之日起三日内,向国务院证券监督管理机构、证券交易所作出书面报告,通知该上市公司,并予公告,在上述期限内不得再行买卖该上市公司的股票,但国务院证券监督管理机构规定的情形除外。

投资者持有或者通过协议、其他安排与他人共同持有一个上市公司已发行的有表决权股份达到百分之五后,其所持该上市公司已发行的有表决权股份比例每增加或者减少百分之五,应当依照前款规定进行报告和公告,在该事实发生之日起至公告后三日内,不得再行买卖该上市公司的股票,但国务院证券监督管理机构规定的情形除外。

投资者持有或者通过协议、其他安排与他人共同持有一个上市公司已发行的有表决权股份达到百分之五后,其所持该上市公司已发行的有表决权股份比例每增加或者减少百分之一,应当在该事实发生的次日通知该上市公司,并予公告。

违反第一款、第二款规定买入上市公司有表决权的股份的,在买入后的三十六个月内，对该超过规定比例部分的股份不得行使表决权。

**第六十四条** 依照前条规定所作的公告，应当包括下列内容：

（一）持股人的名称、住所；

（二）持有的股票的名称、数额；

（三）持股达到法定比例或者持股增减变化达到法定比例的日期、增持股份的资金来源；

（四）在上市公司中拥有有表决权的股份变动的时间及方式。

**第六十五条** 通过证券交易所的证券交易，投资者持有或者通过协议、其他安排与他人共同持有一个上市公司已发行的有表决权股份达到百分之三十时，继续进行收购的，应当依法向该上市公司所有股东发出收购上市公司全部或者部分股份的要约。

收购上市公司部分股份的要约应当约定，被收购公司股东承诺出售的股份数额超过预定收购的股份数额的，收购人按比例进行收购。

**第六十六条** 依照前条规定发出收购要约，收购人必须公告上市公司收购报告书，并载明下列事项：

（一）收购人的名称、住所；

（二）收购人关于收购的决定；

（三）被收购的上市公司名称；

（四）收购目的；

（五）收购股份的详细名称和预定收购的股份数额；

（六）收购期限、收购价格；

（七）收购所需资金额及资金保证；

（八）公告上市公司收购报告书时持有被收购公司股份数占该公司已发行的股份总数的比例。

**第六十七条** 收购要约约定的收购期限不得少于三十日，并不得超过六十日。

**第六十八条** 在收购要约确定的承诺期限内，收购人不得撤销其收购要约。收购人需要变更收购要约的，应当及时公告，载明具体变更事项，且不得存在下列情形：

（一）降低收购价格；

（二）减少预定收购股份数额；

（三）缩短收购期限；

（四）国务院证券监督管理机构规定的其他情形。

**第六十九条** 收购要约提出的各项收购条件，适用于被收购公司的所有股东。

上市公司发行不同种类股份的，收购人可以针对不同种类股份提出不同的收购条件。

**第七十条** 采取要约收购方式的,收购人在收购期限内,不得卖出被收购公司的股票,也不得采取要约规定以外的形式和超出要约的条件买入被收购公司的股票。

**第七十一条** 采取协议收购方式的,收购人可以依照法律、行政法规的规定同被收购公司的股东以协议方式进行股份转让。

以协议方式收购上市公司时,达成协议后,收购人必须在三日内将该收购协议向国务院证券监督管理机构及证券交易所作出书面报告,并予公告。

在公告前不得履行收购协议。

**第七十二条** 采取协议收购方式的,协议双方可以临时委托证券登记结算机构保管协议转让的股票,并将资金存放于指定的银行。

**第七十三条** 采取协议收购方式的,收购人收购或者通过协议、其他安排与他人共同收购一个上市公司已发行的有表决权股份达到百分之三十时,继续进行收购的,应当依法向该上市公司所有股东发出收购上市公司全部或者部分股份的要约。但是,按照国务院证券监督管理机构的规定免除发出要约的除外。

收购人依照前款规定以要约方式收购上市公司股份,应当遵守本法第六十五条第二款、第六十六条至第七十条的规定。

**第七十四条** 收购期限届满,被收购公司股权分布不符合证券交易所规定的上市交易要求的,该上市公司的股票应当由证券交易所依法终止上市交易;其余仍持有被收购公司股票的股东,有权向收购人以收购要约的同等条件出售其股票,收购人应当收购。

收购行为完成后,被收购公司不再具备股份有限公司条件的,应当依法变更企业形式。

**第七十五条** 在上市公司收购中,收购人持有的被收购的上市公司的股票,在收购行为完成后的十八个月内不得转让。

**第七十六条** 收购行为完成后,收购人与被收购公司合并,并将该公司解散的,被解散公司的原有股票由收购人依法更换。

收购行为完成后,收购人应当在十五日内将收购情况报告国务院证券监督管理机构和证券交易所,并予公告。

**第七十七条** 国务院证券监督管理机构依照本法制定上市公司收购的具体办法。

上市公司分立或者被其他公司合并,应当向国务院证券监督管理机构报告,并予公告。

# 上市公司收购管理办法(节录)

(2002年9月28日证监会令第10号公布,2006年7月31日证监会令第35号第一次修订,根据2008年8月27日证监会令第56号《关于修改〈上司公司收购管理办法〉第六十三条的决定》第二次修订,根据2012年2月14日证监会令第77号《关于修改〈上市公司收购管理办法〉第六十二条及第六十三条的决定》第三次修订,根据2014年10月23日证监会令第108号《关于修改〈上市公司收购管理办法〉的决定》第四次修订,根据2020年3月20日证监会令第166号《关于修改部分证券期货规章的决定》第五次修订,根据2025年2月19日中国证券监督管理委员会《关于修改部分证券期货规章的决定》修正)

## 第一章 总 则

**第六条** 任何人不得利用上市公司的收购损害被收购公司及其股东的合法权益。

有下列情形之一的,不得收购上市公司:

(一)收购人负有数额较大债务,到期未清偿,且处于持续状态;

(二)收购人最近3年有重大违法行为或者涉嫌有重大违法行为;

(三)收购人最近3年有严重的证券市场失信行为;

(四)收购人为自然人的,存在《公司法》第一百七十八条规定情形;

(五)法律、行政法规规定以及中国证监会认定的不得收购上市公司的其他情形。

## 第二章 权益披露

**第十二条** 投资者在一个上市公司中拥有的权益,包括登记在其名下的股份和虽未登记在其名下但该投资者可以实际支配表决权的股份。投资者及其一致行动人在一个上市公司中拥有的权益应当合并计算。

**第十三条** 通过证券交易所的证券交易,投资者及其一致行动人拥有权益的股份达到一个上市公司已发行股份的5%时,应当在该事实发生之日起3日内编制权益变动报告书,向中国证监会、证券交易所提交书面报告,通知该上市公司,并予公告;在上述期限内,不得再行买卖该上市公司的股票,但中国证监会规定的情形除外。

前述投资者及其一致行动人拥有权益的股份达到一个上市公司已发行股份的5%后，通过证券交易所的证券交易，其拥有权益的股份占该上市公司已发行股份的比例每增加或者减少5%，应当依照前款规定进行报告和公告。在该事实发生之日起至公告后3日内，不得再行买卖该上市公司的股票，但中国证监会规定的情形除外。

前述投资者及其一致行动人拥有权益的股份达到一个上市公司已发行股份的5%后，其拥有权益的股份占该上市公司已发行股份的比例每增加或者减少1%，应当在该事实发生的次日通知该上市公司，并予公告。

违反本条第一款、第二款的规定买入在上市公司中拥有权益的股份的，在买入后的36个月内，对该超过规定比例部分的股份不得行使表决权。

**第十四条**　通过协议转让方式，投资者及其一致行动人在一个上市公司中拥有权益的股份拟达到或者超过一个上市公司已发行股份的5%时，应当在该事实发生之日起3日内编制权益变动报告书，向中国证监会、证券交易所提交书面报告，通知该上市公司，并予公告。

前述投资者及其一致行动人拥有权益的股份达到一个上市公司已发行股份的5%后，其拥有权益的股份占该上市公司已发行股份的比例每增加或者减少达到或者超过5%的，应当依照前款规定履行报告、公告义务。

前两款规定的投资者及其一致行动人在作出报告、公告前，不得再行买卖该上市公司的股票。相关股份转让及过户登记手续按照本办法第四章及证券交易所、证券登记结算机构的规定办理。

**第十五条**　投资者及其一致行动人通过行政划转或者变更、执行法院裁定、继承、赠与等方式拥有权益的股份变动达到前条规定比例的，应当按照前条规定履行报告、公告义务，并参照前条规定办理股份过户登记手续。

**第十六条**　投资者及其一致行动人不是上市公司的第一大股东或者实际控制人，其拥有权益的股份达到或者超过该公司已发行股份的5%，但未达到20%的，应当编制包括下列内容的简式权益变动报告书：

（一）投资者及其一致行动人的姓名、住所；投资者及其一致行动人为法人的，其名称、注册地及法定代表人；

（二）持股目的，是否有意在未来12个月内继续增加其在上市公司中拥有的权益；

（三）上市公司的名称、股票的种类、数量、比例；

（四）在上市公司中拥有权益的股份达到或者超过上市公司已发行股份的5%或者拥有权益的股份增减变化达到5%的时间及方式、增持股份的资金来源；

（五）在上市公司中拥有权益的股份变动的时间及方式；

（六）权益变动事实发生之日前6个月内通过证券交易所的证券交易买卖该公司

股票的简要情况；

（七）中国证监会、证券交易所要求披露的其他内容。

前述投资者及其一致行动人为上市公司第一大股东或者实际控制人，其拥有权益的股份达到或者超过一个上市公司已发行股份的5%，但未达到20%的，还应当披露本办法第十七条第一款规定的内容。

**第十七条** 投资者及其一致行动人拥有权益的股份达到或者超过一个上市公司已发行股份的20%但未超过30%的，应当编制详式权益变动报告书，除须披露前条规定的信息外，还应当披露以下内容：

（一）投资者及其一致行动人的控股股东、实际控制人及其股权控制关系结构图；

（二）取得相关股份的价格、所需资金额，或者其他支付安排；

（三）投资者、一致行动人及其控股股东、实际控制人所从事的业务与上市公司的业务是否存在同业竞争或者潜在的同业竞争，是否存在持续关联交易；存在同业竞争或者持续关联交易的，是否已做出相应的安排，确保投资者、一致行动人及其关联方与上市公司之间避免同业竞争以及保持上市公司的独立性；

（四）未来12个月内对上市公司资产、业务、人员、组织结构、公司章程等进行调整的后续计划；

（五）前24个月内投资者及其一致行动人与上市公司之间的重大交易；

（六）不存在本办法第六条规定的情形；

（七）能够按照本办法第五十条的规定提供相关文件。

前述投资者及其一致行动人为上市公司第一大股东或者实际控制人的，还应当聘请财务顾问对上述权益变动报告书所披露的内容出具核查意见，但国有股行政划转或者变更、股份转让在同一实际控制人控制的不同主体之间进行、因继承取得股份的除外。投资者及其一致行动人承诺至少3年放弃行使相关股份表决权的，可免于聘请财务顾问和提供前款第（七）项规定的文件。

**第十八条** 已披露权益变动报告书的投资者及其一致行动人在披露之日起6个月内，因拥有权益的股份变动需要再次报告、公告权益变动报告书的，可以仅就与前次报告书不同的部分作出报告、公告；自前次披露之日起超过6个月的，投资者及其一致行动人应当按照本章的规定编制权益变动报告书，履行报告、公告义务。

**第十九条** 因上市公司减少股本导致投资者及其一致行动人拥有权益的股份变动出现本办法第十四条规定情形的，投资者及其一致行动人免于履行报告和公告义务。上市公司应当自完成减少股本的变更登记之日起2个工作日内，就因此导致的公司股东拥有权益的股份变动情况作出公告；因公司减少股本可能导致投资者及其一致行动人成为公司第一大股东或者实际控制人的，该投资者及其一致行动人应当自公司董事会公告有关减少公司股本决议之日起3个工作日内，按照本办法第十七条第一款的规定履行报告、公告义务。

**第二十条**　上市公司的收购及相关股份权益变动活动中的信息披露义务人依法披露前，相关信息已在媒体上传播或者公司股票交易出现异常的，上市公司应当立即向当事人进行查询，当事人应当及时予以书面答复，上市公司应当及时作出公告。

**第二十一条**　上市公司的收购及相关股份权益变动活动中的信息披露义务人应当在证券交易所的网站和符合中国证监会规定条件的媒体上依法披露信息；在其他媒体上进行披露的，披露内容应当一致，披露时间不得早于前述披露的时间。

**第二十二条**　上市公司的收购及相关股份权益变动活动中的信息披露义务人采取一致行动的，可以以书面形式约定由其中一人作为指定代表负责统一编制信息披露文件，并同意授权指定代表在信息披露文件上签字、盖章。

各信息披露义务人应当对信息披露文件中涉及其自身的信息承担责任；对信息披露文件中涉及的与多个信息披露义务人相关的信息，各信息披露义务人对相关部分承担连带责任。

## 第三章　要 约 收 购

**第二十三条**　投资者自愿选择以要约方式收购上市公司股份的，可以向被收购公司所有股东发出收购其所持有的全部股份的要约（以下简称全面要约），也可以向被收购公司所有股东发出收购其所持有的部分股份的要约（以下简称部分要约）。

**第二十四条**　通过证券交易所的证券交易，收购人持有一个上市公司的股份达到该公司已发行股份的30%时，继续增持股份的，应当采取要约方式进行，发出全面要约或者部分要约。

**第二十五条**　收购人依照本办法第二十三条、第二十四条、第四十七条、第五十六条的规定，以要约方式收购一个上市公司股份的，其预定收购的股份比例均不得低于该上市公司已发行股份的5%。

**第二十六条**　以要约方式进行上市公司收购的，收购人应当公平对待被收购公司的所有股东。持有同一种类股份的股东应当得到同等对待。

**第二十七条**　收购人为终止上市公司的上市地位而发出全面要约的，或者因不符合本办法第六章的规定而发出全面要约的，应当以现金支付收购价款；以依法可以转让的证券（以下简称证券）支付收购价款的，应当同时提供现金方式供被收购公司股东选择。

**第二十八条**　以要约方式收购上市公司股份的，收购人应当编制要约收购报告书，聘请财务顾问，通知被收购公司，同时对要约收购报告书摘要作出提示性公告。

本次收购依法应当取得相关部门批准的，收购人应当在要约收购报告书摘要中作出特别提示，并在取得批准后公告要约收购报告书。

**第二十九条** 前条规定的要约收购报告书,应当载明下列事项:

(一)收购人的姓名、住所;收购人为法人的,其名称、注册地及法定代表人,与其控股股东、实际控制人之间的股权控制关系结构图;

(二)收购人关于收购的决定及收购目的,是否拟在未来 12 个月内继续增持;

(三)上市公司的名称、收购股份的种类;

(四)预定收购股份的数量和比例;

(五)收购价格;

(六)收购所需资金额、资金来源及资金保证,或者其他支付安排;

(七)收购要约约定的条件;

(八)收购期限;

(九)公告收购报告书时持有被收购公司的股份数量、比例;

(十)本次收购对上市公司的影响分析,包括收购人及其关联方所从事的业务与上市公司的业务是否存在同业竞争或者潜在的同业竞争,是否存在持续关联交易;存在同业竞争或者持续关联交易的,收购人是否已作出相应的安排,确保收购人及其关联方与上市公司之间避免同业竞争以及保持上市公司的独立性;

(十一)未来 12 个月内对上市公司资产、业务、人员、组织结构、公司章程等进行调整的后续计划;

(十二)前 24 个月内收购人及其关联方与上市公司之间的重大交易;

(十三)前 6 个月内通过证券交易所的证券交易买卖被收购公司股票的情况;

(十四)中国证监会要求披露的其他内容。

收购人发出全面要约的,应当在要约收购报告书中充分披露终止上市的风险、终止上市后收购行为完成的时间及仍持有上市公司股份的剩余股东出售其股票的其他后续安排;收购人发出以终止公司上市地位为目的的全面要约,无须披露前款第(十)项规定的内容。

**第三十条** 收购人按照本办法第四十七条拟收购上市公司股份超过 30%,须改以要约方式进行收购的,收购人应当在达成收购协议或者做出类似安排后的 3 日内对要约收购报告书摘要作出提示性公告,并按照本办法第二十八条、第二十九条的规定履行公告义务,同时免于编制、公告上市公司收购报告书;依法应当取得批准的,应当在公告中特别提示本次要约须取得相关批准方可进行。

未取得批准的,收购人应当在收到通知之日起 2 个工作日内,公告取消收购计划,并通知被收购公司。

**第三十一条** 收购人自作出要约收购提示性公告起 60 日内,未公告要约收购报告书的,收购人应当在期满后次一个工作日通知被收购公司,并予公告;此后每 30 日应当公告一次,直至公告要约收购报告书。

收购人作出要约收购提示性公告后，在公告要约收购报告书之前，拟自行取消收购计划的，应当公告原因；自公告之日起12个月内，该收购人不得再次对同一上市公司进行收购。

**第三十二条**　被收购公司董事会应当对收购人的主体资格、资信情况及收购意图进行调查，对要约条件进行分析，对股东是否接受要约提出建议，并聘请独立财务顾问提出专业意见。在收购人公告要约收购报告书后20日内，被收购公司董事会应当公告被收购公司董事会报告书与独立财务顾问的专业意见。

收购人对收购要约条件做出重大变更的，被收购公司董事会应当在3个工作日内公告董事会及独立财务顾问就要约条件的变更情况所出具的补充意见。

**第三十三条**　收购人作出提示性公告后至要约收购完成前，被收购公司除继续从事正常的经营活动或者执行股东会已经作出的决议外，未经股东会批准，被收购公司董事会不得通过处置公司资产、对外投资、调整公司主要业务、担保、贷款等方式，对公司的资产、负债、权益或者经营成果造成重大影响。

**第三十四条**　在要约收购期间，被收购公司董事不得辞职。

**第三十五条**　收购人按照本办法规定进行要约收购的，对同一种类股票的要约价格，不得低于要约收购提示性公告日前6个月内收购人取得该种股票所支付的最高价格。

要约价格低于提示性公告日前30个交易日该种股票的每日加权平均价格的算术平均值的，收购人聘请的财务顾问应当就该种股票前6个月的交易情况进行分析，说明是否存在股价被操纵、收购人是否有未披露的一致行动人、收购人前6个月取得公司股份是否存在其他支付安排、要约价格的合理性等。

**第三十六条**　收购人可以采用现金、证券、现金与证券相结合等合法方式支付收购上市公司的价款。收购人以证券支付收购价款的，应当提供该证券的发行人最近3年经审计的财务会计报告、证券估值报告，并配合被收购公司聘请的独立财务顾问的尽职调查工作。收购人以在证券交易所上市的债券支付收购价款的，该债券的可上市交易时间应当不少于一个月。收购人以未在证券交易所上市交易的证券支付收购价款的，必须同时提供现金方式供被收购公司的股东选择，并详细披露相关证券的保管、送达被收购公司股东的方式和程序安排。

收购人聘请的财务顾问应当对收购人支付收购价款的能力和资金来源进行充分的尽职调查，详细披露核查的过程和依据，说明收购人是否具备要约收购的能力。收购人应当在作出要约收购提示性公告的同时，提供以下至少一项安排保证其具备履约能力：

（一）以现金支付收购价款的，将不少于收购价款总额的20%作为履约保证金存入证券登记结算机构指定的银行；收购人以在证券交易所上市交易的证券支付收购价款的，将用于支付的全部证券交由证券登记结算机构保管，但上市公司发行新股的除外；

（二）银行对要约收购所需价款出具保函；

（三）财务顾问出具承担连带保证责任的书面承诺，明确如要约期满收购人不支付收购价款，财务顾问进行支付。

**第三十七条** 收购要约约定的收购期限不得少于30日，并不得超过60日；但是出现竞争要约的除外。

在收购要约约定的承诺期限内，收购人不得撤销其收购要约。

**第三十八条** 采取要约收购方式的，收购人作出公告后至收购期限届满前，不得卖出被收购公司的股票，也不得采取要约规定以外的形式和超出要约的条件买入被收购公司的股票。

**第三十九条** 收购要约提出的各项收购条件，适用于被收购公司的所有股东。

上市公司发行不同种类股份的，收购人可以针对持有不同种类股份的股东提出不同的收购条件。

收购人需要变更收购要约的，必须及时公告，载明具体变更事项，并通知被收购公司。变更收购要约不得存在下列情形：

（一）降低收购价格；

（二）减少预定收购股份数额；

（三）缩短收购期限；

（四）中国证监会规定的其他情形。

**第四十条** 收购要约期限届满前15日内，收购人不得变更收购要约；但是出现竞争要约的除外。

出现竞争要约时，发出初始要约的收购人变更收购要约距初始要约收购期限届满不足15日的，应当延长收购期限，延长后的要约期应当不少于15日，不得超过最后一个竞争要约的期满日，并按规定追加履约保证。

发出竞争要约的收购人最迟不得晚于初始要约收购期限届满前15日发出要约收购的提示性公告，并应当根据本办法第二十八条和第二十九条的规定履行公告义务。

**第四十一条** 要约收购报告书所披露的基本事实发生重大变化的，收购人应当在该重大变化发生之日起2个工作日内作出公告，并通知被收购公司。

**第四十二条** 同意接受收购要约的股东（以下简称预受股东），应当委托证券公司办理预受要约的相关手续。收购人应当委托证券公司向证券登记结算机构申请办理预受要约股票的临时保管。证券登记结算机构临时保管的预受要约的股票，在要约收购期间不得转让。

前款所称预受，是指被收购公司股东同意接受要约的初步意思表示，在要约收购期限内不可撤回之前不构成承诺。在要约收购期限届满3个交易日前，预受股东可以委托证券公司办理撤回预受要约的手续，证券登记结算机构根据预受要约股东的撤回申请解除对预受要约股票的临时保管。在要约收购期限届满前3个交易日内，预受股东不得撤回其对要约的接受。在要约收购期限内，收购人应当每日在证券交易所网站上公告已预受收购要约的股份数量。

出现竞争要约时，接受初始要约的预受股东撤回全部或者部分预受的股份，并将撤回的股份售予竞争要约人的，应当委托证券公司办理撤回预受初始要约的手续和预受竞争要约的相关手续。

**第四十三条**　收购期限届满，发出部分要约的收购人应当按照收购要约约定的条件购买被收购公司股东预受的股份，预受要约股份的数量超过预定收购数量时，收购人应当按照同等比例收购预受要约的股份；以终止被收购公司上市地位为目的的，收购人应当按照收购要约约定的条件购买被收购公司股东预受的全部股份；因不符合本办法第六章的规定而发出全面要约的收购人应当购买被收购公司股东预受的全部股份。

收购期限届满后3个交易日内，接受委托的证券公司应当向证券登记结算机构申请办理股份转让结算、过户登记手续，解除对超过预定收购比例的股票的临时保管；收购人应当公告本次要约收购的结果。

**第四十四条**　收购期限届满，被收购公司股权分布不符合证券交易所规定的上市交易要求，该上市公司的股票由证券交易所依法终止上市交易。在收购行为完成前，其余仍持有被收购公司股票的股东，有权在收购报告书规定的合理期限内向收购人以收购要约的同等条件出售其股票，收购人应当收购。

**第四十五条**　收购期限届满后15日内，收购人应当向证券交易所提交关于收购情况的书面报告，并予以公告。

**第四十六条**　除要约方式外，投资者不得在证券交易所外公开求购上市公司的股份。

## 第四章　协议收购

**第四十七条**　收购人通过协议方式在一个上市公司中拥有权益的股份达到或者超过该公司已发行股份的5%，但未超过30%的，按照本办法第二章的规定办理。

收购人拥有权益的股份达到该公司已发行股份的30%时，继续进行收购的，应当依法向该上市公司的股东发出全面要约或者部分要约。符合本办法第六章规定情形的，收购人可以免于发出要约。

收购人拟通过协议方式收购一个上市公司的股份超过30%的，超过30%的部分,应当改以要约方式进行;但符合本办法第六章规定情形的,收购人可以免于发出要约。符合前述规定情形的,收购人可以履行其收购协议;不符合前述规定情形的,在履行其收购协议前,应当发出全面要约。

**第四十八条** 以协议方式收购上市公司股份超过30%,收购人拟依据本办法第六十二条、第六十三条第一款第(一)项、第(二)项、第(十)项的规定免于发出要约的,应当在与上市公司股东达成收购协议之日起3日内编制上市公司收购报告书,通知被收购公司,并公告上市公司收购报告书摘要。

收购人应当在收购报告书摘要公告后5日内,公告其收购报告书、财务顾问专业意见和律师出具的法律意见书;不符合本办法第六章规定的情形的,应当予以公告,并按照本办法第六十一条第二款的规定办理。

**第四十九条** 依据前条规定所作的上市公司收购报告书,须披露本办法第二十九条第(一)项至第(六)项和第(九)项至第(十四)项规定的内容及收购协议的生效条件和付款安排。

已披露收购报告书的收购人在披露之日起6个月内,因权益变动需要再次报告、公告的,可以仅就与前次报告书不同的部分作出报告、公告;超过6个月的,应当按照本办法第二章的规定履行报告、公告义务。

**第五十条** 收购人公告上市公司收购报告书时,应当提交以下备查文件:

(一)中国公民的身份证明,或者在中国境内登记注册的法人、其他组织的证明文件;

(二)基于收购人的实力和从业经验对上市公司后续发展计划可行性的说明,收购人拟修改公司章程、改选公司董事会、改变或者调整公司主营业务的,还应当补充其具备规范运作上市公司的管理能力的说明;

(三)收购人及其关联方与被收购公司存在同业竞争、关联交易的,应提供避免同业竞争等利益冲突、保持被收购公司经营独立性的说明;

(四)收购人为法人或者其他组织的,其控股股东、实际控制人最近2年未变更的说明;

(五)收购人及其控股股东或实际控制人的核心企业和核心业务、关联企业及主营业务的说明;收购人或其实际控制人为两个以上的上市公司控股股东或实际控制人的,还应当提供其持股5%以上的上市公司以及银行、信托公司、证券公司、保险公司等其他金融机构的情况说明;

(六)财务顾问关于收购人最近3年的诚信记录、收购资金来源合法性、收购人具备履行相关承诺的能力以及相关信息披露内容真实性、准确性、完整性的核查意见;收购人成立未满3年的,财务顾问还应当提供其控股股东或者实际控制人最近3年诚信记录的核查意见。

境外法人或者境外其他组织进行上市公司收购的，除应当提交第一款第（二）项至第（六）项规定的文件外，还应当提交以下文件：

（一）财务顾问出具的收购人符合对上市公司进行战略投资的条件、具有收购上市公司的能力的核查意见；

（二）收购人接受中国司法、仲裁管辖的声明。

**第五十一条**　上市公司董事、高级管理人员、员工或者其所控制或者委托的法人或者其他组织，拟对本公司进行收购或者通过本办法第五章规定的方式取得本公司控制权（以下简称管理层收购）的，该上市公司应当具备健全且运行良好的组织机构以及有效的内部控制制度，公司董事会成员中独立董事的比例应当达到或者超过1/2。公司应当聘请符合《证券法》规定的资产评估机构提供公司资产评估报告，本次收购应当经上市公司全体独立董事2/3以上同意后，提交董事会审议，经董事会非关联董事作出决议后，提交公司股东会审议，经出席股东会的非关联股东所持表决权过半数通过。独立董事发表意见前，应当聘请独立财务顾问就本次收购出具专业意见，独立财务顾问的意见应当与独立董事专门会议审议情况同时公告。

上市公司董事、高级管理人员存在《公司法》第一百八十一条至第一百八十四条规定情形，或者最近3年有证券市场不良诚信记录的，不得收购本公司。

**第五十二条**　以协议方式进行上市公司收购的，自签订收购协议起至相关股份完成过户的期间为上市公司收购过渡期（以下简称过渡期）。在过渡期内，收购人不得通过控股股东提议改选上市公司董事会，确有充分理由改选董事会的，来自收购人的董事不得超过董事会成员的1/3；被收购公司不得为收购人及其关联方提供担保；被收购公司不得公开发行股份募集资金，不得进行重大购买、出售资产及重大投资行为或者与收购人及其关联方进行其他关联交易，但收购人为挽救陷入危机或者面临严重财务困难的上市公司的情形除外。

**第五十三条**　上市公司控股股东向收购人协议转让其所持有的上市公司股份的，应当对收购人的主体资格、诚信情况及收购意图进行调查，并在其权益变动报告书中披露有关调查情况。

控股股东及其关联方未清偿其对公司的负债，未解除公司为其负债提供的担保，或者存在损害公司利益的其他情形的，被收购公司董事会应当对前述情形及时予以披露，并采取有效措施维护公司利益。

**第五十四条**　协议收购的相关当事人应当向证券登记结算机构申请办理拟转让股份的临时保管手续，并可以将用于支付的现金存放于证券登记结算机构指定的银行。

**第五十五条**　收购报告书公告后，相关当事人应当按照证券交易所和证券登记结算机构的业务规则，在证券交易所就本次股份转让予以确认后，凭全部转让款项存放于双方认可的银行账户的证明,向证券登记结算机构申请解除拟协议转让股票的临时保管,并办理过户登记手续。

收购人未按规定履行报告、公告义务,或者未按规定提出申请的,证券交易所和证券登记结算机构不予办理股份转让和过户登记手续。

收购人在收购报告书公告后30日内仍未完成相关股份过户手续的,应当立即作出公告,说明理由;在未完成相关股份过户期间,应当每隔30日公告相关股份过户办理进展情况。

## 第五章 间接收购

**第五十六条** 收购人虽不是上市公司的股东,但通过投资关系、协议、其他安排导致其拥有权益的股份达到或者超过一个上市公司已发行股份的5%未超过30%的,应当按照本办法第二章的规定办理。

收购人拥有权益的股份超过该公司已发行股份的30%的,应当向该公司所有股东发出全面要约;收购人预计无法在事实发生之日起30日内发出全面要约的,应当在前述30日内促使其控制的股东将所持有的上市公司股份减持至30%或者30%以下,并自减持之日起2个工作日内予以公告;其后收购人或者其控制的股东拟继续增持的,应当采取要约方式;拟依据本办法第六章的规定免于发出要约的,应当按照本办法第四十八条的规定办理。

**第五十七条** 投资者虽不是上市公司的股东,但通过投资关系取得对上市公司股东的控制权,而受其支配的上市公司股东所持股份达到前条规定比例、且对该股东的资产和利润构成重大影响的,应当按照前条规定履行报告、公告义务。

**第五十八条** 上市公司实际控制人及受其支配的股东,负有配合上市公司真实、准确、完整披露有关实际控制人发生变化的信息的义务;实际控制人及受其支配的股东拒不履行上述配合义务,导致上市公司无法履行法定信息披露义务而承担民事、行政责任的,上市公司有权对其提起诉讼。实际控制人、控股股东指使上市公司及其有关人员不依法履行信息披露义务的,中国证监会依法进行查处。

**第五十九条** 上市公司实际控制人及受其支配的股东未履行报告、公告义务的,上市公司应当自知悉之日起立即作出报告和公告。上市公司就实际控制人发生变化的情况予以公告后,实际控制人仍未披露的,上市公司董事会应当向实际控制人和受其支配的股东查询,必要时可以聘请财务顾问进行查询,并将查询情况向中国证监会、上市公司所在地的中国证监会派出机构(以下简称派出机构)和证券交易所报告;中国证监会依法对拒不履行报告、公告义务的实际控制人进行查处。

上市公司知悉实际控制人发生较大变化而未能将有关实际控制人的变化情况及时予以报告和公告的,中国证监会责令改正,情节严重的,认定上市公司负有责任的董事为不适当人选。

**第六十条**　上市公司实际控制人及受其支配的股东未履行报告、公告义务，拒不履行第五十八条规定的配合义务，或者实际控制人存在不得收购上市公司情形的，上市公司董事会应当拒绝接受受实际控制人支配的股东向董事会提交的提案或者临时议案，并向中国证监会、派出机构和证券交易所报告。中国证监会责令实际控制人改正，可以认定实际控制人通过受其支配的股东所提名的董事为不适当人选；改正前，受实际控制人支配的股东不得行使其持有股份的表决权。上市公司董事会未拒绝接受实际控制人及受其支配的股东所提出的提案的，中国证监会可以认定负有责任的董事为不适当人选。

## 第六章　免除发出要约

**第六十一条**　符合本办法第六十二条、第六十三条规定情形的，投资者及其一致行动人可以：

（一）免于以要约收购方式增持股份；

（二）存在主体资格、股份种类限制或者法律、行政法规、中国证监会规定的特殊情形的，免于向被收购公司的所有股东发出收购要约。

不符合本章规定情形的，投资者及其一致行动人应当在30日内将其或者其控制的股东所持有的被收购公司股份减持到30%或者30%以下；拟以要约以外的方式继续增持股份的，应当发出全面要约。

**第六十二条**　有下列情形之一的，收购人可以免于以要约方式增持股份：

（一）收购人与出让人能够证明本次股份转让是在同一实际控制人控制的不同主体之间进行，未导致上市公司的实际控制人发生变化；

（二）上市公司面临严重财务困难，收购人提出的挽救公司的重组方案取得该公司股东会批准，且收购人承诺3年内不转让其在该公司中所拥有的权益；

（三）中国证监会为适应证券市场发展变化和保护投资者合法权益的需要而认定的其他情形。

**第六十三条**　有下列情形之一的，投资者可以免于发出要约：

（一）经政府或者国有资产管理部门批准进行国有资产无偿划转、变更、合并，导致投资者在一个上市公司中拥有权益的股份占该公司已发行股份的比例超过30%；

（二）因上市公司按照股东会批准的确定价格向特定股东回购股份而减少股本，导致投资者在该公司中拥有权益的股份超过该公司已发行股份的30%；

（三）经上市公司股东会非关联股东批准，投资者取得上市公司向其发行的新股，导致其在该公司拥有权益的股份超过该公司已发行股份的30%，投资者承诺3年内不转让本次向其发行的新股，且公司股东会同意投资者免于发出要约；

(四)在一个上市公司中拥有权益的股份达到或者超过该公司已发行股份的30%的,自上述事实发生之日起一年后,每12个月内增持不超过该公司已发行的2%的股份;

(五)在一个上市公司中拥有权益的股份达到或者超过该公司已发行股份的50%的,继续增加其在该公司拥有的权益不影响该公司的上市地位;

(六)证券公司、银行等金融机构在其经营范围内依法从事承销、贷款等业务导致其持有一个上市公司已发行股份超过30%,没有实际控制该公司的行为或者意图,并且提出在合理期限内向非关联方转让相关股份的解决方案;

(七)因继承导致在一个上市公司中拥有权益的股份超过该公司已发行股份的30%;

(八)因履行约定购回式证券交易协议购回上市公司股份导致投资者在一个上市公司中拥有权益的股份超过该公司已发行股份的30%,并且能够证明标的股份的表决权在协议期间未发生转移;

(九)因所持优先股表决权依法恢复导致投资者在一个上市公司中拥有权益的股份超过该公司已发行股份的30%;

(十)中国证监会为适应证券市场发展变化和保护投资者合法权益的需要而认定的其他情形。

相关投资者应在前款规定的权益变动行为完成后3日内就股份增持情况做出公告,律师应就相关投资者权益变动行为发表符合规定的专项核查意见并由上市公司予以披露。相关投资者按照前款第(五)项规定采用集中竞价方式增持股份的,每累计增持股份比例达到上市公司已发行股份的2%的,在事实发生当日和上市公司发布相关股东增持公司股份进展公告的当日不得再行增持股份。前款第(四)项规定的增持不超过2%的股份锁定期为增持行为完成之日起6个月。

**第六十四条** 收购人按照本章规定的情形免于发出要约的,应当聘请符合《证券法》规定的律师事务所等专业机构出具专业意见。

## 第九章 监管措施与法律责任

**第七十五条** 上市公司的收购及相关股份权益变动活动中的信息披露义务人,未按照本办法的规定履行报告、公告以及其他相关义务的,中国证监会责令改正,采取监管谈话、出具警示函、责令暂停或者停止收购等监管措施。在改正前,相关信息披露义务人不得对其持有或者实际支配的股份行使表决权。

**第七十六条** 上市公司的收购及相关股份权益变动活动中的信息披露义务人在报告、公告等文件中有虚假记载、误导性陈述或者重大遗漏的,中国证监会责令改正,采取监管谈话、出具警示函、责令暂停或者停止收购等监管措施。在改正前,收购人对其持有或者实际支配的股份不得行使表决权。

**第七十七条**　投资者及其一致行动人取得上市公司控制权而未按照本办法的规定聘请财务顾问，规避法定程序和义务，变相进行上市公司的收购，或者外国投资者规避管辖的，中国证监会责令改正，采取出具警示函、责令暂停或者停止收购等监管措施。在改正前，收购人不得对其持有或者实际支配的股份行使表决权。

**第七十八条**　收购人未依照本办法的规定履行相关义务、相应程序擅自实施要约收购的，或者不符合本办法规定的免除发出要约情形，拒不履行相关义务、相应程序的，中国证监会责令改正，采取监管谈话、出具警示函、责令暂停或者停止收购等监管措施。在改正前，收购人不得对其持有或者支配的股份行使表决权。

发出收购要约的收购人在收购要约期限届满，不按照约定支付收购价款或者购买预受股份的，自该事实发生之日起3年内不得收购上市公司，中国证监会不受理收购人及其关联方提交的申报文件。

存在前二款规定情形，收购人涉嫌虚假披露、操纵证券市场的，中国证监会对收购人进行立案稽查，依法追究其法律责任；收购人聘请的财务顾问没有充分证据表明其勤勉尽责的，自收购人违规事实发生之日起1年内，中国证监会不受理该财务顾问提交的上市公司并购重组申报文件，情节严重的，依法追究法律责任。

**第七十九条**　上市公司控股股东和实际控制人在转让其对公司的控制权时，未清偿其对公司的负债，未解除公司为其提供的担保，或者未对其损害公司利益的其他情形作出纠正的，中国证监会责令改正、责令暂停或者停止收购活动。

被收购公司董事会未能依法采取有效措施促使公司控股股东、实际控制人予以纠正，或者在收购完成后未能促使收购人履行承诺、安排或者保证的，中国证监会可以认定相关董事为不适当人选。

**第八十条**　上市公司董事未履行忠实义务和勤勉义务，利用收购谋取不当利益的，中国证监会采取监管谈话、出具警示函等监管措施，可以认定为不适当人选。

上市公司章程中涉及公司控制权的条款违反法律、行政法规和本办法规定的，中国证监会责令改正。

**第八十一条**　为上市公司收购出具资产评估报告、审计报告、法律意见书和财务顾问报告的证券服务机构或者证券公司及其专业人员，未依法履行职责的，或者违反中国证监会的有关规定或者行业规范、业务规则的，中国证监会责令改正，采取监管谈话、出具警示函、责令公开说明、责令定期报告等监管措施。

前款规定的证券服务机构及其从业人员被责令改正的，在改正前，不得接受新的上市公司并购重组业务。

**第八十二条**　中国证监会将上市公司的收购及相关股份权益变动活动中的当事人的违法行为和整改情况记入诚信档案。

违反本办法的规定构成证券违法行为的，依法追究法律责任。

## 第十章 附 则

**第八十三条** 本办法所称一致行动，是指投资者通过协议、其他安排，与其他投资者共同扩大其所能够支配的一个上市公司股份表决权数量的行为或者事实。

在上市公司的收购及相关股份权益变动活动中有一致行动情形的投资者，互为一致行动人。如无相反证据，投资者有下列情形之一的，为一致行动人：

（一）投资者之间有股权控制关系；

（二）投资者受同一主体控制；

（三）投资者的董事、监事或者高级管理人员中的主要成员，同时在另一个投资者担任董事、监事或者高级管理人员；

（四）投资者参股另一投资者，可以对参股公司的重大决策产生重大影响；

（五）银行以外的其他法人、其他组织和自然人为投资者取得相关股份提供融资安排；

（六）投资者之间存在合伙、合作、联营等其他经济利益关系；

（七）持有投资者30%以上股份的自然人，与投资者持有同一上市公司股份；

（八）在投资者任职的董事、监事及高级管理人员，与投资者持有同一上市公司股份；

（九）持有投资者30%以上股份的自然人和在投资者任职的董事、监事及高级管理人员，其父母、配偶、子女及其配偶、配偶的父母、兄弟姐妹及其配偶、配偶的兄弟姐妹及其配偶等亲属，与投资者持有同一上市公司股份；

（十）在上市公司任职的董事、监事、高级管理人员及其前项所述亲属同时持有本公司股份的，或者与其自己或者其前项所述亲属直接或者间接控制的企业同时持有本公司股份；

（十一）上市公司董事、监事、高级管理人员和员工与其所控制或者委托的法人或者其他组织持有本公司股份；

（十二）投资者之间具有其他关联关系。

一致行动人应当合并计算其所持有的股份。投资者计算其所持有的股份，应当包括登记在其名下的股份，也包括登记在其一致行动人名下的股份。

投资者认为其与他人不应被视为一致行动人的，可以向中国证监会提供相反证据。

**第八十四条** 有下列情形之一的，为拥有上市公司控制权：

（一）投资者为上市公司持股50%以上的控股股东；

（二）投资者可以实际支配上市公司股份表决权超过30%；

（三）投资者通过实际支配上市公司股份表决权能够决定公司董事会半数以上成员选任；

（四）投资者依其可实际支配的上市公司股份表决权足以对公司股东大会的决议产生重大影响；

（五）中国证监会认定的其他情形。

**第八十五条** 信息披露义务人涉及计算其拥有权益比例的，应当将其所持有的上市公司已发行的可转换为公司股票的证券中有权转换部分与其所持有的同一上市公司的股份合并计算，并将其持股比例与合并计算非股权类证券转为股份后的比例相比，以二者中的较高者为准；行权期限届满未行权的，或者行权条件不再具备的，无需合并计算。

前款所述二者中的较高者，应当按下列公式计算：

（一）投资者持有的股份数量/上市公司已发行股份总数

（二）（投资者持有的股份数量+投资者持有的可转换为公司股票的非股权类证券所对应的股份数量）/（上市公司已发行股份总数+上市公司发行的可转换为公司股票的非股权类证券所对应的股份总数）

前款所称“投资者持有的股份数量”包括投资者拥有的普通股数量和优先股恢复的表决权数量，“上市公司已发行股份总数”包括上市公司已发行的普通股总数和优先股恢复的表决权总数。

# 上市公司重大资产重组管理办法

（2008年3月24日中国证券监督管理委员会第224次主席办公会议审议通过　根据2011年8月1日中国证券监督管理委员会《关于修改上市公司重大资产重组与配套融资相关规定的决定》修正　2014年7月7日中国证券监督管理委员会第52次主席办公会议修订　根据2016年9月8日中国证券监督管理委员会《关于修改〈上市公司重大资产重组管理办法〉的决定》、2019年10月18日中国证券监督管理委员会《关于修改〈上市公司重大资产重组管理办法〉的决定》、2020年3月20日中国证券监督管理委员会《关于修改部分证券期货规章的决定》修正　2023年2月17日中国证券监督管理委员会第2次委务会议修订　根据2025年5月16日中国证券监督管理委员会《关于修改〈上市公司重大资产重组管理办法〉的决定》修正）

## 第一章　总　　则

**第一条**　为了规范上市公司重大资产重组行为，保护上市公司和投资者的合法权益，促进上市公司质量不断提高，维护证券市场秩序和社会公共利益，根据《中华人民共和国公司法》《中华人民共和国证券法》（以下简称《证券法》）等法律、行政法规的规定，制定本办法。

**第二条**　本办法适用于上市公司及其控股或者控制的公司在日常经营活动之外购买、出售资产或者通过其他方式进行资产交易达到规定的标准，导致上市公司的主营业务、资产、收入发生重大变化的资产交易行为（以下简称重大资产重组）。

上市公司发行股份购买资产应当符合本办法的规定。

上市公司按照经中国证券监督管理委员会（以下简称中国证监会）注册的证券发行申请所披露的募集资金用途，使用募集资金购买资产、对外投资的行为，不适用本办法。

**第三条**　任何单位和个人不得利用重大资产重组损害上市公司及其股东的合法权益。

**第四条**　上市公司实施重大资产重组，有关各方必须及时、公平地披露或者提供信息，保证所披露或者提供信息的真实、准确、完整，不得有虚假记载、误导性陈述或者重大遗漏。

**第五条**　上市公司的董事和高级管理人员在重大资产重组活动中，应当诚实守信、勤勉尽责，维护公司资产的安全，保护公司和全体股东的合法权益。

**第六条**　为重大资产重组提供服务的证券服务机构和人员，应当遵守法律、行政法规和中国证监会的有关规定，以及证券交易所的相关规则，遵循本行业公认的业务标准和道德规范，诚实守信，勤勉尽责，严格履行职责，对其所制作、出具文件的真实性、准确性和完整性承担责任。

前款规定的证券服务机构和人员，不得教唆、协助或者伙同委托人编制或者披露存在虚假记载、误导性陈述或者重大遗漏的报告、公告文件，不得从事不正当竞争，不得利用上市公司重大资产重组谋取不正当利益。

**第七条**　任何单位和个人对所知悉的重大资产重组信息在依法披露前负有保密义务。

禁止任何单位和个人利用重大资产重组信息从事内幕交易、操纵证券市场等违法活动。

**第八条**　中国证监会依法对上市公司重大资产重组行为进行监督管理。

证券交易所依法制定上市公司重大资产重组业务规则，并对上市公司重大资产重组行为、证券服务机构和人员履职行为等进行自律管理。

中国证监会基于证券交易所的审核意见，依法对上市公司发行股份购买资产涉及的证券发行申请履行注册程序，并对证券交易所的审核工作进行监督。

**第九条**　对上市公司发行股份购买资产涉及的证券发行申请予以注册，不表明中国证监会和证券交易所对该证券的投资价值或者投资者的收益作出实质性判断或者保证，也不表明中国证监会和证券交易所对申请文件的真实性、准确性、完整性作出保证。

**第十条**　鼓励依法设立的并购基金、股权投资基金、创业投资基金、产业投资基金等私募投资基金参与上市公司并购重组。

## 第二章　重大资产重组的原则和标准

**第十一条**　上市公司实施重大资产重组，应当就本次交易符合下列要求作出充分说明，并予以披露：

（一）符合国家产业政策和有关环境保护、土地管理、反垄断、外商投资、对外投资等法律和行政法规的规定；

（二）不会导致上市公司不符合股票上市条件；

（三）重大资产重组所涉及的资产定价公允，不存在损害上市公司和股东合法权益的情形；

（四）重大资产重组所涉及的资产权属清晰，资产过户或者转移不存在法律障碍，相关债权债务处理合法；

（五）有利于上市公司增强持续经营能力，不存在可能导致上市公司重组后主要资产为现金或者无具体经营业务的情形；

（六）有利于上市公司在业务、资产、财务、人员、机构等方面与实际控制人及其关联人保持独立，符合中国证监会关于上市公司独立性的相关规定；

（七）有利于上市公司形成或者保持健全有效的法人治理结构。

**第十二条** 上市公司及其控股或者控制的公司购买、出售资产，达到下列标准之一的，构成重大资产重组：

（一）购买、出售的资产总额占上市公司最近一个会计年度经审计的合并财务会计报告期末资产总额的比例达到百分之五十以上；

（二）购买、出售的资产在最近一个会计年度所产生的营业收入占上市公司同期经审计的合并财务会计报告营业收入的比例达到百分之五十以上，且超过五千万元人民币；

（三）购买、出售的资产净额占上市公司最近一个会计年度经审计的合并财务会计报告期末净资产额的比例达到百分之五十以上，且超过五千万元人民币。

购买、出售资产未达到前款规定标准，但中国证监会发现涉嫌违反国家产业政策、违反法律和行政法规、违反中国证监会的规定、可能损害上市公司或者投资者合法权益等重大问题的，可以根据审慎监管原则，责令上市公司暂停交易、按照本办法的规定补充披露相关信息、聘请符合《证券法》规定的独立财务顾问或者其他证券服务机构补充核查并披露专业意见。

**第十三条** 上市公司自控制权发生变更之日起三十六个月内，向收购人及其关联人购买资产，导致上市公司发生以下根本变化情形之一的，构成重大资产重组，应当按照本办法的规定履行相关义务和程序：

（一）购买的资产总额占上市公司控制权发生变更的前一个会计年度经审计的合并财务会计报告期末资产总额的比例达到百分之一百以上；

（二）购买的资产在最近一个会计年度所产生的营业收入占上市公司控制权发生变更的前一个会计年度经审计的合并财务会计报告营业收入的比例达到百分之一百以上；

（三）购买的资产净额占上市公司控制权发生变更的前一个会计年度经审计的合并财务会计报告期末净资产额的比例达到百分之一百以上；

（四）为购买资产发行的股份占上市公司首次向收购人及其关联人购买资产的董事会决议前一个交易日的股份的比例达到百分之一百以上；

（五）上市公司向收购人及其关联人购买资产虽未达到第（一）至第（四）项标准，但可能导致上市公司主营业务发生根本变化；

（六）中国证监会认定的可能导致上市公司发生根本变化的其他情形。

上市公司实施前款规定的重大资产重组，应当符合下列规定：

（一）符合本办法第十一条、第四十三条、第四十四条规定的要求；

（二）上市公司购买的资产对应的经营实体应当是股份有限公司或者有限责任公司，且符合《首次公开发行股票注册管理办法》规定的其他发行条件、相关板块定位，以及证券交易所规定的具体条件；

（三）上市公司及其最近三年内的控股股东、实际控制人不存在因涉嫌犯罪正被司法机关立案侦查或涉嫌违法违规正被中国证监会立案调查的情形。但是，涉嫌犯罪或违法违规的行为已经终止满三年，交易方案能够消除该行为可能造成的不良后果，且不影响对相关行为人追究责任的除外；

（四）上市公司及其控股股东、实际控制人最近十二个月内未受到证券交易所公开谴责，不存在其他重大失信行为；

（五）本次重大资产重组不存在中国证监会认定的可能损害投资者合法权益，或者违背公开、公平、公正原则的其他情形。

上市公司实施第一款规定的重大资产重组，涉及发行股份的，适用《证券法》和中国证监会的相关规定，应当报经中国证监会注册。

第一款所称控制权，按照《上市公司收购管理办法》第八十四条的规定进行认定。上市公司股权分散，董事、高级管理人员可以支配公司重大的财务和经营决策的，视为具有上市公司控制权。

上市公司自控制权发生变更之日起，向收购人及其关联人购买的资产属于金融、创业投资等特定行业的，由中国证监会另行规定。

**第十四条** 计算本办法第十二条、第十三条规定的标准时，应当遵守下列规定：

（一）购买的资产为股权的，其资产总额以被投资企业的资产总额与该项投资所占股权比例的乘积和成交金额二者中的较高者为准，营业收入以被投资企业的营业收入与该项投资所占股权比例的乘积为准，资产净额以被投资企业的净资产额与该项投资所占股权比例的乘积和成交金额二者中的较高者为准；出售的资产为股权的，其资产总额、营业收入以及资产净额分别以被投资企业的资产总额、营业收入以及净资产额与该项投资所占股权比例的乘积为准。

购买股权导致上市公司取得被投资企业控股权的，其资产总额以被投资企业的资产总额和成交金额二者中的较高者为准，营业收入以被投资企业的营业收入为准，资产净额以被投资企业的净资产额和成交金额二者中的较高者为准；出售股权导致上市公司丧失被投资企业控股权的，其资产总额、营业收入以及资产净额分别以被投资企业的资产总额、营业收入以及净资产额为准；

（二）购买的资产为非股权资产的，其资产总额以该资产的账面值和成交金额二者中的较高者为准，资产净额以相关资产与负债的账面值差额和成交金额二者中的较高者为准；出售的资产为非股权资产的，其资产总额、资产净额分别以该资产的账面值、相关资产与负债账面值的差额为准；该非股权资产不涉及负债的，不适用本办法第十二条第一款第（三）项规定的资产净额标准；

（三）上市公司同时购买、出售资产的，应当分别计算购买、出售资产的相关比例，并以二者中比例较高者为准；

（四）上市公司在十二个月内连续对同一或者相关资产进行购买、出售的，以其累计数分别计算相应数额。已按照本办法的规定编制并披露重大资产重组报告书的资产交易行为，无须纳入累计计算的范围。中国证监会对本办法第十三条第一款规定的重大资产重组的累计期限和范围另有规定的，从其规定。

交易标的资产属于同一交易方所有或者控制，或者属于相同或者相近的业务范围，或者中国证监会认定的其他情形下，可以认定为同一或者相关资产；

（五）上市公司分期发行股份支付购买资产对价的，在计算本办法第十三条第一款规定的相关标准时，应当将分期发行的各期股份合并计算。

**第十五条**　本办法第二条所称通过其他方式进行资产交易，包括：

（一）与他人新设企业、对已设立的企业增资或者减资；

（二）受托经营、租赁其他企业资产或者将经营性资产委托他人经营、租赁；

（三）接受附义务的资产赠与或者对外捐赠资产；

（四）中国证监会根据审慎监管原则认定的其他情形。

上述资产交易实质上构成购买、出售资产，且达到本办法第十二条、第十三条规定的标准的，应当按照本办法的规定履行相关义务和程序。

## 第三章　重大资产重组的程序

**第十六条**　上市公司与交易对方就重大资产重组事宜进行初步磋商时，应当立即采取必要且充分的保密措施，制定严格有效的保密制度，限定相关敏感信息的知悉范围。上市公司及交易对方聘请证券服务机构的，应当立即与所聘请的证券服务机构签署保密协议。

上市公司关于重大资产重组的董事会决议公告前，相关信息已在媒体上传播或者公司股票交易出现异常波动的，上市公司应当立即将有关计划、方案或者相关事项的现状以及相关进展情况和风险因素等予以公告，并按照有关信息披露规则办理其他相关事宜。

**第十七条**　上市公司应当聘请符合《证券法》规定的独立财务顾问、律师事务所以及会计师事务所等证券服务机构就重大资产重组出具意见。

独立财务顾问和律师事务所应当审慎核查重大资产重组是否构成关联交易，并依据核查确认的相关事实发表明确意见。重大资产重组涉及关联交易的，独立财务顾问应当就本次重组对上市公司非关联股东的影响发表明确意见。

资产交易定价以资产评估结果为依据的，上市公司应当聘请符合《证券法》规定的资产评估机构出具资产评估报告。

证券服务机构在其出具的意见中采用其他证券服务机构或者人员的专业意见的，仍然应当进行尽职调查，审慎核查其采用的专业意见的内容，并对利用其他证券服务机构或者人员的专业意见所形成的结论负责。在保持职业怀疑并进行审慎核查、开展必要调查和复核的基础上，排除职业怀疑的，可以合理信赖。

**第十八条**　上市公司及交易对方与证券服务机构签订聘用合同后，非因正当事由不得更换证券服务机构。确有正当事由需要更换证券服务机构的，应当披露更换的具体原因以及证券服务机构的陈述意见。

**第十九条**　上市公司应当在重大资产重组报告书的管理层讨论与分析部分，就本次交易对上市公司的持续经营能力、未来发展前景、当年每股收益等财务指标和非财务指标的影响进行详细分析；涉及购买资产的，还应当就上市公司对交易标的资产的整合管控安排进行详细分析。

**第二十条**　重大资产重组中相关资产以资产评估结果作为定价依据的，资产评估机构应当按照资产评估相关准则和规范开展执业活动；上市公司董事会应当对评估机构的独立性、评估假设前提的合理性、评估方法与评估目的的相关性以及评估定价的公允性发表明确意见。

相关资产不以资产评估结果作为定价依据的，上市公司应当在重大资产重组报告书中详细分析说明相关资产的估值方法、参数及其他影响估值结果的指标和因素。上市公司董事会应当对估值机构的独立性、估值假设前提的合理性、估值方法与估值目的的相关性发表明确意见，并结合相关资产的市场可比交易价格、同行业上市公司的市盈率或者市净率等通行指标，在重大资产重组报告书中详细分析本次交易定价的公允性。

前两款情形中，评估机构、估值机构原则上应当采取两种以上的方法进行评估或者估值。

**第二十一条**　上市公司进行重大资产重组，应当由董事会依法作出决议，并提交股东会批准。

重大资产重组构成关联交易的，应当经上市公司全体独立董事过半数同意后，提交董事会审议。独立董事可以另行聘请独立财务顾问就本次交易对上市公司非关联股东的影响发表意见。上市公司应当积极配合独立董事调阅相关材料，并通过安排实地调查、组织证券服务机构汇报等方式，为独立董事履行职责提供必要的支持和便利。

**第二十二条** 上市公司应当在董事会作出重大资产重组决议后的次一工作日至少披露下列文件:

(一)董事会决议;

(二)上市公司重大资产重组预案或者重大资产重组报告书。

本次重组构成关联交易的,还应当在披露前款规定的文件时一并披露独立董事专门会议审议情况。

本次重组的重大资产重组报告书、独立财务顾问报告、法律意见书以及重组涉及的审计报告、资产评估报告或者估值报告至迟应当与召开股东会的通知同时公告。上市公司自愿披露盈利预测报告的,该报告应当经符合《证券法》规定的会计师事务所审核,与重大资产重组报告书同时公告。

第一款第(二)项及第三款规定的信息披露文件的内容与格式另行规定。

上市公司应当在证券交易所的网站和一家符合中国证监会规定条件的媒体公告董事会决议、重大资产重组报告书及其摘要、相关证券服务机构的报告或者意见等信息披露文件。

**第二十三条** 上市公司股东会就重大资产重组作出的决议,至少应当包括下列事项:

(一)本次重大资产重组的方式、交易标的和交易对方;

(二)交易价格或者价格区间;

(三)定价方式或者定价依据;

(四)相关资产自定价基准日至交割日期间损益的归属;

(五)相关资产办理权属转移的合同义务和违约责任;

(六)决议的有效期;

(七)对董事会办理本次重大资产重组事宜的具体授权;

(八)其他需要明确的事项。

**第二十四条** 上市公司股东会就重大资产重组事项作出决议,必须经出席会议的股东所持表决权的三分之二以上通过。

上市公司重大资产重组事宜与本公司股东或者其关联人存在关联关系的,股东会就重大资产重组事项进行表决时,关联股东应当回避表决。交易对方已经与上市公司控股股东就受让上市公司股权或者向上市公司推荐董事达成协议或者合意,可能导致上市公司的实际控制权发生变化的,上市公司控股股东及其关联人应当回避表决。

上市公司股东会审议重大资产重组事宜时,除上市公司的董事、高级管理人员、单独或者合计持有上市公司百分之五以上股份的股东以外,其他股东的投票情况应当单独统计并予以披露。

**第二十五条**　上市公司应当在股东会作出重大资产重组决议后的次一工作日公告该决议,以及律师事务所对本次会议的召集程序、召集人和出席人员的资格、表决程序以及表决结果等事项出具的法律意见书。

涉及发行股份购买资产的,上市公司应当根据中国证监会的规定委托独立财务顾问,在作出决议后三个工作日内向证券交易所提出申请。

**第二十六条**　上市公司全体董事、高级管理人员应当公开承诺,保证重大资产重组的信息披露和申请文件不存在虚假记载、误导性陈述或者重大遗漏。

重大资产重组的交易对方应当公开承诺,将及时向上市公司提供本次重组相关信息,并保证所提供的信息真实、准确、完整,如因提供的信息存在虚假记载、误导性陈述或者重大遗漏,给上市公司或者投资者造成损失的,将依法承担赔偿责任。

前两款规定的单位和个人还应当公开承诺,如本次交易因涉嫌所提供或者披露的信息存在虚假记载、误导性陈述或者重大遗漏,被司法机关立案侦查或者被中国证监会立案调查的,在案件调查结论明确之前,将暂停转让其在该上市公司拥有权益的股份。

**第二十七条**　证券交易所设立并购重组委员会(以下简称并购重组委)依法审议上市公司发行股份购买资产申请,提出审议意见。

证券交易所应当在规定的时限内基于并购重组委的审议意见,形成本次交易是否符合重组条件和信息披露要求的审核意见。

证券交易所认为符合相关条件和要求的,将审核意见、上市公司注册申请文件及相关审核资料报中国证监会注册;认为不符合相关条件和要求的,作出终止审核决定。

证券交易所采用简易审核程序的,不适用第一款、第二款规定。

**第二十八条**　中国证监会收到证券交易所报送的审核意见等相关文件后,依照法定条件和程序,在十五个工作日内对上市公司的注册申请作出予以注册或者不予注册的决定。证券交易所采用简易审核程序审核并报注册的,中国证监会在五个工作日内作出予以注册或者不予注册的决定。按规定应当扣除的时间不计算在本款规定的时限内。

中国证监会基于证券交易所的审核意见依法履行注册程序,发现存在影响重组条件的新增事项,可以要求证券交易所问询并就新增事项形成审核意见。

中国证监会认为证券交易所对前款规定的新增事项审核意见依据明显不充分的,可以退回补充审核。证券交易所补充审核后,认为符合重组条件和信息披露要求的,重新向中国证监会报送审核意见等相关文件,注册期限按照第一款规定重新计算。

**第二十九条**　股东会作出重大资产重组的决议后,上市公司拟对交易对象、交易标的、交易价格等作出变更，构成对原交易方案重大调整的，应当在董事会表决通过后重新提交股东会审议，并及时公告相关文件。

证券交易所审核或者中国证监会注册期间，上市公司按照前款规定对原交易方案作出重大调整的，应当按照本办法的规定向证券交易所重新提出申请，同时公告相关文件。

证券交易所审核或者中国证监会注册期间，上市公司董事会决议撤回申请的，应当说明原因，向证券交易所提出申请，予以公告；上市公司董事会决议终止本次交易的，应当按照公司章程的规定提交股东会审议，股东会就重大资产重组事项作出决议时已具体授权董事会可以决议终止本次交易的除外。

**第三十条** 上市公司收到中国证监会就其申请作出的予以注册或者不予注册的决定后，应当在次一工作日予以公告。

中国证监会予以注册的，上市公司应当在公告注册决定的同时，按照相关信息披露准则的规定补充披露相关文件。

**第三十一条** 上市公司重大资产重组不涉及发行股份的，应当根据中国证监会的规定聘请独立财务顾问和其他证券服务机构，按照本办法和证券交易所的要求履行相关程序、披露相关信息。

证券交易所通过问询、现场检查、现场督导、要求独立财务顾问和其他证券服务机构补充核查并披露专业意见等方式进行自律管理，发现重组活动明显违反本办法规定的重组条件和信息披露要求，可能因定价显失公允、不正当利益输送等问题严重损害上市公司、投资者合法权益的，可以报请中国证监会根据本办法的规定采取相关措施。

**第三十二条** 上市公司重大资产重组完成相关批准程序后，应当及时实施重组方案，并于实施完毕之日起三个工作日内编制实施情况报告书，向证券交易所提交书面报告，并予以公告。

上市公司聘请的独立财务顾问和律师事务所应当对重大资产重组的实施过程、资产交付或者过户事宜和相关后续事项的合规性及风险进行核查，发表明确的结论性意见。独立财务顾问和律师事务所出具的意见应当与实施情况报告书同时报告、公告。

**第三十三条** 自完成相关批准程序之日起六十日内，本次交易资产未交付或者过户完毕的，上市公司应当于期满后次一工作日将实施进展情况报告，并予以公告；此后每三十日应当公告一次，直至本次交易资产交付或者过户完毕。

属于本办法第四十五条规定的交易情形的，自收到中国证监会注册文件之日起超过十二个月未实施完毕的，注册决定失效。

上市公司发行股份购买资产，可以申请一次注册，分期发行。申请一次注册、分期发行股份支付购买资产对价的，自收到中国证监会注册文件之日起超过四十八个月未实施完毕的，注册决定失效。募集配套资金申请一次注册、分期发行的，注册决定有效期按照相关规定执行。

**第三十四条**　上市公司在实施重大资产重组的过程中，发生法律、法规要求披露的重大事项的，应当及时作出公告；该事项导致本次交易发生实质性变动的，须重新提交股东会审议，涉及发行股份购买资产的，还须按照本办法的规定向证券交易所重新提出申请。

**第三十五条**　采取收益现值法、假设开发法等基于未来收益预期的方法对拟购买资产进行评估或者估值并作为定价参考依据的，上市公司应当在完成资产交付或者过户后三年内的年度报告中单独披露相关资产的实际盈利数与利润预测数的差异情况，并由会计师事务所对此出具专项审核意见。交易对方应当与上市公司就相关资产实际盈利数不足利润预测数的情况签订明确可行的补偿协议，或者根据相关资产的利润预测数约定分期支付安排，并就分期支付安排无法覆盖的部分签订补偿协议。

预计本次重大资产重组将摊薄上市公司当年每股收益的，上市公司应当提出填补每股收益的具体措施，并将相关议案提交董事会和股东会进行表决。负责落实该等具体措施的相关责任主体应当公开承诺，保证切实履行其义务和责任。

上市公司向控股股东、实际控制人或者其控制的关联人之外的特定对象购买资产且未导致控制权发生变更的，不适用前两款规定，上市公司与交易对方可以根据市场化原则，自主协商是否采取业绩补偿、分期支付和每股收益填补措施及相关具体安排。

**第三十六条**　上市公司重大资产重组发生下列情形的，独立财务顾问应当及时出具核查意见，并予以公告：

（一）上市公司完成相关批准程序前，对交易对象、交易标的、交易价格等作出变更，构成对原重组方案重大调整，或者因发生重大事项导致原重组方案发生实质性变动的；

（二）上市公司完成相关批准程序后，在实施重组过程中发生重大事项，导致原重组方案发生实质性变动的。

**第三十七条**　独立财务顾问应当按照中国证监会的相关规定，以及证券交易所的相关规则，对实施重大资产重组的上市公司履行持续督导职责。持续督导的期限应当自完成资产交付或者过户之日起不少于一个会计年度。实施本办法第十三条规定的重大资产重组，持续督导的期限应当自完成资产交付或者过户之日起不少于三个会计年度。持续督导期限届满后，仍存在尚未完结的督导事项的，独立财务顾问应当就相关事项继续履行持续督导职责。

**第三十八条** 独立财务顾问应当结合上市公司重大资产重组当年和完成资产交付或者过户后的第一个会计年度的年报,自年报披露之日起十五日内,对重大资产重组实施的下列事项出具持续督导意见,并予以公告:

(一)交易资产的交付或者过户情况;

(二)交易各方当事人承诺的履行情况;

(三)已公告的盈利预测或者利润预测的实现情况;

(四)管理层讨论与分析部分提及的各项业务的发展现状,以及上市公司对所购买资产整合管控安排的执行情况;

(五)公司治理结构与运行情况;

(六)与已公布的重组方案存在差异的其他事项。

独立财务顾问还应当结合本办法第十三条规定的重大资产重组完成资产交付或者过户后的第二、第三个会计年度的年报,自年报披露之日起十五日内,对前款第(二)至(六)项事项出具持续督导意见,并予以公告。

## 第四章 重大资产重组的信息管理

**第三十九条** 上市公司筹划、实施重大资产重组,相关信息披露义务人应当公平地向所有投资者披露可能对上市公司股票交易价格产生较大影响的相关信息(以下简称股价敏感信息),不得提前泄露。

**第四十条** 上市公司的股东、实际控制人以及参与重大资产重组筹划、论证、决策等环节的其他相关机构和人员,应当做好保密工作。对于依法应当披露的信息,应当及时通知上市公司,并配合上市公司及时、准确、完整地进行披露。相关信息发生泄露的,应当立即通知上市公司,并督促上市公司依法披露。

**第四十一条** 上市公司及其董事、高级管理人员,重大资产重组的交易对方及其关联方,交易对方及其关联方的董事、监事、高级管理人员或者主要负责人,交易各方聘请的证券服务机构及其从业人员,参与重大资产重组筹划、论证、决策、审批等环节的相关机构和人员,以及因直系亲属关系、提供服务和业务往来等知悉或者可能知悉股价敏感信息的其他相关机构和人员,在重大资产重组的股价敏感信息依法披露前负有保密义务,禁止利用该信息进行内幕交易。

**第四十二条** 上市公司筹划重大资产重组事项,应当详细记载筹划过程中每一具体环节的进展情况,包括商议相关方案、形成相关意向、签署相关协议或者意向书的具体时间、地点、参与机构和人员、商议和决议内容等,制作书面的交易进程备忘录并予以妥当保存。参与每一具体环节的所有人员应当即时在备忘录上签名确认。

上市公司筹划发行股份购买资产,可以按照证券交易所的有关规定申请停牌。上市公司不申请停牌的,应当就本次交易做好保密工作,在发行股份购买资产预案、发行股份购买资产报告书披露前，不得披露所筹划交易的相关信息。信息已经泄露的，上市公司应当立即披露发行股份购买资产预案、发行股份购买资产报告书，或者申请停牌。

上市公司筹划不涉及发行股份的重大资产重组，应当分阶段披露相关情况，不得申请停牌。

上市公司股票交易价格因重大资产重组的市场传闻发生异常波动时，上市公司应当及时核实有无影响上市公司股票交易价格的重组事项并予以澄清，不得以相关事项存在不确定性为由不履行信息披露义务。

## 第五章　发行股份购买资产

**第四十三条**　上市公司发行股份购买资产，应当符合下列规定：

（一）上市公司最近一年及一期财务会计报告被会计师事务所出具无保留意见审计报告；被出具保留意见、否定意见或者无法表示意见的审计报告的，须经会计师事务所专项核查确认，该保留意见、否定意见或者无法表示意见所涉及事项的重大影响已经消除或者将通过本次交易予以消除；

（二）上市公司及其现任董事、高级管理人员不存在因涉嫌犯罪正被司法机关立案侦查或涉嫌违法违规正被中国证监会立案调查的情形。但是，涉嫌犯罪或违法违规的行为已经终止满三年，交易方案有助于消除该行为可能造成的不良后果，且不影响对相关行为人追究责任的除外；

（三）中国证监会规定的其他条件。

分期发行股份支付购买资产对价的，中国证监会作出注册决定后，各期股份发行时均应当符合前款规定。

特定对象以现金或者资产认购上市公司发行的股份后，上市公司用同一次发行所募集的资金向该特定对象购买资产的，视同上市公司发行股份购买资产。

**第四十四条**　上市公司发行股份购买资产，应当充分说明并披露本次交易有利于提高上市公司资产质量和增强持续经营能力，不会导致财务状况发生重大不利变化，不会导致新增重大不利影响的同业竞争及严重影响独立性或者显失公平的关联交易；充分说明并披露上市公司发行股份所购买的资产为权属清晰的经营性资产，并能在约定期限内办理完毕权属转移手续。

上市公司所购买资产与现有主营业务没有显著协同效应的，上市公司应当充分说明并披露最近十二个月的规范运作情况、本次交易后的经营发展战略和业务管理模式，以及业务转型升级可能面临的风险和应对措施。

上市公司分期发行股份支付购买资产对价的，首期发行时上市公司应当披露重组报告书，并在重组报告书中就后期股份不能发行的履约保障措施作出安排。上市公司后续各期发行时应当披露发行安排,并对是否存在影响发行的重大变化作出说明,独立财务顾问和律师事务所应当进行核查,出具专项核查意见。

**第四十五条** 上市公司发行股份购买资产的,可以同时募集部分配套资金,其定价方式按照相关规定办理。

上市公司发行股份购买资产应当遵守本办法关于重大资产重组的规定,编制发行股份购买资产预案、发行股份购买资产报告书,并向证券交易所提出申请。

**第四十六条** 上市公司发行股份的价格不得低于市场参考价的百分之八十。市场参考价为本次发行股份购买资产的董事会决议公告日前二十个交易日、六十个交易日或者一百二十个交易日的公司股票交易均价之一。本次发行股份购买资产的董事会决议应当说明市场参考价的选择依据。

前款所称交易均价的计算公式为:董事会决议公告日前若干个交易日公司股票交易均价=决议公告日前若干个交易日公司股票交易总额/决议公告日前若干个交易日公司股票交易总量。

本次发行股份购买资产的董事会决议可以明确,在中国证监会注册前,上市公司的股票价格相比最初确定的发行价格发生重大变化的,董事会可以按照已经设定的调整方案对发行价格进行一次调整。

前款规定的发行价格调整方案应当明确、具体、可操作,详细说明是否相应调整拟购买资产的定价、发行股份数量及其理由,在首次董事会决议公告时充分披露,并按照规定提交股东会审议。股东会作出决议后,董事会按照已经设定的方案调整发行价格的,上市公司无需按照本办法第二十九条的规定向证券交易所重新提出申请。

**第四十七条** 特定对象以资产认购而取得的上市公司股份,自股份发行结束之日起十二个月内不得转让;属于下列情形之一的,三十六个月内不得转让:

(一)特定对象为上市公司控股股东、实际控制人或者其控制的关联人;

(二)特定对象通过认购本次重组发行的股份取得上市公司的实际控制权;

(三)特定对象取得本次重组发行的股份时,对其用于认购股份的资产持续拥有权益的时间不足十二个月。

属于本办法第十三条第一款规定的交易情形的,上市公司原控股股东、原实际控制人及其控制的关联人,以及在交易过程中从该等主体直接或间接受让该上市公司股份的特定对象在本次交易完成后三十六个月内不得转让其在该上市公司中拥有权益的股份;除收购人及其控制的关联人以外的特定对象以资产认购而取得的上市公司股份自股份发行结束之日起二十四个月内不得转让。

特定对象为私募投资基金的,适用第一款、第二款的规定,但有下列情形的除外:

(一)上市公司关于本次重大资产重组的董事会决议公告时,私募投资基金对其用于认购股份的资产持续拥有权益的时间已满四十八个月,且不存在第一款第(一)

项、第(二)项情形的,以资产认购而取得的上市公司股份自股份发行结束之日起六个月内不得转让;

(二)属于本办法第十三条第一款规定的交易情形的,上市公司关于本次重大资产重组的董事会决议公告时,私募投资基金对其用于认购股份的资产持续拥有权益的时间已满四十八个月,且为除收购人及其控制的关联人以外的特定对象的,以资产认购而取得的上市公司股份自股份发行结束之日起十二个月内不得转让。

分期发行股份支付购买资产对价的,特定对象以资产认购而取得的上市公司股份,锁定期自首期股份发行结束之日起算。

**第四十八条**　上市公司发行股份购买资产导致特定对象持有或者控制的股份达到法定比例的,应当按照《上市公司收购管理办法》的规定履行相关义务。

上市公司向控股股东、实际控制人或者其控制的关联人发行股份购买资产,或者发行股份购买资产将导致上市公司实际控制权发生变更的,认购股份的特定对象应当在发行股份购买资产报告书中公开承诺:本次交易完成后六个月内如上市公司股票连续二十个交易日的收盘价低于发行价,或者交易完成后六个月期末收盘价低于发行价的,其持有公司股票的锁定期自动延长至少六个月。

前款规定的特定对象还应当在发行股份购买资产报告书中公开承诺:如本次交易因涉嫌所提供或披露的信息存在虚假记载、误导性陈述或者重大遗漏,被司法机关立案侦查或者被中国证监会立案调查的,在案件调查结论明确以前,不转让其在该上市公司拥有权益的股份。

**第四十九条**　中国证监会对上市公司发行股份购买资产的申请作出予以注册的决定后,上市公司应当及时实施。向特定对象购买的相关资产交付或者过户至上市公司后,上市公司聘请的独立财务顾问和律师事务所应当对资产交付或者过户事宜和相关后续事项的合规性及风险进行核查,并发表明确意见。上市公司应当在相关资产交付或者过户完成后三个工作日内就交付或者过户情况作出公告,公告中应当包括独立财务顾问和律师事务所的结论性意见。

上市公司完成前款规定的公告后,可以到证券交易所、证券登记结算机构为认购股份的特定对象申请办理证券登记手续。

**第五十条**　换股吸收合并涉及上市公司的,上市公司的股份定价及发行按照本办法有关规定执行。

上市公司之间换股吸收合并的,被吸收合并公司的控股股东、实际控制人或者其控制的关联人换股取得的股份自股份发行结束之日起六个月内不得转让,构成上市公司收购的,应当遵守《上市公司收购管理办法》第七十四条的规定。

上市公司发行优先股用于购买资产或者与其他公司合并,中国证监会另有规定的,从其规定。

上市公司可以向特定对象发行可转换为股票的公司债券、定向权证、存托凭证等用于购买资产或者与其他公司合并。

## 第六章　监督管理和法律责任

**第五十一条**　未依照本办法的规定履行相关义务或者程序，擅自实施重大资产重组的，由中国证监会责令改正，并可以采取监管谈话、出具警示函等监管措施；情节严重的，可以责令暂停或者终止重组活动，处以警告、罚款，并可以对有关责任人员采取证券市场禁入的措施。

擅自实施本办法第十三条第一款规定的重大资产重组，交易尚未完成的，中国证监会责令上市公司暂停重组活动、补充披露相关信息，涉及发行股份的，按照本办法规定报送注册申请文件；交易已经完成的，可以处以警告、罚款，并对有关责任人员采取证券市场禁入的措施；涉嫌犯罪的，依法移送司法机关追究刑事责任。

上市公司重大资产重组因定价显失公允、不正当利益输送等问题损害上市公司、投资者合法权益的，由中国证监会责令改正，并可以采取监管谈话、出具警示函等监管措施；情节严重的，可以责令暂停或者终止重组活动，处以警告、罚款，并可以对有关责任人员采取证券市场禁入的措施。

**第五十二条**　上市公司或者其他信息披露义务人未按照本办法规定报送重大资产重组有关报告或者履行信息披露义务的，由中国证监会责令改正，依照《证券法》第一百九十七条予以处罚；情节严重的，可以责令暂停或者终止重组活动，并可以对有关责任人员采取证券市场禁入的措施；涉嫌犯罪的，依法移送司法机关追究刑事责任。

上市公司控股股东、实际控制人组织、指使从事前款违法违规行为，或者隐瞒相关事项导致发生前款情形的，依照《证券法》第一百九十七条予以处罚；情节严重的，可以责令暂停或者终止重组活动，并可以对有关责任人员采取证券市场禁入的措施；涉嫌犯罪的，依法移送司法机关追究刑事责任。

重大资产重组的交易对方未及时向上市公司或者其他信息披露义务人提供信息的，按照第一款规定执行。

**第五十三条**　上市公司或者其他信息披露义务人报送的报告或者披露的信息存在虚假记载、误导性陈述或者重大遗漏的，由中国证监会责令改正，依照《证券法》第一百九十七条予以处罚；情节严重的，可以责令暂停或者终止重组活动，并可以对有关责任人员采取证券市场禁入的措施；涉嫌犯罪的，依法移送司法机关追究刑事责任。

上市公司的控股股东、实际控制人组织、指使从事前款违法违规行为，或者隐瞒相关事项导致发生前款情形的，依照《证券法》第一百九十七条予以处罚；情节严重的，可以责令暂停或者终止重组活动，并可以对有关责任人员采取证券市场禁入的措施；涉嫌犯罪的，依法移送司法机关追究刑事责任。

重大资产重组的交易对方提供的信息有虚假记载、误导性陈述或者重大遗漏的，按照第一款规定执行。

**第五十四条**　上市公司发行股份购买资产，在其公告的有关文件中隐瞒重要事实或者编造重大虚假内容的，中国证监会依照《证券法》第一百八十一条予以处罚。

上市公司的控股股东、实际控制人组织、指使从事前款违法行为的，中国证监会依照《证券法》第一百八十一条予以处罚。

**第五十五条**　重大资产重组涉嫌本办法第五十一条、第五十二条、第五十三条、第五十四条规定情形的，中国证监会可以责令上市公司作出公开说明、聘请独立财务顾问或者其他证券服务机构补充核查并披露专业意见，在公开说明、披露专业意见之前，上市公司应当暂停重组活动；上市公司涉嫌前述情形被司法机关立案侦查或者被中国证监会立案调查的，在案件调查结论明确之前应当暂停重组活动。

涉嫌本办法第五十二条、第五十三条、第五十四条规定情形，被司法机关立案侦查或者被中国证监会立案调查的，有关单位和个人应当严格遵守其所作的公开承诺，在案件调查结论明确之前，不得转让其在该上市公司拥有权益的股份。

**第五十六条**　上市公司董事和高级管理人员未履行诚实守信、勤勉尽责义务，或者上市公司的股东、实际控制人及其有关负责人员未按照本办法的规定履行相关义务，导致重组方案损害上市公司利益的，由中国证监会责令改正，并可以采取监管谈话、出具警示函等监管措施；情节严重的，处以警告、罚款，并可以对有关责任人员采取证券市场禁入的措施；涉嫌犯罪的，依法移送司法机关追究刑事责任。

**第五十七条**　为重大资产重组出具独立财务顾问报告、审计报告、法律意见书、资产评估报告、估值报告及其他专业文件的证券服务机构及其从业人员未履行诚实守信、勤勉尽责义务，违反中国证监会的有关规定、行业规范、业务规则，或者未依法履行报告和公告义务、持续督导义务的，由中国证监会责令改正，并可以采取监管谈话、出具警示函、责令公开说明、责令定期报告等监管措施；情节严重的，依法追究法律责任，并可以对有关责任人员采取证券市场禁入的措施。前款规定的证券服务机构及其从业人员所制作、出具的文件存在虚假记载、误导性陈述或者重大遗漏的，由中国证监会责令改正，依照《证券法》第二百一十三条予以处罚；情节严重的，可以采取证券市场禁入的措施；涉嫌犯罪的，依法移送司法机关追究刑事责任。

**第五十八条**　重大资产重组完成资产交付或者过户后，凡因不属于上市公司管理层事前无法获知且事后无法控制的原因，上市公司所购买资产实现的利润未达到资产评估报告或者估值报告预测金额的百分之八十，或者实际运营情况与重大资产重组报告书中管理层讨论与分析部分存在较大差距，以及上市公司实现的利润未达到盈利预测报告预测金额的百分之八十的，上市公司的董事长、总经理以及对此承担相应责任的会计师事务所、独立财务顾问、资产评估机构、估值机构及其从业人员应当在上市公司披露年度报告的同时，在同一媒体上作出解释，并向投资者公开道歉；实现利润未达到预测金额百分之五十的，中国证监会可以对上市公司、相关机构及其责任人员采取监管谈话、出具警示函、责令定期报告等监管措施。

交易对方超期未履行或者违反业绩补偿协议、承诺的，由中国证监会责令改正，并可以采取监管谈话、出具警示函、责令公开说明等监管措施，将相关情况记入诚信档案；情节严重的，可以对有关责任人员采取证券市场禁入的措施。

**第五十九条** 任何知悉重大资产重组信息的人员在相关信息依法公开前，泄露该信息、买卖或者建议他人买卖相关上市公司证券、利用重大资产重组散布虚假信息、操纵证券市场或者进行欺诈活动的，中国证监会依照《证券法》第一百九十一条、第一百九十二条、第一百九十三条予以处罚；涉嫌犯罪的，依法移送司法机关追究刑事责任。

## 第七章 附 则

**第六十条** 中国证监会对证券交易所相关板块上市公司重大资产重组另有规定的，从其规定，关于注册时限的规定适用本办法。

**第六十一条** 实施重大资产重组的上市公司为创新试点红筹企业，或者上市公司拟购买资产涉及创新试点红筹企业的，在计算本办法规定的重大资产重组认定标准等监管指标时，应当采用根据中国企业会计准则编制或者调整的财务数据。

上市公司中的创新试点红筹企业实施重大资产重组，可以按照境外注册地法律法规和公司章程履行内部决策程序，并及时披露重大资产重组报告书、独立财务顾问报告、法律意见书以及重组涉及的审计报告、资产评估报告或者估值报告。

**第六十二条** 本办法自公布之日起施行。

# 上市公司证券发行注册管理办法（节录）

（2023年2月17日中国证券监督管理委员会第2次委务会议审议通过 根据2025年2月19日中国证券监督管理委员会《关于修改部分证券期货规章的决定》修正）

**第九条** 上市公司向不特定对象发行股票，应当符合下列规定：

（一）具备健全且运行良好的组织机构；

（二）现任董事、高级管理人员符合法律、行政法规规定的任职要求；

（三）具有完整的业务体系和直接面向市场独立经营的能力，不存在对持续经营有重大不利影响的情形；

（四）会计基础工作规范，内部控制制度健全且有效执行，财务报表的编制和披露符合企业会计准则和相关信息披露规则的规定，在所有重大方面公允反映了上市公司的财务状况、经营成果和现金流量，最近三年财务会计报告被出具无保留意见审计报告；

（五）除金融类企业外，最近一期末不存在金额较大的财务性投资；

（六）交易所主板上市公司配股、增发的，应当最近三个会计年度盈利；增发还应当满足最近三个会计年度加权平均净资产收益率平均不低于百分之六；净利润以扣除非经常性损益前后孰低者为计算依据。

**第十条** 上市公司存在下列情形之一的，不得向不特定对象发行股票：

（一）擅自改变前次募集资金用途未作纠正，或者未经股东会认可；

（二）上市公司或者其现任董事、高级管理人员最近三年受到中国证监会行政处罚，或者最近一年受到证券交易所公开谴责，或者因涉嫌犯罪正在被司法机关立案侦查或者涉嫌违法违规正在被中国证监会立案调查；

（三）上市公司或者其控股股东、实际控制人最近一年存在未履行向投资者作出的公开承诺的情形；

（四）上市公司或者其控股股东、实际控制人最近三年存在贪污、贿赂、侵占财产、挪用财产或者破坏社会主义市场经济秩序的刑事犯罪，或者存在严重损害上市公司利益、投资者合法权益、社会公共利益的重大违法行为。

**第十一条** 上市公司存在下列情形之一的，不得向特定对象发行股票：

（一）擅自改变前次募集资金用途未作纠正，或者未经股东会认可；

（二）最近一年财务报表的编制和披露在重大方面不符合企业会计准则或者相关信息披露规则的规定；最近一年财务会计报告被出具否定意见或者无法表示意见的审计报告；最近一年财务会计报告被出具保留意见的审计报告，且保留意见所涉及事项对上市公司的重大不利影响尚未消除。本次发行涉及重大资产重组的除外；

（三）现任董事、高级管理人员最近三年受到中国证监会行政处罚，或者最近一年受到证券交易所公开谴责；

（四）上市公司或者其现任董事、高级管理人员因涉嫌犯罪正在被司法机关立案侦查或者涉嫌违法违规正在被中国证监会立案调查；

（五）控股股东、实际控制人最近三年存在严重损害上市公司利益或者投资者合法权益的重大违法行为；

（六）最近三年存在严重损害投资者合法权益或者社会公共利益的重大违法行为。

**第十二条** 上市公司发行股票，募集资金使用应当符合下列规定：

（一）符合国家产业政策和有关环境保护、土地管理等法律、行政法规规定；

（二）除金融类企业外，本次募集资金使用不得为持有财务性投资，不得直接或者间接投资于以买卖有价证券为主要业务的公司；

（三）募集资金项目实施后，不会与控股股东、实际控制人及其控制的其他企业新增构成重大不利影响的同业竞争、显失公平的关联交易，或者严重影响公司生产经营的独立性；

（四）科创板上市公司发行股票募集的资金应当投资于科技创新领域的业务。

**第五十五条** 上市公司向特定对象发行证券，发行对象应当符合股东会决议规定的条件，且每次发行对象不超过三十五名。

发行对象为境外战略投资者的，应当遵守国家的相关规定。

**第五十六条** 上市公司向特定对象发行股票，发行价格应当不低于定价基准日前二十个交易日公司股票均价的百分之八十。

前款所称“定价基准日”，是指计算发行底价的基准日。

**第五十七条** 向特定对象发行股票的定价基准日为发行期首日。上市公司应当以不低于发行底价的价格发行股票。

上市公司董事会决议提前确定全部发行对象，且发行对象属于下列情形之一的，定价基准日可以为关于本次发行股票的董事会决议公告日、股东会决议公告日或者发行期首日：

（一）上市公司的控股股东、实际控制人或者其控制的关联人；

（二）通过认购本次发行的股票取得上市公司实际控制权的投资者；

（三）董事会拟引入的境内外战略投资者。

**第五十八条**　向特定对象发行股票发行对象属于本办法第五十七条第二款规定以外的情形的，上市公司应当以竞价方式确定发行价格和发行对象。

董事会决议确定部分发行对象的，确定的发行对象不得参与竞价，且应当接受竞价结果，并明确在通过竞价方式未能产生发行价格的情况下，是否继续参与认购、价格确定原则及认购数量。

**第五十九条**　向特定对象发行的股票，自发行结束之日起六个月内不得转让。发行对象属于本办法第五十七条第二款规定情形的，其认购的股票自发行结束之日起十八个月内不得转让。

# 中华人民共和国反垄断法(节录)

(2007 年 8 月 30 日第十届全国人民代表大会常务委员会第二十九次会议通过　根据 2022 年 6 月 24 日第十三届全国人民代表大会常务委员会第三十五次会议《关于修改〈中华人民共和国反垄断法〉的决定》修正)

## 第四章　经营者集中

**第二十五条**　经营者集中是指下列情形:

(一)经营者合并;

(二)经营者通过取得股权或者资产的方式取得对其他经营者的控制权;

(三)经营者通过合同等方式取得对其他经营者的控制权或者能够对其他经营者施加决定性影响。

**第二十六条**　经营者集中达到国务院规定的申报标准的,经营者应当事先向国务院反垄断执法机构申报,未申报的不得实施集中。

经营者集中未达到国务院规定的申报标准,但有证据证明该经营者集中具有或者可能具有排除、限制竞争效果的,国务院反垄断执法机构可以要求经营者申报。

经营者未依照前两款规定进行申报的,国务院反垄断执法机构应当依法进行调查。

**第二十七条**　经营者集中有下列情形之一的,可以不向国务院反垄断执法机构申报:

(一)参与集中的一个经营者拥有其他每个经营者百分之五十以上有表决权的股份或者资产的;

(二)参与集中的每个经营者百分之五十以上有表决权的股份或者资产被同一个未参与集中的经营者拥有的。

**第二十八条**　经营者向国务院反垄断执法机构申报集中,应当提交下列文件、资料:

(一)申报书;

(二)集中对相关市场竞争状况影响的说明;

(三)集中协议;

(四)参与集中的经营者经会计师事务所审计的上一会计年度财务会计报告;

（五）国务院反垄断执法机构规定的其他文件、资料。

申报书应当载明参与集中的经营者的名称、住所、经营范围、预定实施集中的日期和国务院反垄断执法机构规定的其他事项。

**第二十九条**　经营者提交的文件、资料不完备的，应当在国务院反垄断执法机构规定的期限内补交文件、资料。经营者逾期未补交文件、资料的，视为未申报。

**第三十条**　国务院反垄断执法机构应当自收到经营者提交的符合本法第二十八条规定的文件、资料之日起三十日内，对申报的经营者集中进行初步审查，作出是否实施进一步审查的决定，并书面通知经营者。国务院反垄断执法机构作出决定前，经营者不得实施集中。

国务院反垄断执法机构作出不实施进一步审查的决定或者逾期未作出决定的，经营者可以实施集中。

**第三十一条**　国务院反垄断执法机构决定实施进一步审查的，应当自决定之日起九十日内审查完毕，作出是否禁止经营者集中的决定，并书面通知经营者。作出禁止经营者集中的决定，应当说明理由。审查期间，经营者不得实施集中。

有下列情形之一的，国务院反垄断执法机构经书面通知经营者，可以延长前款规定的审查期限，但最长不得超过六十日：

（一）经营者同意延长审查期限的；

（二）经营者提交的文件、资料不准确，需要进一步核实的；

（三）经营者申报后有关情况发生重大变化的。

国务院反垄断执法机构逾期未作出决定的，经营者可以实施集中。

**第三十二条**　有下列情形之一的，国务院反垄断执法机构可以决定中止计算经营者集中的审查期限，并书面通知经营者：

（一）经营者未按照规定提交文件、资料，导致审查工作无法进行；

（二）出现对经营者集中审查具有重大影响的新情况、新事实，不经核实将导致审查工作无法进行；

（三）需要对经营者集中附加的限制性条件进一步评估，且经营者提出中止请求。

自中止计算审查期限的情形消除之日起，审查期限继续计算，国务院反垄断执法机构应当书面通知经营者。

**第三十三条**　审查经营者集中，应当考虑下列因素：

（一）参与集中的经营者在相关市场的市场份额及其对市场的控制力；

（二）相关市场的市场集中度；

（三）经营者集中对市场进入、技术进步的影响；

（四）经营者集中对消费者和其他有关经营者的影响；

（五）经营者集中对国民经济发展的影响；

（六）国务院反垄断执法机构认为应当考虑的影响市场竞争的其他因素。

**第三十四条** 经营者集中具有或者可能具有排除、限制竞争效果的，国务院反垄断执法机构应当作出禁止经营者集中的决定。但是，经营者能够证明该集中对竞争产生的有利影响明显大于不利影响，或者符合社会公共利益的，国务院反垄断执法机构可以作出对经营者集中不予禁止的决定。

**第三十五条** 对不予禁止的经营者集中，国务院反垄断执法机构可以决定附加减少集中对竞争产生不利影响的限制性条件。

**第三十六条** 国务院反垄断执法机构应当将禁止经营者集中的决定或者对经营者集中附加限制性条件的决定，及时向社会公布。

**第三十七条** 国务院反垄断执法机构应当健全经营者集中分类分级审查制度，依法加强对涉及国计民生等重要领域的经营者集中的审查，提高审查质量和效率。

**第三十八条** 对外资并购境内企业或者以其他方式参与经营者集中，涉及国家安全的，除依照本法规定进行经营者集中审查外，还应当按照国家有关规定进行国家安全审查。

## 第七章 法律责任

**第五十八条** 经营者违反本法规定实施集中，且具有或者可能具有排除、限制竞争效果的，由国务院反垄断执法机构责令停止实施集中、限期处分股份或者资产、限期转让营业以及采取其他必要措施恢复到集中前的状态，处上一年度销售额百分之十以下的罚款；不具有排除、限制竞争效果的，处五百万元以下的罚款。

**第五十九条** 对本法第五十六条、第五十七条、第五十八条规定的罚款，反垄断执法机构确定具体罚款数额时，应当考虑违法行为的性质、程度、持续时间和消除违法行为后果的情况等因素。

# 国务院关于经营者集中申报标准的规定

（2008 年 8 月 3 日中华人民共和国国务院令第 529 号公布　根据 2018 年 9 月 18 日《国务院关于修改部分行政法规的决定》第一次修订　2024 年 1 月 22 日中华人民共和国国务院令第 773 号第二次修订）

**第一条**　为了明确经营者集中的申报标准，根据《中华人民共和国反垄断法》，制定本规定。

**第二条**　经营者集中是指下列情形：

（一）经营者合并；

（二）经营者通过取得股权或者资产的方式取得对其他经营者的控制权；

（三）经营者通过合同等方式取得对其他经营者的控制权或者能够对其他经营者施加决定性影响。

**第三条**　经营者集中达到下列标准之一的，经营者应当事先向国务院反垄断执法机构申报，未申报的不得实施集中：

（一）参与集中的所有经营者上一会计年度在全球范围内的营业额合计超过 120 亿元人民币，并且其中至少两个经营者上一会计年度在中国境内的营业额均超过 8 亿元人民币；

（二）参与集中的所有经营者上一会计年度在中国境内的营业额合计超过 40 亿元人民币，并且其中至少两个经营者上一会计年度在中国境内的营业额均超过 8 亿元人民币。

营业额的计算，应当考虑银行、保险、证券、期货等特殊行业、领域的实际情况，具体办法由国务院反垄断执法机构会同国务院有关部门制定。

**第四条**　经营者集中未达到本规定第三条规定的申报标准，但有证据证明该经营者集中具有或者可能具有排除、限制竞争效果的，国务院反垄断执法机构可以要求经营者申报。

**第五条**　经营者未依照本规定第三条和第四条规定进行申报的，国务院反垄断执法机构应当依法进行调查。

**第六条**　国务院反垄断执法机构应当根据经济发展情况，对本规定确定的申报标准的实施情况进行评估。

**第七条**　本规定自公布之日起施行。

# 中华人民共和国企业国有资产法（节录）

（2008 年 10 月 28 日第十一届全国人民代表大会常务委员会第五次会议通过）

## 第五章　关系国有资产出资人权益的重大事项

### 第一节　一 般 规 定

**第三十条**　国家出资企业合并、分立、改制、上市，增加或者减少注册资本，发行债券，进行重大投资，为他人提供大额担保，转让重大财产，进行大额捐赠，分配利润，以及解散、申请破产等重大事项，应当遵守法律、行政法规以及企业章程的规定，不得损害出资人和债权人的权益。

**第三十一条**　国有独资企业、国有独资公司合并、分立，增加或者减少注册资本，发行债券，分配利润，以及解散、申请破产，由履行出资人职责的机构决定。

**第三十二条**　国有独资企业、国有独资公司有本法第三十条所列事项的，除依照本法第三十一条和有关法律、行政法规以及企业章程的规定，由履行出资人职责的机构决定的以外，国有独资企业由企业负责人集体讨论决定，国有独资公司由董事会决定。

**第三十三条**　国有资本控股公司、国有资本参股公司有本法第三十条所列事项的，依照法律、行政法规以及公司章程的规定，由公司股东会、股东大会或者董事会决定。由股东会、股东大会决定的，履行出资人职责的机构委派的股东代表应当依照本法第十三条的规定行使权利。

**第三十四条**　重要的国有独资企业、国有独资公司、国有资本控股公司的合并、分立、解散、申请破产以及法律、行政法规和本级人民政府规定应当由履行出资人职责的机构报经本级人民政府批准的重大事项，履行出资人职责的机构在作出决定或者向其委派参加国有资本控股公司股东会会议、股东大会会议的股东代表作出指示前，应当报请本级人民政府批准。

本法所称的重要的国有独资企业、国有独资公司和国有资本控股公司，按照国务院的规定确定。

**第三十五条**　国家出资企业发行债券、投资等事项，有关法律、行政法规规定应当报经人民政府或者人民政府有关部门、机构批准、核准或者备案的，依照其规定。

**第三十六条**　国家出资企业投资应当符合国家产业政策，并按照国家规定进行可行性研究；与他人交易应当公平、有偿，取得合理对价。

**第三十七条**　国家出资企业的合并、分立、改制、解散、申请破产等重大事项，应当听取企业工会的意见，并通过职工代表大会或者其他形式听取职工的意见和建议。

**第三十八条**　国有独资企业、国有独资公司、国有资本控股公司对其所出资企业的重大事项参照本章规定履行出资人职责。具体办法由国务院规定。

## 第二节　企业改制

**第三十九条**　本法所称企业改制是指：

（一）国有独资企业改为国有独资公司；

（二）国有独资企业、国有独资公司改为国有资本控股公司或者非国有资本控股公司；

（三）国有资本控股公司改为非国有资本控股公司。

**第四十条**　企业改制应当依照法定程序，由履行出资人职责的机构决定或者由公司股东会、股东大会决定。

重要的国有独资企业、国有独资公司、国有资本控股公司的改制，履行出资人职责的机构在作出决定或者向其委派参加国有资本控股公司股东会会议、股东大会会议的股东代表作出指示前，应当将改制方案报请本级人民政府批准。

**第四十一条**　企业改制应当制定改制方案，载明改制后的企业组织形式、企业资产和债权债务处理方案、股权变动方案、改制的操作程序、资产评估和财务审计等中介机构的选聘等事项。

企业改制涉及重新安置企业职工的，还应当制定职工安置方案，并经职工代表大会或者职工大会审议通过。

**第四十二条**　企业改制应当按照规定进行清产核资、财务审计、资产评估，准确界定和核实资产，客观、公正地确定资产的价值。

企业改制涉及以企业的实物、知识产权、土地使用权等非货币财产折算为国有资本出资或者股份的，应当按照规定对折价财产进行评估，以评估确认价格作为确定国有资本出资额或者股份数额的依据。不得将财产低价折股或者有其他损害出资人权益的行为。

## 第三节　与关联方的交易

**第四十三条**　国家出资企业的关联方不得利用与国家出资企业之间的交易，谋取不当利益，损害国家出资企业利益。

本法所称关联方，是指本企业的董事、监事、高级管理人员及其近亲属，以及这些人员所有或者实际控制的企业。

**第四十四条** 国有独资企业、国有独资公司、国有资本控股公司不得无偿向关联方提供资金、商品、服务或者其他资产,不得以不公平的价格与关联方进行交易。

**第四十五条** 未经履行出资人职责的机构同意,国有独资企业、国有独资公司不得有下列行为:

(一)与关联方订立财产转让、借款的协议;

(二)为关联方提供担保;

(三)与关联方共同出资设立企业,或者向董事、监事、高级管理人员或者其近亲属所有或者实际控制的企业投资。

**第四十六条** 国有资本控股公司、国有资本参股公司与关联方的交易,依照《中华人民共和国公司法》和有关行政法规以及公司章程的规定,由公司股东会、股东大会或者董事会决定。由公司股东会、股东大会决定的,履行出资人职责的机构委派的股东代表,应当依照本法第十三条的规定行使权利。

公司董事会对公司与关联方的交易作出决议时,该交易涉及的董事不得行使表决权,也不得代理其他董事行使表决权。

## 第四节　资 产 评 估

**第四十七条** 国有独资企业、国有独资公司和国有资本控股公司合并、分立、改制,转让重大财产,以非货币财产对外投资,清算或者有法律、行政法规以及企业章程规定应当进行资产评估的其他情形的,应当按照规定对有关资产进行评估。

**第四十八条** 国有独资企业、国有独资公司和国有资本控股公司应当委托依法设立的符合条件的资产评估机构进行资产评估;涉及应当报经履行出资人职责的机构决定的事项的,应当将委托资产评估机构的情况向履行出资人职责的机构报告。

**第四十九条** 国有独资企业、国有独资公司、国有资本控股公司及其董事、监事、高级管理人员应当向资产评估机构如实提供有关情况和资料,不得与资产评估机构串通评估作价。

**第五十条** 资产评估机构及其工作人员受托评估有关资产,应当遵守法律、行政法规以及评估执业准则,独立、客观、公正地对受托评估的资产进行评估。资产评估机构应当对其出具的评估报告负责。

## 第五节　国有资产转让

**第五十一条** 本法所称国有资产转让,是指依法将国家对企业的出资所形成的权益转移给其他单位或者个人的行为;按照国家规定无偿划转国有资产的除外。

**第五十二条** 国有资产转让应当有利于国有经济布局和结构的战略性调整,防止国有资产损失,不得损害交易各方的合法权益。

**第五十三条**　国有资产转让由履行出资人职责的机构决定。履行出资人职责的机构决定转让全部国有资产的，或者转让部分国有资产致使国家对该企业不再具有控股地位的，应当报请本级人民政府批准。

**第五十四条**　国有资产转让应当遵循等价有偿和公开、公平、公正的原则。

除按照国家规定可以直接协议转让的以外，国有资产转让应当在依法设立的产权交易场所公开进行。转让方应当如实披露有关信息，征集受让方；征集产生的受让方为两个以上的，转让应当采用公开竞价的交易方式。

转让上市交易的股份依照《中华人民共和国证券法》的规定进行。

**第五十五条**　国有资产转让应当以依法评估的、经履行出资人职责的机构认可或者由履行出资人职责的机构报经本级人民政府核准的价格为依据，合理确定最低转让价格。

**第五十六条**　法律、行政法规或者国务院国有资产监督管理机构规定可以向本企业的董事、监事、高级管理人员或者其近亲属，或者这些人员所有或者实际控制的企业转让的国有资产，在转让时，上述人员或者企业参与受让的，应当与其他受让参与者平等竞买；转让方应当按照国家有关规定，如实披露有关信息；相关的董事、监事和高级管理人员不得参与转让方案的制定和组织实施的各项工作。

**第五十七条**　国有资产向境外投资者转让的，应当遵守国家有关规定，不得危害国家安全和社会公共利益。

# 企业国有资产交易监督管理办法

## 第一章　总　　则

**第一条**　为规范企业国有资产交易行为，加强企业国有资产交易监督管理，防止国有资产流失，根据《中华人民共和国企业国有资产法》、《中华人民共和国公司法》、《企业国有资产监督管理暂行条例》等有关法律法规，制定本办法。

**第二条**　企业国有资产交易应当遵守国家法律法规和政策规定，有利于国有经济布局和结构调整优化，充分发挥市场配置资源作用，遵循等价有偿和公开公平公正的原则，在依法设立的产权交易机构中公开进行，国家法律法规另有规定的从其规定。

**第三条**　本办法所称企业国有资产交易行为包括：

（一）履行出资人职责的机构、国有及国有控股企业、国有实际控制企业转让其对企业各种形式出资所形成权益的行为（以下称企业产权转让）；

（二）国有及国有控股企业、国有实际控制企业增加资本的行为（以下称企业增资），政府以增加资本金方式对国家出资企业的投入除外；

（三）国有及国有控股企业、国有实际控制企业的重大资产转让行为（以下称企业资产转让）。

**第四条**　本办法所称国有及国有控股企业、国有实际控制企业包括：

（一）政府部门、机构、事业单位出资设立的国有独资企业（公司），以及上述单位、企业直接或间接合计持股为100%的国有全资企业；

（二）本条第（一）款所列单位、企业单独或共同出资，合计拥有产（股）权比例超过50%，且其中之一为最大股东的企业；

（三）本条第（一）、（二）款所列企业对外出资，拥有股权比例超过50%的各级子企业；

（四）政府部门、机构、事业单位、单一国有及国有控股企业直接或间接持股比例未超过50%，但为第一大股东，并且通过股东协议、公司章程、董事会决议或者其他协议安排能够对其实际支配的企业。

**第五条**　企业国有资产交易标的应当权属清晰，不存在法律法规禁止或限制交易的情形。已设定担保物权的国有资产交易，应当符合《中华人民共和国物权法》、

《中华人民共和国担保法》等有关法律法规规定。涉及政府社会公共管理事项的，应当依法报政府有关部门审核。

**第六条**　国有资产监督管理机构（以下简称国资监管机构）负责所监管企业的国有资产交易监督管理；国家出资企业负责其各级子企业国有资产交易的管理，定期向同级国资监管机构报告本企业的国有资产交易情况。

## 第二章　企业产权转让

**第七条**　国资监管机构负责审核国家出资企业的产权转让事项。其中，因产权转让致使国家不再拥有所出资企业控股权的，须由国资监管机构报本级人民政府批准。

**第八条**　国家出资企业应当制定其子企业产权转让管理制度，确定审批管理权限。其中，对主业处于关系国家安全、国民经济命脉的重要行业和关键领域，主要承担重大专项任务子企业的产权转让，须由国家出资企业报同级国资监管机构批准。

转让方为多家国有股东共同持股的企业，由其中持股比例最大的国有股东负责履行相关批准程序；各国有股东持股比例相同的，由相关股东协商后确定其中一家股东负责履行相关批准程序。

**第九条**　产权转让应当由转让方按照企业章程和企业内部管理制度进行决策，形成书面决议。国有控股和国有实际控制企业中国有股东委派的股东代表，应当按照本办法规定和委派单位的指示发表意见、行使表决权，并将履职情况和结果及时报告委派单位。

**第十条**　转让方应当按照企业发展战略做好产权转让的可行性研究和方案论证。产权转让涉及职工安置事项的，安置方案应当经职工代表大会或职工大会审议通过；涉及债权债务处置事项的，应当符合国家相关法律法规的规定。

**第十一条**　产权转让事项经批准后，由转让方委托会计师事务所对转让标的企业进行审计。涉及参股权转让不宜单独进行专项审计的，转让方应当取得转让标的企业最近一期年度审计报告。

**第十二条**　对按照有关法律法规要求必须进行资产评估的产权转让事项，转让方应当委托具有相应资质的评估机构对转让标的进行资产评估，产权转让价格应以经核准或备案的评估结果为基础确定。

**第十三条**　产权转让原则上通过产权市场公开进行。转让方可以根据企业实际情况和工作进度安排，采取信息预披露和正式披露相结合的方式，通过产权交易机构网站分阶段对外披露产权转让信息，公开征集受让方。其中正式披露信息时间不得少于20个工作日。

因产权转让导致转让标的企业的实际控制权发生转移的，转让方应当在转让行为获批后10个工作日内，通过产权交易机构进行信息预披露，时间不得少于20个工作日。

**第十四条** 产权转让原则上不得针对受让方设置资格条件，确需设置的，不得有明确指向性或违反公平竞争原则，所设资格条件相关内容应当在信息披露前报同级国资监管机构备案，国资监管机构在5个工作日内未反馈意见的视为同意。

**第十五条** 转让方披露信息包括但不限于以下内容：

（一）转让标的基本情况；

（二）转让标的企业的股东结构；

（三）产权转让行为的决策及批准情况；

（四）转让标的企业最近一个年度审计报告和最近一期财务报表中的主要财务指标数据，包括但不限于资产总额、负债总额、所有者权益、营业收入、净利润等（转让参股权的，披露最近一个年度审计报告中的相应数据）；

（五）受让方资格条件（适用于对受让方有特殊要求的情形）；

（六）交易条件、转让底价；

（七）企业管理层是否参与受让，有限责任公司原股东是否放弃优先受让权；

（八）竞价方式，受让方选择的相关评判标准；

（九）其他需要披露的事项。

其中信息预披露应当包括但不限于以上（一）、（二）、（三）、（四）、（五）款内容。

**第十六条** 转让方应当按照要求向产权交易机构提供披露信息内容的纸质文档材料，并对披露内容和所提供材料的真实性、完整性、准确性负责。产权交易机构应当对信息披露的规范性负责。

**第十七条** 产权转让项目首次正式信息披露的转让底价，不得低于经核准或备案的转让标的评估结果。

**第十八条** 信息披露期满未征集到意向受让方的，可以延期或在降低转让底价、变更受让条件后重新进行信息披露。

降低转让底价或变更受让条件后重新披露信息的，披露时间不得少于20个工作日。新的转让底价低于评估结果的90%时，应当经转让行为批准单位书面同意。

**第十九条** 转让项目自首次正式披露信息之日起超过12个月未征集到合格受让方的，应当重新履行审计、资产评估以及信息披露等产权转让工作程序。

**第二十条** 在正式披露信息期间，转让方不得变更产权转让公告中公布的内容，由于非转让方原因或其他不可抗力因素导致可能对转让标的价值判断造成影响的，转让方应当及时调整补充披露信息内容，并相应延长信息披露时间。

**第二十一条** 产权交易机构负责意向受让方的登记工作，对意向受让方是否符合受让条件提出意见并反馈转让方。产权交易机构与转让方意见不一致的，由转让行为批准单位决定意向受让方是否符合受让条件。

**第二十二条**　产权转让信息披露期满、产生符合条件的意向受让方的，按照披露的竞价方式组织竞价。竞价可以采取拍卖、招投标、网络竞价以及其他竞价方式，且不得违反国家法律法规的规定。

**第二十三条**　受让方确定后，转让方与受让方应当签订产权交易合同，交易双方不得以交易期间企业经营性损益等理由对已达成的交易条件和交易价格进行调整。

**第二十四条**　产权转让导致国有股东持有上市公司股份间接转让的，应当同时遵守上市公司国有股权管理以及证券监管相关规定。

**第二十五条**　企业产权转让涉及交易主体资格审查、反垄断审查、特许经营权、国有划拨土地使用权、探矿权和采矿权等政府审批事项的，按照相关规定执行。

**第二十六条**　受让方为境外投资者的，应当符合外商投资产业指导目录和负面清单管理要求，以及外商投资安全审查有关规定。

**第二十七条**　交易价款应当以人民币计价，通过产权交易机构以货币进行结算。因特殊情况不能通过产权交易机构结算的，转让方应当向产权交易机构提供转让行为批准单位的书面意见以及受让方付款凭证。

**第二十八条**　交易价款原则上应当自合同生效之日起5个工作日内一次付清。

金额较大、一次付清确有困难的，可以采取分期付款方式。采用分期付款方式的，首期付款不得低于总价款的30%，并在合同生效之日起5个工作日内支付；其余款项应当提供转让方认可的合法有效担保，并按同期银行贷款利率支付延期付款期间的利息，付款期限不得超过1年。

**第二十九条**　产权交易合同生效后，产权交易机构应当将交易结果通过交易机构网站对外公告，公告内容包括交易标的名称、转让标的评估结果、转让底价、交易价格，公告期不少于5个工作日。

**第三十条**　产权交易合同生效，并且受让方按照合同约定支付交易价款后，产权交易机构应当及时为交易双方出具交易凭证。

**第三十一条**　以下情形的产权转让可以采取非公开协议转让方式：

（一）涉及主业处于关系国家安全、国民经济命脉的重要行业和关键领域企业的重组整合，对受让方有特殊要求，企业产权需要在国有及国有控股企业之间转让的，经国资监管机构批准，可以采取非公开协议转让方式；

（二）同一国家出资企业及其各级控股企业或实际控制企业之间因实施内部重组整合进行产权转让的，经该国家出资企业审议决策，可以采取非公开协议转让方式。

**第三十二条**　采取非公开协议转让方式转让企业产权，转让价格不得低于经核准或备案的评估结果。

以下情形按照《中华人民共和国公司法》、企业章程履行决策程序后,转让价格可以资产评估报告或最近一期审计报告确认的净资产值为基础确定,且不得低于经评估或审计的净资产值:

(一)同一国家出资企业内部实施重组整合,转让方和受让方为该国家出资企业及其直接或间接全资拥有的子企业;

(二)同一国有控股企业或国有实际控制企业内部实施重组整合,转让方和受让方为该国有控股企业或国有实际控制企业及其直接、间接全资拥有的子企业。

**第三十三条** 国资监管机构批准、国家出资企业审议决策采取非公开协议方式的企业产权转让行为时,应当审核下列文件:

(一)产权转让的有关决议文件;

(二)产权转让方案;

(三)采取非公开协议方式转让产权的必要性以及受让方情况;

(四)转让标的企业审计报告、资产评估报告及其核准或备案文件。其中属于第三十二条(一)、(二)款情形的,可以仅提供企业审计报告;

(五)产权转让协议;

(六)转让方、受让方和转让标的企业的国家出资企业产权登记表(证);

(七)产权转让行为的法律意见书;

(八)其他必要的文件。

## 第三章 企 业 增 资

**第三十四条** 国资监管机构负责审核国家出资企业的增资行为。其中,因增资致使国家不再拥有所出资企业控股权的,须由国资监管机构报本级人民政府批准。

**第三十五条** 国家出资企业决定其子企业的增资行为。其中,对主业处于关系国家安全、国民经济命脉的重要行业和关键领域,主要承担重大专项任务的子企业的增资行为,须由国家出资企业报同级国资监管机构批准。

增资企业为多家国有股东共同持股的企业,由其中持股比例最大的国有股东负责履行相关批准程序;各国有股东持股比例相同的,由相关股东协商后确定其中一家股东负责履行相关批准程序。

**第三十六条** 企业增资应当符合国家出资企业的发展战略,做好可行性研究,制定增资方案,明确募集资金金额、用途、投资方应具备的条件、选择标准和遴选方式等。增资后企业的股东数量须符合国家相关法律法规的规定。

**第三十七条** 企业增资应当由增资企业按照企业章程和内部管理制度进行决策,形成书面决议。国有控股、国有实际控制企业中国有股东委派的股东代表,应当按照本办法规定和委派单位的指示发表意见、行使表决权,并将履职情况和结果及时报告委派单位。

**第三十八条**　企业增资在完成决策批准程序后，应当由增资企业委托具有相应资质的中介机构开展审计和资产评估。

以下情形按照《中华人民共和国公司法》、企业章程履行决策程序后，可以依据评估报告或最近一期审计报告确定企业资本及股权比例：

（一）增资企业原股东同比例增资的；

（二）履行出资人职责的机构对国家出资企业增资的；

（三）国有控股或国有实际控制企业对其独资子企业增资的；

（四）增资企业和投资方均为国有独资或国有全资企业的。

**第三十九条**　企业增资通过产权交易机构网站对外披露信息公开征集投资方，时间不得少于40个工作日。信息披露内容包括但不限于：

（一）企业的基本情况；

（二）企业目前的股权结构；

（三）企业增资行为的决策及批准情况；

（四）近三年企业审计报告中的主要财务指标；

（五）企业拟募集资金金额和增资后的企业股权结构；

（六）募集资金用途；

（七）投资方的资格条件，以及投资金额和持股比例要求等；

（八）投资方的遴选方式；

（九）增资终止的条件；

（十）其他需要披露的事项。

**第四十条**　企业增资涉及上市公司实际控制人发生变更的，应当同时遵守上市公司国有股权管理以及证券监管相关规定。

**第四十一条**　产权交易机构接受增资企业的委托提供项目推介服务，负责意向投资方的登记工作，协助企业开展投资方资格审查。

**第四十二条**　通过资格审查的意向投资方数量较多时，可以采用竞价、竞争性谈判、综合评议等方式进行多轮次遴选。产权交易机构负责统一接收意向投资方的投标和报价文件，协助企业开展投资方遴选有关工作。企业董事会或股东会以资产评估结果为基础，结合意向投资方的条件和报价等因素审议选定投资方。

**第四十三条**　投资方以非货币资产出资的，应当经增资企业董事会或股东会审议同意，并委托具有相应资质的评估机构进行评估，确认投资方的出资金额。

**第四十四条**　增资协议签订并生效后，产权交易机构应当出具交易凭证，通过交易机构网站对外公告结果，公告内容包括投资方名称、投资金额、持股比例等，公告期不少于5个工作日。

**第四十五条** 以下情形经同级国资监管机构批准，可以采取非公开协议方式进行增资：

（一）因国有资本布局结构调整需要，由特定的国有及国有控股企业或国有实际控制企业参与增资；

（二）因国家出资企业与特定投资方建立战略合作伙伴或利益共同体需要，由该投资方参与国家出资企业或其子企业增资。

**第四十六条** 以下情形经国家出资企业审议决策，可以采取非公开协议方式进行增资：

（一）国家出资企业直接或指定其控股、实际控制的其他子企业参与增资；

（二）企业债权转为股权；

（三）企业原股东增资。

**第四十七条** 国资监管机构批准、国家出资企业审议决策采取非公开协议方式的企业增资行为时，应当审核下列文件：

（一）增资的有关决议文件；

（二）增资方案；

（三）采取非公开协议方式增资的必要性以及投资方情况；

（四）增资企业审计报告、资产评估报告及其核准或备案文件。其中属于第三十八条（一）、（二）、（三）、（四）款情形的，可以仅提供企业审计报告；

（五）增资协议；

（六）增资企业的国家出资企业产权登记表（证）；

（七）增资行为的法律意见书；

（八）其他必要的文件。

## 第四章 企业资产转让

**第四十八条** 企业一定金额以上的生产设备、房产、在建工程以及土地使用权、债权、知识产权等资产对外转让，应当按照企业内部管理制度履行相应决策程序后，在产权交易机构公开进行。涉及国家出资企业内部或特定行业的资产转让，确需在国有及国有控股、国有实际控制企业之间非公开转让的，由转让方逐级报国家出资企业审核批准。

**第四十九条** 国家出资企业负责制定本企业不同类型资产转让行为的内部管理制度，明确责任部门、管理权限、决策程序、工作流程，对其中应当在产权交易机构公开转让的资产种类、金额标准等作出具体规定，并报同级国资监管机构备案。

**第五十条** 转让方应当根据转让标的情况合理确定转让底价和转让信息公告期：

（一）转让底价高于100万元、低于1000万元的资产转让项目，信息公告期应不少于10个工作日；

（二）转让底价高于1000万元的资产转让项目，信息公告期应不少于20个工作日。

企业资产转让的具体工作流程参照本办法关于企业产权转让的规定执行。

**第五十一条**　除国家法律法规或相关规定另有要求的外，资产转让不得对受让方设置资格条件。

**第五十二条**　资产转让价款原则上一次性付清。

## 第五章　监督管理

**第五十三条**　国资监管机构及其他履行出资人职责的机构对企业国有资产交易履行以下监管职责：

（一）根据国家有关法律法规，制定企业国有资产交易监管制度和办法；

（二）按照本办法规定，审核批准企业产权转让、增资等事项；

（三）选择从事企业国有资产交易业务的产权交易机构，并建立对交易机构的检查评审机制；

（四）对企业国有资产交易制度的贯彻落实情况进行监督检查；

（五）负责企业国有资产交易信息的收集、汇总、分析和上报工作；

（六）履行本级人民政府赋予的其他监管职责。

**第五十四条**　省级以上国资监管机构应当在全国范围选择开展企业国有资产交易业务的产权交易机构，并对外公布名单。选择的产权交易机构应当满足以下条件：

（一）严格遵守国家法律法规，未从事政府明令禁止开展的业务，未发生重大违法违规行为；

（二）交易管理制度、业务规则、收费标准等向社会公开，交易规则符合国有资产交易制度规定；

（三）拥有组织交易活动的场所、设施、信息发布渠道和专业人员，具备实施网络竞价的条件；

（四）具有较强的市场影响力，服务能力和水平能够满足企业国有资产交易的需要；

（五）信息化建设和管理水平满足国资监管机构对交易业务动态监测的要求；

（六）相关交易业务接受国资监管机构的监督检查。

**第五十五条**　国资监管机构应当对产权交易机构开展企业国有资产交易业务的情况进行动态监督。交易机构出现以下情形的，视情节轻重对其进行提醒、警告、通报、暂停直至停止委托从事相关业务：

（一）服务能力和服务水平较差，市场功能未得到充分发挥；

（二）在日常监管和定期检查评审中发现问题较多，且整改不及时或整改效果不明显；

（三）因违规操作、重大过失等导致企业国有资产在交易过程中出现损失；

（四）违反相关规定，被政府有关部门予以行政处罚而影响业务开展；

（五）拒绝接受国资监管机构对其相关业务开展监督检查；

（六）不能满足国资监管机构监管要求的其他情形。

**第五十六条** 国资监管机构发现转让方或增资企业未执行或违反相关规定、侵害国有权益的，应当责成其停止交易活动。

**第五十七条** 国资监管机构及其他履行出资人职责的机构应定期对国家出资企业及其控股和实际控制企业的国有资产交易情况进行检查和抽查，重点检查国家法律法规政策和企业内部管理制度的贯彻执行情况。

## 第六章 法律责任

**第五十八条** 企业国有资产交易过程中交易双方发生争议时，当事方可以向产权交易机构申请调解；调解无效时可以按照约定向仲裁机构申请仲裁或向人民法院提起诉讼。

**第五十九条** 企业国有资产交易应当严格执行“三重一大”决策机制。国资监管机构、国有及国有控股企业、国有实际控制企业的有关人员违反规定越权决策、批准相关交易事项，或者玩忽职守、以权谋私致使国有权益受到侵害的，由有关单位按照人事和干部管理权限给予相关责任人员相应处分；造成国有资产损失的，相关责任人员应当承担赔偿责任；构成犯罪的，依法追究其刑事责任。

**第六十条** 社会中介机构在为企业国有资产交易提供审计、资产评估和法律服务中存在违规执业行为的，有关国有企业应及时报告同级国资监管机构，国资监管机构可要求国有及国有控股企业、国有实际控制企业不得再委托其开展相关业务；情节严重的，由国资监管机构将有关情况通报其行业主管部门，建议给予其相应处罚。

**第六十一条** 产权交易机构在企业国有资产交易中弄虚作假或者玩忽职守、给企业造成损失的，应当承担赔偿责任，并依法追究直接责任人员的责任。

## 第七章 附 则

**第六十二条** 政府部门、机构、事业单位持有的企业国有资产交易，按照现行监管体制，比照本办法管理。

**第六十三条** 金融、文化类国家出资企业的国有资产交易和上市公司的国有股权转让等行为，国家另有规定的，依照其规定。

**第六十四条**　国有资本投资、运营公司对各级子企业资产交易的监督管理，相应由各级人民政府或国资监管机构另行授权。

**第六十五条**　境外国有及国有控股企业、国有实际控制企业在境内投资企业的资产交易，比照本办法规定执行。

**第六十六条**　政府设立的各类股权投资基金投资形成企业产（股）权对外转让，按照有关法律法规规定执行。

**第六十七条**　本办法自发布之日起施行，现行企业国有资产交易监管相关规定与本办法不一致的，以本办法为准。

# 中华人民共和国外商投资法（节录）

（2019年3月15日第十三届全国人民代表大会第二次会议通过）

## 第一章　总　　则

**第一条**　为了进一步扩大对外开放，积极促进外商投资，保护外商投资合法权益，规范外商投资管理，推动形成全面开放新格局，促进社会主义市场经济健康发展，根据宪法，制定本法。

**第二条**　在中华人民共和国境内（以下简称中国境内）的外商投资，适用本法。

本法所称外商投资，是指外国的自然人、企业或者其他组织（以下称外国投资者）直接或者间接在中国境内进行的投资活动，包括下列情形：

（一）外国投资者单独或者与其他投资者共同在中国境内设立外商投资企业；

（二）外国投资者取得中国境内企业的股份、股权、财产份额或者其他类似权益；

（三）外国投资者单独或者与其他投资者共同在中国境内投资新建项目；

（四）法律、行政法规或者国务院规定的其他方式的投资。

本法所称外商投资企业，是指全部或者部分由外国投资者投资，依照中国法律在中国境内经登记注册设立的企业。

**第三条**　国家坚持对外开放的基本国策，鼓励外国投资者依法在中国境内投资。

国家实行高水平投资自由化便利化政策，建立和完善外商投资促进机制，营造稳定、透明、可预期和公平竞争的市场环境。

**第四条**　国家对外商投资实行准入前国民待遇加负面清单管理制度。

前款所称准入前国民待遇，是指在投资准入阶段给予外国投资者及其投资不低于本国投资者及其投资的待遇；所称负面清单，是指国家规定在特定领域对外商投资实施的准入特别管理措施。国家对负面清单之外的外商投资，给予国民待遇。

负面清单由国务院发布或者批准发布。

中华人民共和国缔结或者参加的国际条约、协定对外国投资者准入待遇有更优惠规定的，可以按照相关规定执行。

**第五条**　国家依法保护外国投资者在中国境内的投资、收益和其他合法权益。

**第六条**　在中国境内进行投资活动的外国投资者、外商投资企业，应当遵守中国法律法规，不得危害中国国家安全、损害社会公共利益。

**第七条** 国务院商务主管部门、投资主管部门按照职责分工,开展外商投资促进、保护和管理工作;国务院其他有关部门在各自职责范围内,负责外商投资促进、保护和管理的相关工作。

县级以上地方人民政府有关部门依照法律法规和本级人民政府确定的职责分工,开展外商投资促进、保护和管理工作。

**第八条** 外商投资企业职工依法建立工会组织,开展工会活动,维护职工的合法权益。外商投资企业应当为本企业工会提供必要的活动条件。

## 第四章 投 资 管 理

**第二十八条** 外商投资准入负面清单规定禁止投资的领域,外国投资者不得投资。

外商投资准入负面清单规定限制投资的领域,外国投资者进行投资应当符合负面清单规定的条件。

外商投资准入负面清单以外的领域,按照内外资一致的原则实施管理。

**第二十九条** 外商投资需要办理投资项目核准、备案的,按照国家有关规定执行。

**第三十条** 外国投资者在依法需要取得许可的行业、领域进行投资的,应当依法办理相关许可手续。

有关主管部门应当按照与内资一致的条件和程序,审核外国投资者的许可申请,法律、行政法规另有规定的除外。

**第三十一条** 外商投资企业的组织形式、组织机构及其活动准则,适用《中华人民共和国公司法》、《中华人民共和国合伙企业法》等法律的规定。

**第三十二条** 外商投资企业开展生产经营活动,应当遵守法律、行政法规有关劳动保护、社会保险的规定,依照法律、行政法规和国家有关规定办理税收、会计、外汇等事宜,并接受相关主管部门依法实施的监督检查。

**第三十三条** 外国投资者并购中国境内企业或者以其他方式参与经营者集中的,应当依照《中华人民共和国反垄断法》的规定接受经营者集中审查。

**第三十四条** 国家建立外商投资信息报告制度。外国投资者或者外商投资企业应当通过企业登记系统以及企业信用信息公示系统向商务主管部门报送投资信息。

外商投资信息报告的内容和范围按照确有必要的原则确定;通过部门信息共享能够获得的投资信息,不得再行要求报送。

**第三十五条** 国家建立外商投资安全审查制度,对影响或者可能影响国家安全的外商投资进行安全审查。

依法作出的安全审查决定为最终决定。

## 第五章　法 律 责 任

**第三十六条**　外国投资者投资外商投资准入负面清单规定禁止投资的领域的，由有关主管部门责令停止投资活动，限期处分股份、资产或者采取其他必要措施，恢复到实施投资前的状态；有违法所得的，没收违法所得。

外国投资者的投资活动违反外商投资准入负面清单规定的限制性准入特别管理措施的，由有关主管部门责令限期改正，采取必要措施满足准入特别管理措施的要求；逾期不改正的，依照前款规定处理。

外国投资者的投资活动违反外商投资准入负面清单规定的，除依照前两款规定处理外，还应当依法承担相应的法律责任。

**第三十七条**　外国投资者、外商投资企业违反本法规定，未按照外商投资信息报告制度的要求报送投资信息的，由商务主管部门责令限期改正；逾期不改正的，处十万元以上五十万元以下的罚款。

**第三十八条**　对外国投资者、外商投资企业违反法律、法规的行为，由有关部门依法查处，并按照国家有关规定纳入信用信息系统。

**第三十九条**　行政机关工作人员在外商投资促进、保护和管理工作中滥用职权、玩忽职守、徇私舞弊的，或者泄露、非法向他人提供履行职责过程中知悉的商业秘密的，依法给予处分；构成犯罪的，依法追究刑事责任。